무형문화유산의 이해와 활용

우리 시대의 경쟁력, 무형문화유산

저자 **김광희**

1996년 서울예술대학교 국악과 졸업
2007년 동국대학교 문화예술대학원 공연예술경영학과 석사 졸업
2014년 고려대학교 대학원 문화콘텐츠학 전공 박사 졸업
현) 한국문화재재단 국제교류팀장
　　서울특별시 문화재전문위원
　　중요무형문화재 제79호 발탈 이수자

무형문화유산의 이해와 활용
우리 시대의 경쟁력, 무형문화유산

2015년 12월 20일 초판 인쇄
2015년 12월 25일 초판 발행

지은이 김광희 | **펴낸이** 이찬규 | **편집** 선우애림 | **펴낸곳** 북코리아
등록번호 제03-01240호 | **전화** 02-704-7840 | **팩스** 02-704-7848
이메일 sunhaksa@korea.com | **홈페이지** www.북코리아.kr
주소 13209 경기도 성남시 중원구 사기막골로 45번길 14
　　　우림라이온스밸리2차 A동 1007호
ISBN 978-89-6324-452-5(93300)

값 20,000원

무형문화유산의
이해와 활용

우리 시대의 경쟁력, 무형문화유산

김광희 지음

북코리아

저자 서문

    무형문화유산은 전통문화인 동시에 살아 있는 문화이다. 무형문화
유산은 공동체와 집단이 자신들의 환경, 자연, 역사의 상호작용에 따라
끊임없이 재창조해온 각종 지식과 기술, 공연예술, 문화적 표현을 아우
른다. 무형문화유산은 공동체 내에서 공유하는 집단적인 성격을 가지
고 있으며, 사람을 통해 생활 속에서 전승되어왔다.

    유네스코를 비롯한 국제사회는 문화유산 보호활동의 범위를 이전
의 건축물 위주의 유형문화재에서 이제는 무형의 살아 있는 유산(living
heritage)으로 확대하고 있다. 즉 무형문화유산의 가치를 새롭게 인식하
고 있는 것이다. 이렇게 무형문화유산 보호를 위한 국제사회의 관심이
높아져가고 있는 한편, 아직도 세계화와 급속한 도시화, 문화통합정책
과 더불어 젊은 세대의 관심 부족으로 인해 많은 무형유산이 사라지고
있다. 무형문화유산은 전승능력의 상실이나 잔존문화화 가능성이 높은
분야다. 그렇기 때문에 무형문화유산에 새로운 생명력을 줄 수 있도록
보호와 전승체계의 개선방안을 공유해야 한다.

    1990년대 후반까지 한국은 무형문화재의 지정과 보전, 보유자의
관리 등에서 상당히 앞선 정책을 펼쳐왔다. 그러나 현재의 무형유산 보
호 패러다임은 유네스코에 따라 많이 변화되었고 한국의 무형유산 보

호제도 역시 개정·보완될 필요가 있다. 무형문화재 원형보존주의 원칙, 전수교육 제도와 국가전승지원금, 현행 〈문화재보호법〉 체계, 활용되지 못하는 무형문화유산 정책과 제도를 전반적으로 개선해야 한다.

한국의 무형문화재 종목 중 적지 않은 수가 후계자 없이 소멸될 위기에 처해 있다고 한다. 1962년 시행된 유형문화재 중심의 문화재보호제도를 고쳐야 할 때라는 목소리가 커지고 있다. 경제적인 지원과 더불어 무형문화유산이 방치되거나 고립되지 않도록 기반 여건을 마련해야 한다. 그동안 무형문화유산의 보호에 관한 연구와 대안들은 많이 논의되어왔으나 구체적으로 실천에 옮길 만한 논의는 여전히 부족했고, 이것이 결국 중요무형문화재의 소멸 위기를 불러온 셈이다. 보전하자는 목소리만 높여서는 실질적인 대안이 될 수 없다. 일본의 경우, 스모경기장이나 가부키공연장 같은 상설 공연장이 관객을 끌어들이면서 무형문화유산에 종사하는 사람들의 생계에 직접 도움을 주고 있지만 한국의 경우에는 매월 일정액의 돈을 지원하는 이외의 직접적인 지원이 부족한 것이 현실이다. 생업으로 이어갈 기반을 마련하는 대안이 절실하다.

일본의 경우, 무형문화재의 원형을 지켜 전수하면서 시대의 흐름에 맞게 창조적 발전을 꾀하고 있다. 무형문화유산을 전승하면서 인간문화재도 보전하고 있는 것이다. 이를 위해서는 경제적 기반 마련은 물론 후계자가 나설 만한 가치를 발견하는 것이 필수적이다. 새로운 창작 욕구를 불러일으킬 만한 가치의 발견은 중요무형문화재라는 자부심만으로는 해결되지 않는다. 현실생활 속에서 활용될 수 있는 새로운 가치를 발견하려는 노력 또한 필요하다. 무형문화유산의 산업화가 가능할 만한 생명력과 자생력을 확보하기 위한 실질적이고 체계적인 노력이 수반되어야 한다. 택견을 현대적인 흐름에 맞게 뮤지컬 공연으로 미국 워싱턴에서 시연을 하고 있는 경우가 한 예가 될 것이다. 무형문화유산을 보호하는 차원에서 한 단계 더 나아가, 적극적으로 활용하고 활성화하기 위한 조직적인 대책이 필요하다.

이 책에서는 무형문화유산 보전과 활용정책의 쟁점을 파악하고 그 개선방안과 이를 바탕으로 한 무형문화유산의 콘텐츠 활용방안을 제시하고자 한다. 무형문화유산 보전과 활용의 개선방안을 마련하기 위해서 우선 유네스코 무형문화유산 보호협약, 중국, 일본, 프랑스 등 한국과 유사하거나 무형유산 선진 국가의 전통문화 정책의 특수성 및 방향성을 분석하였다. 물론 무형문화유산의 보전과 활용에 대한 정책은 각국의 역사적·사회적·문화적 상황에 따라 다르게 나타나는 것이 일반적이다. 그러나 정책의 방향성을 분석해보면 무형문화유산이 갖는 보편적 속성에 의해 각 나라에 공통적으로 중요시되는 사회적 지원제도의 유형을 발견해낼 수 있다. 이러한 유형들에 대한 분석을 통해 한국 무형문화유산의 보전체계 개선에 시사점을 줄 수 있는 대안들을 제시하고 이를 공유하고자 한다.

문화는 삶의 양식이기 때문에 삶의 현장에서 실천하면서 끊임없이 창조적으로 계승할 수 있어야 진정한 무형문화유산의 전승이라고 할 수 있다. 현대 문화와의 소통과 융합을 통해 '살아 있는 무형문화유산'으로 역사적인 창조와 발전을 거듭해나가야 한다. 무형문화유산 기·예능보유자와 단체는 물론 관련된 모든 이들이 문화 역량과 문화 창조력을 모아 문화적 긍지와 문화적 명예를 존중하는 표상이 되어야 함은 물론 국가와 사회의 문화적 원천이 되어야 한다.

가장 바람직한 무형문화유산의 보전 방향은 정확한 전승과 보급이 이루어지는 가운데, 발전적이고 현실적인 새로운 작품 창작과 확산이 지속되어야 하며, 끊임없는 연구활동의 축적으로 해당 무형문화유산의 생명력을 강화해나가는 데 있다. 보호와 전승의 유기적인 상호보완이 발전의 원동력이 되면, 무형문화유산의 생명력은 영원한 문화적 가치를 획득하고 빛을 발하게 될 것이다.

필자는 지난 10여 년 동안 한국문화재재단에 근무하며 무형문화유산을 누구보다 가까이에서 접하고 어떻게 하면 무형문화유산이 보전될 수 있을지, 국민들이 어떤 방식으로 무형유산을 받아들이고 이해하는 것이 효과적인지에 대한 연구를 계속해왔다. 또한 무형유산으로 박사논문을 쓰고 중요무형문화재인 발탈의 이수자로써 학문과 실무 그리고 전승 현장에 평행을 맞추며 지속적으로 고민해온 결과를 이 책으로 간추려내었다. 이 책이 필자에게는 계속해서 무형유산을 아끼고 보전할 수 있는 원동력을 줄 수 있었으면 한다. 또 독자들에게는 우리의 전통, 무형문화유산의 올바른 이해와 활용에 대하여 생각해볼 수 있는 통로가 되어주었으면 하는 바람이 있다. 필자가 책을 통해 제시하는 소정의 제안들이 실현되는 것 역시 작은 희망이다.

이 책을 집필하면서 도와주신 많은 분들에게 감사인사를 전하고 싶다. 먼저 책의 출간을 위해 아낌없이 가르침을 주신 고려대학교 선정규 교수님께 감사를 드린다. 또한 많은 자문을 해주신 서연호 교수님, 유영대 교수님, 전경욱 교수님, 최종호 교수님께 감사를 드린다. 무형문화유산 보호와 전승의 첨병으로 애써주시는 한국문화재재단 서도식 이사장님, 이향수 이사님, 이건 이사님, 이원준 전이사님께도 감사를 드린다. 또한 문화재재단과 인연을 맺게 해준 조진영 실장님, 박성호 팀장님과 집필을 하는 동안 아낌없는 박수를 보내준 후배 홍혜진 팀장, 이창근, 김순호, 박재완, 진송이, 그리고 국제교류팀원들, 한국문화재재단 직원들에게 감사의 마음을 전한다. 선학자의 경험으로 가르침을 준 선배 이윤수 박사님, 박사논문을 쓰는 동안 현장의 목소리를 생생하게 들려주신 발탈 인간문화재 조영숙 선생님, 원고 교정을 도와주신 김재영 국장님, 손은희 국장님, 한용태 소장님, 나지혜 선생님, 저자를 그려준 권윤지 선생님께 깊이 감사를 드린다. 그리고 책 집필을 이유로 늦게 귀가하는 나를 이해하고 믿고 기다려준 아내 조미현과 두 아이 범서, 은서에게도 사랑하는 마음을 이 책에 담아 전한다. 아울러 긴 시간 동안 두 아이를 사랑으로 키워주신 장인 조병휘 님과 장모 여영숙 님께도 큰 고마움을 전하고자 한다. 부족한 아들을 늘 자랑스럽게 여기신 아버지와 어머니께 이 글을 올리며, 늘 오빠가 우선이어서 마음고생을 많이 한 여동생들에게도 고마움을 전한다. 마지막으로 부족한 글을 막걸리 한 사발에 기꺼이 출판해주신 북코리아 이찬규 대표님과 편집진 여러분께 진심으로 감사를 드린다.

차례

I.

우리는 왜 지금
무형유산에
주목해야 하는가

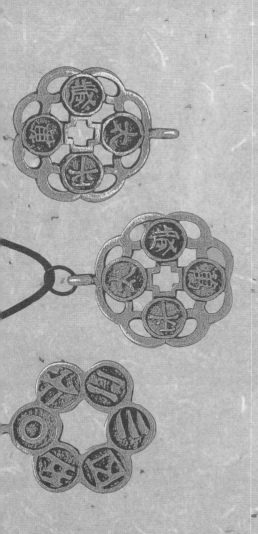

유네스코를 포함한 국제사회의 문화유산 보호활동은 건축물 위주의 유형문화재로부터 벗어나 점차 무형의 살아 있는 유산(living heritage), 즉 무형문화유산의 가치를 새롭게 인식하는 쪽으로 바뀌고 있다. 무형문화유산 보호를 위한 국제사회의 관심이 높아지고 있는 이면에는 급속한 세계화와 도시화, 문화통합 정책과 젊은 세대의 관심부족으로 인해 많은 무형문화유산이 사라지고 있다. 문화는 우리가 직접 보거나 만져볼 수도 없고, 또 우주(宇宙) 안에 있는 온갖 사물(事物)과 현상(現象)을 포함하고 있어 그 실질적인 내용을 눈앞의 언어기술로 전부 표현해낼 수 없을 정도로 복잡하기 때문에 한 번 사라지면 다시 찾기 어렵다.

협의의 문화는 오로지 인류의 정신적 창조와 그 성과만을 지칭한다. 광의의 문화는 인류사회가 역사의 발전과정에서 이룩한 물질적 창조와 정신적 창조 및 그 성과를 아울러서 말한다. 논리적 측면에서 협의의 문화는 광의의 문화에 종속되며, 협의의 문화는 광의의 문화의 심층구조에 해당된다.[1] 현대사회에서 문화적 경쟁력의 중요성이 인식되면서 점차 광의의 문화에 대한 관심이 높아지고 있다. 광의의 문화란 결국 우리 삶의 방식이고 가치관이며 역사적으로 그 사회가 만들어낸 산물이다. 오늘날에는 이러한 넓은 인식의 문화현상들이 산업과도 결합되면서 부가가치의 새로운 원천이 되고 있다. 특히 문화기술(Culture Technology: CT)은 고부가가치를 창출하는 첨단기술로 각광받고 있고 문화콘텐츠산업은 미래산업으로 부상하고 있다.[2]

21세기는 감성의 시대이다. 또한 드림 소사이어티(Dream Society)의

1　선정규, 『중국의 전통과 문화』, 신서원, 2007, pp. 13~14 참조.

2　최연구, 『문화콘텐츠란 무엇인가』, 살림출판사, 2006, p. 4.

시대이다. 자기 안에서 느끼고 움직이고 감동해야만 행동으로 나타나는 소프트 파워의 시대인 것이다. 탈냉전으로 상징되는 정치, 경제의 이데올로기가 이전의 세기였다면, 21세기는 문명과 문화의 패러다임으로 옮겨가는 문화의 시대이다.

이에 따라 문화의 중요성과 더불어 전통문화에 대한 관심도 더욱 증대되고 있다. 민족의 전통은 그 민족의 문화를 떠나서는 생각할 수 없다. 민족문화는 전통의 바탕 위에서 성립되며, 민족문화가 장시간 안정적으로 발전하면 민족의 전통을 구성하게 된다. 때문에 넓은 의미에서의 전통(傳統)은 한 민족이 그들의 역사를 통해서 대대로 형성해온 문화유산을 통칭하는 말이다. 일정한 특색을 지니고 대대로 전승되어 오는 풍속·도덕·사상·습관·예술·제도 등의 사회·문화적 요인들이 모두 전통문화에 속한다. 또한, 전통은 그 민족의 과거를 형성시킨 가장 핵심적 요체이자 동시에 현재를 잉태한 근원이며 나아가 미래를 준비하는 민족정신이자 그 표현양식이라고 할 수 있다.

전통문화는 과거의 역사 속에서 오랜 시간을 두고 형성된 것이므로 시대적 낙인과 민족적 색채를 지닌다. 이러한 시대성과 민족성은 전통문화와 현대문화를 구분하는 가장 중요한 표지(標識)이기도 하다. 또한 전통문화는 고정불변의 무기체가 아니라 시대의 변화와 함께 발전해 가기도 하고 새로운 내용과 형식으로 변화하기도 한다.[3] 반대로 시간이 흘러 형해(形骸)만 남아 있는 화석으로서만 존재하기도 한다. 전통문화는 그 내용이나 후대에 대한 영향 또는 파급의 시공에 관계없이 일단 형성되기만 하면 모두 전통문화의 범주에 들어가지만, 그중 오늘날의

---

3   선정규, 앞의 책, pp. 5~6.

기준에 근거하여 긍정적으로 재평가된 것만이, 그 가치를 인정받는다.

국가와 민족의 정체성은 오로지 전통문화에서만 구별된다. 민족과 국가의 정체성이 사라질 때, 그 국가와 민족은 소멸되고 만다. 민족적 전통문화의 정체성 상실은 단순한 전통의 소실이 아니라 민족의 멸망으로 이어졌다. 이런 이유로 어느 시대, 어느 국가를 막론하고 '전통문화에 대한 재발견'이라든가, 혹은 '전통문화의 현대적 의의' 등을 명제로 전통문화에 대한 연구가 진행되는 것이다. 전통문화는 결코 박물관에 진열되어 있는 과거의 존재가 아니라, 오늘날에도 여전히 현대인들의 혈맥 속에 살아 움직이며 영향을 미치고 있는 존재다. 이런 관점에서 우리가 오늘날 전통문화를 이해하는 것은 결코 과거로 회귀하는 것이 아니라, 바로 현대인들 마음 깊숙이 자리하고 있는 근원을 이해하는 것이라 할 수 있다.

전통문화는 고유문화(자생문화)와 외래문화의 결합으로 성립된다. 우리 민족은 각 시대마다 이미 존재하고 있던 고유문화의 '현재화'와 외국으로부터 새로 유입된 외래문화의 '한국화'를 진행했고, 그것이 결합 · 융화되어 우리의 전통문화가 성립되었다.[4] 이처럼 전통은 한 민족이 그들의 역사와 현재화를 통해서 대대로 형성해온 문화유산을 통칭하는 말이다. 말하자면 문화유산은 전통의 하위 개념인 것이다. 문화유산의 개념이 발전하는 과정을 살펴보면 과거 서구 중심의 문화 비교연구에서 비롯된 통념으로 오랜 시간 동안 무형문화유산과 유형문화유산 사이에는 양분화 현상이 자리매김하게 되었다. 이러한 이분법적 접근

---

4 전경욱, 「전통연희의 현대적 의의」, 『한국어문교육』 9, 고려대학교 한국어문교육연구소, 2011, pp. 249~250 참조.

으로 과거 다수의 문화유산 관련 정책은 주로 유형문화유산에 치중되는 경향이 지배적이었다.

그러나 문화유산에 대한 국제적 논의가 활발해지면서 국제규범 내 문화유산의 개념 역시 점차 확장되어 비물질적(non-material)인 무형문화유산과 자연자원 관리에 관한 전통지식까지도 포괄하게 되었으며, 나아가 문화적 다양성 표현의 주요 원천을 의미하는 수준으로 발전하게 되었다. 문화유산 개념의 확장과 더불어 무형문화유산의 중요성이 점차 부각되었으며, 이를 보호하기 위한 국제적인 노력도 한층 강화되고 있다.

무형문화유산은 공동체 내에서 공유하는 집단적인 성격을 가지고 있으며, 사람을 통해 생활 속에서 주로 구전으로 전승되어, 전승능력이 상실되거나 잔존문화화 가능성이 높은 분야이다. 그렇기 때문에 무형문화유산에 새로운 생명력을 줄 수 있도록 보전체계의 개선과 콘텐츠 활용방안을 연구하는 것이 필요한 시점이다. 보전(保全)의 사전적 의미는 어떤 사물을 "온전하게 잘 지키거나 유지하거나, 혹은 온전하게 잘 지켜지거나 유지되는 것"을 말한다. 간단히 말해서 보호해서 안전하게 하는 것이 보전이요, 어떤 사물이 피해를 입거나 손상되지 않게 하는 것이 바로 보전이다. 이 책에서는 보전의 의미를 보호(保護)와 전승(傳承)의 개념으로도 쓰고 있다. 무형문화유산 보전체계란 바로 전승되는 무형문화유산을 어떤 손상도 입히지 않고, 온전하게 잘 지켜나가고 유지해가며 전승하기 위한 각종 조직과 제도 등의 총체적인 면모를 일컫는 것이라고 할 수 있다.

한국은 무형문화유산 즉 무형문화재의 지정과 보전, 보유자의 관리 등에서 상당히 앞선 정책을 펼쳐왔다. 그러나 유네스코 위주의 무형유산 보호 패러다임으로 바뀌고 있는 지금 시점에서는 다시 생각해봐야 할 과제가 있다. 무형문화재 원형보존주의 원칙, 전수교육제도, 국가전승지원, 현행 〈문화재보호법〉 체계, 활용되지 못하는 무형문화유산 등 무형문화유산 보전체계의 쟁점을 파악하고 개선방안을 알아보고자 한다. 이를 바탕으로 문화콘텐츠 활용을 통한 보전체계의 활성화 방안을 제안하고자 한다. 무형문화유산 보전체계의 활성화 방안을 마련하기 위해서 우선 유네스코 무형문화유산 보호협약(2003), 중국, 일본, 프랑스 등 한국과 유사하거나 선진적인 국가의 전통문화 정책을 분석하여 각국의 특수성 및 방향성을 정리하였다. 물론 무형문화유산의 보전과 활용에 대한 정책은 각국의 역사적·사회적·문화적 상황에 따라 다르게 나타나는 것이 일반적이다. 그러나 정책의 방향성을 분석해보면 무형문화유산이 갖는 보편적 속성에 의해 각 나라에 공통적으로 중요시되는 사회적 지원제도의 유형을 발견해낼 수 있다. 이러한 유형들에 대한 분석을 통해 한국 무형문화유산의 보전체계 개선에 시사점을 줄 수 있는 대안들을 찾아보았다.

II.

무형유산의 의미를 파악해야
진정한 문화자산으로
활용할 수 있다

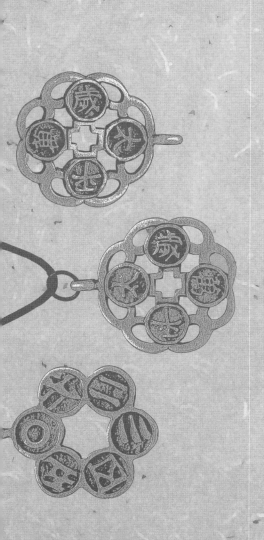

1. 무형문화유산이란?

1) 무형문화유산의 의미

문화유산은 나라와 민족에 따라 다를 수밖에 없다. 문화유산의 다양성으로 인해 유네스코는 물론 세계 각 나라가 각기 다른 개념과 명칭을 가지고 있다. '무형문화유산'이란 명칭은 유네스코가 사용하면서 많은 나라가 이를 채용하였으나, 문화유산보호에 대한 개념이 비교적 빨리 성숙된 나라들은 무형문화유산에 대한 개념을 각각 달리 설정하고 있다.

문화유산은 인류의 미래 문화발전을 위해서 다음 세대에게 계승·상속할 만한 가치를 갖고 있는 인류 사회의 문화적 소산이자 정신적·물질적인 모든 문화양식이다.[1] 문화유산(文化遺産)은 일반적으로 유형문화유산(有形文化遺産)과 무형문화유산(無形文化遺産)으로 구분된다. '문화유산'이라는 용어는 최근 수십 년간 상당한 변화를 겪어 왔다. 부분적으로는 유네스코가 제정한 국제협약에 기인한다. 유네스코 문화유산은 기념물이나 유물을 수집해 놓은 것에만 한정되지 않는다. 문화유산에는 구전 전통(oral traditions), 공연예술(performing arts), 사회적 관습(social practices), 의례(rituals), 축제 행사(festive events), 자연과 우주에 대한 지식과 관습 그리고 전통공예기술 등 선조에게서 물려받아 후손에게 물려줄 전통이나 살아 있는 표현물(living expressions)이 포함된다.[2]

무형문화유산에 관한 명칭은 유네스코에서 무형문화유산(Intangible

1　김만석, 『컨버전스 시대, 전통문화원형의 문화콘텐츠화 전략』, 북코리아, 2010, p. 20.

2　무형문화유산은 2003년 제32차 유네스코 총회에서 채택된 〈무형문화유산 보호에 관한 협약(Convention for the Safeguarding of the Intangible Cultural Heritage)〉에서 무형문화유산의 유형이 정의되었다.

Cultural Heritage), 한국에서는 무형문화재(無形文化財), 마찬가지로 일본에서도 무형문화재(むけいぶんかざい)라고 한다. 중국에서는 무형문화유산 개념을 도입하였으나 자국어로 비물질문화유산(非物質文化遺産)이라는 명칭을 쓰고 있으며, 프랑스 또한 무형문화유산(Patrimoine Culturel Immatériel) 개념을 사용하고 있다. 대만에서는 문화자산(文化資産)이라고 한다.

(1) 전통문화의 표현형식과 문화공간

유네스코가 무형문화유산에 대한 분명한 개념을 정의하기까지는 상당한 시간이 소요되었다. 1972년 유네스코 제17차 회의에서 통과된 〈세계 문화 및 자연유산에 관한 보호 협약(Convention Concerning the Protection of the World Cultural and Natural Heritage)〉에서는 단순히 문화유산과 자연유산만을 규정하였고, 이 협약에 따라서 『세계문화유산목록』을 작성하였으며, 그중에 '기념물', '건조물', '유적지(遺蹟址)' 등 3종류의 유형의 문화재만을 언급하였을 뿐, 무형문화유산에 대해서는 언급하지 않았다.

1989년 〈전통문화 및 민속 보호에 관한 유네스코의 권고(Recommendation on the Safeguarding of Traditional Culture and Folklore UNESCO)〉는 유네스코 규범 차원에서 무형유산의 개념을 처음 다룬 문서로서 무형문화유산의 기초적인 형태를 언어, 문학, 음악, 춤, 놀이, 신화, 의식, 관습, 수공예, 건축 및 여타의 예술로 정의하였다. 본 권고는 국제협약을 위한 중간단계라고 할 수 있다. 이에 따라서 회원국들은 민중이나 사회단체가 가지고 있는 상징적 의의와 정신적 가치의 '무형문화유산'에 대해서 더 많은 관심을 기울이고, 각국 정부가 입법을 통해서 전통문화 및 민속을 보호할 것을 촉구하였다.

1992년 유네스코는 비물질유산처를 무형유산처(section for the intangible heritage)로 개칭, 비물질(非物質, immaterial, non-physical) 대신 무형(無形)의 뜻인 'intangible'을 쓰면서 무형유산(intangible heritage)이라는 명칭을 본격적으로 사용하게 된다.

1993년에는 제142차 유네스코 집행위원회의 결정에 따라 유네스코 총장이 각 회원국에게 'Living Human Treasures(인간문화재)' 제도를 설치할 것을 촉구했다. 이 개념은 한국의 '인간문화재'[3] 제도에서 따온 것인데 많은 회원국들의 호응을 얻어 약 50여 개국의 회원국들이 이 제도를 도입할 의사를 밝혔다.

1997년에 이르러서는 유네스코가 '무형문화유산'의 개념을 제시했고, 제29차 총회는 산업화와 지구화 과정에서 급격히 소멸되고 있는 무형유산을 보호하고자 '인류 구전 및 무형유산 걸작 선정 사업(Proclamation of Masterpiece of the Oral and Intangible Heritage of Humanity)'을 채택했다. 이 규약에서 비로소 인류의 구전 그리고 무형문화유산의 정의는 '전통 문화 및 민속 보호에 관한 유네스코의 권고(Recommendation on the Safeguarding of Traditional Culture and Folklore)'에 기초한다고 규정하였는데, 이에 따르면 인류의 구전 및 무형문화유산은 전통예술과 민속을 가리키는 것이었다.

3　한국은 1964년부터 지속적으로 무형문화재 보전 정책을 실시해왔다. 〈문화재보호법〉 중 '중요무형문화재 보유자' 운영제도의 속칭이었던 '인간문화재' 제도를 주한 유네스코 대사가 한국의 무형문화재 보존제도를 소개하고, 본 제도를 유네스코의 다른 나라에도 채택할 것을 건의하게 된 것이다. 유네스코는 본 제도의 이행을 장려하기 위해 가이드라인을 제작해 회원국에 배포하고 훈련 워크숍을 운영하였다.

2003년 10월 17일 유네스코가 〈무형문화유산보호협약(Convention for the Safeguarding of the Intangible Cultural Heritage)〉**4**을 채택하면서 무형문화유산(intangible cultural heritage)이라는 용어가 공식화되었다. 이 협약의 제2조에서 "무형문화유산을 구전 전통, 공연예술, 사회적 관습, 의례, 축제 행사, 자연과 우주에 대한 지식과 관습 그리고 전통공예 기술 등 선조에게서 물려받아 후손에게 물려줄 전통이나 살아 있는 표현물"로

4　〈무형문화유산 보호협약〉 전문: 2003년 9월 29일부터 10월 17일까지 파리에서 개최된 제32차 국제연합교육 과학문화기구(이하 "유네스코") 총회는 기존의 인권 관련 규제 규약, 특히 1948년 세계인권선언, 1966년 경제적 · 사회적 · 문화적 권리에 관한 규제 규약 및 1966년 시민적 · 정치적 권리에 관한 규제 규약을 참조하고, '1989년 전통문화 및 민속 보호에 관한 유네스코 권고'와 '2001년 유네스코 세계문화다양성 선언' 그리고 제3차 문화장관원탁회의에서 채택된 '2002년 이스탄불 선언'에서 강조하는 바와 같이, 문화적 다양성의 원동력이자 지속가능한 발전의 보장 수단인 무형문화유산의 중요성, 그리고 무형문화유산과 유형문화 및 자연유산간의 깊은 상호의존 관계를 고려하고, 세계화 및 사회변화의 과정이 공동체간 새로운 대화를 위한 조건을 조성함과 동시에 특히 불관용 현상이 그러하듯이, 무형문화유산의 보호를 위한 자원의 부족으로 말미암아 유산의 쇠퇴 · 소멸 및 파괴라는 심각한 위협을 초래한다는 점을 인정하며, 인류의 무형문화유산을 보호하고자 하는 보편적 의지와 공통의 관심사를 인식하고, 공동체, 특히 토착 공동체 · 집단과 때로는 개인이 무형문화유산의 창출 · 보호 · 유지 및 재창조에 중요한 역할을 하여 문화 다양성 및 인류의 창조성 제고에 기여함을 인정하며, 1972년 〈세계문화유산 및 자연유산의 보호에 관한 협약〉 등 문화유산 보호를 위한 규제규범 제정으로 유네스코의 활동이 광범위한 영향을 미침에 주목하고, 나아가 현재까지 무형문화유산 보호를 위한 구속력 있는 다자간 규약이 존재하고 있지 않다는 점에 주목하여, 문화 및 자연유산에 관한 기존의 국제협정 · 권고 및 결의를 무형문화유산에 관한 새로운 규정으로 효과적으로 강화하고 보충할 필요성이 있음을 고려하고, 특히 젊은 세대에게 무형문화유산 및 그 보호의 중요성에 대한 인식을 고취할 필요성을 고려하며, 국제사회가 이 협약의 당사국과 함께 협력 및 상호 원조의 정신으로 이러한 유산의 보호에 기여해야 한다는 점을 고려하고, '인류 구전 및 무형문화유산 걸작 선포' 등 무형문화유산과 관련된 유네스코의 프로그램을 상기하며, 사람들을 더욱 친밀하게 하고 서로 간 교류와 이해를 보장하는 요소로서 무형문화유산의 중요한 역할을 고려하면서, 2003년 10월 17일 이 협약을 채택한다.

정의하였다.[5] 이를 간단하게 정리하자면 무형문화유산은 인류 공동체와 집단이 자신들의 환경, 자연, 역사의 상호작용에 따라 끊임없이 재창조해온 각종 지식과 기술, 공연예술, 문화적 표현을 지칭한다고 할 수 있다.

중국의 무형문화유산에 대한 보호 작업은 1998년 문화부와 '전국인대교과문위위원회(全國人大敎科文衛委員會)'가 국내외의 관련 법규를 바탕으로 하여 〈중화인민공화국민족민간전통문화보호법(초안)(中華人民共和國民族民間傳統文化保護法(草案))〉을 기초로 시작되었다. 2003년 유네스코가 〈무형문화유산 보호협약〉을 공포하자 법률 초안의 명칭을 〈중화인민공화국비물질문화유산보호법(中華人民共和國非物質文化遺産保護法)〉으로 개칭하면서부터[6] 무형문화유산에 대한 비교적 명확한 개념의 정리가 시작되었다.

여러 과정을 거쳐서 2011년 2월 25일 '제십일계 전국인민대표대회상무위원회제십구차회의(第十一屆全国人民代表大会常务委员会第十九次会议)'에서 〈비물질문화유산법(非物質文化遺産法)〉이 통과되어 반포되었다.[7]

---

5   Convention for the Safeguarding of the Intangible Cultural Heritage(article 2). 1. The "intangible cultural heritage" means the practices, representations, expressions, knowledge, skills – as well as the instruments, objects, artefacts and cultural spaces associated therewith – that communities, groups and, in some cases, individuals recognize as part of their cultural heritage. 2. The "intangible cultural heritage", as defined in paragraph 1 above, is manifested inter alia in the following domains: (a) oral traditions and expressions, including language as a vehicle of the intangible cultural heritage; (b) performing arts; (c) social practices, rituals and festive events; (d) knowledge and practices concerning nature and the universe; (e) traditional craftsmanship.

6   황매희, 『국가급 중국문화유산총람』, 도서출판 황매희, 2010, p. 49 참조.

7   정준호, 「중국의 비물질문화유산정책」, 『한국행정학회 공동학술대회지』, 한국행정학회, 2010, p. 856 참조.

〈비물질문화유산법〉의 총칙 제2조에서 "무형문화유산은 각 민족의 인민들이 대대로 전승함과 아울러 문화유산의 한 부분으로 간주되는 각종 전통문화의 표현형식, 그리고 전통문화 표현형식과 관련된 실물과 장소를 가리킨다"고 정의[8]하고 전통의 구비전승과 그 체제가 되는 언어, 전통의 민술, 서법, 음악, 무용, 희극, 곡예(曲藝), 그리고 잡기(雜技)를 비롯하여 전통의 기예(技藝)와 의약과 역법, 전통의례나 절일의 경축에 관한 민속, 전통체육과 유예(游藝), 기타 무형문화유산이 이에 포함된다고 규정하였다. 아울러 무형문화유산에 속하는 물질과 장소, 갖가지 문물 등은 〈중화인민공화국문물보호법〉의 관련 규정에 따른다고 명시하였다.[9]

중국은 무형문화유산의 개념을 "각 민족 인민들이 대를 이어 전승한 대중생활과 밀접한 관계를 가지는 각종 전통문화의 표현형식(민속활동, 공연예술, 기능 및 이와 관련한 기구, 실물, 수공제품 등)과 문화공간"으로 규정하고 있다. 특히 문화공간은 정기적으로 전통문화 활동을 개최하거나 전통문화 표현 형식을 집중적으로 나타내고, 공간성과 시간성을 함께 보유한다.[10] 이것은 유네스코가 무형문화유산에 대해서 "공동체, 집

---

8   김용범, 『중국의 무형문화유산 제도 변화에 대한 정책적 대응 방안 연구』, 한국문화관광연구원, 2012, p. 48 참조.

9   本法所称非物质文化遗产, 是指各族人民世代相传并视为其文化遗产组成部分的各种传统文化表现形式, 以及与传统文化表现形式相关的实物和场所。包括：(一)传统口头文学以及作为其载体的语言;(二)传统美术、书法、音乐、舞蹈、戏剧、曲艺和杂技;(三)传统技艺 医药和历法;(四)传统礼仪 节庆等民俗;(五)传统体育和游艺;(六)其他非物质文化遗产° 属于非物质文化遗产组成部分的实物和场所, 凡属文物的, 适用〈中华人民共和国文物保护法〉的有关规定。(2013. 10. 26), http://baike.baidu.com

10   「국무원 사무청의 중국 무형문화유산 보호를 강화하기 위한 작업에 대한 의견」, 국무원 사무청 발표문서 2005년 제18호(2005. 3. 26) 붙임「국가급 무형문화유산 대표작의

단, 개인들이 그들의 문화유산의 일부분으로 인식하는 실행(practice), 표출(representation), 표현(expression), 지식(knowledge), 기술(skill)뿐 아니라 이와 관련된 전달 도구(instrument), 사물(object), 유물(artefact) 및 문화 공간(cultural space) 모두를 의미한다"고 정의한 것과 관련성이 있다.[11] 중국 무형문화유산은 '표현형식'과 '문화공간'의 2가지로 나눌 수 있으며, 그 범위는 6가지 내용을 포함하고 있다(표 2.1 참조).[12]

표 2.1 한국과 중국의 무형문화유산 범주 비교

구분	한국	중국
명칭	무형문화재	비물질문화유산
범주	연극, 음악, 무용, 놀이, 의식, 공예기술 등 무형의 문화적 소산으로서 역사적·예술적 또는 학술적 가치가 큰 것	a. 구두로 전해지는 전통으로 문화를 전달하는 언어를 포함한다. b. 전통 공연예술 c. 민속활동, 예식, 명절 d. 자연계와 우주의 민간전통 지식의 실천 e. 전통 수공예 기능

(2) 가치 있는 전통 유산

한국은 무형문화유산에 대한 인식과 보호에 있어서 일찍부터 앞서 있었다. 이미 1962년에 시행된 〈문화재보호법〉 제2조에서는 "문화재란 인위적이거나 자연적으로 형성된 국가적·민족적·세계적 유산으

보고와 평가결정의 시행방법」 제2조.

11 유네스코, 〈무형문화유산 보호협약〉, 2003, 제2조의 정의.

12 「국무원 사무청의 중국 무형문화유산 보호를 강화하기 위한 작업에 대한 의견」, 국무원 사무청 발표문서 2005년 제18호(2005. 3. 26) 붙임 「국가급 무형문화유산 대표작의 보고와 평가결정의 시행방법」 제3조.

로서 역사적 · 예술적 · 학술적 · 경관적 가치가 큰 것"[13]이라고 정의하고 있다. 무형문화재의 범주 규정은 〈문화재보호법〉 제2조 제1항에 명시되어 있는데, 무형문화재는 연극, 음악, 무용, 놀이, 의식, 공예기술 등 무형의 문화적 소산으로서 역사적 · 예술적 또는 학술적으로 가치가 큰 것을 말한다.

---

13 〈문화재보호법〉 제2조(정의) ① 이 법에서 "문화재"란 인위적이거나 자연적으로 형성된 국가적 · 민족적 또는 세계적 유산으로서 역사적 · 예술적 · 학술적 또는 경관적 가치가 큰 다음 각 호의 것을 말한다. 1. 유형문화재: 건조물, 전적(典籍), 서적(書跡), 고문서, 회화, 조각, 공예품 등 유형의 문화적 소산으로서 역사적 · 예술적 또는 학술적 가치가 큰 것과 이에 준하는 고고자료(考古資料). 2. 무형문화재: 연극, 음악, 무용, 놀이, 의식, 공예기술 등 무형의 문화적 소산으로서 역사적 · 예술적 또는 학술적 가치가 큰 것. 3. 기념물: 다음 각 목에서 정하는 것. 가. 절터, 옛무덤, 조개무덤, 성터, 궁터, 가마터, 유물포함층 등의 사적지(史蹟地)와 특별히 기념이 될 만한 시설물로서 역사적 · 학술적 가치가 큰 것. 나. 경치 좋은 곳으로서 예술적 가치가 크고 경관이 뛰어난 것. 다. 동물(그 서식지, 번식지, 도래지를 포함한다), 식물(그 자생지를 포함한다), 지형, 지질, 광물, 동굴, 생물학적 생성물 또는 특별한 자연현상으로서 역사적 · 경관적 또는 학술적 가치가 큰 것. 4. 민속문화재: 의식주, 생업, 신앙, 연중행사 등에 관한 풍속이나 관습과 이에 사용되는 의복, 기구, 가옥 등으로서 국민생활의 변화를 이해하는 데 반드시 필요한 것. ② 이 법에서 "지정문화재"란 다음 각 호의 것을 말한다. 1. 국가지정문화재: 문화재청장이 제23조부터 제26조까지의 규정에 따라 지정한 문화재. 2. 시 · 도지정문화재: 특별시장 · 광역시장 · 도지사 또는 특별자치도지사(이하 "시 · 도지사"라 한다)가 제70조 제1항에 따라 지정한 문화재. 3. 문화재자료: 제1호나 제2호에 따라 지정되지 아니한 문화재 중 시 · 도지사가 제70조 제2항에 따라 지정한 문화재. ③ 이 법에서 "등록문화재"란 지정문화재가 아닌 문화재 중에서 문화재청장이 제53조에 따라 등록한 문화재를 말한다. ④ 이 법에서 "보호구역"이란 지상에 고정되어 있는 유형물이나 일정한 지역이 문화재로 지정된 경우에 해당 지정문화재의 점유 면적을 제외한 지역으로서 그 지정문화재를 보호하기 위하여 지정된 구역을 말한다. ⑤ 이 법에서 "보호물"이란 문화재를 보호하기 위하여 지정한 건물이나 시설물을 말한다. ⑥ 이 법에서 "역사문화환경"이란 문화재 주변의 자연경관이나 역사적 · 문화적인 가치가 뛰어난 공간으로서 문화재와 함께 보호할 필요성이 있는 주변 환경을 말한다. ⑦ 이 법에서 "건설공사"란 토목공사, 건축공사, 조경공사 또는 토지나 해저의 원형변경이 수반되는 공사로서 대통령령으로 정하는 공사를 말한다. ⑧ 이 법에서 "국외소재문화재"란 국외로 반출되어 현재 대한민국의 영토 밖에 소재하는 문화재를 말한다(2013. 10. 20).

표 2.2 한국과 유네스코 무형문화유산 범주 비교

구분	한국	유네스코
명칭	무형문화재	무형문화유산
범주	연극, 음악, 무용, 놀이, 의식, 공예기술 등 무형의 문화적 소산으로서 역사적·예술적 또는 학술적 가치가 큰 것	a. 언어를 포함한 구전 전통 및 표현 b. 공연예술 c. 사회적 관습·의식 및 제전 d. 자연과 우주에 대한 지식 및 관습 e. 전통공예 기술 등

무형문화재와 무형문화유산은 비슷한 의미를 가지면서도 범주의 차이를 지닌다. 한국의 무형문화재와 유네스코의 무형문화유산의 의미를 비교해 보면, 그 범주의 차이를 알 수 있다. 한국의 무형문화재는 예술과 기술을 중심으로 종목에 중점을 두는 정의처럼 보이지만, 실제적으로는 지정된 무형문화재 각 종목 범주 내의 대표성에 대한 평가와 함께, 종목의 희소성이나 소멸 위험성에 근거하여 지정 보존되고 있다.[14] 유네스코의 무형문화유산에 대한 정의는, 한국 무형문화재의 범주를 포함하며, 그 외에 언어, 구전 전통, 관습, 무형문화유산과 관련된 도구나 물품, 공예품, 문화공간까지 포함하는 포괄적 정의임을 알 수 있다.

한국은 유네스코의 〈문화다양성 협약〉을 비준한 이후로 무형문화재의 개념에서 상위개념인 무형문화유산의 개념으로 옮겨가고 있다. 유네스코에서 〈무형문화유산의 보호를 위한 협약〉을 비준한 이후 한국에서도 이를 받아들여 회원국이 됨에 따라, 한국의 무형문화재 제도도 유네스코의 무형문화유산과 관련해서 운영할 필요가 있게 된 것이다.

14　송준, 「한국 무형문화재정책의 현황과 발전방안」(고려대학교 박사학위논문, 2009), p. 15.

한국보다 뒤늦게 무형문화유산 제도를 마련한 중국에서는 오히려 유네스코의 무형문화유산 개념을 온전히 차용하여 자국의 『비물질문화유산보호법』을 제정하였다. 이에 광활한 중국 땅 56개 소수민족들의 무형문화유산을 큰 개념 속에서 빠짐없이 지정할 수 있게 된 것이다.

무형문화유산은 급격한 사회변화에 적응하는 데 어려움을 겪고 있다. 우리에게 무형문화재 또는 전통문화로 더 익숙한 무형문화유산이 세계화와 서구화의 영향으로 소멸될 위기에 처해 있다는 연구도 심심치 않게 접할 수 있다.[15] 이러한 분위기에서도 다행인 것은 어려움에 처한 무형문화유산을 보전해야 한다는 각계의 목소리 또한 점점 더 힘을 받아가고 있다는 사실이다.

이러한 현상은 무형문화유산의 중요성에 대한 인식이 커진 까닭이며, 다른 하나는 한국 무형문화유산 정책에 대한 국제적 관심 때문이다. 이와 관련하여 '무형문화를 중심으로 한 문화인식의 시대적 전환, 세계사적 흐름 속에서 무형문화의 중요성 증대, 한국 무형문화 정책에 대한 국제적 관심'[16] 등을 볼 때 현 상황을 진단하고 개선방안을 새롭게 하는 것은 매우 중요한 일이라 하겠다.

타이완의 문화유산에 관한 법률은 1982년 문화자산의 보호를 목적으로 입법된 〈문화자산보호법(文化資産保護法)〉이 상징적이며, 이 법률에 근거하여 개정된 2005년 〈문화자산보존법수정안(文化資産保存法修正案)〉이 제정됨으로써 법률적 체계가 완비되었다고 할 수 있다. 타이완

---

15 임돈희, 「무형문화유산 목록 작성에서 제기되는 몇 가지 문제」, 『무형문화유산총서』 1, 전북대학교 20세기민중생활사연구소, 2012, p. 17.

16 임재해, 「무형문화재의 가치 재인식과 창조적 계승」, 『한국민속학』 45(한국민속학회, 2007), pp. 241~248.

의 무형문화재에 대한 개념은 1997년에 제정된 〈중요 민족예술 전승자에 관한 규정(중요민족예술예사린선판법, 重要民族藝術藝師遴選辦法, The point of Culture arts teacher)〉, 2005년 제정된 〈문화자산보존법수정안〉과 이와 관련되어 제정된 〈문화자산보존법시행세칙(文化資産保存法施行細則)〉 및 〈전통예술 및 관련문물 등록지정과 폐지심사에 관한 법(傳統藝術民俗及有關文物登錄指定及廢止審査辦法)〉을 통해서 알 수 있다.

〈문화자산보존법수정안〉 제4장과 제5장은 각각 '문화경관(文化景觀)'과 '전통예술, 민속 및 관련 문물'의 보호에 대해서 규정하고 있다. 이에 따르면 '전통예술'은 "여러 민족 집단과 지방에 전승된 전통기예와 예능으로, 전통공예·미술 및 공연예술"을 포함한다. 그리고 '민속 및 관련 문물'은 "국민생활과 관련 있는 전통적이면서도 특수한 의미를 가진 풍속, 신앙, 명절 및 관련 문물"을 가리킨다. 또한 '문화경관'은 "신화, 전설, 사적(事蹟), 역사사건, 공동체 집단생활이나 의식(儀式)행위에 의해서 정착된 공간 및 관련 환경"을 가리킨다. 말하자면 타이완의 무형문화유산의 개념은 무형성(無形性)을 특징으로 하는 전통문화의 체제나 공간을 말함과 동시에 전통예술과 민속 등과 같이 그것을 전승하는 인물은 물론 민중의 일상생활과 밀접한 관련이 있거나 심지어 민중의 생활방식으로서 존재하는 민속 등을 모두 포함하는 개념이다.[17]

타이완이 다른 나라와 달리 문화유산이라는 어휘 대신 문화자산이라는 어휘를 사용하는 것은 바로 이런 이유에서이다. 문화유산이라고 할 경우 단순히 선조들이 남긴 것이라는 개념이 강력하여 현실 속 민중

---

17 李東方, 「我國臺灣地區文化資産保護制度基本問題硏究」, 『經濟法論壇』, 2008, pp. 542~543 참조.

들의 생활방식과는 일정한 거리가 있음을 의미한다. 그러나 문화자산
이라고 했을 때는 그것을 현대적으로 활용하여 오늘날의 현실 속에서
도 여전히 유용하게 사용할 수 있다는 소유 및 자산으로서의 측면이 강
조된 개념이기 때문이다.

프랑스에서 전통문화는 고급문화와 동일시되기도 한다. 국가의 문
화예술에 대한 지원으로 인해 대부분의 전통문화가 점진적인 변화를
거듭하였고, 고급문화로 자리 잡고 있기 때문이다.[18] 이러한 연유로 무
형문화유산이라는 개념에 관심을 가지게 된 것은 비교적 최근의 일이
며 그 개념은 '예술의 거장' 제도에서 찾을 수 있다.

1994년 개인 부문에서 예술기능 전문가들이 보유하고 있는 희귀
하고 독특한 노하우를 보존하고 발전시키기 위해 독특한 제도를 계획
했다. 기존의 거대한 유산과 현대 예술작품들을 보존할 필요에 따라 이
노하우는 보호되어야 한다는 무형문화유산의 개념을 구성하게 된다.[19]
이러한 목적으로 '예술의 거장 심의회'가 창설(1994년)되었고, 한국의
'중요무형문화재 보유자'의 개념과 유사한 '예술의 거장' 제도가 제정[20]
되었다.

'예술의 거장 심의회'와 '예술의 거장'이라는 칭호는 현대 예술 작품
과 함께 유형유산(유동 및 고정 유산)의 보존과 복원에 필요한 기술과 노하
우를 재평가하기 위한 임의적인 무형문화유산 정책에서 처음으로 결정
된 것이다. 국가는 또한 무형문화유산의 한 부분으로서 예술 거장들의

---

18   송준, 앞의 글, p. 42 참조.

19   송준, 위의 글, p. 42 참조.

20   Pascual Leclercq, 『프랑스, 무형문화재의 보존: '예술의 거장' 제도』, 유네스코 한국위원
       회, 2010, p.215.

노하우, 행위, 독특한 능력들을 전승시키고자 했다. 최초의 무형유산이라는 개념은 공화국 대통령이 '동전 및 메달 주조 공사(Établissement public des monnaies et médailles)'의 전 사장이었던 무슈 피에르 드하예(Monsieur Pierre Dehaye)에게 명령하여 작성된 1975년 「예술기능에 관한 보고서」에[21] 나타난다.

표 2.3 예술의 거장 10개 부문

번호	내용	비고
1	악기제작 기능	
2	서적 및 인쇄 기능	
3	무대 및 흥행예술 기능	
4	건축업 기능	
5	직물 및 패션에 관한 예술기능	
6	흙과 불을 이용하는 예술기능	
7	기계예술 기능	
8	가구 및 실내장식 기능	
9	금속공예 기능	
10	금세공과 보석가공 예술기능	

무형문화유산 전승자로서의 '예술의 거장'이라는 공식 칭호는 일본의 '국가인간문화재'를 벤치마킹한 것이다. '예술의 거장'들은 자신들의 우수한 노하우를 전수하고 기술을 혁신시키는 데 역점을 두게 된다. 프랑스도 일본처럼 유형문화유산과 함께 무형의 예술적 · 실용적 기술

21 　위의 글, p. 215.

들을 '예술의 거장'이라는 개념으로 받아들이게 된 것이다.[22] 그러나 이 개념은 단지 순수 예술기능과 연관된 기술의 노하우만을 포함하는 것이 아니라, 흥행성 예술의 실행과 노하우도 포함한다.

초기의 '예술의 거장' 제도는 예술작업장의 경제적인 상황과 이 노하우의 영속성 보존에 그 목적을 두었으나 무형문화유산의 가치가 사회적인 맥락 속에서 변화를 거듭하며 현재의 '예술의 거장' 개념으로 재정립되었다.[23] 이에 따라 희귀하고 사라질 위기에 처해 있던 독특한 기술과 노하우를 보존하고 숙련된 전문가들을 보호할 수 있게 되었다. 프랑스의 무형문화유산의 범위는 '예술의 거장' 선별 기준으로 대변되는데 악기 제작, 서적 및 인쇄, 무대 및 흥행예술, 건축업, 직물 및 패션에 관한 예술[24] 등이다.

(3) 인간의 기예

무형문화재의 개념 정리와 무형문화재의 보호제도에 있어서 일본은 세계에서 가장 역사가 깊다고 할 수 있다. 일본은 이미 1950년 문화재보호법을 제정하여 무형문화재를 '선정된 무형문화재(選定無形文化財)'와 '민속자료(民俗資料)'로 구분하였다. 이때 선정된 무형문화재는 예능(향토예능, 민간전승, 행사 등을 포함)과 공예기술[25], 그 외 무형의 문화적 유산을 가리키며, 민속자료는 유형문화재의 일부가 포함되었다.

---

22 위의 글, p. 215 참조.

23 Pascual Leclercq, 위의 글, p. 215 참조.

24 위의 글, p. 215 참조.

25 김인규 · 임형진, 『국외무형문화유산 보호제도 연구』, 국립문화재연구소, 2010, p. 18 참조.

1954년부터 1974년까지는 무형문화재가 중요무형문화재와 기록선택무형문화재, 그리고 기록선택무형민속자료로 구분되었다. 중요무형문화재와 기록선택무형문화재는 향토예능과 민간전승 등이 포함된 예능 및 공예기술 분야를 대상으로 했다. 기록선택무형민속자료에는 향토예능을 포함한 풍속관습을 대상으로 구분하였다. '민속문화재'와 '기록선택무형민속문화재'가 추가되며 선정보존기술 개념이 도입된다.[26] 이때 문화재보호법에서 무형문화재를 음악, 무용, 공예기술 등을 대상으로 보호하기 위한 제도로 정의했다.

1975년 문화재보호법은 대폭 개정되어 기존의 '민속자료'를 '유형민속문화재'로 개칭하였으며 '무형민속문화재' 지정제도를 신설하였다. '무형민속문화재'는 민간에서 행하는 세시풍속, 의례, 신앙, 생업 등[27]을 지정 대상으로 정의하였다.

1996년 일본 문화청은 근대 생활문화유산에 관한 자료를 보존하기 위한 대책이 시급하다는 것을 인식하여 '근대 생활문화유산 보존 활용에 관한 조사 협력자회의'를 구성하였다. 이를 통해 근대생활유산의 현황을 파악하기 시작했다. 조사내용은 의·식·주·전통예능, 민속예능, 신앙·통과의례·세시풍속·생산 활동·교육·전쟁·교통, 통신·취미·기타 등 12개 분야였다.[28] 일본도 이때부터 무형문화유산의 개념의 폭을 넓히기 시작한 것이다.

일본의 무형문화재에는 문화재보호법에 의해서 '무형문화재', '무형

---

26   김인규·임형진, 위의 책, p. 18 참조.

27   임장혁, 「아시아 각국의 무형문화유산 정책」, 『비교민속학회』 37, p. 464.

28   위의 글, p. 466.

의 민속문화재' 및 '문화재의 보존기술'이 포함된다.[29] 일본의 무형문화재는 음악, 연극, 무용 등의 예능이나 공예기술 등을 모두 포함한다. 이는 인간의 '기예(技藝)' 그 자체로서 '기예'를 체득한 개인 또는 집단에 의해 표현된다. 이 같은 '기예'는 공개되어 연마·향상을 도모하고 다음 세대로 계승된다. 이런 뜻에서 무형문화재의 보호는 공개와 표리일체의 관계에 있다. 무형의 민속문화재는 의식주, 생업, 신앙, 연중행사 등에 관한 풍속습관 및 민속예능을 일컫는다.[30] 이는 그에 이용되는 의복, 가구, 가옥, 기타의 물건을 가리키는 유형민속문화재와 더불어 문화재보호법상 민속문화재에 속한다. 이 두 가지 모두 사람들 생활의 일부로서 전승되어오는 것이며 서로 뗄 수 없는 관계이다. 또한 사람들의 일상생활 그 자체를 구성 요건으로 하고 있어 시대나 생활변화에 따라 함께 변화하므로 보전이 매우 어렵다.[31]

표 2.4 한국과 일본의 무형문화유산 범주 비교

구분	한국	일본
명칭	무형문화재	무형문화재 무형의 민속문화재 문화재의 보존기술
범주	연극, 음악, 무용, 놀이, 의식, 공예기술 등 무형의 문화적 소산으로서 역사적·예술적 또는 학술적 가치가 큰 것	연극, 음악, 공예기술, 기타 무형의 문화적 소산으로 일본에서 역사상 또는 예술상 가치가 높은 것을 '무형의 문화재'라 함

---

29 가와무라 쓰네아키 외, 이흥재 옮김, 『문화재정책개론: 문화유산 보호의 새로운 전개』, 논형학술, 2007, p. 149.

30 위의 책, p. 149.

31 위의 책, p. 150.

일본은 무형의 문화재 중 중요한 것을 중요무형문화재로 지정하고, 동시에 이러한 기·예능을 고도로 구현하고 있는 자를 보유자(보유단체)로 지정하여 전통적인 기·예능의 계승을 꾀하고 있다. 보유자 등의 지정에는 각개, 총합, 보유단체인정 등 세 가지 방식이 있다. 일본은 중요무형문화재의 유지를 위해 각개인정의 보유자(소위 인간국보)에 대해 특별보조금(연액 200만 엔)을 교부하고 있으며, 이 외에도 보유단체, 지방공공단체 등이 하고 있는 전승자 양성사업, 공개사업에 대해 그 경비의 일부를 지원하고 있다. 그 밖에 국립극장에서는 노우가쿠(能, 가면음악극), 분라쿠(文, 인형극), 가부키(歌舞伎, 민중연극) 등의 예능에 관해서 각각의 후계자 양성을 위한 연수사업 등을 하고 있다.[32]

또한, 중요무형문화재로 지정되어 있지 않지만, 일본 예능 및 공예기술의 변천을 감안하여, 중요하고 기록 작성 및 공개 등을 할 필요가 있는 무형의 문화재에 대해서 기록 작성 등의 조치를 강구해야 하는 무형문화재로 선택하여 국가 스스로 기록 작성을 하고, 지방공공단체가하는 기록 작성 및 공개사업에 대해 심혈을 기울이고 있다.

2) 무형문화유산의 특성

세계 각국의 무형문화유산에 대한 개념이 약간씩 다르지만 인류유산으로서 무형문화유산은 공통적 특성 몇가지를 가지고 있다. 지금까지 학자들이 제시한 이에 대한 의견을 종합하면 대략 다음과 같이 9가지로 정리할 수 있다.[33]

---

32   위의 책, p. 21 참조.

33   李世濤, 「試析"非物質文化遺産"的基本特點與性質」, 『廣西民族研究』 3, 2007, pp. 184~

(1) 민족 고유의 역사적 특성

고유성(固有性)이란 무형문화유산의 독특하고 유일한 특성을 말한다. 무형문화유산은 예술이나 문화의 표현형식으로 존재하여 특정 민족이나 국가 혹은 지역 거주민들의 독특한 창조력을 체현하거나 물질적 성과와 구체적인 행위방식, 예의, 습속 등을 표현하고 있다. 이들은 모두 각 민족이나 국가의 독특성과 유일성 내지 재생불능적인 특성을 구비하고 있다. 또한 이들이 간접적으로 체현하고 있는 사상이나 정감, 의식과 가치관 역시 독특한 특성을 가지고 있어서 타민족이나 국가는 이를 재생·모방하기 어렵다.

예를 들면 2013년 12월 5일 유네스코 인류무형문화유산 대표목록으로 등재된 '김장문화(Kimjang; Making and Sharing Kimchi)'는 우리 한민족의 문화적 특성과 지혜가 응집되어있는 가장 대표적인 무형문화유산이다. 김치와 김장 관련 기록[34]은 760여 년 전 쓰여진 이규보(李奎報, 1168~1241)의 『동국이상국집(東國李相國集)』「가포육영(家圃六詠)」[35]에 국

---

187. 周小岩, 「"非遺"保護的 "活態性" 轉承」, 『語文學刊』 11, 2011, pp. 112~113.

34 삼국시대 당시 식품에 관한 서적이 남아 있지 않아 정확한 양상을 알기는 어렵다. 그러나 당시 우리 문화의 절대적 영향을 받은 일본 문헌들에서 일부 흔적을 찾을 수 있다. 헤이안(平安) 시대(900~1000년) 문헌인 '연희식(延喜食)'에는 소금이나 술지게미, 장, 초 등에 절인 오이와 가지, 파, 미나리, 순무, 생강 등이 등장, 당시에 이미 초기 단계의 김치가 식용되고 있었음을 알 수 있게 해준다. 백수하 기자, "김치는 천년 곰삭은 '겨레의 먹거리'", 문화일보, 2002. 11. 11.

35 고려시대에 들어서는 문헌상 처음으로 김치와 관련한 기록이 발견된다. 고려 중엽 문장가인 이규보의 『동국이상국집』「가포육영」에 "무청을 장 속에 박아 넣어 여름철에 먹고 소금에 절여 겨울철에 대비한다"라고 기록되어 있는데 이것은 장아찌와 김치가 분리된 것을 나타낸다. 또한 겨울을 대비한다는 것으로 보아 김장의 풍습이 이미 시작되었음을 보여준다고 할 수 있다.

내 자료로는 처음 나타난다.[36] 김치는 계층과 지역을 막론하고 한국인의 식사에서 빠질 수 없는 존재이다. 또한 김장은 추운 겨울을 나야 하는 한국인들에게 반드시 필요한 월동 준비이며 지혜의 유산이다. 한국인들은 지역의 고유한 문화와 자연환경과 더불어 살아간다. 그렇기 때문에 김장을 하는 방식 또한 지역·가정마다 조금씩 차이가 있다.[37] 오랜 시간에 걸쳐 한국 사람들은 주변의 자연환경에 가장 잘 맞는 김장 방식을 창조적으로 발전시켜왔다. 따라서 김장문화는 한국의 자연환경에 깊숙이 뿌리내리고 있는 지역 고유의 무형문화유산이다. 김장문화는 한국인 고유의 정체성에서도 중요한 부분을 차지한다. 김장은 그 의미 면에서 한국의 독특한 문자체계인 한글이나 태극기에 비견된다. 도시화, 서구화, 상업화 시대에도 90% 이상의 한국인들이 가정에서 직접 김치를 담거나 친인척들이 정기적으로 제공해주는 김치를 먹는다.[38] 이는 김장이 현대 한국사회에서 가족공동체를 결속시키는 중요한 계기가 되고 있음을 보여준다. 김치를 담그고 먹는 일, 특히 공동체가 함께 모이는 김장 방식은 한국인 고유의 정체성을 재확인시켜준다.

어떤 민족의 문화나 문명에도 특유의 전통적 요소와 어떤 문화적 기인(基因)과 민족적 기억을 구비하고 있으며, 이는 민족이 존재하거나 발전하는 데 의지하는 하나의 뿌리(根)가 된다. 만약 이러한 뿌리를 상실해버리면 자신의 특성과 지속적으로 발전할 수 있는 동력 역시 상실되고 만다. 무형문화유산에는 민족의 독특한 지혜와 고귀한 정신적 재

---

36   이춘자·김귀영 외, 『김치』, 대원사, 2003, p. 20.

37   문화재청, 「유네스코 인류 무형문화유산 김치와 김장문화 등재신청서(안)」, 문화재청, 2013, p. 10.

38   문화재청, 위의 신청서, p. 8.

산이 내포되어 있으며, 이는 사회가 연속적으로 발전할 수 있는 명맥이
자 원천이다. 민족이 보유하고 있는 문화기억은 바로 전통과 하나로 연
계되어 있다. 무형문화유산은 풍부하고 독특한 민족의 기억을 담고 있
다. 그러나 기억은 홀시되거나 쉽게 잊어버리게 된다. 무형문화유산을
보호하고 발전시켜나가야 할 이유가 바로 여기에 있다.

민족성(民族性)은 한 민족의 무형문화유산이 그 민족이 가진 특유의
사유방식, 지혜, 세계관, 가치관, 심미관, 정감 등이 표현되어 있어 타민
족이 흉내 내거나 모방할 수 없는 특징을 말한다. 때로는 문화교류가
심화됨에 따라 무형문화유산이 다른 민족에게 전이되는 경우도 있다.
그러나 그것을 받아들인 민족은 결코 그 무형문화유산을 원래부터 소
유한 민족의 낙인을 완전하게 지울 수는 없다. 무형문화유산의 형식과
내용은 모두 민족적 특성에 의해서 결정되는 것이다.

민족의 인종이나 복식, 음식과 생활방식, 그리고 언어와 풍속 등은
모두 자연발생적으로 형성된 것으로, 대체로 그 민족이 거주하는 자연
생태의 영향을 가장 크게 받은 것이므로 이들 가운데 일부는 유전적 요
소로 작용한다. 또한 민족의 세계관이나 신앙, 사유방식과 종교관, 가
치관과 심리적 구조, 그리고 심미적 취미, 생활 방식 등을 비롯한 민족
문화의 구성요소 들은 오랜 세월을 거쳐 형성된 것으로, 일상생활과 행
동 방식 등에 나타나며, 매우 강력한 안정성을 가지고 있어서 쉽게 변
화하지 않는다. 실제로 이러한 민족의 각종 특성을 나타내는 형식과 내
용이 모두 무형문화유산에 매우 선명하게 나타난다.

아리랑의 기원과 전파를 생각하면 무형문화유산의 민족적 특성을
쉽게 이해할 수 있다. 아리랑은 그 기원을 정확히 알 수 없을 만큼 오랫
동안 구전으로 전승되어온 한국 고유의 인류 무형문화유산이다. 아리

랑은 정선, 밀양, 진도를 중심으로 점차 확산되어 1억 한민족의 민요가 되었다. 강원도를 위시하여, 한반도의 남서쪽인 전라남도의 진도, 남동쪽인 경상남도의 밀양 등지에서 전승보존단체가 결성되어 왕성히 활동하고 있다. 각 지역에서 부르던 노래는 방송과 음반제작에 힘입어 전국에 널리 확산되었다. 아리랑은 20세기 초 일제강점기에 두루 확산되어 국내는 물론, 나라와 고향을 떠나간 많은 이들을 중심으로 국외로까지 확산되어갔다. 이는 타향살이를 하는 이들에게 향수를 불러일으킬 수 있는 매개체 역할을 했다. 북한은 물론, 한민족이 거주하고 있는 중국 동북부 지역 20만여 조선족, 러시아 블라디보스토크 등 동부지역의 2만여 고려인, 스탈린의 강제 이주 정책으로 카자흐스탄, 우즈베키스탄 등 중앙아시아로 강제 이주된 5만여 고려인, 러시아의 사할린을 비롯한 일본 내 60만 한민족이 거주하는 곳은 모두 아리랑 가창지역이다. 그리고 현대에 와서 외국 이민을 한 브라질, 독일, 미국, 캐나다, 호주 등 100만여 한국인이 거주하고 있는 곳에서도 아리랑은 하나의 디아스포라(Diaspora)[39] 문화로도 작용하고 있다.[40] 아리랑은 한국을 비롯하여 해외 한민족 사회에서 널리 애창되는 대표적인 노래이며, 한국 민족 구성원이라면 누구나 아리랑을 부를 줄 안다.

역사성(歷史性)은 무형문화유산이 결코 어느 특정 시기에 갑자기 만들어지는 것이 아님을 가리키는 말이다. 무형문화유산은 장구한 역사의 과정을 거쳐서 형성된다. 때문에 정치, 경제, 사회, 역사, 문화 등에 관한 각종 정보가 내면화되어 있다. 또한 전승과정에서 역대 전승자의

---

39 흩어진 사람들이라는 뜻으로, 팔레스타인을 떠나 전 세계에 흩어져 살면서 유대교의 규범과 생활 관습을 유지하는 유대인을 이르던 말.

40 김태준·김연갑 외, 『한국의 아리랑 문화』, 박이정 출판사, 2011, p. 288.

지혜와 기예, 그리고 창조력이 누적되어 민족적 지혜의 결정이 된다. 무형문화유산은 그 자체가 풍부한 역사적 정보를 함유하고 있음과 동시에 특정한 전승자들의 사유, 정감, 가치관 등도 함께 반영되는 것이다.

역사성은 사회적 관습, 의례, 축제 행사와 같은 무형문화유산에서 잘 나타난다. 그것은 공동체와 집단의 삶을 구조화하는 습관적인 활동으로서, 많은 구성원으로 이루어지며 이들과 밀접한 관련이 있다. 사회적 관습은 이를 연행하는 사람들의 집단적, 사회적 정체성을 재확인하고, 공적이든 사적이든 중요한 행사와 밀접하게 관련되어 있어 그 사회에 매우 중요하다. 사회적, 의례적, 축제적 관습은 계절의 운행과 농업력(agricultural calendar)상의 행사나 개인 일생의 시기를 기념할 수 있다.[41] 이는 스스로의 역사와 기억에 대한 세계관이나 인식과 긴밀하게 연결되어 있으며, 소규모 집회에서부터 대규모 축제나 기념행사에 이르기까지 다양하다.

한국의 종묘에서 거행되는 인류 무형문화유산 종묘제례 및 종묘제례악(2001년 등재)은 노래, 무용, 음악을 총 망라하는 것으로 수세기 동안 계속되어왔으며 조상에 대한 숭배와 효(孝)성을 표현했다. 또한 제례를 통해 국가라는 공동체의 안녕과 정치적인 안정감을 도모하기도 하였다.

벨기에의 뱅슈 카니발[42](2003년 등재), 볼리비아의 오루로 카니발[43]

41　아태무형유산센터, 앞의 책, p. 91.

42　The Carnival of Binche: 기독교 절기인 사순절을 앞둔 3일 동안 벨기에의 왈로니아(Wallonia) 지방의 뱅슈에서 열리는 축제로, 재미있는 의상 무도회, 선데이 퍼블릭 드럼 리허설, 카니발과 뱅슈의 상징인 전설적인 질레스(Gilles)를 기념하는 '의상 입기' 등을 통해 비올라와 드럼으로 연주하는 전통곡조에 맞춘 무용수들이 '질레스의 스텝(pas du Gilles)'을 비롯한 춤을 공연한다.

43　The Oruro Carnival: 서쪽 볼리비아 산악에서 매년 열흘간 개최되는 축제로, 20시간 동

(2001년 등재), 잠비아의 마키시 가면무도회[44](2005년 등재)는 다채로운 행렬, 노래, 춤 그리고 다양한 복장과 가면이 등장하는 인류 무형문화유산이다. 또한 한국의 인류무형유산인 안동하회별신굿탈놀이, 봉산탈춤, 강령탈춤 등도 다양한 복장과 가면이 등장하는 축제 겸 놀이다. 때때로 이 축제 행사는 다른 신분을 가정함으로써 일시적으로 사회적 차이를 극복하고 모방이나 오락을 통해 사회 · 정치적 상황에 대해 발언하는 수단이 된다. 이러한 축제와 행사로 공동체 간의 재치 있는 소통을 통해 문화 · 사회적 통합을 이루기도 했다.

이처럼 무형문화유산은 장구한 역사성을 지니며 공동체의 정치, 경제, 사회, 문화 등에 관한 정보를 내면화시키며 인류사회와 함께해왔다.

(2) 전승하면서 변화하는 특성이 있다

전승성(傳承性)이란 무형문화유산이 세대를 이어 끊임없이 지속적으로 보존되어야만 전승이 가능하다는 특성을 가리키는 말이다. 전승활동이 중지된다는 것은 곧 무형유산의 상실을 의미한다. 무형문화유산의 구전심수(口傳心授)에는 민족과 가족의 낙인이 찍히고, 전승자의 선택과 확정은 주로 피선택자와의 친밀관계와 그 비밀유지성에 의해서 허락된다. 통상적으로 구두교육이나 전수 등의 방식으로 기능 · 기예 · 기교 등이 전대로부터 다음 세대로 전해지는데, 바로 이러한 전승성이 무형문

안 계속되는 의식행렬과 2만 명의 무용가, 1만 명의 음악가들이 참여하는 축제로 유명하며 4km가 넘는 거리에서 진행된다.

44   The Makishi Masquerade: 매년 8~12살 남자 아이들의 성인식의 일종인 무칸다(Mukanda)의 대미를 장식하는 마키시 가면무도회는 잠비아 서부와 북서부의 루발레(Luvale), 초크웨(Chokwe), 루차지(Luchazi), 음분다(Mbunda) 사람들에 의해 행해진다.

화유산의 보존과 지속을 가능하게 한다. 또한 이러한 무형문화유산은 역사의 살아 있는 증거가 된다. 만약 이러한 전승활동이 없거나, 동태적인 표현활동이 존재하지 않는다면 무형문화유산이라고 말할 수 없다.

그루지안 합창음악(Georgian Polyphonic Singing, Georgia) 〈차크룰로(Chak-rulo)〉[45]는 전승성이 끊길 위기에 놓여 있었다. 두 개 이상의 서로 다른 선율로 이루어진 '다성 합창'은 쟁기질에서부터 병을 치료하는 일, 그리고 축제를 기념하는 일에 이르기까지 그루지아 일상생활의 핵심이 되는 전통이다. 지난 수십 년 동안 주로 아버지에게서 아들로 전수되어 온 이 전통은 1990년대 초 경제적 어려움을 겪으면서 전승에 위협을 받고 있었다.[46] 이로 인해 실연자 네트워크가 약화되었고 연구와 기록 활동이 제한되었다. 젊은 세대로 전해지는 전통 교육 역시 도시화되고 교육 자료가 부족해지면서 크게 감소하고 있다.

이 때문에 전통적인 '다성 합창'의 전승을 지원하기 위한 프로젝트가 유네스코의 지원으로 시작되었다. 이 프로젝트의 주요 목표는 기록과 연구활동 외에 비형식 교육을 통해 노래 기법과 전통을 세대 간에 전수하는 것이다. 전통에 대한 상호작용을 활성화시키기 위해 일곱 개의 청소년 민요센터가 세워졌고, 지방 정부는 무료로 센터 부지를 제공하는 등 각종 지원책을 추진했다.[47] 이러한 각고의 노력 덕분에 해당 전

---

45   2001년에 인류 무형문화유산으로 등재되었고, 은유와 음악적 장식을 이용한 노래로 두 명의 남성 솔로와 코러스에 많은 전문성이 요구됨 차크룰로의 기원은 와인의식과 전통 문화와 관련되어 있으며 축제에서 시연되는 경우가 많다. 문화재청 홈페이지(2013. 11. 4), http://www.cha.go.kr 참조.

46   아태무형유산센터, 『무형문화유산의 이해』, 문화재청, 2010, p. 101.

47   아태무형유산센터, 위의 책, p. 101.

통과 전체 무형문화유산을 보호하는 일에 대한 인식이 높아졌고 전승성을 유지할 수 있었다.

변이성(變異性)이란 무형문화유산이 계승됨과 동시에 변이가 일어나면서 원형과는 차이가 발생하는 특성을 나타내는 말이다. 무형문화유산은 전수자와 학습자의 의식적인 교수와 학습활동이 존재하거나, 민간의 자발적인 상호학습과 같은 문화교류의 방식을 통해서만 다른 민족이나 국가 또는 지역에 전파된다. 중요한 것은 유형문화유산의 전파는 단순한 복제를 통해서도 가능하지만, 무형문화유산의 전파는 단순한 복제만으로는 불가능하다는 점이다. 무형문화유산의 전파는 계승됨과 동시에 변이가 일어나고, 이러한 전승의 과정에서 원형과는 다른 부분에서 차이가 발생한다.

한마디로 무형문화유산의 전파는 변증법적인 결합이 작용함에 따라서 매우 유동적인 모습을 보인다. 전파의 과정에서 그것을 수용하는 지역의 역사와 문화, 그리고 민족적 특성과 상호 융합되며, 이로 말미암아 계승과 발전이 병존하는 상황을 노정한다.

예를 들어 중국이나 한국은 동일한 농경문화를 바탕으로 역사를 영위해왔고, 또 중국 문화에 많은 영향을 받았기 때문에 중국으로부터 전래된 세시풍속이 상당수 존재하고 있다. 그러나 중국과는 완전히 다른 한국적인 특색을 드러내는 세시풍속이 자연스럽게 생겨나고 유지되는 것은 바로 무형문화유산의 특성, 즉 전승에 따른 변이성 때문이라고 할 수 있다. 이처럼 무형문화유산은 변화와 발전을 한다. 그러나 거듭되는 변화와 발전에도 그 기본적인 성질이나 특성만은 일치한다. 만약 완전히 서로 다르다면 그것은 바로 그 특성을 상실한 것이라고 할 수 있다.

(3) 지역적 특성과 집단의 성격

지역성(地域性)이란 무형문화유산이 지역의 문화와 자연환경을 바탕으로 형성된다는 것을 뜻한다. 민족은 대체로 자신의 특정한 생활과 생활영역을 가지고 있다. 지역의 자연환경은 민족적 특성을 형성하는 데 커다란 영향을 미친다. 바꾸어 말하면 민족의 문화적 특징은 대체로 지역의 자연환경을 바탕으로 형성된다는 것이다. 통상적으로 무형문화유산은 모두가 일정한 지역에서 생성된 것으로, 그 환경과 밀접한 관계를 가진다. 그 지역의 독특한 자연생태환경, 문화 전통, 종교, 신앙, 생산 활동, 생활수준, 그리고 일상생활의 습관, 습속 등이 모두 다방면에서 무형문화유산의 특성을 결정한다. 때문에 그 지역을 떠나면 그것이 의존하였던 토양과 조건을 잃어버리게 되어 보호나 전승, 그리고 발전을 말할 수가 없다. 지역성으로 인해 무형문화유산의 민족성은 한층 더 강화된다. 한국의 김장풍속만 보더라도 지역의 지리적 조건에 따라서 모두가 다른 방식을 취하고 있다. 김장은 한민족의 공통된 지혜이지만, 거주지역의 자연환경에 따라서 그 구체적인 실현 방식이 각양각색으로 달라지는 것은 지역성이 바로 무형문화유산의 특성에 영향을 미치기 때문이다. 한 국가 내에서도 지역에 따라서 이처럼 무형문화유산의 양태가 달라지는데, 만약 지역의 범위를 지구적 차원으로 확대한다면 무형문화유산의 지역적 특성은 더욱더 분명해진다.

집체성(集體性)이란 전승자 개인의 행위만이 아니라, 집단의 지혜와 창조의 산물이라는 무형문화유산의 특성을 일컫는다. 무형문화유산의 전승은 어떤 각도에서 보면 전승자 개인적인 것으로 볼 수 있다. 그러나 총체적인 측면에서 보면 무형문화유산은 전승자 개인의 행위만이 아니라, 집단적 지혜와 창조의 산물이다. 통상적으로 일정한 거주지, 지역, 민족, 혹은 국가를 단위로 하여 이런 범위 내에서 전승되고 지속되며 또 전승된다. 최초에는 한 개인이나 또는 특정한 가족이나 특정한 집단에 의해서 전승되고 발전된 것이라고 할지라도 그것이 창조되고 완전한 형식을 갖추고 또 전승되는 과정은 주로 집체 창조에 의한 것이다. 수많은 사람의 지혜와 경험, 그리고 재능이 누적되어서 비로소 하나의 무형문화유산 종목이 만들어지는 것이며 특정 개인에 의해서 만들어지는 무형문화유산은 존재할 수 없다.

(4) 살아 움직이는 특성과 종합적인 특성

활성성(活性性)이란 한마디로 영원히 멈추지 않고, 살아서 변화하는 무형문화유산의 특성을 일컫는다. 무형문화유산은 인간의 가치를 중시하며, 활동적이고 동태적이며 정신적인 요소를 중시한다. 더불어 높은 수준의 기술과 기능, 친밀성과 독창성, 그리고 인간의 창조성을 중시한다. 특히 무형문화유산을 통해서 반영된 민족의 정감과 표현방식, 전통문화의 근원, 지혜, 사유방식과 더불어 세계관, 가치관, 심미관 등에 내포되어 있는 의의와 가치적 요소를 중시한다. 무형문화유산에는 비록 물질적 요소, 물질적 체재(體裁)가 포함되어 있긴 하지만, 그 가치는 주로 물질형태를 통해서 체현되는 것이 아니다. 그것은 인류행위의 활동 범주에 속하는 것으로 어떤 것은 행동의 도움을 받아야만 비로소 전시되는 것도 있고, 또 높은 수준의 기술과 기예를 통해서 비로소 창조되고 전승되는 것도 있다. 무형문화유산의 표현과 전승에는 모두 언어가 필요하며 모두 동태적인 과정이라고 할 수 있다. 예를 들어, 음악 · 무용·희곡 등의 공연예술과 무형문화유산의 유형은 모두 동태적인 표현으로 완성된다. 무속이나 민속, 그리고 명절 등의 의식의 표현 역시 모두가 동태적 과정이다. 기물이나 기구의 제작기예 역시 동태적 과정 속에서 표현된다.

무형문화유산의 활성성은 '영혼'으로 표현된다. 민족이나 집단이 오랜 기간 동안 분투와 창조의 과정을 거쳐 생성하고 전승시킨 그 민족의 무형문화유산에는 민족정신과 민족심리가 응집되어 있으며, 민족 공통의 신앙과 모두가 함께 받드는 핵심적 가치가 내재되어 있다. 민족의 영혼이 무형문화유산의 가치와 존재형태에서 표현되고 있는 것이다. 다시 말해 무형문화유산은 민족이나 집단의 민간문화이자 그것의 존재는 반드시 전승주체(민중)의 실제적 참여를 통해서만 특정한 시공 아래서 입체적이고 복합적인 활성 활동으로 표현된다. 만약 이러한 활동을 벗어나게 되면 그 무형문화유산의 생명은 실현될 수 없다. 모든 현존하는 무형문화유산은 모두가 자연과 현실, 그리고 역사의 상호 작용 속에서 끊임없이 생성·발전·변이되고 새롭게 창조된 것이다. 이는 무형문화유산이 영원히 멈추지 않는 변화 속에 놓여 있음을 분명하게 설명해준다. 결론적으로 특정한 가치관, 생존형태, 그리고 변화의 품격이 무형문화유산의 동태적이고 활성적인 특징을 만들어낸다.

또한 무형문화유산은 종합성(綜合性)을 가진다. 무형문화유산은 일정한 시대와 환경, 문화와 정신의 산물이다. 때문에 당시의 사회생활과 밀접한 관계를 가지고 있다. 또한 그것은 기본적으로 집단적인 창작의 소산이므로 전문가의 문화와는 거리가 있다. 바로 이런 이유로 무형문화유산의 종합적인 특성이 만들어지고, 또 많은 무형문화유산은 늘 유형문화유산과 연계성을 띠게 된다.

무형문화유산의 종합성을 구성요소의 측면에서 말하자면, 각양각색의 표현형식이 종합되어 있다는 의미이다. 예를 들면, 대표적인 무형문화유산이라고 할 수 있는 희곡에는 문학, 무용, 음악, 교육, 미술 등의 각종 표현방식이 모두 망라되어 나타난다. 또한 기능적인 측면에서 보면, 오락과 향유, 감상과 교육 등의 종합적인 기능을 가지고 있다.

3) 무형문화유산의 현대적 의의

무형문화유산은 삶의 예지이자 지혜의 결정체이다. 전통적으로 내려오는 무형문화유산은 우리 현재의 가치관에 영향을 미친다. 비슷한 환경이라면 미래에도 동일한 양상을 보일 가능성이 높다. 이것이 유형문화를 만들어내는 정신적 자산인 무형문화유산의 전승이 중요한 까닭이다. 과거의 삶을 이해하고 현재의 생활에 지혜로써 활용하여 미래를 예측해볼 수 있는 플랫폼으로서 무형문화유산은 매우 가치 있다. 2004 서울세계박물관대회 기조연설에서 바그리(Baghli, S. A.)는 무형문화유산의 가치는 교육의 가치임을 역설하면서 "세대를 거쳐 전해 내려온 삶의 방식, 언어, 제스처와 창조성 등의 무형적 유산 속에 우리의 미래가 담겨 있으며, 이를 통해 우리의 미래가 구현된다"[48]고 하였다. 무형문화유산은 역사적 산물이다. 무형문화유산을 통해 과거 사람들의 가치관, 사회의식, 세계관, 우주관 등을 알 수 있다. 이것은 과거의 문화를 통해서 현대인을 이해하고 미래를 예측하는 중요한 수단이기 때문이다. 인류

---

[48] 바그리(Baghli, S. A.), 「무형문화유산보호협약과 박물관의 새로운 미래」, 『2004 서울세계박물관 대회 종합보고서 I - 박물관과 무형문화유산』, 2004 서울세계박물관대회 조직위원회, 2004, p. 255.

의 역사가 길어질수록 전통문화에 축적된 여러 문화요소들을 분석하려는 시도가 필요한 이유이기도 하다. 이러한 의도로 무형문화유산의 현대적 의의를 파악해보고자 한다.

(1) 불안한 현대인의 정신적 안락감을 채워준다

도시화, 산업화와 더불어 극심한 경쟁 속에 내몰린 현대인들로 하여금, 각종 무형문화유산은 민족의 문화기억을 되살리게 함으로써 현대인들에게 마치 고향에 돌아온 것 같은 정신적인 안락감을 준다.

지난 20세기 말, 한국 사회는 변화와 발전이라는 패러다임 속에서 세계적으로 그 유례를 찾기 힘들 정도로 급속한 산업화와 정보화를 경험하였다. 정치 · 경제 · 사회 등 모든 영역에서 우리의 고유한 가치와 삶은 나날이 새로운 것으로 교체되거나 사라지게 되었다. 지역의 넉넉한 인심과 경치는 점차 사라지고, 그 자리에는 규격화된 아파트가 들어서고 있으며 도심에서나 볼 수 있는 대형 유통업체들이 곳곳에 자리 잡았다. 이들은 동네 슈퍼마켓에 이어 재래시장과 농산물 도매시장의 상권까지 장악하고 있다. 또한 사회의 변화는 급속한 인구 이동과 보다 나은 삶의 추구를 위해 도시로 몰리는 현상을 초래했다. 이로 인해 우리들의 농촌은 공동화 현상을 보이고 있으며 오랜 세월동안 보전해왔던 지방색과 지역의 무형문화는 위기에 놓이게 되었다.

자연과 사회 그리고 역사라는 틀 속에서 누적되어온 온갖 지혜와 인식을 바탕으로 하고 있는 무형문화유산은 이러한 상관관계가 붕괴되면서 소멸의 길을 걷고 있다. 안동 하회마을은 중요민속문화재 제122호로 지정되어 있으며, 국보와 보물도 보유하고 있다. 그리고 2010

년 7월 31일 브라질 브라질리아에서 열린 유네스코 세계유산위원회(WHC)의 제34차 회의에서 경주 양동마을과 함께 세계문화유산 등재가 확정되었다. 그러나 유형문화유산으로는 인정을 받은 반면 이 마을이 지닌 가치 있는 무형문화들은 사라질 위기에 처해 있으며 일부 남아 있는 무형유산조차 점차 화석화 또는 일회성 이벤트화되고 있다. 오늘날 몇 안 되는 전통마을에서 젊은이의 모습을 찾기가 매우 힘들어졌다. 지역 주민들은 보다 편한 생활을 위해 대도시로 떠나버렸고 그 자리엔 외지인들이 들어와 살게 되면서 종래 마을이 지녔던 역사성·민속성의 모습과 가치는 점차 변모되어 이제는 새로운 마을이 형성되어 가고 있다. 이러한 문제를 극복하기 위해 안동 하회마을에서는 마을 장인 제도를 제정·운영하고 있다.

전통공예문화는 더욱 큰 위기에 처해 있다. 대한민국 어떤 관광지를 가나 동남아시아 싸구려 공예품들이 상점에 깔려 있고 대부분 품질이 조악한 것들이다. 전통공예인들의 숫자는 점차 줄어들고 있으며, 그들의 작품 생산과 판매는 여러 가지 어려운 장벽에 막혀 있다. 전통예능 또한 마찬가지다. 경기민요나 판소리 같은 대학 입시종목 외의 무형유산들은 가계전승형태이거나 단절 위기에 놓여있다. 무형문화유산은 유형유산과 달리 한 번 손상이 되면 원형을 찾을 수도 없고 다시 복구하기란 더욱 불가능하다.

무형문화유산은 우리에게 정체성과 소속감을 부여하고 현재에 과거와 미래를 연결하기 때문에 매우 중요하다. 또한 여러 공동체의 무형문화유산에 대한 이해는 문화 간 대화를 가능하게 하고, 다른 방식의 삶에 대해 이해하고 존중하도록 돕는 역할을 한다. 무형문화유산은 사회적 결속을 돕고, 개인을 공동체와 사회의 일부로 느낄 수 있도록 하는 역할을 한다.

각국 정부는 이러한 무형문화유산의 보전에 대한 정책개발과 적용의 의무를 헌법에 명시하고 있다. 이는 무형문화유산이 한 민족이나 한 국가의 정체성을 보장하는 자산이라는 개념과 다른 나라의 무형문화유산도 인류 전체의 문화 향상과 새로운 문화 창조의 원동력이 될 수 있다고 보는 시각이 공유되어가고 있는 상황에서 기인한 것이다.

유네스코는, 등재시키는 인류무형문화유산 대표목록이 현대의 대중들과 어떻게 엮이고 영향을 주는지를 중요하게 본다. 한국 무형문화재 정책의 본질도 이와 다르지 않다. 그러나 문화재보호법의 실행 과정에서 이것을 형이하학적으로 해석하여 운영하다 보니 현대 사회와 괴리가 있고, 창조적 발전을 지연시키지는 않을는지 하는 우려를 낳고 있다. 이런 상황에서 무형문화유산 보전의 현대적 의의를 짚어봐야 할 필요가 있다.

무형문화유산은 인간사회가 자연환경 속에 생활하면서 만들어낸 생각의 방식이다. 문화는 공동체 구성원들의 생각과 생활 방식에 따라 생성되고, 변화하면서 적응하거나 소멸되는 과정을 거치게 된다. 그에 따라 무형문화유산 또한 계승 유지되면서 발전하거나 소멸하는 변동과정을 거친다. 민족 집단이나 사회공동체의 필요에 따라 계승하거나 유지, 활용되며 동시에 무형문화유산을 지키려는 노력도 동반하게 된다.[49]

민족 집단이나 사회 공동체의 생활양식을 보존하는 것은 공동체 구성원으로서의 정신적 안락감을 지키려는 욕구에서 비롯된다. 역사적 ·

49　류호철, 「문화유산 관리와 문화원형 보존」, 『문화재학』 창간호, 한국전통문화학교, 2004, p. 136 참조.

전통적으로 이어온 생활방식과 가치관을 유지·계승하면서 필요에 따라 활용, 적응하는 데서 민족 집단과 공동체 사회 구성원으로서의 만족감과 자부심, 그리고 안락감을 얻게 된다. 많은 사람들은 무형문화유산을 유지·발전시키면서 현재 생활방식의 기준으로 삼고 가치관의 중심으로 삼는다. 현재를 살아가는 공동체 구성원들이 사회생활 속에서 새롭고 어려운 문제에 봉착했을 때, 선인들의 지혜를 구하게 되고 그 지혜의 보고인 무형문화유산이 길잡이가 되는 것이다. 곧 사람들은 무형문화유산의 사회적 기능에 의지할 수 있게 되는 것이다.

인간사회를 연구하는 전문가들은 21세기를 '문화의 시대'라고 부른다. 문화가 융성한 시기이기도 하고 문화생활을 향유하면서 문화적으로 발전하고 있다는 만족감을 동시에 누리는 시대라는 의미이다. 정신문화적인 발전과 그에 따른 유형의 물질문화가 만들어낸 문명생활을 즐긴다. 이것이 공동체 생활의 즐거움이다. 사회적 공동체 생활의 즐거움은 문화적인 학습과 기억 속에서 되살아난다. 역사적인 전통에 뿌리를 두고 무형문화유산을 향유하는 일의 의의가 여기에 있다. 유무형의 문화유산이 혼재된 복합문화 역시 사회 공동체의 구성원들에게 안락감을 주는 복합문화유산이다.

도시화가 급격히 진행되면서 도시에는 많은 인구가 거주하고 다양한 집단이 생활하게 되었다. 동성마을도 아니고, 이웃공동체도 아닌 다양한 공동체가 형성된 생활이다. 학연, 혈연, 지연 이외에도 직장과 동호회, 각종 커뮤니티를 형성하면서 공동체 의식을 간직하고 그 안에서 안주하고 싶은 현대인들은 큰 의미에서의 공동체 의식, 즉 민족 집단이나 사회공동체의식에 안주하려는 노력을 하게 되었다. 이 같은 현상은 이상현의 「안동의 도시화와 토박이들의 유교공동체 구축에 관한 연구」

(2012)에서도 보고되었다. "도시화 과정 속에 토박이 세력들이 과거 향촌 사회의 혈연적 기반 그리고 유학적 전통을 활용하여 기득권을 유지하기 위한 전술의 일환"[50]으로 유교공동체를 운용하고 있다고 한다. 안동에서 문중 조직의 결속과 다양한 조직의 결성과 행사를 운영할 수 있는 이유가 다양하고, 이는 인위적인 보존이 아닌 자연스러운 생활의 일부분이라는 것이다. 공동체란 용어는 영어의 'Community' 혹은 독일어의 'Gemeinschaft'라는 단어가 일본에서 공동체(共同體)로 번역되었고 이 용어가 한국으로 유입되어 사용되었다. 초창기는 주로 마을 혹은 촌락을 의미하는 용어로서 이해되었고 점차로 다양한 사회집단 혹은 국가, 민족으로 확대되었다.[51] 이는 특정 조직의 결속, 즉 조직의 구심력, 나아가 이념적 지향성을 의미하는 용어이다. 공동체는 공동의 문화를 형성한다. 그리고 그 문화는 공동체의 가치관을 형성하고 공감대를 이루어 구성원들에게 정신적 안락감을 제공한다. 세월이 지나면서 공동체는 유형의 문화유산을 생산하고 그 모체인 무형문화유산은 그로 인해 소중한 가치를 지니고 보전되는 것이다. 무형문화유산은 현대인들에게 민족의 문화 기억을 되살리게 하고, 향수를 불러일으키며 안락감을 충족시켜주는 역할을 하고 있다.

(2) 전통미의 전승과 보전을 통해 인류애를 실현한다

무형문화유산에는 민족 고유의 심미체계가 녹아 있다. 무형문화유

---

50 이상현, 「안동의 도시화와 토박이들의 '유교공동체' 구축과 운영」, 『한국민속학』 55, 한국민속학회, 2012, p. 55.

51 최재석, 「한국에 있어서의 공동체 연구의 전개」, 『한국사회학회지』, 한국사회학회, 1972, pp. 21~35.

산의 보전과 전승은 이러한 민족의 전통적인 심미체계를 현대인에게 전승함으로써 현대의 미적 가치를 구축하는 촉매역할을 할 수 있다. 아름다움을 추구하는 것은 인간의 본능이자, 모든 인류의 공통된 욕구이다. 아름다움의 추구를 통해서 인류는 비로소 하나가 될 수 있다. 유네스코가 인류무형문화유산의 보전을 위해서 노력하는 이유가 바로 여기에 있다.

한국 무형문화재의 정의를 보면 "연극, 음악, 무용, 놀이, 의식, 공예기술 등 무형의 문화적 소산으로서 역사적·예술적 또는 학술적 가치가 큰 것"[52]으로 정하고 있다.

일본의 경우는 "도예, 염색, 옻칠 공예, 금속 공예 기타 공예 기술 중 다음 각 호의 어느 하나에 해당하는 것, 예술상 특히 가치가 높은 것, 공예사상 특히 중요한 지위를 차지하는 것, 예술상 가치가 높거나 공예사상 중요한 지위를 차지하면서 지방적인 특색이 현저한 것"으로 정하고 있다.[53]

중국은 〈중화인민공화국 비물질문화유산법〉(2011)에서 ① 전통구전문학과 그것을 전달하는 언어, ② 전통미술, 서예, 음악, 무용, 희극, 곡예, 잡기, ③ 전통기예, 의약, 역법, ④ 전통예절, 의식, 명절(기념일) 등 민속, ⑤ 전통체육, 유희, ⑥ 기타 무형문화유산[54]으로 정의하고 있다.

프랑스의 기 소르망은 "옛날에는 국가의 운명을 왕이 좌우했지만 지금은 국가 이미지, 즉 문화가 국가의 운명을 좌우한다"고 주장했다. 프

---

52 〈문화재보호법〉(대한민국, 2011. 9. 16 개정), 제2조 제①항 제2목.

53 〈문화재보호위원회고시〉 제55호(일본, 1975. 11. 20 개정), 중요무형문화재 지정 기준.

54 〈중화인민공화국 비물질문화유산법〉(중국, 2011. 2. 25).

랑스는 문화재에 관한 국가적인 관리조직을 세계 최초로 설립한 나라이다. 또한 국가가 일찍부터 적극적으로 문화사업에 관여해왔다. 절대왕정체제에서의 프랑스는 개별 예술가와 단체에 대한 '후원자'로서의 역할을 하는 한편, 예술작품의 생산과 분배에 대한 '규제자'로서의 역할까지 국가가 맡았다. 프랑스 혁명은 국가가 문화재를 보호하고, 교육과 보급에 관한 책임을 지도록 하는 계기가 되었다. 프랑스는 16세기 왕실의 예술가에 대한 후견인 역할로부터 오늘날은 문화 분야에서 국가가 중심적 위치를 차지하고 있다.[55] 심미적 가치를 추구하는 예술을 일찍부터 국가적으로 공적인 영역에 놓고 후원하면서 나누는 문화를 형성해 온 것이다. 무형문화유산의 발달과 전승 또한 국가가 관여해왔다.

유네스코 협약에 보면 "무형문화유산이라 함은 공동체 · 집단과 때로는 개인이 자신의 문화유산의 일부로 보는 관습 · 표상 · 표현 · 지식 · 기능 및 이와 관련한 도구 · 물품 · 공예품 및 문화 공간"[56]을 말한다. 유네스코 협약은 무형문화유산을 단지 기능뿐만 아니라 관습, 표상, 표현, 지식 및 이와 관련된 전달도구와 문화공간까지를 포함하는 매우 광범위한 것으로 정의하고 있다. 실제로, 협약의 다음 항목에서는 "(가) 무형문화유산의 전달수단으로서의 언어를 포함한 구전 전통 및 표현, (나) 공연예술, (다) 사회적 관습 · 의식 및 제전, (라) 자연과 우주에 대한 지식 및 관습, (마) 전통공예 기술"[57]로 무형문화유산의 범주를 나열하고 있다. 언어와 구전 전통, 자연과 우주에 대한 지식 및 관습

---

55 송도영 · 이호영 외, 『프랑스의 문화산업체계』, 지식마당, 2003, p. 241.

56 〈무형문화유산 보호협약〉(파리, 제32차 유네스코총회, 2003. 10. 27), 제2조 제1항.

57 〈무형문화유산 보호협약〉(파리, 제32차 유네스코총회, 2003. 10. 27), 제2조 제2항.

까지를 포함해 미적 체계의 범위를 넓게 잡고 있다. 인간이 생각하고, 만들고, 공유하고, 향유할 수 있는 아름다움의 모든 범위를 포함하고 있다. 여기에 유네스코는 세대 간 전승되는 무형문화유산은 공동체와 집단이 환경에 대응하고 자연과 역사와 상호작용하면서 끊임없이 재창조되고, 이들이 정체성과 계속성을 갖도록 함으로써 문화적 다양성과 인류의 창조성을 증진한다고 보고 있다. 무형문화유산에 대한 세계주의적 관점이자 과정론적 이해이다. 곧 지역과 환경의 차이를 감안한다고 하더라도 인간이 느끼는 미적 가치는 폭넓게 분포돼 있고, 공감대를 형성하면서 전승되고 있는 것이다. 유네스코와 협약을 맺은 세계 각국은 공히 예술이 구현하는 미적가치를 보전하고 계승하기 위한 노력을 기울이고 있다.

독일의 미학자 립스는 "각 개별 예술의 수는 끝이 없다"[58]라고 했다. 예술의 종류와 이를 표현하는 방법이 무궁무진하다는 것이다. 그러나, 인류가 느끼는 공통의 미적 가치는 통하는 바가 있다. 외국의 예술품을 보면서 언어와 환경이 달라도 감상을 하면서 감정을 서로 표현하고 나누는 모습은 주변에서 흔히 볼 수 있는 일이다. 심미체계에 관해 미학자들은 동서양의 차이를 "서양이 형태를 중시한다면 동양은 정신의 예술, 즉 천지와 우주와 조화를 이루는 마음의 발현을 중시하는 것"이라고 말한다.[59] 생명성과 조화성, 전체성을 중시하는 동양적 지혜를 담아 표현하는 것이 동양의 예술이라고 분석한다. 그러나 접근방법과 연구

---

58 민주식, 「전통예술연구와 한국미학」, 『미학예술학연구』 21, 미학예술학회, 2005, p. 103.

59 위의 논문, p. 106.

방법은 달라도, 마음으로 느끼는 인류 공통의 심미안은 통하는 바가 있다. 태어나고 자란 대륙과 인종이 달라도 인간이라는 공통성 앞에 아름다움이라고 하는 공통의 공감대는 같을 수밖에 없다. 지역적 변별성과 환경의 차이를 감안하면서 깊이 감상하는 속에는 같은 인류로서의 동질감을 갖고 있는 까닭이다. 문학처럼 언어로 이뤄진 예술의 경우도 번역을 통해 마음이 서로 통하고 있음을 확인할 수 있다. 수많은 형태의 무형문화유산들이 고대로부터 전승되면서 관광객을 끌어들이는 이유가 여기에 있다. 사람이라면 누구나 함께 느끼는 미에 대한 감정이 그것이다. 문화유산을 찾는 관광, 그 이면에는 정신적, 미적 가치를 향유하려는 공통의 욕구가 있는 까닭이다. 아름다움의 비교와 느낌의 공유가 주는 미적 가치가 무형문화유산에는 내재되어 있고, 내 · 외국인 모두의 마음을 끌어당기는 힘이 있기 때문이다.

고대 예술의 경우를 보면, 공감대는 더 분명해진다. 고대의 춤이나 음악, 회화, 조각, 건축 등은 동서양을 막론하고 종교적 제례의식의 성격이 강했다. 신에 대한 제사였고, 신에게 바치는 행사이며 제물이었던 까닭이다.[60] 오늘날은 종교의식이 배제된 축제로 펼쳐지면서도 미적 가치를 추구하는 성격은 그대로 이어진다. 전통미의 전승에 각 나라와 민족들이 공을 들이는 이유는 명확하다. 인류가 살아온 존재 이유를 기록하고 표현한 것이 문화였고, 오늘날에도 지역과 생활 양상에 따라 형태와 방법은 달라졌지만 내면에 흐르는 심미 체계는 다를 바 없기 때문이다.

공통적인 아름다움의 추구야말로 역사를 관통해 흐르고 있는 인류

---

60   오병남, 「동서양예술체제의 비교를 위한 한 시론」, 『미학』 62호, 한국미학회, 2010, p. 134.

의 관심사이다. 세계 각국이 전통예술의 관광자원화를 통한 전통 예술 계승에 주력하면서 앞다투어 문화경쟁력을 제고하고, 세계화를 추진하는 까닭이기도 하다.

(3) 민족의 동질성을 확인할 수 있다

북한판『조선왕조실록』,『조선유적유물도감』,『조선의 회화』,『조선미술박물관』,『악학궤범』,『승정원일기』등은 북한이 정리해 출판한 책들이다. 모두 남북으로 갈라지기 이전의 우리 문화에 관한 기록물들이다. 민족의 이름으로 함께 만들고 전승해온 문화유산들이 남과 북에서 따로 정리돼 보존되고 있다. 이제 통일의 시대를 대비해서 민족 집단의 공동체로서 함께 보전해야 할 무형문화유산을 생각하지 않을 수 없다. 우리 민족 공동체 중에 북한과 교류의 연을 잇고 있는 사람들 중 하나는 고려인이다. 고려인들은 무형유산의 영역에서 역시 해방 이전의 남북이 함께 전승해온 문화를 그대로 이어가고 있다.

지난 2012년 11월 문화재청은 카자흐스탄, 우즈베키스탄, 키르기스스탄 등 중앙아시아 지역과 러시아의 연해주, 사할린에서 한민족이 전승하고 있는 무형유산 현황을 조사하고, 조사 결과와 연구 성과를 공유하기 위하여 16일 국립고궁박물관 강당에서 'CIS 고려인 공동체 무형유산 전승실태 연구 성과 발표회'를 개최했다. CIS란 독립국가연합(Commonwealth of Independent States)을 말한다. 이날 발표회를 통해서 처음 공개된 카자흐스탄 고려극장 '아리랑 가무단'의 공연 영상자료는 소비에트연방 시기에 제작된 것으로 고려인의 무형유산 전통의 계승과 발전이라는 측면에서 매우 귀한 자료로 평가된다. 또 카자흐스탄 고려인

사회와 북한의 예술교류 흔적을 알 수 있는 영상으로 무용가 최승희의 자녀 안성희의 장구 춤, 월북한 신민요 가수 왕수복의 아리랑 독창 영상 등 1950년대와 60년대 북한 공연예술의 모습을 살펴볼 수 있는 자료도 함께 공개됐다.[61] 1860년대 이후 두만강을 건너 러시아 연해주로 이주했던 고려인들은 다시 1937년 중앙아시아로 강제 이주를 당한 이후에도 강인한 생명력으로 전통문화를 가꾸어나갔다. 그러나 고려인도 현지 문화와 교류하는 가운데 자신들의 문화를 점차 잃어가고 있는 것이 오늘의 현실이다. 이 발표회를 통하여 소개된 고려인의 생활문화와 예술관련 자료들은 자료적 가치를 넘어 우리가 잊고 살았던 또 하나의 무형유산을 찾게 된 것이다. 현재 고려인들의 무형문화유산과는 달리 북한의 무형유산은 정확한 파악이 어렵다. 게다가 북한은 무형문화유산에 대해서는 별도로 지정, 관리를 하지 않고 있다.

북한의 문화재지정체계는 우리와 달라, 크게 유적과 유물을 구분하고, 유적은 국보유적 · 보존유적으로, 유물은 국보유물 · 준국보유물로 세분하여 총 4개 항목을 지정, 관리하고 있다. 이 외에 명승지와 천연기념물은 문화재지정체계와 분리하여 별도의 법체계를 채택, 관리하고 있고, 무형문화재는 지정체계에서 제외되었다.[62]

행정안전부 이북5도(평안도, 황해 남북도, 함경 남북도) 위원회는 1998년부터 북한에서 전승된 미지정 무형문화유산을 '이북5도 무형문화재'라는 이름으로 지정해왔다. 지난 2012년 7월에는 '통일기원 이북5도 무형문화재 축제'가 열렸다. 이북5도 무형문화재를 보존 · 계승하고, 고향에

61　"문화재청 홈페이지 보도자료(2012. 11. 15)", 2013. 10. 22, http://www.cha.go.kr 참조.

62　"문화재청 홈페이지 보도자료(2007. 4. 27)", 2013. 10. 22, http://www.cha.go.kr 참조.

대한 그리움으로 가득한 실향민이 한데 어울려 고향의 전통문화를 함께 즐길 수 있는 계기를 마련하기 위해 기획됐다. 이날 축제는 이북5도위원회에서 지정한 무형문화재 13종목 중 9종목을 중심으로 구성, 이북5도 무형문화재의 실연과 관련 영상을 통해 펼쳐졌다. 사당패 노래의 원형으로 황해도 무형문화재 제3호로 지정된 서도선소리산타령 〈놀량사거리〉, 망자(亡者)의 한을 풀고 저승에서 편안히 안주하기를 비는 〈평안도 다리굿〉, 화려한 춤사위의 황해도 무형문화재 제4호 〈화관무〉, 함경북도 무형문화재 제1호인 〈애원성〉, 두만강에서 뗏목을 타고 다니며 불렀던 함경북도 무형문화재 제2호 〈두만강 뗏목놀이소리〉와 함경남도 무형문화재 제1호 〈돈돌날이〉, 평안남도 무형문화재 제1호 〈평양검무〉, 평안남도 무형문화재 제2호 〈평안도 향두계놀이〉와 황해도 무형문화재 제5호 〈최영장군 당굿〉 등이 그것이다.[63]

국토는 남북으로 나뉘었지만, 동질성을 확보하려는 노력은 지속적으로 이루어지고 있다. 민족 집단 공동체로서의 무형문화유산은 보전되고 있으며 끊임없이 서로의 연결고리를 이어가고 있다. 정치적 이유를 떠나 문화에 대한 공동의 관심사로 그 명맥을 이어가고, 전승하고 있는 것이다. 통일은 실향민들만 꿈꾸는 것이 아니다. 남쪽에서 이어가고 있는 북한의 무형문화유산 역시 고향을 그리고 있다. 남북공동체의 무형문화유산은 한민족 공통의 자산이다. 뿌리의식과 동질성 확보, 그 중심에 무형문화유산이 있다. 통일이 되면 남북한이 그동안 떨어져 살면서 생겨난 지역적인 편차는 있을는지 모르지만 공동의 무형문화유산에 관한 정서는 다를 바가 없을 것이다. 문화에 대한 기억이 같고 그에

63　"문화재청 홈페이지 보도자료(2007. 7. 16)", 2013. 10. 22, http://www.cha.go.kr 참조.

따른 감흥과 미에 대한 감수성 또한 같기 때문이다. 문화적 동질성으로 빠르게 동화할 수 있는 공감대, 무형문화유산이야말로 가장 중요한 매개체 역할을 하게 될 것이다.

남북한은 이미 수천 년을 한민족 공동체로 살아왔고, 분단되어 다른 정치 체제에서 살아온 지는 60여 년밖에 되지 않는다. 동일 역사공동체인 까닭에 역사의 산물인 문화유산을 보는 인식은 같을 수밖에 없다. 다만 북한에서는 정치 이념에 따라 문화재를 바라보고, 남한에서는 역사성과 예술성에 의해 문화유산을 바라보는, 개념과 인식의 시각이 다를 뿐이다.[64]

아름다움을 추구하는 것은 인류공통의 욕구이다. 그러나 그것을 표현하는 심미체계는 민족의 역사와 지리환경, 그리고 사회 경제체제에 따라서 모두 다르다. 무형문화유산은 그 민족만이 갖는 고유한 심미체계를 바탕으로 형성되고 전승된 것이다. 때문에 민족 고유의 공통된 심미체계를 향유하는 것은 바로 민족 구성원으로의 동질성을 확보하는 가장 용이한 방법이라고 할 수 있다. 동질성의 확보는 민족구성원으로 하여금 뿌리의식을 고취하도록 함으로써 민족 구성원의 단결과 화합을 이끌어낼 수 있다.

(4) 민족적 자긍심을 고양시킨다

무형문화유산은 민족문화의 상징이다. 또한 민족혼과 창조정신의 구현이다. 무형문화유산은 민족의 역사와 함께 형성된 것이다. 조상의

64　최오주, 「남북한문화재정책의 비교연구」, 『논문집』 6, 호남대학교 대학원, 2008, pp. 76~77.

얼이 녹아 있는 무형문화유산의 보전을 통해서 후속 세대는 문화민족으로서의 긍지와 자부심을 가질 수 있고, 이러한 자긍심은 민족의 창조력을 고양시킬 수 있음과 동시에 민족의 미래에 대한 긍정적인 사고를 할 수 있게 하여 모든 민족구성원이 미래지향적 사고와 태도로 일상을 영위할 수 있게 한다.

아프리카 문화에서는 "노인 한 분이 돌아가실 때마다 박물관 하나가 사라지고, 도서관 하나가 사라진다"는 말이 있다. 문자가 아닌 구전으로 지식과 지혜가 전수되는 아프리카의 문화전통에서는 오래도록 살아온 한 노인은 그 사람 자체가 박물관이고 도서관이었다.[65] 이는 무형문화유산을 보전하는 일의 중요성을 말해준다.

일본에는 전통문화의 매력을 재해석하여 현대적 디자인과 기능으로 재구성해서 개선하고 첨단기술을 융합한 '신일본양식 100선'이란 사업이 있다.[66] 신일본양식 100선은 일본의 전통적인 디자인과 기능, 콘텐츠를 현대적으로 재해석하고 활용해 국내외 시장에서 일본 제품의 경쟁력을 강화하는 것을 목표로 한다. 신일본양식 사업을 통해 일본의 이미지를 전통문화와 현대문화를 접목시켜 일본의 미에 대한 개념을 새롭게 정의하고, 일본의 미를 구체화하는 디자인 제품과 콘텐츠들을 생산·제작했다. 일본의 전통문화와 현대문화를 접목시킨 '신일본양식 100선' 중 생활성과 예술적 우수성이 뛰어난 문화적 콘텐츠와 상품을 중심으로 해외전시회 등을 통해 외국인들의 심미적이고 기능적인

65　강신표, 「民族誌的 축복, 과거에 집착하는 한국학」, 『교수신문비평』 392호(2006. 4. 3), p. 5.

66　신일본양식 100선 아카이브 홈페이지(2013. 10. 22), http://www.tepia-infocom pass.jp

두 가지 욕구를 동시에 만족시켰다. 신일본양식 프로젝트는 정책적 전략이라는 의도를 완화시키면서 동시에 예술성이 높은 일본의 이미지를 극대화시키는 역할을 했다.

일본은 무엇보다 이 사업을 통해 현대적 시점에서 일본의 특수성과 보편성을 조화시키고, 외국의 문화까지 일본적 양식으로 재해석하여 현대 일본적 가치관이 스며든 상품을 통해 현대의 일본인과 세계인이 소통할 거리를 만들어냈다. 무형문화유산의 현대적 의의를 국가적 차원의 공공의 이익을 창출해내는 가치재로 보는 것이다. 민족의 정체성을 유지시키고, 사회적 연대를 강하게 하는 것, 바로 공익성을 제고한다는 점에 주목했다. 무형문화유산의 현대적 재해석은, 문화적 자신감의 확보를 통해 미래에 대한 긍정적 사고를 갖게 하는 힘이 있다. 심미성에 탐닉하면서 보고 듣고 행동으로 즐기면서 새로운 에너지를 창출하거나 새로운 지혜를 탐구하는 원동력으로 삼는 사례이다. 관광자원 이상의 정서적 · 정신적 가치체계를 이끌어내어 공감대를 형성하고 확산해나가는 정신문화의 토대는 무형문화유산의 활용과 재해석에서 비롯된다.

임재해(2004)에 의하면 원형보존이 가능한 유형문화의 경우도 무형문화의 가변성에 따라 창조적으로 거듭 태어난다. 무형문화유산이야말로 문화적 창조력을 지닌 까닭이며 박제된 '문화재'가 아니라 역동적인 '문화'의 모습을 고려하면, '유형문화의 생명력 또한 무형문화유산의 전승력에 의해서만 발휘되는 것'이고 때문에 '창조적 계승'과 '문화적 전승력'이 중요하다.[67] 디지털 시대의 무형문화유산이 갖는 현대적 · 미

---

67 임재해, 「민속문화의 공유가치와 민중의 문화주권」, 『한국민속학』 40, 한국민속학회, 2004, p. 129 참조.

래적 의의는 무엇일까. 무형문화유산이 복제와 소통이 가능한 문화자원이자 문화콘텐츠로 주목받는 것 또한 당연하다.

무형문화유산은 딱딱하고 고정적인 실체로서의 유형문화가 아니라, 유연하고 가변적인 생활의 일상으로서 문화콘텐츠의 중심을 이루게 됐다.[68] 또 지금까지 조사된 자료를 디지털 아카이브(archives)화해서 세계 사람들이 두루 편리하게 이용할 수 있도록 해야 한다. 한국이 무형문화유산 조사와 디지털아카이브의 새로운 모범을 국제사회에 드러내 보일 필요가 있는 것이다. 인터넷 강국답게 무형문화유산 역시 대중이 활용해서 새로운 미래에 대한 긍정적 사고를 할 수 있는 정신적 토양을 이루는 데 쓰이도록 여건을 마련해야 한다.

전통문화는 새로운 미래 사회를 만드는 동력이기도 하다. 더구나 국제화·세계화의 분위기가 확산되는 가운데 새로운 문화의 수용으로 전통문화는 또 한번 문화발전의 기회를 만들 수가 있다. 참신하고 새로운 문화를 받아들이는 것은 문화발전의 동력이자 등식이다.[69] 한국의 전통문화가 오랜 역사를 통해 내려오면서 생명력을 유지할 수 있었던 까닭은 외래의 신선한 문화를 지속적으로 수용했기 때문이다. 외래문화의 본격 유입은 민족문화 도약의 좋은 계기이자 활력의 원천일 수 있다. 전통문화를 현대에 되살리고, 새롭게 재해석해서 새로운 문화 창출의 에너지로 삼아 융합하면 민족의 미래에 긍정적인 원천이 될 수 있다. 국제화, 세계화 시대에 개성과 독창성은 큰 무기이며, 이는 무형문

---

68 위의 글, p. 126 참조.

69 한명희, 「21세기 미래사회, 왜 전통문화인가」, 『음악과민족』 22, 민족음악학회, 2001, p. 15.

화유산의 새로운 가능성으로 탄생한다.

미래는 무형문화유산 중심사회로 나아가게 될 것이다. 덴마크의 미래학자 롤프 옌센(Rolf Jensen)의 전망에 의하면, 하드웨어에서 소프트웨어로, 다시 콘텐츠웨어로 전개되어온 정보사회가 막을 내리고 앞으로는 감성중심의 이야기가 지배하는 휴먼웨어(humanware)의 사회로 간다.[70] 그러한 미래 사회는 곧 '드림소사이어티'[71]로서 신화의 사회이자 이야기의 사회이다. 오늘날 신화는 물론 판타지와 같은 무형의 문화가 문화콘텐츠로 주목받게 된다. 이러한 전망에 따라, 옌센은 20년 뒤의 시장이 오늘의 시장과 다른 근본적인 차이점을 제시한다.[72] "앞으로는 상품이 아닌 이야기들이 소비자들의 구매를 유발하기 위해 서로 각축하며 경쟁을 벌일 것이다. 이야기가 곧 상품이고 상품 자체는 2차적인 상품에 불과하게 된다는 것이다."[73] 미래의 사회는 무형문화유산이 중요하게 되는 사회이다. 무형문화유산의 보전이 공공재로서의 가치 창조와 함께 미래의 삶에도 영향을 미치게 된다. 정신적 · 물질적 가치로서의 무형문화유산을 재해석해야 할 이유가 여기에 있다. 단순히 보고 감상하는 문화유산이 아닌 현재 삶의 가치 기준으로서 작용하기도 하고, 어떻게 창조적으로 전승하느냐에 따라 민족적 정체성을 유지시키고 사회적 연대를 강하게 만들 수도 있다. 무형문화유산은 공공의 이익

---

70   정진홍, 「드림소사이어티 – 이야기가 있는 IT를 만들어라」, http://www.crmpark.com

71   롤프 옌센, 서정환 옮김, 『드림소사이어티』, 한국능률협회, 2000, p. 45.

72   Rolf Jensen, "From Information to Imagination: When Values Become More Important than Products, even in the Marketplace", 『문화다양성과 공동 가치에 관한 국제포럼』, 경주세계문화엑스포조직위원회 · 유네스코한국위원회, 2003. 9. 24~26, pp. 135~154.

73   Ibid., "Stories, not products, will be competing with each other. The story is the produce, the product is the byproduct.", p. 151 참조.

을 위한 새로운 가치를 갖게 될 것이다.

5,000년 역사를 자랑해온 한민족의 문화와 무형문화유산에 대한 한국인의 자부심이 약한 까닭은 무엇인가? 문화국민으로서의 자부심을 느끼지 못하는 이면에는 한국의 전통문화에 대한 무지가 자리 잡고 있다. 더구나 무형문화유산은 일부 전문가들만의 전유물로 여겨진 것도 사실이다. 외국인으로서 한국의 대학에 와서 문화를 가르치는 교수들이 놀라는 사실이 있다. 한국인이 외국인인 자기들보다 한국의 전통문화에 무지하다는 사실이다. 한국의 전통문화를 전공하는 학생들마저 한국의 무형문화유산에 대해 관심이 적다는 사실에 또 한 번 놀란다고 한다. 문화의 재창조를 위한 무형문화유산의 보호와 전승이 이 시대에 한국의 미래를 위해 시급하다. 몇 년 전, 한국에 IMF가 닥쳤을 때 프랑스의 석학 기 소르망은 그 원인을 이렇게 진단했다. "한국의 경제위기는 문화적 이미지의 결여에서 비롯됐다는 것"이다.[74] 지구촌 이웃들에게 한국문화에 대한 이미지가 심어지지 않아 수출 신장이 쉽지 않고, 고부가가치의 상품 확충이 어려운 까닭이었다는 견해이고 이는 많은 공감대를 불러일으킨 바 있다.

문화적 자신감은 정신적·정서적 활력을 심어주고 미래에 대한 생활의 자신감으로 연결되며, 이는 공공재로서 공공의 이익을 창출한다. 또한 무형문화유산은 우리나라의 미래를 예측할 수 있는 잣대이며 지표이기도 하다. 무형문화유산의 보전이 현대인들에 주는 의의가 여기에 있다.

74　한명희, 앞의 글, p. 17 참조.

(5) 문화유산으로 문화산업을 성장시킨다

문화산업(cultural industry)은 엘빈 토플러의 주장대로 제1의 물결 농경사회와 제2의 물결 산업화를 거쳐서, 제3의 물결 정보화 사회를 거치며, 제4의 물결의 화두로 다가올 것으로 판단된다. 지식 정보화 사회, 문화의 시대라고 하는 현시점에서 문화산업은 고부가가치산업으로 각광받고 있다.[75] 좁은 의미에서의 문화산업은 단순히 "오락의 요소가 상품의 부가가치 형성에 커다란 역할을 하는 산업"으로 정의할 수 있으나, 넓은 의미에서는 "전통과 현대를 아우르는 문화와 예술 분야에서 창작되거나 상품화되어 유통되는 모든 단계의 산업"을 의미한다.

문화유산은 민족의 자산이다. 문화자산은 단순히 보존되는 것으로만은 그것의 존재가치를 갖지 못한다. 끊임없이 현대적으로 활용되고 개발될 때, 비로소 그 존재의 의의는 더욱 확대될 수 있다. 무형문화유산은 시간과 공간의 시련을 견디어낸 민족문화 창조정신의 한 부분이다. 한마디로 민족 혼과 창조력의 응집체가 바로 무형문화유산이라고 할 수 있다. 문화산업에서 가장 중요한 부분은 우리가 흔히 아이디어라고 말하는 창조력이다. 그 창조력의 원천에 문화유산이 자리하고 있다. 문화유산의 활용이 문화산업의 자산이 될 수 있는 것이다.

이상학(2006)은 문화산업이 발전하기 위해서는 그 토양인 서비스산업의 발전이 동시에 요구된다고 보았다. 문화산업은 문화상품의 개발, 제작, 생산, 유통, 소비 등과 이와 관련된 서비스를 제공하는 산업으로 정의할 수 있다. 구체적으로는 출판산업, 음반산업, 영화산업, 방송

---

75   김평수 · 윤홍근 외, 『문화콘텐츠 산업론』, 커뮤니케이션북스, 2007, 머리말 참조.

업, 공연관련 산업, 인터넷 및 모바일콘텐츠산업을 포괄한다.[76] 수준 높은 내용의 제조업과 이를 서비스하는 산업이 동시에 발전되어야 한다. 이것이 문화산업의 발전요건이다. 문화산업의 범위는 국가나 연구목적 등에 따라 다르게 정의될 수 있다. 한국표준산업분류의 특수목적분류에 의하면 문화산업은 출판산업, 음반산업, 게임산업, 영화산업, 방송업, 공연관련 산업, 기타 문화관련 산업 및 문화예술관련 교육산업을 포괄한다. 이들은 대체로 문화콘텐츠를 제작, 저장, 공연하거나 기타 관련 상품과 서비스를 생산하는 산업이다.[77]

표 2.5 특수목적분류에 의한 문화산업

구분	내용	비고
출판산업	• 출판업(서적, 신문, 음성기록매체) • 인쇄업(경인쇄, 스크린인쇄) • 서적, 잡지 및 신문유통업	
음반산업	• 음반제작 및 복제업 • 음반유통업 • 노래방 운영업	
게임산업	• 비디오게임기 제작업 • 게임물제작 및 복제업 • 게임 유통업 • 오락장 운영업	
영화산업	• 영화 및 비디오물 제작 복제업 • 영화 및 비디오물 제작 관련 서비스업 • 영화 및 비디오물 배급 및 유통업 • 영화 및 비디오물 상영업	

---

76 이상학, 「서비스산업의 외국인직접투자 유치와 문화산업의 발전」, 『추계학술대회 발표 논문』, 문화경제학회, 2006, p. 1.

77 위의 글, p. 5 참조.

구분	내용	비고
방송업	• 공중파방송업 • 유선방송업(위성방송 포함)	
공연관련 산업	• 공연장 운영업 • 공연단체 • 자영예술가 • 기타 공연관련 산업	
기타 문화관련 산업	• 건축 및 조경설계서비스업 • 사진촬영 및 처리업 • 전문디자인업 • 광고업 • 공예품 및 한복제조업 • 공예품 및 한복유통업 • 뉴스제공, 도서관, 박물관 및 기타 문화관련산업	
교육서비스업 (문화 및 예술관련)	• 기타 기술 및 교육고등학교 • 고등교육기관 • 예술학원	

출처: 한국개발연구원, 경제정책정보, 한국표준산업분류개정, 2006. 9. 30.

민족의 혼과 창조력으로 오랜 기간을 전승해온 무형문화유산은 다양한 유형문화유산을 만드는 근간이 되어왔으며, 또한 현재까지 유지·전승되고 있다. 무형문화유산의 보호·유지에서, 나아가 문화산업으로 활용·육성하기 위해서는 활용 가능한 요소들을 다방면으로 검토해야 한다. 영화, 공연이나 출판, 음반, 게임 등은 물론 위의 표에서 보는 다양한 문화산업 분야에 폭넓게 활용할 수 있는 정책적·제도적 육성방안이 필요하다. 미디어아트 등을 속속 개발하고, 발전하고 있는 뉴미디어 분야로도 시야를 넓혀 활용할 수 있는 아이디어를 개발하고 정책과 자금을 지원할 수 있는 제도 또한 필요하다. 보호와 전승의 관점에서 벗어나 활용을 위한 시야의 확대가 우선이고, 그를 위한 뒷받침이 필요한 것이다. 시야의 확대란 융합을 포함한다. 미술과 디지털기술이 융합해 디지털아트가 태어났고, 문화산업 역시 예술과 산업이 융합한 결과이다. 무형문화유산과 문화산업의 각 분야가 융합해서 새로운 문화산업 분야가 태동될 수 있는 것이다. 1+1의 융합에서 더 나아가 1+1+1 그 이상의 융합으로써 문화산업은 새로운 가능성을 찾아나가야 한다. 안동하회탈처럼 캐릭터를 활용하여 사업을 진행한 사례가 있으나 그 역시 단순히 기념품을 판매하는 수준에 머물러 있을 뿐이다. 문화산업은 문화논리와 상업논리가 융합된 결과로 발전한다. 캐릭터산업과의 융합이나, 영화산업과의 융합, 음반, 게임 등 한류 열풍과 함께 수출할 수 있는 분야로도 융합의 시야를 넓히는 것이 문화유산을 활용한 문화산업을 육성하는 데 한 방안이 될 수 있다.

2. 무형문화유산 보전과 활용의 역사

1) 무형문화유산 보전과 활용 제도의 변천

무형문화유산의 올바른 보전을 위해서는 정책과 법률 및 제도는 물론, 무형문화유산의 보전을 집행하는 기구와 조직, 이에 소요되는 전문인력의 양성체제, 그리고 현장에서 무형문화유산을 연행하고 전승하는 데 직·간접적으로 관련이 있는 민관의 여러 기구 등을 망라하여 고찰해야 할 것이다.

이런 관점에서 본 절에서는 종적인 측면에서 먼저 한국의 무형문화유산 보전체계의 역사를 살펴보고, 이를 바탕으로 다시 횡적인 측면에서 한국 무형문화유산의 보전체계 현황을 살펴보고자 한다. 한국 무형문화유산의 보전은 1962년부터 시행된 〈문화재보호법〉을 근간으로 하고 있으며, 무형문화유산을 무형문화재라 칭하고 있다. 한국 무형문화재 보전체계의 역사를 살피는 것은 과거의 역사를 하나의 귀감으로 삼아 보다 미래지향적인 보전체계를 만들어내기 위함이요, 보전체계의 현황을 살피는 것은 현행 보전체계의 득과 실, 시와 비를 구분함으로써 보다 나은 보전체계를 구축하기 위함이라고 할 수 있다.

(1) 무형문화유산 보전의 역사를 보면 미래가 보인다

1945년 8월 15일 광복 이후 대한민국은 1948년 5월 10일 남한만의 총선거를 통해 제헌국회를 구성하고, 같은 해 7월 17일 〈대한민국헌법〉을 제정 공포함으로써 명실공히 독립국가의 면모를 갖췄다. 헌법공포와 같은 날 시행된 정부조직법은 문교부의 '문화보존과'와 구(舊)황실재산사무총국이 문화재 사무를 각각 분담해 수행하도록 했다. 이처럼 이원화돼 있던 문화재 관리 사무는 1961년 5월 16일 군사정변 이후, 국가 권력을 장악한 국가재건최고회의가 10월 2일 정부조직법을 전부 개정하여, 문교부 외국(外局)으로 문화재관리국을 설치했다.[78]

문화재보호법은 1962년 시행된 이래 30여 차례 개정을 거치면서 발전해왔다. 〈고도 보존에 관한 특별법〉(2004년), 〈문화유산과 자연환경자산에 관한 국민신탁법〉(2006년), 〈문화재보호기금법〉(2009년)이 제정된 이외에, 2010년 〈문화재보호법〉은 〈문화재보호법〉, 〈매장문화재 보호 및 조사에 관한 법률〉, 〈문화재수리 등에 관한 법률〉 등 3개의 법

---

78 문화재청, 『문화재청 50년사−본사편』, 안그라픽스, 2011, p. 47. 한국 무형문화유산 보전과 활용의 역사는 문화재청 행정문서를 바탕으로 작성 · 검증 발간된 문화재청 50년사를 위주로 기술하였다.

률로 분리 입법되었다. 문화재보호법이 전부개정된 것은 모두 세 차례인데, 제1차 전부개정은 문화재를 국가지정문화재와 시·도지정문화재 및 문화재자료로 구분하고 천연기념물의 보호 범위 확대, 중요무형문화재의 전수교육과 장학금 지급 등을 내용으로 하였고, 제2차는 알기 쉬운 법령으로 전부개정하였다. 제3차 개정에서는 비지정문화재 기초조사제도, 역사·문화·환경 보존지역, 화재 및 재난·도난 예방, 국외소재 문화재보호 및 환수 정책 추진규정 등 새로운 문화재관리 정책을 입법하였다.

① 보전체계의 탄생(1950~1970년대)

한국 문화재 보전체계의 역사는 1945년 광복과 더불어 시작되었다고 할 수 있다. 광복 이전 일제강점기는 국가 주권을 상실하고 식민지로 전락하면서 많은 문화재가 일제에 의해서 수탈되고 약탈되었던 시대였다. 1948년 대한민국정부가 수립된 해부터 1962년 〈문화재보호법〉이 시행될 때까지 전통문화예술은 제도와 운영 모든 방면에서 혼돈을 거듭했다. 문화재보호법의 제정에 앞서 무형문화재 정책과 관련된 일련의 큰 흐름이 있었는데, 정악·정재의 보존기관인 '국립국악원'[79] 개원(1951년), 문화보호법 제정(1952년), 구황실재산사무총국 설치와 국악사양성소 개소(1958년), 무형문화재 부흥과 지정에 기여했던 '전국민

---

79 무형문화재 보전체계가 갖추어지기 전까지 국악 분야의 보전교육기구는 국립국악원이라 할 수 있다. 조선 말기 '장악원'이 일제강점기 '이왕직 아악부(李王職 雅樂部)'로 개명되었다. 광복 후는 1951년 '국립국악원'이 개원되었다. 국립국악원은 1987년 11월 9일 국립국악원 직제 개정에 따라 관리과, 장악과, 국악진흥과 및 국악연구실 등 현재의 골격이 거의 갖춰진 후 국립 기구로서의 위상이 확립된다.

속예술경연대회'[80] 개최(1958년) 등이 그것이다. 무형문화유산의 속성상 구전과 도제식 교육을 통해 살아남아 있던 전통예술을 경연대회와 양성소를 통해 되찾기 시작했다.[81]

1961년에는 문교부의 외국(外局)으로 문화재관리국(현재 문화재청)[82]이 설립되었다. 이 시기에는 문화재 보호에 관한 의미 있는 일이 있었다. 문교부는 1961년 11월 1일부터 11월 10일까지 10일간을 '문화재 애호기간'으로 정하고 범국민적인 문화재 애호운동을 전개했다. 문교부는 이 기간 동안 관계 기관들과 공조를 통해 문화재 소재지에 이르는 도로와 문화재 보호구역의 미화 작업을 실시했다. 또한 각 학교에서는 고적지로의 소풍을 장려하고 문화재의 중요성을 인식시키는 활동을 펼쳤으며, 문화재 관련 각종 전시회와 학술 강연회도 다수 개최했다.[83] 이와 관련해 경향신문에서는 "문화재는 찬란한 역사의 산 표본이기 때문에 알뜰한 손길을 멈추어서는 안 된다"[84]고 강조하면서, 문화재 애호기간이 지난 뒤에도 항상 문화재를 아끼는 마음을 가질 것을 촉구했다. 이때부터 문화재 보호 운동이 시작된 것으로 보인다. 이 시기는 유형문화유산 위주의 실태조사와 보수사업이었지만 문화재의 중요성을 인식

---

80 전국민속예술경연대회는 1958년 한국 정부수립 10주년 경축기념으로 개최되었다. 대회의 역대 수상작들이 국가 및 지방지정 무형문화재로 총 91종목이 지정되는 등 무형문화재 지정의 실질적인 산파역할을 하였다. 김지성, 「무형문화재 보호정책의 현황과 과제」(고려대학교 행정대학원), pp. 84~85 참조.

81 국립국악원, 『국악연혁』, 세신문화사, 1982, pp. 58~59.

82 당시 문화재관리국은 미군정 시부터 문화재 관리 업무를 관할하던 '구황실 사무청(舊皇室 事務廳)'이 1955년 '구황실 재산사무총국(舊皇室 財産事務總局)'으로 개편된 것이다.

83 문화재청, 앞의 책, p. 49.

84 "초하루부터 열린 여러 행사", 경향신문, 1961. 11. 1, p. 3.

시키는 계기가 된 것에서 그 의미를 찾을 수 있다.

무형문화재 제도는 1961년 12월 〈문화재보호법〉[85]을 새로 제정하여, 이듬해 1962년 1월부터 시행하게 된 데서 비롯되었다. 문화재보호법은 문화재를 유형문화재, 무형문화재, 기념물, 민속자료 등 네 가지로 분류해 정의[86]하였다. 이 중 무형문화재는 연극 · 음악 · 무용 · 공예

85　무형문화재제도는 1961년 12월 정부에서 일제가 만든 〈조선보물고적명승천연기념물보존령〉을 폐지하고, 〈문화재보호법〉을 새로 제정하여, 법적 기반을 마련하고 이듬해 1962년 1월부터 시행하게 된 데 비롯되었다.
　　〈朝鮮寶物古蹟名僧天然記念物保存令(조선보물고적명승천연기념물보존령)〉: 五(오)일 총독부서 제령 五十社(오십사)조로 歷史學術硏究提供(역사와학술연구제공), 朝鮮寶物古蹟名記天然念物保存令(조선보물고적명승천연기념물보존령)을 五(오)일에 발표하였다. 이 법령은 建造物(건조물), 典籍(전적), 書籍(서적), 繪畫(회화), 彫刻(조각), 工藝品(공예품) 기타물건에 대하야 특히 역사의 增徵(증징) 혹은 미술의 모범이 되고 貝塚(패총), 古墳(고분), 普門(보문), 寺址(사지), 城址(성지), 窯址(요지), 기타유적, 景勝(경승) 동물, 식물, 지질, 광물 등으로서 학술연구의 재료가 될 만한 것은 이것을 보물, 고적, 명승 또는 천연 기념물로의 영구히 보존하야써 학술의 참고에 공할 만한 것을 보존키 위한 것이다. 이 보존령을 제령으로 발포하는 동시에 조선총독부 보물고적명승천연기념물보존회의 官制(관제)도 勅令(칙령)으로 제정하였는데 이에 대한 시행에 필요한 三(삼)개의 규정까지 제정하야 발호하였는데 이규측은 전문 四十(사십)조로되었다. 이에 대한 요점은 보물, 고적, 명승, 천연기념물은 보존령에 의하야 조선총독이 전기보존회에 자문하야 지정하되 관보로써 고시하고 보존할 필요가 있을 때에는 일정한 행위를 금지 또는 제한한다. 그 다음 이보존령의 시행수속은 전문 十四(십사)조로 되었고 이와 동시에 이 보존회의 신규측도 훈령으로써 발포되었는데 이상의 모든 규정은 불원간 보존회위원을 임명하는 동시에 그 시행기일이 정해질 것이라 하며 종래에 있던 고적유물 보존 규측과 고직조사위원회 규정은 폐지하게 되었다. 동아일보, 1933. 12. 6.

86　유형문화재는 건조물 · 전적 · 고문서 · 회화 · 조각 · 공예품 등 유형의 문화적 소산으로서 우리나라의 역사상 또는 예술상 가치가 큰 것과 이에 준하는 고고자료를 지칭했다. 이와 대조적으로 연극 · 음악 · 무용 · 공예기술, 기타 무형의 문화적 소산으로서 우리나라의 역사상 또는 예술상 가치가 큰 것은 무형문화재라고 정의했다. 또한 패총 · 고분 · 성지 · 궁지 · 요지 · 유물 포함층, 기타 사적지와 경승지 · 동물 · 식물 · 광물로서 우리나라의 역사상 · 예술상 · 학술상 또는 경관상 가치가 큰 것은 기념물로 정의했고, 의식주 · 생업 · 신앙 · 연중행사 등에 관한 풍속 습관과 이에 사용되는 의복 · 기구 · 가옥, 기타의 물건으로서 국민생활의 추이를 이해함에 불가결한 것은 민속자료로 정의했다.

기술, 기타 무형의 문화적 소산으로서 우리나라의 역사상 또는 예술상 가치가 큰 것은 무형문화재라고 정의하였다.[87]

1962년 문교부에 문화재위원회를 설치하고, 1963년에는 문화재위원회 위원을 위촉[88]하였다. 같은 해 2월 9일 법률 제1265호로 개정됨에 따라 중요무형문화재의 보호육성에 필요한 보조금 지원 조항을 신설하였다.[89] 1964년 문화재보호법 제정 이후 처음으로 중요무형문화재가 지정되었다. 중요무형문화재 제1호 종묘제례악과 제2호 양주별산대놀이 등 7종목이 지정되었다. 더불어 양주별산대놀이의 노재영이 중요무형문화재 예능보유자로 인정받았다. 이로써 무형문화재 전승 정책이 법의 보호를 받으며 시작되었다.

1967년에는 중요무형문화재 보유자들에 대한 무료 의료 서비스가 시작됐다. 이해 8월 보건사회부는 중요무형문화재 보유자들을 앞으로 국가가 적극 보호하고, 질병에 걸렸을 경우엔 무료로 치료해주기로 하였다. 이에 따라 중요무형문화재 강릉단오제 보유자 장재인(88세, 강원도) 등 중요무형문화재 보유자 95명은 전국 국·공립병원과 보건소에서 무료 진단을 받을 수 있게 되었다.[90] 이 조치는 문화재관리국이 지정한 17개 종목의 중요무형문화재 보유자들이 거의 극빈자이거나 노약

87　문화재청, 앞의 책, p. 51.

88　이후 개최된 전체위원회에서는 제11분과위원회(유형문화재 및 사적) 김상기 위원이 전체 위원장으로 선출됐고, 제1분과위원장에는 이홍직 제2분과 위원회(무형문화재 및 민속자료)위원장에는 임석재, 제3분과위원회(명승 및 천연기념물) 위원장에는 박만규 위원이 각각 선출됐다.

89　인하대학교 산학협력단, 『(가칭) 무형문화유산 보전 및 진흥에 관한 법률 제정 연구』, 문화재청, 2011, p. 24.

90　문화재청, 앞의 책, p. 102.

자인 실태를 고려해 취해진 것으로 보인다. 이러한 기록들로 당시 중요 무형문화재 보유자들의 열악했던 전승환경을 엿볼 수 있다.

1968년 2월 29일 문화재관리국은 '민족문화예술 개발연구위원회'[91]를 신설하고 농악, 민속놀이, 가면, 무용극 및 민요 등을 표준화 또는 정형화할 방침이라고 발표하였다. 위원회는 전라남도 민속종합조사를 필두로 전국의 민속조사를 실시해 조사 결과를 영역별 · 지역별 「한국민속종합조사보고서」로 발간하기로 했는데, 그 첫 성과로 1969년에 종합보고서 제1권 전라남도 편을 발간하였다.[92] 이는 무형문화유산의 학술적인 조사를 통해 지정종목을 확대하고, 중요무형문화재 지정의 근간을 만드는 데 큰 역할을 한 계기가 되었다.

1969년 12월 7일 문화재연구실이 본격적인 업무를 시작하였다. 문화재연구실[93]은 문화재 조사연구, 한국 고유의 건조물과 미술공예에 대한 조사연구, 한국 민속자료 조사연구 및 보급, 그리고 민속관 운영 관리에 관한 사무를 맡게 되었다. 이 직제 개정에서는 각 분야의 사무 처리를 위해 문화재연구실에 무형문화재 담당, 미술공예 담당, 건축학 담당, 민속학 담당, 보존과학 담당을 두었고, 무형문화재 · 미술공예 · 민속학 담당은 학예관보로, 건축학 담당은 건축기좌로, 보존과학 담당은

---

91 민족문화예술개발연구위원회는 고유문화의 정통성을 바로잡기 위해 3월부터 전국적으로 기초 조사에 착수해 5월 말까지 가치 기준을 마련하고 이를 집대성하기로 했다. 중요 무형문화재 보유자 등 관계 전문가 15명으로 구성된 민족문화예술개발연구위원회는 발굴 · 정리된 고유문화의 정형을 간행물, 천연색 영화, 음반, 녹음테이프 등에 담아 영구 보존하되, 사업 예산은 예비비에서 쓰기로 했다.

92 문화재청, 앞의 책, p. 112.

93 새로 발족된 문화재연구실의 초대 실장에는 김정기 국립박물관 고고과장이 임명됐다.

그림 2.1 종묘대제 일무 (사진: 주병수)

물리기좌로 임명하도록 하였다.[94] 이는 문화재 조사·연구에 관한 전문
기관 설립의 의미가 있다. 같은 해 10월 27일에는 종묘에서 광복 이후
처음으로 종묘대제가 봉행돼 중요무형문화재 보유자들이 제1호 종묘
제례악을 연주하였다. 당시 종묘제례악 예능보유자는 성경린, 김천흥
등 22명이었다.

1960년대에는 중요무형문화재 제1호 〈종묘제례악〉, 제2호 〈양주별
산대놀이〉, 제3호 〈꼭두각시놀음〉 등 예능·공예 종목 총 31건이 지정
되었다.

1970년에는 문화재보호법의 일부 개정[95]을 통해 개정 이전 법률에

---

94   문화재청, 앞의 책, p. 121.

95   1970년 8월 10일 법률 제2233호로 〈문화재보호법〉이 일부 개정돼 9월 10일 시행에
들어가면서 문화재 관리제도가 일신됐다. 그간의 〈문화재보호법〉의 미비점을 보완하고
문화재 관리에 필요한 제도의 확충을 통해 문화재 행정을 합리적으로 시행하기 위해 개
정된 〈문화재보호법〉의 주요 내용은 중요무형문화재 보유자 인정, 지정문화재의 지정
해제, 국보 등 중요문화재의 국가에 의한 관리, 문화재 국외 반출 허가 및 문화재 수출

표 2.6 1960년대 중요무형문화재 지정종목

지정번호	명칭	지정일	지정번호	명칭	지정일
제1호	종묘제례악	1964. 12. 7	제17호	봉산탈춤	1967. 6. 16.
제2호	양주별산대놀이	1964. 12. 7.	제18호	동래야류	1967. 12. 21.
제3호	꼭두각시놀음	1964. 12. 7.	제19호	선소리산타령	1968. 4. 18.
제4호	갓일	1964. 12. 24.	제20호	대금정악	1968. 12. 21.
제5호	판소리	1964. 12. 24.	제21호	승전무	1968. 12. 21.
제6호	통영오광대	1964. 12. 24.	제22호	매듭장	1968. 12. 21.
제7호	고성오광대	1964. 12. 24.	제23호	가야금산조및병창	1968. 12. 21.
제8호	강강술래	1966. 2. 15.	제24호	안동차전놀이	1969. 1. 7.
제9호	은산별신제	1966. 2. 15.	제25호	영산쇠머리대기	1969. 2. 11.
제10호	나전칠기장	1966. 6. 29.	제26호	영산줄다리기	1969. 2. 11.
제11호	농악	1966. 6. 29.	제27호	승무	1969. 7. 4.
제12호	진주검무	1967. 1. 16.	제28호	나주의샛골나이	1969. 7. 4.
제13호	강릉단오제	1967. 1. 16.	제29호	서도소리	1969. 9. 27.
제14호	한산모시짜기	1967. 1. 16.	제30호	가곡	1969. 11. 10.
제15호	북청사자놀음	1967. 3. 31.	제31호	낙죽장	1969. 11. 29.
제16호	거문고산조	1967. 6. 16.			

서는 중요무형문화재의 종목만 지정했으나 개정 법률에서는 중요무형
문화재가 보호 · 전승될 수 있도록 문화재를 지정할 때 중요무형문화
재 보유자도 함께 인정하도록 하였다. 이로써 전통 기 · 예능의 발굴 지
정은 물론 기 · 예능 보유자의 후계자 양성활동과 전승활동에 대한 제
도적 지원이 가능해졌다. 또한 개정 법률은 중요무형문화재 보유자를

금지, 지정되지 않은 문화재 중 동산인 유형문화재와 민속자료의 등록, 지방문화재의 지
정, 문화재 매매업자 등록, 그리고 문화재보호법 위반자에 대한 벌칙 강화 등이었다. 문
화재보호법의 개정에 따라 중요무형문화재의 보유자도 인정받게 됐다.

인정한 후에도 보유자로 인정할 만한 자가 더 있으면 추가로 인정할 수 있도록 규정하였다. 또한 개정 법률에서는 문화재의 지정 및 해제 등 관리 기준도 강화하였다.[96]

1971년도부터는 무형문화재 전수교육이 실시되었다. 전수교육의 실태와 성과를 평가하기 위하여 전수생의 기·예능을 심사하였다. 이에 따라 1971년 3월 제1회 중요무형문화재 전수교육평가발표회를 개최하였다. 1972년에는 무형문화재 보호 대책[97]으로 중요무형문화재 기·예능 보유자의 처우 개선을 실시하였는데, 생활 보장과 복지 향상, 문화재활동 진작, 전수활동 장려 등 사업을 세 분야로 나누어 시행하였다. 특히 중요무형문화재 보유자에게 지급하는 생계지원비를 인상해 50세 이상에게는 월 2만 원, 49세 이하에게는 연 10만 원을 지급하기로 하였다.[98]

---

96 문화재청, 위의 책, p. 129 참조.

97 8월 14일 문화예술진흥법이 제정되어 민족문화발전에 계획화를 시도하게 되었다. 같은 해 '문화재 보존 관리 5개년 계획'이 수립됐다. 문화재관리국이 수립한 '문화재 보존·관리 5개년 계획'은 문화재의 보존 관리를 체계화하고 예산을 확충하며 균형 있는 문화재 정책을 추진하기 위한 것으로, 이 해부터 연차적으로 시행됐다. 문화재관리국은 '문화재 보존·관리 5개년 계획' 기간 중 총 128억 원의 예산을 투입해 체계적인 문화재의 보존·관리, 중요무형문화재 보유자의 처우 개선 등 문화재 정책의 실효성을 확보하기 위한 정책 목표를 설정하고 이를 실행해나가기로 했다.

98 당시의 경제 실정을 고려할 때 생계의 위협 없이 전통 문화 전수에 전념할 만큼 만족스러운 것은 아니었을 것이라고 보여진다. 다만 종전의 60세 이상 월 7,000원, 59세 이하 연 2만 원에 비하면 3~5배 인상되었다. 특히 중요무형문화재 보유자의 연령을 10년 낮추어 혜택의 폭을 넓혔다는 데 의의가 있다. 또한 중요무형문화재 보유자가 사망했을 때 장례비로 10만 원을 지급하고, 인간문화재 묘역을 설치하며 비석을 세워주는 등 중요무형문화재 보유자에 대한 정부의 지원이 시작됐다. 이 밖에도 예능 보유자에게 공연자금을 융자하고, 이들을 국립극장에 전속시켜 공연 기회를 넓히며, 지방별로 전수회관을 건립해 전승활동을 지원했다. 문화재청, 앞의 책, p. 150 참조.

1973년에는 북한 지역 무형문화재 전수회관[99]을 준공(9. 28)하고 기념공연을 개최하였다. 북한 지역 무형문화재 전수회관 건립은 북한 민속을 체계 있게 보호·전수한다는 의의와 함께 문화재 보전정책에서 소외돼왔던 중요무형문화재 보전 측면에서도 중요한 뜻을 가진 것이었다. 중요무형문화재로 지정된 북한 지역 문화재는 제15호 〈북청사자놀음〉, 제17호 〈봉산탈춤〉, 제29호 〈서도소리〉, 제34호 〈강령탈춤〉 등 4개 종목이었고, 이 외에 황해도 민요와 은율탈춤 등이 있어 전수회관을 중심으로 무형문화재 전수교육이 이루어졌다.[100] 한편 북한 지역 중요무형문화재 보유자들은 북한민속예술 보호를 위한 이북5도 민속예술총연합회를 조직하는 등 북한 민속예술의 보호·전수를 일원화하기 위한 활동을 활발히 벌여나갔다. 같은 해, 제1회 중요무형문화재 보유자 공예작품 전시회(전승공예대전)[101]를 개최했다. 전시회는 중요무형문화재 보유자들의 기능을 선양하고 전통공예 기술의 발굴과 진흥 보급을 꾀하기 위해 기획되었다.[102] 전시회를 통해 미발굴된 전통공예 작품 중 우수 작품 제작자에게 장려금을 지급하고, 향후 문화재위원회의 심의를 거쳐 작품 제작자를 중요무형문화재 보유자로 인정하기로 했다.

---

99 전수회관은 1,700만 원의 예산을 들여 연건평 200평(661m²)의 2층 건물로 국악예술학교에 세워졌으며, 2층의 상설 무대(85평/ 281m²)와 함께 1층에 10개의 사무실이 들어섰다.

100 당시 북한 지역 중요무형문화재의 전수 현황은 무형문화재 예능보유자 20명에 장학금(연 2만 원)을 받는 전수생 34명과 60~70명의 지원생이 있었고, 전수자에게는 월 1만 원의 강사료가 지급됐다.

101 전승공예대전은 10월 30일부터 11월 20일까지 창덕궁 인정전 유물전시관에서 문화재관리국 주관으로 개최됐다. 전승공예대전에는 87점의 중요무형문화재 기능 보유자의 작품과 일반 전통공예 작가의 작품 209점 등 총 19개 분야 296점이 전시됐다.

102 문화재청, 앞의 책, p. 166.

1974년 중요무형문화재의 보호 및 전승을 위한 지원책을 확대 시행하였다. 우선 중요무형문화재 기·예능보유자들의 전승지원금을 인상해 지급하였다.[103] 특히 우수한 전수장학생을 중점 육성하고 이들이 활동할 무대를 확보해주기 위해 243명의 전수장학생에 대해 재등록 심사를 실시하고 교육이 이루어지도록 했다. 또한 전수교육을 받고 심사에 합격한 전수장학생에게는 이수증을 수여하고, 각급 국공립 전속 공연단체에서 우선적으로 전수장학생을 채용할 수 있도록 제도화하기로 했다. 이수증 제도는 이때부터 시작된 것으로 보인다.[104]

1975년에는 문화재연구소와 민속박물관이 신설[105]되었다. 문화재 연구소는 미술공예연구실과 예능민속연구실 및 보존과학연구실 등 3개 연구실을 두었다. 한편 민속박물관은 한민족의 고유한 생활양식·풍속·습관과 이에 사용된 도구 및 자료의 조사 수집과 전시에 관한 업무를 담당하였다.[106]

---

103 4월부터는 50세 이상의 중요무형문화재 보유자에게 전승지원금을 종전 월 2만 원에서 3만 원으로 인상했고, 49세 이하의 중요무형문화재 보유자에게는 연 10만 원에서 15만 원으로 인상해 지급했다. 아울러 중요무형문화재 보유자의 강사료도 월 1만 원에서 2만 원으로 인상했다. 또한 전수장학생들에게 지급하는 전수장학금을 음악·무용·공예 등 개인 예능 분야는 월 6,000원에서 1만 원으로, 가면극·민속놀이 등 단체 예능 분야는 연 2만 원에서 6만 원으로 각각 인상해 지급했다.

104 이때 중요무형문화재 전수교육 시설 확충도 이루어졌다. 이미 서울과 부산 및 고성 등에 건립된 전수교육회관 외에 안동, 충무, 수영, 양주 등 지역에 중요무형문화재 전수교육 회관을 건립하기로 했다. 또한 새로 개관되는 민속박물관 내에는 중요무형문화재 공예품 상설 전시장을 마련하기로 했다. 문화재청, 앞의 책, p. 172 참조.

105 1975년에는 4월 17일 대통령령 제7600호로 문화재관리국 직제가 일부 개정돼 문화재 연구소와 민속박물관이 신설됐다. 문화재관리국 하부 조직인 문화재연구담당관을 확대 개편해 소속 기관으로 신설된 문화재연구소는 문화재에 관한 학술 조사연구 및 과학적 보존 기술의 연구개발에 관한 업무를 담당했다.

106 문화재청, 앞의 책, p. 178.

1970년대에는 무형문화재 전승을 위한 지원과 전수시설 확충을 비롯해 공연과 전시회가 개최되는 등 무형문화유산의 보전에 있어서 기본적인 제도를 정비하고 지원의 틀을 마련하는 기간이었다. 이때의 중요무형문화재 지정은 제32호 곡성의 돌실나이, 제33호 고싸움놀이, 제34호 강령탈춤 등을 비롯해 총 31종목이 지정되었다.

표 2.7 1970년대 중요무형문화재 지정종목

지정번호	명칭	지정일	지정번호	명칭	지정일
제32호	곡성의 돌실나이	1970. 7. 22.	제48호	단청장	1972. 8. 1.
제33호	고싸움놀이	1970. 7. 22.	제49호	송파산대놀이	1973. 11. 11.
제34호	강령탈춤	1970. 7. 22.	제50호	범패(영산재)	1973. 11. 5.
제35호	조각장	1970. 7. 22.	제51호	남도들노래	1973. 11. 5.
제36호	판소리심청가	1970. 7. 22.	제52호	시나위	1973. 11. 11.
제37호	화장	1970. 7. 22.	제53호	채상장	1975. 1. 29.
제38호	조선왕조궁중음식	1970. 12. 30.	제54호	끊음질	1975. 1. 29.
제39호	처용무	1971. 1. 8.	제55호	소목장	1975. 1. 29.
제40호	학무	1971. 1. 8.	제56호	종묘제례	1975. 5. 3.
제41호	가사	1971. 1. 8.	제57호	경기민요	1975. 7. 12.
제42호	악기장	1971. 2. 24.	제58호	줄타기	1976. 6. 30.
제43호	수영야류	1971. 2. 24.	제59호	판소리고법	1978. 2. 2.
제44호	한장군놀이	1971. 3. 16.	제60호	장도장	1978. 2. 23.
제45호	대금산조	1971. 3. 16.	제61호	은율탈춤	1978. 2. 23.
제46호	대취타	1971. 6. 10.	제62호	좌수영어방놀이	1978. 5. 9.
제47호	궁시장	1971. 9. 13.			

그림 2.2 영산재 바라춤 (사진: 주병수)

그림 2.3 줄타기 (사진: 주병수)

② 보전체계가 성립, 추진되다(1980~1990년대)

1980년대부터는 국가주도의 무형문화재 보전이 본격적으로 시행되는 시기이다. 또한 민간주도의 유·무형의 문화재 보호운동을 펼치기 시작했다. 이 때문에 1980년 재단법인 한국문화재보호협회(현 한국문화재재단)[107]가 출범했다.[108] 민간 문화재 보호협회의 설립은 유·무형문화재의 보호운동과 보급·선양 사업을 민간 주도로 추진해나가고자 하는 것이었다.[109]

국가주도의 무형문화재 보전이 본격적으로 시행되는 시기이면서도 민간주도의 문화재보호 운동을 추진하기 위한 발판을 마련하고자 한 것으로 보인다. 또한, 한국 민속극을 해외에 소개하는 전기를 마련하기도 했다. 한국가면극회(회장 이두현 서울대 교수, 문화재위원회 위원)는 프랑스, 서독(현 독일) 등 유럽 5개국 15개 도시를 돌며 모두 23회에 걸쳐 중요무형문화재 제17호 봉산탈춤을 공연하였다. 이 공연은 유럽 예술협회의 초청으로 참가한 '세계 가면예술의 해' 기념 축제[110]의 일환으로 이루어졌다. 이 공연을 통해 한국가면극회는 한국 고유의 민속극을 해외에 소개함으로써 한국의 전통문화를 유럽에 선양하는 성과를 거뒀다.[111] 베를린 신문은

---

107 1980년 4월 1일 (사)한국문화재보호협회와 (사)한국문화재보급협회 및 (재)한국무형문화재보호협회 등 정부가 지원하는 3개의 민간 문화재 보호 관리단체를 통합했으며, 초대 이사장으로 박종국 문화공보부 기획관리실장이 임명됐다.

108 이를 위해 문화재관리국은 문화재 보호 관리단체 통합 육성 계획을 수립하고 1980년 3월 19일 최규하 대통령의 재가를 받았다.

109 문화재청, 앞의 책, p. 231.

110 5월 28일부터 7월 1일까지 프랑스, 서독(현 독일), 이탈리아, 스위스 등 유럽 5개국 15개 도시를 돌며 모두 23회에 걸쳐 중요무형문화재 제17호 봉산탈춤 공연을 했다. 이 축제에는 한국을 비롯해 일본, 인도, 부탄, 볼리비아, 탄자니아, 잠비아 등 7개국이 참가했다.

111 문화재청, 앞의 책, p. 235.

봉산탈춤을 "참가한 7개국 중 가장 우수하고 원형을 지닌 극"이라고 평가했고, 베를린 국제비교음악연구회의 '투마' 이사는 "7개국 행사 가운데 가장 두드러졌다"고 격찬하였다. 한국가면극회는 이에 앞서 5월 26일 헬싱키 국제민속페스티벌에도 정식으로 참가함으로써, 한국 민속극을 해외에 소개하는 전기를 마련하였다. 경향신문(1980. 7. 14) 기사를 보면 당시 봉산탈춤의 해외공연 성과를 엿볼 수 있다. 당시만 하더라도 무형문화재의 해외공연은 흔치 않은 일이었다.

> 유럽예술협회초청 '세계 가면예술의 해' 기념 축제에 참가했던 봉산탈춤 해외공연단은 5월 28일부터 7월 1일까지 프랑스를 비롯한 5개국 15개 도시에서 23회 공연을 마친 후 귀국했다. 한국을 비롯해서 일본, 인도, 부탄, 볼리비아, 탄자니아, 잠비아 등 7개국이 참가한 이번 민속축제는 우리나라 고유의 민속극을 해외에 소개, 한국문화를 유럽에 심었을 뿐만 아니라 5월 26일에는 헬싱키 국제 민속페스티벌에 정식 가입함으로써 한국민속극의 해외소개에 전기를 마련하게 됐다.[112]

1981년에는 중요무형문화재의 보호 및 전승을 위한 정책을 마련하기 위해 무형문화재 전승 실태를 조사했다. 이 조사 결과 무형문화재는 국가가 지정한 중요무형문화재 70종목과 지방자치단체가 지정한 무형문화재 31종목 등 모두 101종목으로 밝혀졌다. 중요무형문화재의 전승과 교육은 크게 지정문화재 전승단체와 사설전승단체 및 학교 교육

---

112 "鳳山(봉산)탈춤 海外公演(해외공연) 성과", 경향신문, 1980. 7. 14, p. 5.

을 통해 이루어지고 있었다. 지정 전승 단체와 전승종목은 총 153개였다. 이들 단체에서는 전수자 208명이 모두 8,081명에게 전수교육을 실시한 것으로 나타났다.[113] 한편 무형문화재에 관한 교육을 실시하고 있는 학교와 종목은 중앙대학교 부설 초등학교의 〈송파산대놀이〉 등 14개 학교에 13종목이었다.[114]

같은 해 2월 20일 전통문화 복합 공간 '한국의집'[115]을 개관했다. 한국문화재보호협회가 운영을 맡은 '한국의집'은 전통음식과, 민속공연

---

113 대악회의 종묘제례악 등 6종목을 비롯해 17단체 21종목이었으며, 사설 전승 단체는 서울 75개를 비롯해 부산 15개, 대구 13개, 전남 12개, 경기 11개, 충남 8개, 전북 6개, 강원 5개, 경북 5개, 제주 2개, 인천 1개 등 총 153개였다.

114 1981년도에는 전국 각지에서 다양한 무형문화재 공연이 개최됐다. 국립극장 '무령지곡'(4. 8), 여의도광장 '제12회 무형문화재 마당종목 공연'(5. 29~6. 1), 전남 진도 '다시락(진도 다시래기, 5. 22)', 전북 전주 '대사습놀이'(6. 7~8), 부산시에서는 중요무형문화재 제18호 동래야류 발표 공연(10. 11) 등이 열렸다. 서울 지역은 4월 8일 국립극장 소극장에서 무형문화재 정기 공연으로 국립국악원 연극단 악장 정재국의 〈무령지곡〉 등을 발표했다. 또 5월 29일부터 6월 1일까지 여의도광장에서 제12회 무형문화재 마당종목 공연이 개최됐는데, 19개 종목이 발표된 공연에서 〈양주소놀이굿〉과 〈하회별신굿탈놀이〉 등 4개 종목이 첫선을 보였다. 전라남도 진도에서는 5월 22일 진도읍 땅끝 마을에서 민속극 '다시락(多侍樂, 진도 다시래기)'이 단절된 지 50년 만에 재현됐다. 전라북도 전주에서는 6월 7일부터 8일까지 대사습놀이 전국대회가 판소리, 기악 등 5개 부문으로 나뉘어 개최됐다. 10월 11일에는 부산시 금강공원 내 부산민속예술관에서 〈동래야류〉 외에 〈동래지신밟기〉, 〈바라춤〉, 〈대금산조〉 등도 발표됐다. 한편 10월 23일부터 서울문예관에서 열린 무형문화재 무대종목 발표 공연에는 〈종묘제례악〉, 〈판소리〉 등 19개 종목의 무형문화재 예능보유자 55명과 전수생 316명이 참가했다.

115 '한국의집'은 서울시 중구 필동 2가 80번지에 있던 옛 '코리아하우스'를 헐고 그 자리에 총 공사비 20억 원을 투입해 대지 2,164평에 연건평 744평 규모로 지은 한식 건물로, 한국의 전통 음식과 전통 문화상품을 판매 또는 체험하고 전통 공연을 관람하거나 전통 혼례를 올릴 수 있는 공간으로 재탄생했다. '한국의집'은 조선 세종대왕 당시의 집현전 학자이자 사육신중 한 사람이었던 박팽년의 사저였는데, 일제강점기에는 정무총감 관저였다가 대한민국 정부 수립 후에는 내외 귀빈들을 위한 영빈관으로 활용되어왔다. 민가 건축의 양반집과 경복궁 자경전을 본떠 지은 '한국의집'에는 해린관을 비롯해 문향루·녹음정·청우정 등 한식 건물 여러 채가 배치됐다.

그림 2.4 한국의집

등 다양한 프로그램을 선보이며 전통문화의 맥을 잇는 중요한 무대 역할을 수행했다.[116] 같은 해, 서울중요무형문화재전수회관[117]의 준공식도 있었다. 서울에서도 무형문화재의 발표기회를 마련하게 된 것이다. 전수회관은 양주, 부산, 통영, 고성의 전수회관에 이어 다섯 번째로 건립된 무형문화재 전수공간으로, 서울 지역의 무형문화재인 〈봉산탈춤〉과 〈꼭두각시놀음〉, 〈북청사자놀음〉 등의 전수단체와 판소리보존회,

---

116   문화재청, 앞의 책, p. 243.

117   1981년 10월 27일 서울 강남구 삼성동에 건립된 전수회관은 서울전수회관은 2억 2,500만 원을 투입해 대지 757평에 지하 1층, 지상 3층으로 지은 연건평 297평의 철근 콘크리트 건물로, 1층에는 전수 단체 강의실과 분장실 및 출연 대기실 등이 있고, 2층에는 강당(72평, 단체종목 전수 및 공연장), 3층에는 영사실과 조명 준비실, 지하에는 음악 및 무용 전수실이 들어섰다.

〈송파산대놀이〉 등의[118] 단체종목이 입주해 무형문화재의 기·예능 전수교육을 실시하게 되었다.

1981년 3월 외국인 사업가가 내놓은 기금과 국비 및 지방비를 들여 진주검무 전수회관 건립을 착공했다.[119] 전수회관은 이듬해인 1982년에 완공하였다. 1981년 11월에는 제6회 전통공예작품전[120]이 경복궁 안에 있는 국립민속박물관에서 개최되었다. 작품전에는 10개 부문 총 920점이 출품되었고 중요무형문화재 보유자 27명이 제작한 우수 작품 83점도 함께 출품되었다.[121] 이와 같이 1981년에는 한국문화재협회를 중심으로 기·예능의 활성화를 위해 여러 가지 사업들이 시행되었다.

1982년에는 문화재보호법이 개정[122]되었는데, 국가가 중요무형문화재를 보호 육성해야 하는 책임을 명확히 규정하였다. 그리고 중요무형문화재의 전승보존을 위해 중요무형문화재 보유자가 기·예능에 관한 전수교육을 실시할 수 있게 하고, 전수교육에 필요한 경비는 국가가 예산의 범위에서 부담할 수 있도록 하였으며, 전수교육을 받는 자에게

118　문화재청, 앞의 책, p. 243.

119　스위스의 무역회사 '코사'의 한국지사장인 토니 하우스뷔얼터는 1978년 문화재관리국을 방문해 한국 문화를 위해 도움되는 일을 하고 싶다는 뜻을 밝혔다. 문화재관리국은 하우스뷔얼터 지사장에게 진주검무 전수회관의 건립기금 기부를 권유했고, 지사장은 진주에 가서 진주검무 공연을 관람한 뒤 기금을 내기로 약속했으며 1979년부터 1981년까지 매년 2,000만 원의 기금을 기부했다. 문화재관리국은 하우스뷔얼터 지사장의 기부금 6,000만 원에 국비 3,000만 원과 경상남도와 진주시의 예산 각 1,500만 원 등 총 1억 2,000여만 원을 투입해 공사에 들어갔다.

120　한국문화재보호협회가 주최한 제6회 전통공예작품전이 1981년 11월 3일부터 11월 30일까지 경복궁 안에 있는 국립민속박물관에서 개최됐다.

121　문화재청, 앞의 책, p. 245 참조.

122　1982년 12월 31일 문화재보호법이 법률 제3644호로 전부 개정됐다.

는 장학금을 지급할 수 있도록 근거를 마련하였다.[123] 같은 해, 무형문화재 보전사업으로 6억 7,800만 원을 투입해 〈밀양백중놀이〉 전수교재 편찬, 밀양 전수회관 건립, 중요무형문화재 기록 보존을 추진하였다.

1983년에는 중요무형문화재의 보전을 위해 중요무형문화재 보유자 또는 보유단체로 하여금 기능 또는 예능의 전수교육을 실시하고, 문화재관리국은 전수교육의 실시 상황을 지도 · 감독할 수 있게 되었다.[124] 또한 중요무형문화재 보유자나 보유단체 또는 보호 · 육성단체의 추천을 받아 전수장학생을 선발하고 장학금을 지급할 수 있게 됐으며, 전수장학생의 선발 기준과 연령 및 전수교육 기간[125] 등을 제도화하였다. 같은 해, 3월 24일 서울무형문화재전수회관에 입주한 단체들이 무형문화재예술단[126]을 창립했다. 예술단은 대악회와 봉산탈춤보존회를 비롯해 민속극회와 남사당, 북청민속예술보존회 및 해서가면극보존회 등 6개 단체가 주축이 돼 구성됐다.[127] 이 예술단은 중요무형문화재 예

---

123 문화재청, 앞의 책, p. 248 참조.

124 1982년 12월 31일 개정된 문화재보호법이 1983년 7월 1일 시행됨에 따라 법에서 위임된 사항과 시행에 관해 필요한 사항을 정하기 위해 문화재보호법 시행령이 1983년 8월 3일 대통령령 제11184호로 전부 개정됐고, 문화재보호법 시행규칙도 같은 해 9월 19일 문화공보부령 제77호로 전부 개정 시행됐다.

125 제18조(전수교육) ① 문화공보부장관은 법 제24조의 규정에 의한 중요무형문화재의 전수교육 실시 상황을 지도 · 감독할 수 있다. ② 문화공보부장관은 전수교육을 받은 자와 받고 있는 자를 심사하여 그 기능 또는 예능이 상당한 수준에 이른 자에게는 이수증을 교부할 수 있다(1983. 8. 3).

126 무형문화재예술단의 초대 단장으로는 대악회 이사장 김천흥이 선출됐고, 상임위원으로 봉산탈춤의 김기수 위원으로 민속극회 남사당의 박계순, 판소리보존연구회 조상현, 북청민속예술보존회 전광용, 해서가면보존회 박동신이 선출됐다. 이날 창단 기념공연에는 중요무형문화재 이수자 등 100여 명이 출연해 〈대취타〉, 〈승무〉, 〈판소리〉, 〈봉산탈춤〉, 〈강령탈춤〉, 〈북청사자놀음〉, 〈경기민요〉 및 〈꼭두각시놀음〉 등 13종목을 선보였다.

127 문화재청, 앞의 책, p.264.

능보유자들을 중심으로 각 분야의 이수자들과 함께 상설 공연을 개최하였다.

1985년에는 문화재보호운동[128]이 전개되었다. 보호운동은 '내 고장 문화재는 내가 지키고 가꾸자'는 인식을 전국적으로 점화 확산시켰다.[129] 현재 한국문화재보호재단에서 운영하고 있는 1문화재 1지킴이 문화재 민간봉사활동사업과 맥락을 같이한다.

1986년에는 지금까지 단체종목 중 예능 보유자 개인을 중요무형문화재 보유자로 인정하던 방침을 바꿔 단체종목 구성원 전체를 보유단체로 인정하기로 하였다.[130] 이는 중요무형문화재의 전수기능을 활성화하고 중요무형문화재의 합리적인 지정과 보유자 인정 및 전승 발전의 기반을[131] 마련하기 위한 것이었다. 또한 중요무형문화재의 발표 공

---

[128] 1985년 문화재관리국의 역점 사업 가운데 하나로 '내 고장 문화재 내가 지키기'라는 표어 아래 문화재 보호운동 추진계획을 수립해 1985년 5월 10일 전두환 대통령에게 보고하고 지방자치 단체와 협력해 문화재 보호운동을 전개했다. 문화재관리국이 이처럼 문화재 보호운동의 추진 방법과 관련해 문화재관리국은 훼손되기 쉬운 주거지역 내 또는 그 주변 지역의 문화재를 중점 대상으로 해서 '내 고장 문화재 내가 지키고 가꾸기 운동'을 전개하고, 학생과 지역 주민 중심으로 운동 추진 세력을 조직화하며, 학교 교육 및 지역 문화 동아리운동 등과 연계해 문화 교육을 통한 문화 저변 확산 운동으로 승화시키는 방법으로 보호운동을 전개하기로 했다.

[129] 문화재청, 앞의 책, p. 285.

[130] 이에 따라 1986년에는 중요무형문화재 단체종목을 모두 조사해 진주삼천포농악보존회, 평택농악보존회, 이리농악보존회 등 43개 단체를 중요무형문화재 보유단체로 인정했다.

[131] 1986년 당시 지정된 중요무형문화재 가운데 개별 종목은 83종목이었고 단체종목은 43종목이었으며, 중요무형문화재 기·예능 보유자 72명과 보유자 후보 41명이 인정돼 있었다. 문화재관리국은 이해에 전통 방식으로 제조하는 문배주와 면천두견주 및 경주교동법주를 향토술 담그기 종목으로, 그리고 성균관의 석전대제를 중요무형문화재로 각각 지정했다.

그림 2.5 진주삼천포농악 12차판굿(goodimage 제공)

연은 1986년 한 해 동안 17회에 걸쳐 활발하게 개최되었다.[132] '86아
시안게임' 기간 중에는 중요무형문화재 63개 종목의 보유자와 이수자
등 1,442명이 공연에 참가했다.[133] 한편 덕수궁 미술관에서는 제11회
전통공예대전[134]이 개최되어 보유자 및 응모자의 작품 1,312점이 전시
되었다. 이 같은 전승활동 지원 외에도 무형문화재의 전승교육을 위해
전남 광주와 경남 고성에 광산전수교육관과 고성전수교육관을 각각 건
립하였다.

　　1987년 당시 중요무형문화재는 83개 종목이 지정되어 있었고,

132　마당종목은 1986년 6월 20일부터 6일 동안 서울놀이마당에서, 무대종목은 10월 18일
　　　부터 10월 21일까지 서울 동숭동 문예회관 대극장에서 개최됐다. 또한 한국문화재보호
　　　협회가 운영하는 서울놀이마당에서 4월부터 10월까지 매주 토요일과 일요일 및 공휴일
　　　에 중요무형문화재 정기 공연이 개최됐으며 총 106종목에 3,070명이 출연했다.

133　문화재청, 앞의 책, p. 294 참조.

134　전승공예대전은 1986년 9월 10일부터 14일 동안 개최됐고, 11월 7일부터 한 달 동안
　　　국립광주박물관으로 장소를 옮겨 연장 전시됐다.

기·예능 보유자는 175명과 43개 단체가, 그리고 보유자 후보는 41명이 인정돼 있었다.[135] 또한 1970년 이후 계속된 중요무형문화재의 18번째 중앙 발표 공연이 마당 종목과 무대 종목으로 나뉘어 각각 개최되었다.[136] 중요무형문화재의 중앙 발표 공연은 중요무형문화재의 원형 보존 상태 점검과 기·예능 지도 및 보급·선양을 위해 해마다 서울에서 열리는 공연 행사였다. 또한 제1회 중요무형문화재 지방 순회공연[137]을

---

135 문화재관리국은 중요무형문화재 보유자가 생계 안정을 통해 기·예능의 연마와 후계자 양성을 위한 전수교육 활동에 전념할 수 있도록 월 25만 원의 전승지원금을 지급했다. 또한 보유자 후보에게는 월 10만 원의 장려금을, 악사와 조교에게는 월 4만 원을, 전수장학생에게는 월 3만 원의 장학금을 각각 지급해 이들의 사기를 높이고 전승 의욕을 고취했다. 이와 함께 단체종목 보유단체에는 월 10만 원의 전승보조금을 지원했으며, 원활한 공연과 전수활동을 위해 공연 및 행사 장비, VTR 등 시청각 전수교재 구입비로 단체 당 80만 원을 지원했다. 또한 중요무형문화재 보유자 175명과 그 가족 557명에게 의료법에 따라 무료 진료 등 의료 혜택을 제공했다.

136 이해의 공연 중 마당 종목은 5월 3일부터 10일까지 8일간 서울 강남구 석촌동 석촌호수공원 내에 소재한 서울놀이마당에서 개최돼 줄타기 등 22개 종목(25개 단체)이 공연됐으며, 보유자 65명과 보유자 후보 15명, 이수자 204명, 전수 장학생 119명 및 일반인 315명 등 모두 718명이 출연했다. 무대 종목은 봄과 가을 두 차례 모두 서울 필동의 한국의집 민속극장에서 발표됐다. 4월 17일부터 4월 24일까지 판소리 등 8개 종목을 선보인 봄 공연에는 보유자 16명과 보유자 후보 9명 등 141명이 출연했고, 10월 16일부터 10월 21일까지 열린 가을 공연에는 판소리 등 10개 종목의 보유자 12명과 보유자 후보 7명 등 모두 108명이 출연했다.

137 문화재관리국에서 추진한 지방 순회공연에는 중요무형문화재 종목 중 음악 분야에서 판소리 등 8개 종목과 무용 분야에서 학연화대합설무 등 3개 종목의 중요무형문화재 예능 보유자와 보유자 후보 등 80여 명이 출연했다. 5월 29일 공연한 종목은 판소리 〈흥보가〉(한농선), 〈대금산조〉(김동표), 〈경기민요〉(안비취, 묵계월 등 6명), 〈거문고산조〉(한갑득 등 2명) 및 판소리 〈수궁가〉(남봉화) 등이었으며, 5월 30일에는 판소리 〈심청가〉(조상현), 〈진주검무〉(성계옥 등 12명), 〈가야금산조〉 및 〈병창〉(박귀희 등 5명), 〈선소리 산타령〉(최창남 등 8명) 및 판소리 〈춘향가〉(박초선)가 공연됐다. 그리고 5월 31일에는 판소리 〈심청가〉(성창순), 서도소리 〈배뱅이굿〉(이은관), 〈가야금산조〉(이영희), 〈승전무〉(박복율 등 20명), 서도소리 〈수심가〉(오복녀 등 2명) 및 판소리 〈적벽가〉(박동진)가 선을 보였다.

1987년 5월 29일부터 31일까지 3일간 전라남도 광주시 남도예술회관에서 개최하였다.[138]

1988년에는 올림픽이 열렸다. 세계인의 축전을 기념하는 자리에서 중요무형문화재의 특별 공연이 잇달았으며, 그 규모와 질적 수준도 여느 해보다 뛰어났다는 평가를 받았다. 서울놀이마당에서는 올림픽 문화예술 축전의 일환으로 21일간, 그리고 장애자올림픽대회를 맞이해 9일간 중요무형문화재 보유자 등 전승자 700여 명이 출연해 전통 민속 마당놀이 특별 공연을 펼치는 등 외국인들에게 한국의 전통예술을 소개하였다.[139]

---

138 문화재청, 앞의 책, p. 310.

139 서울놀이마당에서는 올림픽 문화예술 축전의 일환으로 1988년 9월 15일부터 10월 5일까지 21일간, 그리고 장애자올림픽대회를 맞이해 10월 15일부터 23일까지 9일간 중요무형문화재 보유자 등 전승자 700여 명이 출연해 흥겨운 전통 민속 마당놀이 특별 공연이 펼쳐졌다. 봉원사에서는 영산재가, 성균관에서는 석전대제가 거행됐고, 종묘에서는 종묘제례악의 밤 행사가 개최돼 우리의 전통 제례의식과 종교의식을 외국인들에게 소개했다. 그리고 전국 각지의 올림픽 성화 봉송 지역별로 1,800여 명의 중요무형문화재 전승자들이 성화 봉축 행사에 참여해 지역의 민속놀이 공연을 통해 '서울올림픽'의 축제 분위기를 조성하는 데 크게 기여했다. 또한 매년 개최하는 중요무형문화재의 중앙 발표 공연의 마당종목 공연이 1988년 5월 6일부터 5월 13일까지 서울놀이마당에서 열렸다. 이 공연에는 26개 팀이 참가해 양주별산대놀이 등 22개 마당놀이 종목을 발표했으며, 중요무형문화재 보유자 64명과 보유자 후보 16명, 이수자 274명, 전수생 117명 및 일반 285명 등 총 756명이 출연했다. 중요무형문화재 무대종목의 봄 공연은 4월 7일부터 13일까지 서울무형문화재전수회관에서 열려 판소리 등 8종목에 17개 팀이 참가했으며 보유자 114명, 보유자 후보 9명 및 이수자 등 116명 총 239명이 출연했다. 그리고 무대 종목 가을 공연은 10월 26일부터 31일까지 한국의집 민속극장에서 개최돼 판소리 등 10종목에 21개 팀이 공연했으며, 보유자 12명과 보유자 후보 12명 및 이수자 69명 등 총 93명이 출연해 예능을 선보였다. 이해에는 또한 제2회 중요무형문화재 지방 순회공연이 있었는데 무대 종목은 5월 26일부터 28일까지 전북 이리시 이리문화회관에서 판소리 등 14개 종목에 24개 팀이 공연했고, 보유자 13명 등 총 109명이 출연했다. 마당 종목은 2월 11일부터 15일까지 경남 통영시 남망산공원에서 통영오광대 등 13개 종목에 16개 팀이 공연했으며, 보유자 42명 등 총 489명이 출연해 기량을 발휘했

88서울올림픽 폐회식에서는 중요무형문화재 보유자 김소희(판소리 심청가)와 한영숙(살풀이춤)이 공연했다. 판소리 심청가 중 뱃노래를 부른 김소희는 완숙의 경지에 오른 완벽한 소리로 한국적인 만남과 이별의 정서를 함축적으로 표현했다.[140]

손에 손잡고 "서울이여 안녕"

'환상의 아듀' 그것은 서울올림픽에서 맨 마지막으로 펼쳐진 벅찬 감동의 한마당이었다. 1988년 12월 2일 밤, 서울잠실벌엔 세계 젊은 이들이 떠나는 아쉬움을 애써 달래기 위해 자유분방함을 거침없이 토해냈고 떠나보내는 이는 아쉬움으로 가슴을 쓸어야 했다. 제24회 서울올림픽 폐회식은 이날 하오 7시 정각 옛 신라의 에밀레종소리가 구슬프게 울려 퍼지면서 동서화합의 이미지를 담은 '우정'프로로 잠실 주경기장에서 막을 열었다. 상모돌리기와 리본 체조가 환상적인 곡선의 아름다움을 뽐내자 150명의 기수단을 선두로 각국 선수단은 국가 구별도 없이 30~40명씩 떼를 지어 입장했다.

환상적인 조명 속에 한국 고유의 심청가가 이어지자 아쉬움은 절정에 달했다. 인간문화재 김소희 씨를 비롯한 9명의 명창들이 애절한 가락에 이별의 슬픔을 노래할 땐 석별의 분위기는 더욱 숙연해졌다. (…)[141]

다. 문화재청, 앞의 책, p. 313 참조.

140 1988년 10월 2일 오후 7시부터 개최된 서울올림픽 폐회식에서 김소희가 부른 뱃노래는 〈심청가〉 중 인당수 대목에 들어 있는 노래인데, 보다 한국적인 분위기를 위해 일부 가사를 바꾸어 부르고 후반부는 전국 여러 곳의 뱃노래를 취합해 삽입하는 등 다소 변화를 시도했다. 또한 한영숙은 우리나라의 한과 전통미가 집약된 〈살풀이춤〉을 아름다운 선을 살려 새롭게 선보였다. 〈살풀이춤〉은 원래 12분 정도 길이인데 한영숙은 이 가운데 소박한 멋과 우아한 선이 돋보이는 춤사위를 한데 모아 3분가량으로 재구성해 공연했다.

141 "손에 손잡고 '서울이여 안녕'", 경향신문, 1988. 10. 3, p. 14.

1980년대의 중요무형문화재로 제63호 〈북메우기〉, 제64호 〈두석장〉, 제65호 〈백동연죽장〉 등 33개 종목이 지정되었다.

표 2.8 1980년대 중요무형문화재 지정종목

저정번호	명칭	지정일	지정번호	명칭	지정일
제63호	북메우기	1980. 9. 1.	제80호	자수장	1984. 10. 15.
제64호	두석장	1980. 11. 17.	제81호	진도다시래기	1985. 2. 1.
제65호	백동연죽장	1980. 11. 17.	제82호	풍어제	1985. 2. 1.
제66호	망건장	1980. 11. 17.	제83호	향제줄풍류	1985. 9. 1.
제67호	탕건장	1980. 11. 17.	제84호	농요	1985. 12. 1.
제68호	밀양백중놀이	1980. 11. 17.	제85호	석전대제	1986. 11. 1.
제69호	하회별신굿탈놀이	1980. 11. 17.	제86호	향토술담그기	1986. 11. 1.
제70호	양주소놀이굿	1980. 11. 17.	제87호	명주짜기	1988. 4. 1.
제71호	제주칠머리당굿	1980. 11. 17.	제88호	바디장	1988. 8. 1.
제72호	진도씻김굿	1980. 11. 17.	제89호	침선장	1988. 8. 1.
제73호	가산오광대	1980. 11. 17.	제90호	황해도평산소놀음굿	1988. 8. 1.
제74호	대목장	1982. 6. 1.	제91호	제와장	1988. 8. 1.
제75호	기지시줄다리기	1982. 6. 1.	제92호	태평무	1988. 12. 1.
제76호	택견	1983. 6. 1.	제93호	전통장	1989. 6. 15.
제77호	유기장	1983. 6. 1.	제94호	벼루장	1989. 12. 1.
제78호	입사장	1983. 6. 1.	제95호	제주민요	1989. 12. 1.
제79호	발탈	1983. 6. 1.			

그림 2.6　발탈(어릿광대: 조영숙, 발탈: 김광희)

1990년 문화재관리국에 '무형문화재과'가 신설되어 무형문화재업무가 정부의 중요정책으로 자리 잡게 되었다.[142] 신설된 무형문화재과는 무형문화재의 조사, 지정 및 지정 해제, 중요무형문화재 보유자의 인정 및 보호 · 관리, 무형문화재 전승자의 육성, 무형문화재 기 · 예능의 계승 · 발전 및 활용, 문화재의 보급 · 선양, 그리고 문화재위원회 제4분과위원회의 운영 등의 업무를 맡게 되었다.[143] 1990년에 매월 지급

---

[142]　무형문화재과는 1990년 11월 14일에 신설되었다. 문화재보호법을 통하여 법으로 보장되어 있는 이 무형문화재 제도는 인간이 갖는 예능 또는 기능 자체가 문화재이기 때문에 운영상 가장 조심스럽고 세련된 운영의 묘를 요하는 제도라는 것을 인지하고 관리되었다. 무형문화재는 지정 초기만 해도 전승자가 되는 것을 천대시하는 경향이 있었으나 세월이 흘러 오늘날에는 일반인의 관심이 높아지고 무형문화재 전승자가 크게 늘어나고 있어 경쟁이 치열할 정도다.

[143]　이에 따라 중요무형문화재 분야에서는 1990년에 94개의 지정 종목을 비롯해 보유자 178명과 50개 보유단체, 보유자 후보 83명, 조교 125명, 이수자 765명, 전수장학생 237명 및 일반 전수생 442명 등 총 1,830명의 중요무형문화재 관계자들의 공개발표와

된 전승보조비는 보유자의 경우에 40만 원이었다.[144] 또한 중요무형문화재의 전수교육을 효율적으로 실시할 수 있도록 지방자치단체와 협력해 평택농악 전수교육관과 은산별신제 전수교육관 준공 등 무형문화재 전수교육관 건립[145]사업을 추진해 전국 19개소의 전수교육관이 건립되어, 중요무형문화재 보유자와 보유단체 등이 연중 지속적으로 전수교육과 전승활동을 할 수 있게 되었다. 중요무형문화재의 발표 공연은 해마다 개최되었으며 무형문화재가 전승되는 지역에서 자체 공개 행사를 개최하기도 하였다. 이 같은 발표행사는 중요무형문화재의 원형 보존과 전승 상태를 점검하고 중요무형문화재의 기능 또는 예능을 지도하며 이를 보급하고 선양하기 위한 것이었다.[146]

1990년에는 무형문화재의 역사와 전승 현황 등에 대한 조사가 활발히 이루어지기 시작했다. 무형문화재는 구전에 의해 전해지므로 유형문화재와 달리 시간의 흐름에 따라 변화하거나 단절될 소지가 크다. 이에 문화재연구소는 무형문화재의 역사와 전승 현황을 조사해 학술 연

전수활동 등에 대한 체계적인 지원과 육성사업이 추진됐다.

144 보유자 후보 13만 5,000원, 조교 5만 원, 전수장학생 4만 원, 그리고 보유단체 13만 원이었다.

145 그 밖에 이리농악 전수교육관 신축공사와 동래야류 전수교육관 증 · 개축공사가 각각 착공됐다.

146 이들 공개 발표 행사는 전통 문화예술에 대한 국민의 관심과 인식을 높이고 지역 문화의 균형 발전과 문화 향수(享受)의 기회 확산에 많은 기여를 했다. 1990년의 중앙 발표 공연은 마당종목의 경우 5월 7일부터 14일까지 서울놀이마당에서 열려 하회별신굿 등 29개 종목이 공연됐으며, 보유자 등 864명이 출연했다. 무대종목의 봄 공연은 4월 10일부터 16일까지 한국의집 민속극장에서 열려 판소리 등 9개 종목에 보유자 등 157명이 출연했고, 가을 공연은 10월 31일부터 11월 5일까지 같은 장소에서 열려 11개 종목에 보유자 등 164명이 참가했다. 한편 지방 발표 공연은 5월 2일부터 4일까지 군산시민회관에서 열렸으며, 승무 등 13개 종목에 보유자 등 113명이 출연했다.

구자료로 활용할 수 있도록 지역별·주제별 조사를 실시하였다. 무형문화재 음악 종목에 대한 조사는 1988년부터 1990년까지 3년 동안 판소리 유파를 대상으로 지역별로 나누어 실시하였는데, 1990년에는 전남·북 8개 지역의 판소리 전승자 31명을 선정해 전승 과정과 전승 계보 및 전승 실태를 파악했으며 채록을 위한 녹음도 진행하였다.[147] 연극 종목에 대한 조사 역시 굿놀이를 대상으로 실시하였으며,[148] 1990년에는 서울과 인천 및 부산 지역에서 황해도굿과 평안도굿 및 동해안별신굿 등 16건을 조사하였다. 또한 공예기술 종목에 대한 조사는 1988년부터 1991년까지 4년에 걸쳐 전통 직물 공예기술을 대상으로 직물 재료와 산지, 직조 및 고대 유물 등의 문헌조사와 함께 현지조사[149]를 병행 실시하였다.[150]

1991년에는 중요무형문화재의 보호 및 전승을 위해 총 15억 4,000만 원을 중요무형문화재 전승자들에게 지원[151]하였다. 또한 중요무형문화재의 전승활동을 강화하기 위한 이리농악 전수교육관이 1991년 8월

---

147 같은 기간 동안 무용 종목에 대한 조사도 이루어졌는데 조사 대상은 승무 및 살풀이춤이었다. 1990년에는 서울과 경기, 충남 및 충북 지역의 전승자 24명을 선정하고 전승계보와 전승 실태를 파악했으며, 특히 춤사위의 무보(舞譜)를 작성할 수 있도록 녹화 작업을 실시했다.

148 1988년부터 1990년까지 3년에 걸쳐 굿놀이를 대상으로 실시했다.

149 1990년에는 삼베·무명·모시 및 명주 등 전통 직물에 대한 조사를 실시했고, 서울·대구·온양·평창·청주 및 밀양 등 6개 지역에서는 불복장(佛腹藏, 불상이나 불화를 조성할 때 함께 넣는 금·은·칠보·오곡 등)을 넣은 후령통(喉鈴筒)을 비롯한 불교 관련 공예품 58점을 조사했다.

150 문화재청, 앞의 책, p. 344 참조.

151 기·예능보유자 180명에게 월 45만 원, 보유자 후보 80명에게 월 20만 원, 조교 100명에게 월 6만 원, 전수장학생 310명에게 월 5만 원, 50개 보유단체에 월 15만 원을 각각 지원했다.

29일 준공되었으며, '부산민속예술 전수관'과 '위도띠뱃놀이 전수교육관'의 신축공사가 추진되었다.[152] 같은 해, 1991년 매주 일요일과 공휴일 창덕궁과 창경궁에서 전통 음악 실연회를 개최해 내국인 관람객뿐만 아니라 외국 관광객에게도 높은 호응을 얻었다. 이 실연회를 통해 국민들의 일상에 전통예술이 한층 가까이 갈 수 있는 계기가 되었다.[153]

1991년도의 전승지원금은 전년도 대비 10만 원 오른 50만 원이었다. 이 지원금은 중요무형문화재 보유자 183명에게 지급되었다.[154] 특히 사회 여건의 변화로 인기나 소득 측면에서 중요무형문화재 종목 간에 격차가 심해져 갓일이나 망건장 등 상업성이 없는 공예 종목이나, 줄타기 등 일부 종목은 전승활동이 힘들거나 국민들의 무관심으로 소외돼 전승 기반이 매우 취약한 실정이었다. 따라서 이들 취약 종목에 대해서는 특별장려금을 별도로 지급해 전승지원을 강화했다. 또한 중요무형문화재 전수 공간을 확충하기 위한 전수교육관 건립 사업은, 1973년에 처음 시작한 이후 1992년까지 전국 각지에 22개소의 전수교육관이 건립되었다.[155]

---

152 문화재청, 앞의 책, p. 355.

153 1991년 5월 19일부터 전통예술공연으로 〈대금정악〉과 〈가야금산조〉, 〈거문고산조〉 및 아쟁산조〉 등 다양한 전통 가락을 선보인 연주회에는 중요무형문화재 제23호 〈가야금산조〉 예능보유자 이영희를 비롯해 전문 연주자들이 출연했다. 이들은 창덕궁 영화당 앞에서 오후 1시 30분, 2시, 2시 30분에 10여 분간 공연했으며, 창경궁 통명전 앞에서는 오후 3시 30분에 50분 정도 연주를 펼쳤다.

154 보유자 후보 95명에게 월 25만 원, 전수교육조교 145명에게 월 10만 원, 전수장학생 127명에게 월 6만 원, 그리고 50개 보유단체에 월 30만 원씩 지급됐다.

155 1993년 2월 18일에 서울 강남구 삼성동에서 서울중요무형문화재 전수회관 기공식이 개최된 데 이어 양주 소놀이굿 전수교육관과 임실 필봉농악 전수교육관 및 서천의 한산모시짜기 공방이 건립돼 전수활동에 활용됐다.

한편 중요무형문화재 전승자들은 전국 각지에서 무형문화재 전승활동을 연중 실시했다. 제18회 전승공예대전(10월 4일~11월 15일)과 중요무형문화재 보유자 작품전(4월 14일~5월 24일) 등이 대표적인 예이다.[156] 또한 중요무형문화재 가운데 〈예천통명농요〉 등 5개 종목[157]이 일본과 중국 및 미국 등의 주요 도시를 순회하며 기·예능을 선보여 한국의 전통문화를 알리는 계기를 마련하기도 하였다.[158]

한국문화재보호협회는 1992년 한국문화재보호재단으로 개칭[159]하여 문화유산 보호·보급 및 활용사업에 매진하게 된다. 당시 재단은 한국의집 운영, 서울중요무형문화재전수회관 운영, 무대종목·마당종목 발표 공연, 중요무형문화재 보유자 작품전 등을 기획·운영하였다.

1993년도에는 한국의 무형문화재 전승제도가 유네스코의 주목을 받으면서 국제사회에 널리 전파되었다. 같은 해 열린 제142차 유네스코 집행이사회[160]가 세계 무형문화재 목록 발간사업에 대한 한국 정부의 제안을 채택하고, 유네스코 차원에서 무형문화재 보호사업을 추진하기로 의결한 것이다.[161]

---

156 제24회 중요무형문화재 보유자 발표 공연(마당 종목 5월 8~16일, 무대 종목 12월 27~28일), 중요무형문화재 이수자 발표 공연(12월 11일), 그리고 강릉단오제를 비롯해 49건의 전승자 공개 행사가 다양하게 개최됐다.

157 〈예천통명농요〉와 〈은율탈춤〉, 〈하회별신굿탈놀이〉, 〈수영야류〉와 조선왕조 궁중음식 등이다.

158 문화재청, 앞의 책, p. 381.

159 1992년 9월 1일.

160 1993년 10월 22일.

161 우리나라는 오래전부터 다양한 기능 및 예능 종목별로 중요무형문화재를 지정하고 보유자와 보유단체를 인정하며, 무형문화재를 보호·전승하기 위한 전수교육과 공개발표 지원 등을 통해 무형문화재의 보호·전승을 위한 노력을 다각적으로 펼쳐왔다. 우리 정부

1994년 5월 20일에는 영문으로 작성된 한국의 중요무형문화재 지정 리스트를 유네스코에 발송했으며, 7월 22일에는 영어와 프랑스어로 작성된 종목별 보호 · 전승 관련 제도 소개자료를 유네스코에 전달하였다. 이는 한국의 무형문화재 제도를 국제사회에 널리 전파하기 위한 사업이었다.[162] 국내적으로는 무형문화재 제도가 도입된 지 30여 년이 되어, 사회 환경 변화에 따른 무형문화재 제도의 변화와 문제점 개선에 대한 여론이 공론화되었다. 이때 국가가 기 · 예능을 심사하여 이수증을 교부하던 제도를 중요무형문화재의 기 · 예능 보유자(보유단체)가 이관 받아, 전수교육을 시행하고 보유자가 직접 전수교육을 받은 자를 심사하여 '전수교육 이수증'을 교부할 수 있게 하였다.[163] 이는 과거 정부에 의한 획일적인 전수교육 방식에서 보유자 재량으로 자율과 책임교육을 부여한 것으로 무형문화재 전수교육에 큰 변화를 주는 조치였다.[164]

1994년의 중요무형문화재 중앙 발표 공연은 마당종목[165]의 경우 서

는 이 같은 무형문화재 보호 · 전승제도를 유네스코를 통해 회원국에 소개함으로써 각국의 전통문화 보호에 기여하기 위해, 우리의 무형문화재 목록을 견본으로 삼아 세계 무형문화재 목록을 발간하는 사업을 추진할 것을 유네스코 집행이사회에 제안했던 것이다.

162 1994년 11월 7일부터 11월 12일까지는 임장혁 학예연구관을 유네스코 본부에 파견해 우리나라의 중요무형문화재 보호·전승제도를 설명하기도 했다. 문화재청, 앞의 책, p. 388.

163 1994년 10월 7일 대통령령 제14399호 〈문화재보호법〉 시행령을 개정하였다.

164 또한 보유자 후보, 전수교육조교 등으로 구분하던 보조자 명칭을 '전수교육보조자'로 일원화하고 전수교육 환경이 열악한 종목의 경우 활성화를 위해 문화재위원회의 심의를 거쳐 장학금을 지급할 종목을 정하도록 시행령 조문을 보완하였다. 1994년 11월 7일 문화체육부령 제17호 「중요무형문화재의 전수교육 계획서」, 「전수교육 실적보고서」의 제출시기를 분기단위에서 연 1회로 간소화하고 보유자와 보유단체가 전수교육보조자를 추천하는 경우 2배수 이상을 추천토록 하고 문화재관리국장은 문화재위원 등 관계전문가를 위촉하여 추천된 자를 심사토록 함으로써 전수교육보조자 선정에 대한 객관성을 제고하도록 하였다.

165 마당종목의 경우 5월 1일부터 6월 25일까지 매주 토 · 일요일 서울놀이마당에서 〈북청

울놀이마당에서 34개 단체 1,008명이 출연하였고, 무대종목[166]의 경우는 한국의집 민속극장에서 15종목 118명이 예능을 발휘하였다. 중요무형문화재 자체 공개행사[167]는 총 62개 행사가 연중 지속적으로 열렸다. 또한 제19회 전승공예대전[168]은 경복궁 내 전통공예관에서 개최되었는데, 314명의 작품 414점이 전시됐다. 1994년에도 중요무형문화재 전승자들에게 전승지원금을 상향 조정해, 보유자에게는 55만 원, 보유단체에는 30만 원이 지급되었다.[169]

1995년[170]부터 중요무형문화재 기·예능 보유자들이 지닌 기·예능의 원형을 기록화해 보존하고 전승하는 한편 학술 연구자료로 활

사자놀음〉 등 27종목이 공연됐으며, 34개 단체의 보유자 67명 등 1,008명이 출연해 평소 갈고 닦은 예능을 발휘해 격조 높은 우리 전통예술의 멋을 일반인들에게 널리 알렸다.

166 무대종목은 12월 13일부터 16일까지 한국의집 민속극장에서 판소리 등 15종목의 보유자 23명 등 118명이 가(歌)·무(舞)·악(樂)으로 나뉘어 예능을 발휘했다.

167 중요무형문화재 자체 공개행사는 전국 각지의 전승지 별로 위도띠뱃놀이 등 모두 62개 행사가 연중 지속적으로 열렸다.

168 1994년 8월 10일부터 13일까지 개최되었다. 이에 앞서 1994년 5월 11일부터 6월 11일까지는 중요무형문화재 보유자 및 전승자들의 기능 공개와 전통공예의 전승·발전을 기하기 위한 보유자 작품전이 전통공예관에서 개최됐으며, 전통공예 부문 보유자 39명의 81점을 비롯해 전승자 122명의 작품 225점이 출품됐다.

169 보유자 후보 28만 원, 전수교육조교 10만 원, 전수장학생 개인 7만 원, 단체 17만 원이 각각 지급됐다. 또한 '갓일'이나 '망건' 등 상업성이 없는 공예 종목과 '줄타기' 등 기·예능을 전수하기가 힘들거나 국민들의 무관심으로 전승기반이 취약한 일부 종목의 전승자에게는 특별장려금을 매월 10만 원씩 지급했다. 문화재청, 앞의 책, p. 393.

170 1995년은 문화재사에서 빼놓을 수 없는 일이 있었다. 민족정기를 회복하기 위해 1995년 3월 1일 구 조선총독부 건물 앞에서 철거 선포식을 가졌으며, 광복 50주년을 맞은 1995년 8월 15일 광복절 오전 9시 21분 드디어 구 조선총독부 건물의 중앙 돔 상단부를 해체했다. 1996년 11월 13일 구 조선총독부 건물은 대회의실을 끝으로 철거작업이 완료됐다.

용하기 위한 기록영화 제작과 기록도서 발간사업을 추진하였다.[171] 이는 중요무형문화재 보유자의 고령화 및 사망 등으로 문화재로 지정된 기·예능들이 소멸될 가능성이 대두되는 데 따른 대비책이었다.[172] 또한 중요무형문화재에 대한 기록도서도 발간하기 시작했다. 『한국의 중요무형문화재』[173] 시리즈로 발간된 이 책자는 기록영상을 보완하는 해설의 성격을 지닌 것으로, 기록영상 제작 현장에서 무형문화재 기·예능의 원형을 사진으로 기록한 것이다. 그해 5월 20일에는 경복궁 근정전에서 궁중생활상 문화행사가 재현되기도 하였다.[174] 1996년에는 한국전통문화학교 설치령이 제정[175]되었다. 이는 전통문화의 계승·발전

---

171 중요무형문화재 기록화사업은 1965년부터 시작됐는데, 당시의 기록은 16mm 필름으로 촬영한 30~40분 분량에 불과해 해당 종목의 원형 기록보다는 홍보물 성격이 강했다. 이와 달리 1995년부터 이루어진 기록화사업은 전통 기·예능의 기법과 연행(演行) 행위의 전 과정을 영상으로 수록하는 방식으로 각 종목의 원형을 기록하는 데 주안점을 두고 실시됐다. 이 기록영상에는 중요무형문화재 각 종목의 역사적 맥락과 문화재로서의 가치 등도 함께 수록되어 원형을 보존하는 기능을 할 뿐만 아니라 교육적 기능까지 더해졌다. 한편 이 기록영상의 내용을 40~60분으로 축약한 보급용 영상을 함께 만들어 각급 도서관 및 전통문화 연구기관에 배포해 중요무형문화재의 보호와 전승을 위한 기본 자료로 활용하도록 했다.

172 문화재청, 앞의 책, p. 404.

173 이 책자는 해당 종목에 대한 기존의 조사보고서를 토대로 영상으로 담을 수 없는 역사적 배경이나 문헌적 고찰 및 보유자의 전승계보 등 전문적이고 이론적인 내용까지 종합한 학술연구 총서의 성격을 지닌 것이었다.

174 1995년 5월 20일 오후 2시에는 조선시대의 격조 높은 궁중생활상을 국민들에게 보여줌으로써 문화적 자부심을 고취하기 위한 궁중 문화행사가 경복궁 근정전에서 재현됐다. 이날 궁궐 수문장 교대의식과 왕세자 행차 및 궁중무용 등 일반 국민들이 보기 힘든 궁중생활과 행사를 국립국악원 연주단원 등 100명과 배우, 탤런트 100명 등을 동원해 재현했다.

175 1996년 정부는 4월 9일 이수성 국무총리 주재로 국무회의를 열고 한국전통문화학교 설치령을 의결했으며, 그에 따라 1996년 4월 19일 대통령령 제14982호로 한국전통문화학교 설치령이 제정됐다.

과 문화재의 보호 · 보급 및 선양을 위한 교육을 체계적으로 실시할 목적이었다.

1997년은 정부가 '문화유산의 해'로 선포함에 따라 한 해 동안 다양한 문화유산 관련 사업이 펼쳐졌다. 이에 따라 조직위원회가 구성되었다. 위원회는 '문화유산의 해' 사업의 중점 목표를 문화유산 애호에 대한 국민의식 제고, 전통 문화유산의 현대적 계승, 그리고 문화유산 보존 · 관리의 질적 향상과 관리체제의 합리적 개선 등 세 가지로 정했다. '97 문화유산의 해'에 추진된 사업은 문화재관리국 소관인 문화유산 알기 사업 31건을 비롯해 문화유산 찾기 사업 14건, 문화유산 가꾸기 사업 18건, 기념사업 및 홍보사업 10건과 조직위원회 후원사업 11건을 포함해 84건이었으며, 모두 27억 3,700만 원의 예산이 투입되었다.[176] 같은 해 서울중요무형문화재전수회관[177]이 개관되었다. 전수회관에는 중요무형문화재 상설 공연장과 예능 연습실, 예능 분야의 단체 사무실과 함께 전통공예 분야의 상설 전시실과 기획 전시실 및 공예품 전시

---

176 문화재관리국은 1997년을 '문화유산의 해'로 정한다는 정부의 방침에 따라 1996년 9월 '97 문화유산의 해' 조직위원회를 구성하고 1997년에 추진할 '문화유산의 해' 사업계획을 수립하도록 지원했다. '97 문화유산의 해' 조직위원회는 1997년 12월 9일 '97 문화유산의해' 폐막식에서 문화유산 보호 의지를 담은 '문화유산헌장'을 선포하기도 했다.

177 1997년 11월 29일 개관한 서울중요무형문화재 전수회관은 1981년에 건립된 서울 강남구 삼성동 소재의 기존 전수회관을 철거하고, 그 부지(752평/ 2486m²)에 연건평 3447평(1만 1,395m²)의 예능동 1동(지하 4층, 지상 3층)과 공예동 1동(지하 4층, 지상 5층)으로 건립됐다. 전수회관 건립공사는 1993년 2월에 착공해 1997년 11월에 완공됐으며, 총 155억 1,100만 원의 예산이 투입됐다. 이로써 전수회관은 한국적 이미지가 강한 전통공예 기술을 현대 감각의 디자인과 결합해 세계적 문화상품을 개발 · 육성하는 전통공예인들의 활동 공간인 동시에, 중요무형문화재 기 · 예능 보유자와 전승자들이 전수교육과 예술활동을 통해 우리의 전통문화를 전수하고 선양하는 터전으로서의 역할도 맡게 됐다.

판매장을 포함해 작업공방과 공예교육 실기실 등이 갖추어졌다.[178]

1999년 5월 24일 문화재관리국[179]이 문화재청으로 승격되었다. 문화재청 승격[180]은 문화유산을 효율적으로 보호 · 관리하고 활용함으로써 국민의 삶의 질을 향상시키고 전통문화를 계승 · 발전시키기 위한 것이었다. 이에 따라 문화재청과 그 소속기관의 직제가 새로운 체제로 구성되었다. 문화재청은 청장 밑에 총무과와 문화재기획국 및 문화유산국을 두고 문화재기획국에는 문화재기획과 · 궁원문화재과 · 문화재기술과 등 3개 과를 두며, 문화유산국에는 유형문화재과 · 무형문화재과 · 기념물과 등 3개 과를 두게 되었다. 이로써 과거 문화관광부장관이 갖고 있던 문화재의 보호 · 관리 및 활용에 관한 모든 권한을 문화재청장이 갖게 되었다. 같은 해 12월 10일 문화재청은 중요무형문화재 보호 · 전승제도에 대한 개선계획을 발표하였다. 중요무형문화재 지정 종목과 보유자 인정을 확대함으로써 전통문화의 전승교육을 활성화하는 한편, 보유자에 대해서도 기존 재정 지원 중심에서 명예를 부여하는 방향으로, 점진적으로 전환하는 내용을 골자로 하는 무형문화재 보호 · 전승제도 개선계획을 마련하였다.

---

178   문화재청, 앞의 책, p. 425.

179   1998년 문화재관리국은 정부의 국토 균등 발전 및 지방분권화 시대에 대비하기 위해 추진된 정부청사 관리 방침에 따라 1998년 8월 관세청과 특허청 등 8개 청과 함께 대전광역시 서구 둔산동 소재 정부대전청사로 이전했다. 또한 1998년 2월 28일 정부조직법이 개정됨에 따라 문화재관리국 직제도 같은 날 대통령령 제15723호로 전부 개정됐고, 같은 해 12월 31일 대통령령 제16016호로 일부 개정됐다.

180   정부조직법 개정에 따른 이 승격은 문화재관리국이 1962년 10월 2일 문교부 외국으로 발족한 지 37년 7개월 만에 이루어졌다. 그동안 문화재관리국은 중앙행정기관인 부 · 처 · 청 · 국 가운데 맨 아래 기관인 국으로 기구 조직을 유지하면서 우리 문화유산의 보존 · 관리 사무를 관장해오고 있었다.

세부적인 개선계획[181]을 살펴보면 전승교육의 활성화와 효율성 제고를 위해 중요무형문화재 종목 및 보유자 인정을 확대하도록 했음을 알 수 있다. 이에 따라 전승 단절의 우려가 있는 종목을 우선 지정하되 민족 고유의 전통성을 근간으로 해 재현한 신규 종목도 추가로 지정할 수 있게 하였으며, 보유자 복수 인정과 함께 연령 제한을 폐지하기로 하였다. 또한 그동안 지급해왔던 전승지원금을 중단하고 공개 행사 중심으로 지원금 지원을 확대했다. 이에 따라 새로 인정된 보유자부터는 전승지원금 지급이 중단됐다. 이와 함께 명예보유자 제도를 도입해 고령화 등으로 전승활동이 어려운 보유자는 명예보유자로 전환해 사회적

181　이 개선계획은 중요무형문화재 제1호 '종묘제례악'이 지정된 1964년 이후 무형문화재 보존·전승제도를 운영해오는 동안 전승활동의 침체 요인으로 지적된 미비점들을 발전적으로 보완하기 위해 마련된 것으로, 여론조사와 공청회 및 관계 전문가의 의견 수렴 등을 거친 것이다.

이제까지 운영해온 중요무형문화재 보호·전승제도는 전승이 단절될 우려가 있는 종목에 한해 중요무형문화재로 지정하도록 하고 있으며, 기·예능보유자는 동일 종목 분야별로 1명만을 인정하면서 보유자 연령도 50세 이상으로 제한하고 있었다. 또한 그동안 보유자 개인에게는 매월 90만 원, 단체종목은 40만 원의 전승지원금을 지급해왔다. 이 같은 무형문화재 보존·전승제도는 여러 가지 문제점을 내포하고 있었다. 우선 지정 종목의 전통성과 명맥을 유지하는 쪽에 중점을 두다 보니 이미 활성화되고 있는 기·예능 종목은 소외돼왔으며, 동일 종목에 대한 보유자를 복수로 인정하지 않은 탓에 전승활동이 침체되고 실력 있는 후계자의 진로도 막히고 있었다. 또한 보유자 인정 연령을 50세 이상으로 제한함에 따라 보유자가 고령화되자 전수교육의 효율성이 저하되는 결과를 초래했다. 그리고 전승지원금이 보유자 개인의 생계비로 전용되는 데다, 단체종목으로 인정받은 보유자의 지원금을 개인이 사용하는 사례가 있어 단체종목 구성원의 불만이 고조되고 있었다.

문화재청은 중요무형문화재 제도 개선방안을 보다 합리적으로 수립하기 위해 1998년 12월 8일 제도 개선에 관한 공청회를 개최해 중요무형문화재 전승자를 비롯해 문화재위원회 위원과 전문위원, 학계 및 일반 국민의 의견을 수렴했다. 문화재청은 이 같은 과정을 거쳐 수립한 제도 개선계획을 1999년 12월 10일 중요무형문화재 보호·전승제도 개선계획을 발표했다.

우대하고 인정받도록 하였다. 이 개선계획에서는 중요무형문화재 지정
종목 가운데 유사한 종목을 통합 조정해 이중 보유자 및 전승계보의 중
복 인정을 지양하는 한편, 단체종목에 대한 전승지원금은 법인화된 단
체에만 지급하도록 하였다. 또한 지방 특성에 따라 지정되는 문화재는
지방문화재로 지정하고 국가지정으로의 변경을 가급적 억제하는 등 지
정제도를 강화했으며, 이 밖에도 무형문화재 보유자 인정 절차와 전수
교육제도, 생활보호대상자 지원 및 전승자 예우 등에 대한 관리체계도
개선하기로 하였다.[182]

1990년대에는 제96호 옹기장, 제97호 살풀이춤, 제98호 경기도도
당굿 등 15종목이 중요무형문화재 지정종목으로 선정되었다.

표 2.9   1990년대 중요무형문화재 지정종목

저정번호	명칭	지정일	지정번호	명칭	지정일
제96호	옹기장	1990. 5. 8.	제104호	서울새남굿	1996. 5. 1.
제97호	살풀이춤	1990. 10. 10.	제105호	사기장	1996. 7. 1.
제98호	경기도도당굿	1990. 10. 10.	제106호	각자장	1996. 11. 1.
제99호	소반장	1992. 11. 10.	제107호	누비장	1996. 12. 10.
제100호	옥장	1996. 2. 1.	제108호	목조각장	1996. 12. 31.
제101호	금속활자장	1996. 2. 1.	제109호	화각장	1996. 12. 31.
제102호	배첩장	1996. 3. 11.	제110호	윤도장	1996. 12. 31.
제103호	완초장	1996. 5. 1.			

---

182   문화재청, 앞의 책, pp. 454~455 참조.

③ 무형문화유산 보전, 세계화의 길로 나가다(2000년 이후)

2000년 3월 2일 문화재청은 한국전통문화학교를 개교했다. 첫 신입생은 40여 명이었다. 총 6개 학과에 정원 560명 규모로 문화재 분야에서 소수 정예의 전문 인력을 육성하는 특수목적대학의 개교였다.[183] 같은 해 한국과 일본의 전통 문화계를 대표하는 중요무형문화재들이 한 무대에서 아름다운 가락과 춤사위를 펼치는 '한 · 일 파트너십 무형문화재 대향연'이 12월 6일 서울 국립국악원 예악당과 12월 8일 전라북도 전주 예술회관에서 열렸다.[184]

2001년 5월 18일 중요무형문화재 제56호 종묘제례와 제1호 종묘제례악[185]이 유네스코 '인류 구전 및 무형유산 걸작'의 제1차 종목으로

---

183 개교 첫해인 2000년에 우선 문화재관리학과(20명)와 전통조경학과(20명) 등 2개 학과를 개설하였고, 2001년에 전통건축학과(20명)와 전통미술공예학과(40명)를 개설, 2002년에는 문화유적학과(20명)와 보존과학과(20명)를 개설했다.

184 '무형문화재 대향연' 공연은 문화재청이 주최하고 2002년 월드컵축구대회조직위원회와 주한 일본대사관 공보문화원, KBS(한국방송공사), 그리고 NHK(일본방송협회)가 후원해 이루어졌다. 이 공연은 1998년 한 · 일 양국 정상이 합의한 '21세기 새로운 한 · 일 파트너십 공동선언'과 2002년 월드컵축구대회 공동 개최를 계기로 한 · 일 양국 간 문화 교류가 날로 활발해지는 가운데 열리게 된 것이어서 더욱 큰 의의를 지닌 행사였다. 두 차례에 걸친 공연에서는 한국을 대표하는 명창 · 명무들과 함께 일본 중요무형문화재인 샤쿠하치(우리나라 대금과 비슷한 관악기)와 일본 무용이 한자리에서 선을 보임으로써 한 · 일 양국 전통문화의 정수를 비교 감상할 수 있는 기회를 제공했다.

185 종묘제례는 중요무형문화재 제56호로 지정돼 있으며 종묘에서 행하는 제향 의식으로, 조선시대의 나라 제사 중 규모가 크고 중요한 제사였기 때문에 종묘대제(宗廟大祭)로도 불려왔다. 종묘제례는 왕실에서 거행되는 장엄한 국가제사이며, 임금이 친히 받드는 존엄한 길례였다. 유교 사회에서는 길례(吉禮) · 흉례(凶禮) · 군례(軍禮) · 빈례(賓禮) · 가례(家禮)의 다섯 의례(五禮) 중 길례인 제사를 으뜸으로 여겼으며, 이를 '효' 실천의 근본으로 삼았다. 유교가 국가의 근본이념이었던 조선시대에는 조상에 대한 숭배를 인간의 도리이자 나라를 다스리는 가장 중요한 법도로 여겨 제사를 특히 중시했으며, 예부터 종묘와 사직을 세우고 나라를 건국하고 번영시킨 왕과 왕실의 조상과 국가 발전에 공헌한 문무 대신들에게 제사를 드렸다. 한편 중요무형문화재 제1호로 지정돼 있는 종

선정됐다. 유네스코는 한국의 무형문화재 보전제도를 근간으로 1997년 11월 제29차 유네스코 총회에서 제도 설립 결의안을 채택했고, 2000년 5월 세계 각국으로부터 총 36개 후보작을 접수해 평가서를 기초로 한 국제심사위원회의 심사를 거쳐 2001년 5월 18일 파리에서 종묘제례 및 종묘제례악을 비롯한 중국, 일본, 인도 등 19개국의 무형유산 19종목을 '인류 구전 및 무형유산 걸작'으로 채택하였다. '인류 구전 및 무형유산 걸작' 제도는 그 제도의 수립 과정에 한국이 결정적인 역할을 함으로써 국제사회에서의 위상 강화는 물론 문화국가로서의 입지를 제고하는 데 기여했다는 점에서 큰 의의가 있다.[186]

2001년에는 무형문화재 명예보유자 인정 및 보유자 해제에 관한 조항을 신설하였다.[187] 또한 중요무형문화재 보유자와 그의 문하생 중

묘제례악은 종묘에서 제사를 드릴 때 의식을 장엄하게 치르기 위해 연주하는 기악(樂)과 노래(歌)·춤(舞)을 통틀어 가리키는 말이다. 종묘제례악은 조선 세종 때 궁중회례악(宮中會禮樂)으로 사용하기 위해 만들어졌던 보태평(保太平)과 정대업(定大業)에 연원을 두고 있으며, 1464년(세조 10년) 제례에 필요한 악곡이 첨가되면서 종묘제례악으로 정식 채택됐다. 종묘제례악은 이후 임진왜란을 겪으면서 일시적으로 약화됐으나 광해군 때 점차 복구돼 오늘날까지 전승되고 있다. 종묘제례악은 제례가 진행되는 동안 각각의 절차에 따라 보태평과 정대업 11곡이 서로 다른 악기로 연주되며 편종, 편경, 방향(方響)과 같은 타악기가 주선율을 맡고, 여기에 당피리, 대금, 해금, 아쟁 등 현악기의 장식적인 선율이 부가된다. 이 위에 장구, 징, 태평소, 절고, 진고 등의 악기가 더욱 다양한 가락을 구사하고 노래가 중첩되면서 종묘제례악은 그 어떤 음악에서도 느끼기 어려운 중후함과 화려함을 전해준다.

186 이후 문화재청은 향후 10년간 신청할 잠정 목록으로 판소리, 강릉단오제, 옹기장, 처용무, 제주칠머리당굿 등 5종목을 선정해 유네스코에 제출했다.

187 〈문화재보호법〉은 2001년 3월 28일 법률 제6443호로 일부 개정돼 7월 1일 시행됐으며, 같은 법 시행령은 2001년 6월 30일 대통령령 제17279호로 일부 개정돼 같은 해 7월 1일 시행됐고, 같은 법 시행규칙은 2001년 9월 8일 문화관광부령 제53호로 일부 개정 시행됐다. 문화재보호법에서는 중요무형문화재 보유자가 그 기능 또는 예능의 전수교육을 정상적으로 실시하기 어려운 경우 문화재청장은 중요무형문화재 기·예능보유

고졸 이상의 학력을 소지한 자는 정규 대학에 가지 않아도 국가가 인정한 대학에서 학사학위 또는 전문학사학위[188]를 받을 수 있게 되었다.

2002년에는 한국문화재보호재단이 문화재보호법에 근거한 특수법인으로 인정받았다.[189] 또한 2002 한·일 월드컵 개최를 기념하기 위해 각종 해외 전시와 기념공연이 열렸다.[190] 국내에서도 한·일 월드컵 개

자의 전수활동 활성화를 위해 문화재위원회의 심의를 거쳐 해당 중요무형문화재 보유자를 명예보유자로 인정할 수 있도록 했다. 이 경우 명예보유자로 인정된 때는 보유자 인정은 해제된 것으로 보도록 했다. 그리고 명예보유자에게는 중요무형문화재 전승에 기여한 점을 고려해 특별지원금을 지급할 수 있도록 했다.

188 학점 인정 등에 관한 법률이 2001년 3월 28일 일부 개정돼 같은 해 6월 29일 시행된 데 이어, 같은 법 시행령과 시행규칙이 6월 29일 대통령령 제17259호와 7월 6일 교육인적자원부령 제786호로 각각 일부 개정 시행됐다. 이 개정을 통해 중요무형문화재의 보유자 및 그 문하생으로서 일정한 전수교육을 받은 자 등에 대한 학점 인정 기준은 중요무형문화재 보유자는 140학점, 전수교육보조자는 60학점의 범위 안에서 교육인적자원부장관이 정하도록 했다. 또한 전수교육 이수증을 교부받은 자는 30학점, 전수교육을 3년 이상 받은 자는 21학점 등의 학점을 인정하기로 했다. 이에 따라 문화재청장이 인정한 중요무형문화재 보유자 193명과 이들의 문하생 등 2,200여 명 가운데 고졸 이상의 학력 소지자 1,600여 명이 정규 대학 학점을 인정받을 수 있게 됐다. 그리고 중요무형문화재 보유자는 본인이 희망하면 곧바로 대학 졸업생과 동등한 학력을 인정받아 학사학위를 받고, 그 문하생들은 한국교육개발원의 학점은행제 운영실에 학습자 등록을 한 뒤 일정 과목을 이수하면 학위를 인정받게 됐다.

189 2002년 12월 30일 법률 제6840호(2003년 7월 1일 시행)로 개정됐다. 문화재보호법이 일부 개정되었다. 이번 개정의 일부에서는 문화재의 보호·보존·보급 및 전통 생활문화의 창조적 개발을 목적으로 민법 제32조의 규정에 의해 설립된 한국문화재보호재단의 설립·운영에 관한 근거 조항을 문화재보호법에 신설해 한국문화재보호재단의 위상을 정립했으며, 이 재단의 운영에 필요한 경비는 국고에서 지원할 수 있도록 했다.

190 2002년 5월 2일부터 5월 6일까지 한·중 수교 10주년 및 중국 베이징에서 '한국 전통공예품 전람회'를 개최했다. 문화재청과 조달청이 공동으로 주최한 이 공예품 전람회에는 중요무형문화재 전승자의 작품과 전통공예 문화상품 370여 점이 전시됐다. 전시회에서는 공예품 제작 시연을 비롯해 한국 전통문화 체험 이벤트 등이 함께 열려 중국인들에게 한국과 2002 한·일 월드컵에 대한 관심과 참여를 증폭시키는 계기를 마련했다. 또한 2002년 8월 31일부터 9월 16일까지 한·일 국민 교류의 해를 기념해 일본 교토에서 '한국 전통문화의 향기전'을 개최했다. 문화재청이 교토조형예술대학과 공동 주최한 이

최에 맞춰 제53차 FIFA 총회 전야 만찬행사[191]가 경복궁에서 열리는 등 고궁의 아름다움과 만난 무형문화재의 공연이 화려하게 펼쳐지기도 했다.[192] 더불어 월드컵 행사를 기념하여 유·무형문화유산이 결합한 문화유산 활용사업이 다수 펼쳐졌다. 대표적인 행사로 경복궁 광화문과 흥례문 앞 광장에서 펼쳐진 '궁성문 개폐 및 수문장 교대 의식'[193]이다.

전시에는 교토의 지역적 특색을 반영해 한국의 불교와 혼례문화를 주제로 모두 200여 점의 전통공예 작품을 전시했고, 전시 기간 중 한국 전통 예능 공연도 함께 개최해 현지 일본인 및 재일교민들이 한국 문화의 다양성과 깊이를 한자리에서 느낄 수 있도록 했다.

191 FIFA 총회 전야 만찬행사는 2002년 5월 28일 19시부터 22시까지 경복궁 경내 일원에서 개최됐으며, FIFA 회장 및 임직원을 비롯해 204개 회원국 대표와 국내외 주요 인사 등 1,300여 명이 참석했다. 만찬행사는 1부 칵테일 리셉션에 이어 2부 공식 만찬으로 진행됐는데, 1부 칵테일 리셉션에서는 경회루 수상무대와 간이무대에서 국립국악관현악단의 연주를 시작으로 태평무, 부채춤, 퓨전음악 등이 공연됐으며 예원여고 무용단이 강강술래를 선보였다. 2부 공식 만찬에서는 국립관현악단이 왕궁에서 연주되는 연례악과 가야금 앙상블 등 전통과 현대음악을 선보였고, 식후 행사로는 창작무용과 우리나라의 전통무술 태권도를 소재로 한 비언어 퍼포먼스가 공연됐다. 이날 만찬행사는 204개국에서 온 FIFA 관계 인사들과 국내외 귀빈이 참석해 우리 고궁의 아름다움과 전통문화의 우수성을 만끽하는 기회를 가졌다. FIFA 총회 전야 만찬행사를 성공적으로 개최함으로써 우리 전통문화를 국제적으로 홍보하는 성과를 거둘 수 있었다. 특히 만찬에 참석한 세계 각국의 FIFA 관계자를 비롯한 국내외 귀빈들의 우리 고궁에 대한 인식을 바꿔놓았을 뿐만 아니라, 세계 각국의 언론을 통해 행사가 보도됨으로써 우리 전통문화의 우수성과 독창성 또한 주목받는 기회가 됐다. 또한 이 만찬행사를 성공적으로 치름으로써 그동안 경복궁 등 고궁에서 금기시됐던 국제 행사 개최 가능성에 대해 전향적인 논의의 물꼬가 트였으며, 고궁의 보존·관리와 함께 활용이라는 차원에서 문화재의 관광자원화를 위한 새로운 문화재 정책이 대두되는 토대가 마련됐다.

192 문화재청, 앞의 책, p. 503.

193 수문장 교대 의식 행사는 크게 궁성문 개폐 의식과 수문장 교대 의식(입직 근무), 그리고 조선 검법 시범과 취타군 행렬로 구성됐다. 한편 수문장 교대 의식을 널리 알리기 위한 개막식 행사는 2002년 5월 11일 오후 3시에 개최됐는데, 개막식 행사에서는 궁성문 개폐 및 수문장 교대 의식 재현에 이어 부대 행사로 24반 무예와 처용무, 줄타기와 마상무예를 선보여 많은 국내외 관람객들로부터 큰 호응을 받았다. 한국문화재보호재단이 문화체육관광부로부터 관광진흥개발기금 7억 원을 지원받아 재현한 수문장 교대 의식은 고궁에서 조선시대의 궁중 의례를 재현함으로써 500년 조선왕조의 상징이자 문화의

한국문화재보호재단은 2002년 4월 25일부터 10월 31일까지 151일 간 경복궁 광화문과 흥례문 앞 광장에서 '궁성문 개폐 및 수문장 교대 의식'을 매일 5회(11시부터 15시까지 매시 정각)에 걸쳐 재현하기도 하였다.

2003년에는 한국의 중요무형문화재로 지정된 판소리가 유네스코 가 선정하는 '인류 구전 및 무형유산 걸작'에 선정되었다. 유네스코는 2003년 11월 7일 프랑스 파리 유네스코 본부에서 한국의 중요무형문 화재인 판소리[194] 등 28개 무형유산을, 제2차 '인류 구전 및 무형유산 걸작'으로 선정하고 선포식을 가졌다. '인류 구전 및 무형유산 걸작'은 18명의 세계적인 권위자로 구성된 유네스코 국제심사위원단이 유네스 코 회원국이 추천한 56개 유산을 심사해 선정하였다.[195]

2004년 3월 11일 문화재청이 '차관급 청'으로 승격되었다. '차관급 청'으로 승격되면서, 문화재청은 문화재의 보호 · 관리 및 활용에 관한

중심인 고궁의 문화적 가치를 새롭게 조명하기 위해 마련된 것이었다.

194 가장 한국적인 전통이 녹아 있는 우리의 대표적인 전통 연희인 판소리는 당초 춘향가를 비롯해 심청가 · 흥보가 · 수궁가 · 적벽가와 옹고집타령 · 장끼타령 · 변강쇠가 · 배비장 타령 등 열두 마당이 있었으나 오늘날에는 춘향가 · 심청가 · 흥보가 · 수궁가 · 적벽가 등 다섯 마당만 전승되고 있다. 판소리는 흔히 서양 오페라와도 비교되지만 특유의 장단 과 선율 및 창법에 극적인 효과를 더하는 아니리(말)와 발림(몸짓) 등이 어우러져 어느 나라에서도 찾아볼 수 없는 독특한 매력을 지닌 예술 장르로 평가받고 있다. 특히 고수 의 북 장단에 맞춰 한 명의 소리꾼이 여러 가지 역할을 소화해내며 장시간 공연하는 완 창(完唱)은 외국인들에게 경이로움 그 자체로 받아들여졌다. 판소리는 2002년 파리 가 을 축제에 이어 2003년 8월 링컨센터 페스티벌, 에든버러 페스티벌 등 세계적인 음악축 제에 초청돼 에든버러 비평가상을 수상하는 등 세계무대에서 잇따라 호평을 받았다.

195 같은 해 2003년에 중요무형문화재의 '미국 순회공연'이 이루어졌다. 이 공연은 미주 한 인 이민 100주년을 맞아 한미 간 문화교류를 촉진하는 한편, 우리 전통문화의 특수성을 미주 지역에 널리 알림으로써 이민 2, 3세대 한인들에게 한민족으로서의 정체성과 자긍 심을 심어주기 위해 기획됐다. 이 공연은 5월 29일부터 6월 9일까지 문화재청과 해외홍 보문화원이 주최하고 한국문화재보호재단이 주관해 이루어졌다. 문화재청, 앞의 책, pp. 517~518 참조.

사무를 보다 효율적으로 수행할 수 있는 기반을 갖추게 되었다. 또한 국민들이 자발적으로 문화유산을 보호·관리하고 활용하도록 적극 지원함으로써 우리의 소중한 문화유산을 후손들에게 온전히 물려주기 위해 '한 문화재 한 지킴이' 운동을 추진하였다.[196]

2005년도에는 유네스코가 중요무형문화재 제13호 강릉단오제[197]를 '인류 구전 및 무형유산 걸작'으로 선정했다. 이로써 한국은 2001년에 선정된 종묘제례 및 종묘제례악과 2003년에 선정된 판소리와 함께 모두 3건의 '인류구전 및 무형유산 걸작'을 보유하게 되었다. 또한 북한 연고(緣故) 무형문화재에 대한 시·도지정문화재 지정·관리의 근거를 마련했다.[198] 2008년도에는 기·예능 공개 의무화, 인정 해제 요건을

---

196 '차관급 승격'은 1999년 5월 24일 '1급 청'으로 출범한 지 4년 10개월 만에 이루어졌다. 2004년에는 국민이 자발적으로 참여하는 문화재보호운동이 재정비된다. '한 문화재 한 지킴이' 운동은 개인과 가족을 비롯해 학교와 기업 및 공공기관과 단체가 전국 각 지역에 소재한 문화재와 자매결연을 맺고, 문화재의 보존 상태를 정기적·지속적으로 점검하면서 문화재 주변에 대한 정화활동 등을 수행하는 자원봉사활동이다. 문화재청, 위의 책, p. 525.

197 2005년 11월 25일 등재된 강릉단오제는 음력 4월부터 5월 초까지 한 달여에 걸쳐 강릉시를 중심으로 한 영동지역에서 벌어지는 우리나라 최대 규모의 전통축제로, 음력 4월 5일 신주빚기로 시작해 4월 15일에는 대관령에 올라가 국사성황사에서 성황신을 모셔 강릉 시내 국사여성황사에 봉안한 뒤 5월 3일부터 7일 저녁 송신제에 이르기까지 강릉 시내 남대천 변을 중심으로 장장 30일 이상 펼쳐진다. 강릉단오제에서는 한국의 전통 신앙인 유교와 무속 및 불교와 도교를 배경으로 한 다양한 의례와 공연이 펼쳐지는데 이를 구성하는 음악과 춤, 문학, 연극, 공예 등은 뛰어난 예술성을 보여준다. 민중의 역사와 삶이 녹아 있는 전통축제인 강릉단오제는 1,000여 년에 이르는 역사의 과정을 거쳐온 전통문화 전승의 장으로, 행사 기간 중 제례와 단오굿, 가면극, 농악, 농요 등 예술성이 뛰어난 다양한 무형 문화유산과 함께 그네뛰기, 씨름, 창포 머리감기, 수리취떡 먹기 등의 체험 행사도 펼쳐진다.

198 북한 연고(緣故)무형문화재에 대한 시·도지정문화재 지정·관리의 근거를 마련(법 제55조 제6항 신설)하고 북한 연고 무형문화재를 시·도지정문화재로 지정함으로써 북한 연고 무형문화재의 체계적인 관리 및 보호를 위한 장치를 마련하였다. 시행 2005. 7.

구체화하는 등 중요무형문화재 관련 규정이 보완·정비되었다.[199]

2009년도에는 한국의 중요무형문화재인 〈강강술래〉와 〈남사당놀이〉, 〈영산재〉, 〈제주칠머리당영등굿〉 및 〈처용무〉가 아랍에미리트 아부다비에서 개최된 제4차 무형문화유산정부간위원회에서 유네스코 인류무형문화유산 대표목록으로 등재되었다.[200] 또한 같은 해 유네스

---

28. 법률 제7365호.

199 2008년 2월 10일 밤 서울 중구 남대문로에 있는 국보 제1호 서울 숭례문에 화재가 발생해 숭례문이 훼손되는 참사가 발생했다. 따라서 숭례문 복구계획을 수립하는 데 총력을 기울이고 있었다. 또한 동시에 무형문화유산의 보전을 위해 몇 가지 규정 개정을 실시하였다. 2008년 3월 28일에는 문화재위원회 운영의 공정성, 절차적 투명성 및 위원의 책임성을 제고하기 위하여 심의내용, 의결사항 등을 기록한 회의록의 작성·공개를 의무화하고, 중요무형문화재 보유자의 기·예능 공개 의무화, 국가 및 지방자치단체가 공개에 따른 경비를 예산의 범위 안에서 전부 또는 일부를 지원할 수 있도록 하였으며, 중요무형문화재 보유자의 인정 해제 요건을 '신체 또는 정신상의 장애로 중요무형문화재로 적당하지 아니한 경우'로 인정 해제 요건을 구체화(법 제13조 제2항)하고, 중요무형문화재보유자의 전수교육 실시 여부를 현행 임의규정에서 의무규정으로 바꾸어 구체화하는 등 중요무형문화재 관련 규정을 보완·정비하였다. 문화재보호법이 2008년 3월 28일 법률 제9002호(9월 29일 시행)로, 6월 13일 법률 제9116호(12월 14일 시행)로 각각 일부 개정됐으며, 같은 법 시행령이 대통령령 제21046호로 9월 26일 일부 개정 시행됐다. 이 개정에 따른 문화재보호법 시행규칙은 9월 29일 문화체육관광부령 제16호로 일부 개정 시행됐고, 11월 14일 문화체육관광부령 제19호로 일부 개정돼 12월 14일 시행됐다. 이와 함께 문화재위원회 규정이 2008년 9월 25일 대통령령 제21032호로 일부 개정돼 9월 29일 시행에 들어갔다.

200 2009년 9월 30일 인류무형문화유산이 추가 등재됨에 따라 우리나라는 종묘제례 및 종묘제례악(2001년 등재), 판소리(2003년 등재), 강릉단오제(2005년 등재)와 함께 모두 8종목의 인류무형문화유산을 보유하게 됐다. 〈강강술래〉 등 5종목은 유네스코 무형문화유산 보호협약이 제시하는 등재 기준을 모두 충족해 최종적으로 등재가 결정됐다. 무형문화유산 보호협약이 정한 인류무형문화유산 등재 제도는 '세계유산'이나 종전의 '인류 구전 및 무형유산 걸작' 제도와는 달리, 유산이 가지는 탁월한 가치에 주목하기보다는 각 국가와 민족의 문화적 다양성을 인정하면서 정치적 쟁점화를 지양하는 것을 원칙으로 삼고 있다. 우리나라는 그동안 무형문화유산정부간위원회의 위원국(24개국) 및 세계무형문화유산 대표 목록 심사보조기구(6개국)의 일원으로 적극 활동함으로써 무형문화유산 분야에 관한 한 유네스코에서도 영향력을 인정받고 있었으며, 추가 등재를 통

그림 2.7 처용무(사진: 주병수)

코 아태무형유산센터의 설립이 제35차 유네스코 총회에서 최종 승인
되었다.[201]

2010년에는 11월 16일 중요무형문화재로 지정돼 있는 가곡과 대
목장 및 시 · 도 무형문화재 매사냥 등 3개 종목이 케냐 나이로비에서
열린 유네스코 제5차 무형유산정부간위원회에서 인류무형문화유산

해 국제 사회에서 문화국가로서의 위상이 한층 강화되었다고 평가할 수 있다.

201 유네스코 아태무형유산센터는 문화재청이 점차 사라져가는 아시아 · 태평양 지역의 무
형유산 보호를 통해 국제 사회에 기여하기 위해 설립을 추진해왔던 기구로, 문화 분야
에서는 우리나라에 최초로 설치되는 유네스코 산하 카테고리 2의 국제기구다. 유네스
코 카테고리 2 기관은 유네스코로부터 재정 지원은 없으나 유네스코의 로고 및 유네스
코 후원 사실을 공식적으로 표기할 수 있다. 유네스코의 최종 승인에 따라 우리나라는
2010년 6월 센터설립을 위해 대한민국과 유네스코 간 협정을 체결하고 2011년 4월 문
화재보호법을 개정해 센터 설립을 위한 법적 기반을 마련한 데 이어, 2011년 7월 1일
센터를 정식으로 출범시켰다. 문화재청, 앞의 책, pp.615~616 참조.

대표목록에 등재됐다.[202] 또한 같은 해 3월에는 아 · 태무형문화유산전당을 건립하기 위한 공사가 시작되었고, 8월에는 '헤리티지채널'이 서비스를 시작했다. 더불어 문화재위원회 위원 구성을 공정하고 객관적으로 하기 위해 문화재위원회 위원을 〈고등교육법〉에 따른 대학에서 문화재의 보존 · 관리 및 활용과 관련된 학과의 부교수 이상에 재직하거나 재직하였던 사람 등으로 제한하였다.[203] 이처럼 유네스코 등재와

---

[202] 이에 따라 우리나라는 종묘제례 및 종묘제례악(2001년), 판소리(2003년), 강릉단오제(2005년), 〈강강술래〉·〈남사당놀이〉·〈영산재〉·〈제주칠머리당영등굿〉·〈처용무〉(2009년)를 포함해 총 11건의 인류무형문화유산을 보유하게 됐다. 유네스코 무형유산 정부간위원회는 2010년에 총 46건의 인류무형문화유산을 신규로 등재했는데, 중국과 일본은 각각 2건씩 등재됐다. 우리나라는 2009년에 40건의 인류무형문화유산 등재신청서를 유네스코에 제출했으나 유네스코의 업무 과중으로 2010년에는 가곡 등 3건만 심사 대상으로 선정됐으며, 이들 모두 엄격한 심사를 거친 끝에 인류무형문화유산으로 등재됐다. 문화재청은 2010년 신규 등재된 인류무형문화유산이 보다 잘 보호되고 전승될 수 있도록 행정적 · 재정적으로 적극 지원하고, 우리 무형유산을 국내외에 홍보하고 세계화하는 데 최선을 다하기로 했다. 또한 우리나라를 대표하는 무형유산이 유네스코 인류무형문화유산으로 보다 많이 선정될 수 있도록 무형유산을 다양하고 폭넓게 발굴해 목록화 하는 작업을 지속적으로 추진하기로 했다.
2010년 11월 19일 케냐 나이로비에서 개최된 제5차 유네스코 무형문화유산 정부간위원회에서 우리나라가 2008년에 이어 1년 임기(2010~2011년)의 유네스코 인류무형유산 심사보조기구로 재선출됐다. 심사보조기구는 2003년 인류무형유산의 보존을 위해 제정된 무형유산 보호협약의 정신과 가치를 실현하기 위해 2008년에 설립됐으며, 인류무형문화유산 대표 목록의 등재신청서를 심사하는 임무를 수행한다. 심사보조기구로 2008년 설립 첫해부터 2년간 우리나라를 비롯해 에스토니아 · UAE · 터키 · 케냐 · 멕시코 등 6개국이 활동했으며, 2009년 111건에 이어 2010년에는 54건의 인류무형문화유산 등재신청서를 심사한 바 있다. 우리나라는 심사보조기구로 재 선출됨으로써 지난 2년간 심사보조기구로서의 활동이 국제적으로 긍정적인 평가를 받았음을 확인할 수 있었으며, 앞으로 우리나라가 신청하는 인류무형유산 등재에도 긍정적인 효과를 얻을 수 있을 것으로 기대됐다.

[203] 2010년 2월 4일 시행 2011. 2. 5. 법률 제10000호. 전부개정을 통하여 1982년 전부개정된 이후 여러 차례에 거쳐 필요한 조항을 보완하여 개정하였는데, 특히 문화재위원회 위원의 자격 기준을 법률에 명시(법 제8조)하여 문화재위원회 위원 구성을 공정

센터 설립 등의 노력을 기울여 무형문화유산의 보전체계가 세계화 될 수 있는 기틀을 마련하였다.

2011년에는 국제기구인 유네스코 아태무형유산센터가 문화재청 산하 특수법인으로 출범하였다.[204] 또한 문화재보호법을 일부 개정하여 문화재위원회의 심의사항에 관한 자료수집 · 조사 등의 업무를 수행하는 비상근 전문위원을 둘 수 있는 법적 근거를 마련하였으며 전통문화의 공연 · 전시 · 심사 외의 사유로 금고 이상의 형을 선고받고 그 형이 확정된 경우에는 중요무형문화재 보유자의 인정을 해제할 수 있게 하였다.[205]

2000년대에는 중요무형문화재 제111호 사직대제, 제112호 주철장 등 11종목이 지정되었으나 다른 시기에 비해 등재 종목이 적어 그 외연 확대의 한계가 있다는 지적이 각계에서 나왔다. 그렇기 때문에 무형문화유산의 개념을 도입하여 그 범위와 폭을 넓혀야 한다는 의견이

하고 객관적으로 하기 위해 문화재위원회 위원을 〈고등교육법〉에 따른 대학에서 문화재의 보존 · 관리 및 활용과 관련된 학과의 부교수 이상에 재직하거나 재직하였던 사람 등으로 규정하고 대통령령 〈문화재위원회 규정〉에서 규정하고 있는 문화재위원회 위원의 자격 기준을 법에서 명시함으로써 문화재위원회 구성을 보다 공정하고 객관화하였다. 문화재청, 위의 책, pp. 637~638.

204 4월 6일 일부개정(시행 2011. 4. 6. 법률 제10562호)을 통하여 국제연합교육과학문화기구(유네스코)의 〈무형문화유산 보호협약〉 이행을 장려하고, 아시아 · 태평양지역의 무형문화유산 보호활동을 지원하기 위한 "유네스코 아 · 태무형문화유산 국제정보네트워킹센터"설립의 법적 근거를 마련함으로써 무형문화유산의 보호와 인류문화의 발전에 기여하기 위하여 〈문화재보호법〉 제17조의 2를 신설하였고 이후 2011년 7월 14일 일부개정을 통하여 문화재 분야의 국제기구인 유네스코 아태무형유산센터가 6월 27일 문화재청 산하 법인으로 설립돼 출범했다. 문화재청, 위의 책, p.667.

205 7월 14일에 이루어진 두 번째 〈문화재보호법〉 일부개정(법률 제10829호)은 문화재위원회 전문위원과 중요무형문화재 보유자에 대한 사항을 정비하기 위한 것으로 2011년 10월 15일 시행에 들어갔다.

설득력을 얻고 있다.

표 2.10 2000년대 중요무형문화재 지정종목

지정 번호	명칭	지정일	지정 번호	명칭	지정일
제111호	사직대제	2000. 10. 19.	제120호	석장	2007. 9. 17.
제112호	주철장	2001. 3. 12.	제121호	번와장	2008. 10. 21.
제113호	칠장	2001. 3. 12.	제122호	연등회	2012. 4. 6.
제114호	염장	2001. 6. 27.	제123호	법성포단오제	2012. 7. 23.
제115호	염색장	2001. 9. 6.	제124호	궁중채화	2013. 1. 14.
제116호	화혜장	2004. 2. 20.	제125호	삼화사 수륙재	2013. 12. 31.
제117호	한지장	2005. 9. 23.	제126호	진관사 수륙재	2013. 12. 31.
제118호	불화장	2006. 1. 10.	제127호	아랫녘 수륙재	2014. 3. 18.
제119호	금박장	2006. 11. 16.			

표 2.11 문화재보호법 제·개정 주요 연혁

번호	일시	내용	비고
1	1962. 1. 10.	문화재보호법 시행(법률 제961호) * 1961년 재정 • 조선보물고적명승천연기념물보존령 대체 법률안	
2	1963. 2. 9.	문화재보호법 개정(법률 제1265호)	
3	1970. 8. 10.	문화재보호법 개정(법률 제2233호) • 무형문화재의 기·예능 보유자의 인정제도 규정	
4	1973. 2. 5.	문화재보호법 개정(법률 제2468호) • 중요무형문화재 보유자 인정제도 신설	
5	1973. 3. 23.	문화재보호법 시행령 개정	
6	1982. 12. 3.	문화재보호법 개정(법률 제3644호) • 중요무형문화재 전수교육제도 및 보유단체 인정제도 신설	
7	1984. 12. 31.	전통건조물보존법 제정(법률 제3777호)	
8	1999. 1. 21.	전통건조물보존법 폐지(법률 제5656호)	
9	1999. 5. 24.	문화재보호법 개정(법률 제5982호)	

번호	일시	내용	비고
10	2000. 1. 12.	문화재보호법 개정(법률 제6133호)	
11	2001. 3. 28.	문화재보호법 개정(법률 제6443호) • 중요무형문화재 보유자와 명예보유자 구분	
12	2002. 2. 4.	문화재보호법 개정(법률 제6656호)	
13	2002. 12. 30.	문화재보호법 개정(법률 제6840호) • 세계유산 등재 관리 근거, 한국문화재보호재단 특별법인 전환	
14	2004. 3. 5.	고도보존법에 관한 특별법 제정(2005. 3. 6. 시행)	
15	2005. 1. 27.	문화재보호법 개정(법률 제7365호) • 북한 연고 무형문화재 시 · 도지정문화재로 지정 · 관리	
16	2006. 3. 24.	문화유산과 자연환경 자산에 관한 국민신탁법 제정 (2007. 3. 15. 시행)	
17	2007. 1. 26.	문화재보호법 개정(법률 제8278호)	
18	2008. 6. 13.	문화재보호법 개정(법률 제9116호)	
19	2009. 6. 9.	문화재보호기금법 제정(2009. 12. 10. 시행) • 문화재 보존 · 관리에 필요한 문화재보호기금의 설치와 관리 · 운용 등에 관한 사항	
20	2010. 2. 4.	문화재보호법 → 문화재보호법, 매장문화재 보호 및 조사에 관한 법률, 문화재 수리 등에 관한 법률로 분법(2011. 2. 5. 시행) • 문화재보호법 전부 개정 　문화재위원회 위원 자격 기준 법률에 명시 　문화재 국제교류 및 남북교류 협력 증진 법적 근거 마련 등	
21	2011. 7. 14.	문화재보호법 개정(법률 제10829호) • 문화재전문위원 위촉 근거 명시(2011. 10. 15. 시행) 등	
22	2011. 7. 14.	한국전통문화대학교설치법 제정(2012. 7. 15. 시행) • 문화재청 소속기관으로 국립학교인 전통문화대학교를 둠	

(2) 중요무형문화재 보전의 제도와 현황

한국의 무형문화재 보전체계는 정책과 제도, 법률과 기구로 구성되어 있다. 정책과 제도, 법률과 기구 등에 관해서는 이미 보전체계의 역사에서 서술하였던 관계로 본 절에서는 주로 제도적 측면과 보전의 주체를 중심으로 현황을 살펴보고자 한다.

한국은 전통예술을 보호하기 위해 1962년부터 문화재보호법에 무형문화재 보호제도를 도입하여 체계적으로 보호하고 있다. 무형문화재란 오랜 역사 속에서 전승되어온 전통예술 가운데 특별히 예술성이나 학술적 보존가치가 큰 전통예능과 공예기술 등을 말하며, 이 중 현대사회 속에서 사라질 우려가 있는 기·예능을 지정하여 보호하고 있는 것이다. 사람에 의해 배우고 익혀 전승되는 무형문화재는 종목 지정과 함께 그 기능을 지니고 있는 개인(보유자)이나 단체(보유단체)를 인정하여 전통문화를 계승하도록 하고 있다.

무형문화재 중 가치가 높은 것을 국가와 시·도에서 나누어 지정하고 있다. 무형문화재는 지정 주체를 기준으로 할 때, 국가지정 무형문화재인 중요무형문화재와 지방자치단체가 조례에 의해 지정하는 시·도 무형문화재로 구분된다. 1962년 문화재보호법 시행 이후 지정된 국가지정 중요무형문화재는 1964년 종묘제례악을 시작으로 2014년 5월 31일 현재까지 127종목이 지정되어 있고, 세부종목[206]을 포함하면 132종목(개인종목 68, 단체종목 64)이 지정되어 있다.[207]

무형문화재 지정 절차는 전국에서 전승되는 무형문화재를 시·도지사의 추천을 받아 3인 이상의 관계전문가들이 조사하고, 이 조사보고서를 토대로 문화재위원회의 심의를 거쳐 중요무형문화재로 지정하며, 이를 원형대로 보존·체득하고 그대로 실현할 수 있는 자(단체)를 보유자(보유단체)로 인정한다.

---

206 세부종목: 농악(6), 향제줄풍류(2), 농요(2), 풍어제(4), 향토술담그기(3) 포함.

207 문화재청, 「중요무형문화재 전승자 현황」, 2014. 5. 31.

한국 무형문화재 보전체계의 특징은 무형문화재의 안정적인 전승과 체계적인 전승활동을 위해 '보유자–전수교육조교–이수자–전수장학생(일반전수생)'으로 이어지는 일정한 전승체계를 갖추고 있다는 것이다.

① 종목 지정과 보유자의 인정과 해제

한국은 사라져가는 전통문화 중 보존가치가 큰 무형문화재를 보존·전승함으로써 민족문화의 맥을 잇고 새로운 문화 창조의 기반을 조성하여 국민의 문화적 향상을 도모하고 인류문화 발전에 기여하도록 하기 위하여 중요무형문화재를 지정하고 있다.

무형문화재는 연극, 음악, 무용, 공예기술 등 무형의 문화적 소산으로서 역사적·예술적·학술적 가치가 큰 것을 말하며 그중에서 중요한 것을 문화재위원회의 심의를 거쳐 문화재청장이 지정한 것을 중요무형문화재라고 한다.[208] 여기서 '무형(無形)'이란 예술적 활동이나 기술같이 물체로서의 형태를 갖고 있지 않다는 것을 의미한다. 그러나 예술적·기술적 능력을 지닌 사람이나 단체에 의해 구체적으로 실현될 수 있기 때문에 문화재로 종목을 지정하고, 동시에 그 기·예능을 지닌 사람을 보유자나 보유단체로 인정하는 것이다.

표 2.12 무형문화재 종목 지정 기준

구분	종목	내용
1	연극	인형극, 가면극
2	음악	제례악, 연례악, 대취타, 가곡, 가사 또는 시조의 영창, 산조, 농악, 잡가, 민요, 무악, 범패

---

208 〈문화재보호법〉 제2조(정의).

구분	종목	내용
3	무용	의식무, 정재무, 탈춤, 민속무
4	공예 기술	도자공예, 피모공예, 금속공예, 골각공예, 나전칠공예, 제지공예, 목공예, 건축공예, 지물공예, 직물공예, 염색공예, 옥석공예, 수 · 매듭공예, 복식공예, 악기공예, 초고공예, 죽공예, 무구공예
5	기타	의식, 놀이, 무예, 음식제조 등

제1호 내지 제3호에 규정한 예능의 성립 또는 구성상 중요한 요소를 이루는 기법이나 그 용구 등의 제작 · 수리 등의 기술

*위 각 호에 해당되는 것으로서 역사상, 학술상, 예술상 가치가 크고 향토색이 현저한 것.
출처: 〈문화재보호법〉 참조.

중요무형문화재 종목을 지정할 때는 그 종목의 보유자(보유단체 포함)를 인정하여야 한다. 다만, 해당 중요무형문화재의 기능 또는 예능이 보편적으로 공유된 것으로 특정인 또는 특정단체만이 원형대로 체득 · 보존하고 그대로 실현할 수 있다고 보기 어려운 무형유산인 경우에는 보유자 없이 종목만을 지정하여 보전할 수 있다(2014. 1. 28 문화재보호법 개정공포, 2015. 1. 29 시행). 이에 따라 한국의 문화를 대표할 수 있는 무형문화유산이나 보유자를 특정할 수 없는 '아리랑, 김치, 씨름' 등을 중요무형문화재로 지정할 수 있도록 하였다.[209] 또한 보유자로 인정할 만큼 뛰어난 사람이 있을 경우에는 추가로 인정할 수도 있도록 되어 있다.

---

209 〈문화재보호법〉 제24조(중요무형문화재의 지정) ② 문화재청장은 제1항에 따라 중요무형문화재를 지정하는 경우 해당 중요무형문화재의 보유자(보유단체를 포함한다. 이하 같다)를 인정하여야 한다. 다만, 대통령령으로 정하는 바에 따라 중요무형문화재의 특성상 보유자를 인정하기 어려운 중요무형문화재를 지정하는 경우에는 그러하지 아니하다(2014. 1. 28 공포, 2015. 1. 29 시행). 〈문화재보호법 시행령〉 일부개정령, 제12조 제2항: 동법 제24조 제2항 단서에서 "중요무형문화재의 특성상 보유자를 인정하기 어려운 중요무형문화재를 지정하는 경우"란 "해당 중요무형문화재의 기능 또는 예능이 보편적으로 공유된 것으로 특정인 또는 특정단체만이 원형대로 체득 · 보존하고 그대로 실현할 수 있다고 보기 어려운 경우"를 말한다(2015. 1. 29 시행).

중요무형문화재 보유자는 중요무형문화재의 예능 또는 기능을 원형대로 체득 · 보존하고 이것을 그대로 실현할 수 있는 사람을 말한다. 또한 중요무형문화재 보유단체는 중요무형문화재의 예능 또는 기능을 원형대로 보존하고 이것을 그대로 실현할 수 있는 단체를 말한다.

표 2.13　보유자 및 보유단체 등의 인정 기준

구분	내용	비고
보유자	중요무형문화재의 예능 또는 기능을 원형대로 체득 · 보존하고 이를 그대로 실현할 수 있는 자	
보유단체	중요무형문화재의 예능 또는 기능을 원형대로 보존하고 이를 그대로 실현할 수 있는 단체. 다만, 해당 중요무형문화재의 예능 또는 기능의 성질상 개인이 실현할 수 없거나 보유자로 인정할 만한 자가 다수일 경우로 한정한다.	
명예 보유자	중요무형문화재의 보유자 중에서 중요무형문화재의 예능 또는 기능의 전수 교육을 정상적으로 실시하기 어려운 자	

출처: 문화재보호법 참조.

무형문화재 종목이 지정되고 보유자(단체)가 인정되면 그 자체만으로도 전승 단절이나 소멸로부터 어느 정도는 보호될 수 있기 때문에 보호 · 전승을 위한 최소한의 기본 여건을 갖춘 것으로 볼 수 있다. 그러나 지정 · 인정만으로 무형문화재가 온전히 보호 · 전승되기를 기대하기 어렵기 때문에 보유자에게 전수교육 권한을 부여하여 후계 전승자를 양성하도록 하고, 기 · 예능을 익힌 전승자는 보유자와 더불어 활동하면서 세대 간의 보호 · 전승이 이루어지게 한 것이다.

중요무형문화재 보유자는 중요무형문화재(기 · 예능)의 원형 보호, 전수교육을 통한 기 · 예능의 전승, 중요무형문화재의 공개, 보유자로서의 품위 유지 등을 해야 한다. 보유자가 위 사항을 위반할 경우에는 지정 또는 인정이 해제[210]될 수도 있다. 다음의 기사는 국악대회에서 보유자가 금품을 수수하여 보유자 인정 해제된 실제 사례이다.

– ○○○ 인간문화재 자격 박탈

판소리 명창으로 유명한 ○○○씨가 중요무형문화재 제5호 판소리 보유자 자격을 잃게 됐다. 중요무형문화재 자격이 박탈된 사례는 이번이 네 번째다. 문화재청은 국악경연대회 심사를 하면서 참가자로부터 돈을 받은 혐의로 유죄 판결을 받은 ○○○씨의 보유자 자격 인정 해제를 예고했다고 8일 밝혔다. ○○○씨는 1998년 국악경연대회 판소리 심사 과정에서 당시 대통령상을 받은 A씨 등 2명에게 모두 3,000만 원을 받은 혐의로 2004년 광주지법에서 벌금 1,000만 원, 추징금 2,000만 원의 확정판결을 받았다. ○○○씨가 유죄판결을 받았음에도 인정 해제가 늦어진 이유는 유사 사건이 소송 중이었기 때문이다. 이에 앞서 목조각장 B씨가 허위 사실 유포 혐의로 문

---

210 〈문화재보호법〉 제 31조(지정 또는 인정의 해제) ② 문화재청장은 중요무형문화재의 보유자가 다음 각 호의 어느 하나에 해당하면 문화재위원회의 심의를 거쳐 중요무형문화재 보유자의 인정을 해제할 수 있다. 1. 신체 또는 정신상의 장애 등으로 인하여 해당 중요무형문화재의 보유자로 적당하지 아니한 경우. 2. 전통문화의 공연·전시·심사 등과 관련하여 벌금 이상의 형을 선고받고 그 형이 확정된 경우. 3. 국외로 이민을 가거나 외국 국적을 취득한 경우. 4. 그 밖에 대통령령으로 정하는 사유가 있는 경우. ③ 중요무형문화재의 보유자 또는 명예보유자 중 개인이 사망한 경우에는 보유자 또는 명예보유자 인정이 해제되며, 중요무형문화재의 보유자 중 개인이 모두 사망한 경우에는 문화재위원회의 심의를 거쳐 그 중요무형문화재 지정을 해제할 수 있다.
〈문화재보호법〉 시행령 제18조(중요무형문화재 보유자 또는 보유단체의 인정 해제) 법 제31조 제2항 제4호에서 "대통령령으로 정하는 사유"란 다음 각 호와 같다. 1. 법 제31조 제2항 제2호에 따른 전통문화의 공연·전시·심사 외의 사유로 금고 이상의 형을 선고받고 그 형이 확정된 경우. 2. 법 제41조 제2항에 따른 전수교육을 특별한 사유 없이 2년 동안 실시하지 아니한 경우. 3. 법 제50조 제1항에 따른 중요무형문화재의 기·예능 공개를 특별한 사유 없이 2년 동안 하지 아니한 경우.

화재 보유자 자격을 박탈당하자 "보유자 능력과 인격은 별개"라며 인정 해제 처분 취소 소송을 제기했고 최근에야 대법원이 문화재청의 손을 들어주는 판결을 내렸다. 문화재청은 30일 이상 인정 해제 예고 기간을 거친 뒤 문화재위원회 심의를 거쳐 최종 결정을 한다.[211]

문화재보호법에서는 중요무형문화재의 전수교육을 실시하는 보유자 또는 보유단체는 전수교육계획서와 전수교육실적보고서를 매년 제출[212]하도록 되어 있다. 현재는 문화재 협업포탈 사이트[213]를 통해 계획서와 실적보고서를 등록하도록 되어 있다. 중요무형문화재 보유자가 연령, 신체상황 등으로 전수교육을 정상적으로 실시하기 어려운 상황이 되면 중요무형문화재의 보유자를 해제하고 명예보유자로 인정하고 있다. 명예보유자에 대해서는 중요무형문화재의 전승에 기여한 점을 고려하여 특별지원금을 지급하고 있다. 중요무형문화재의 관리사항이 적당하지 않을 때는 무형문화재의 보유자 및 보유단체에게 일정한 행위를 금지하거나 제한할 수 있다. 또한 중요무형문화재의 전수교육, 이수생 관리, 전수생 관리, 지원금 관리, 전승활동, 특기사항 등 전승실태 전반을 조사하고 있으며, 그 결과를 중요무형문화재 보유자의 인정과 해제 시에 반영하고 있다.

보유자는 자신이 보유한 기·예능을 계속 연마하여 원형을 유지함

---

211 윤완준 기자, "○○○ 인간문화재 자격 박탈", 동아일보, 2009. 9. 26.

212 〈문화재보호법〉 제41조(중요무형문화재의 보호·육성): ② 문화재청장은 중요무형문화재의 전승·보존을 위하여 해당 중요무형문화재의 보유자가 그 보유 기능과 예능(이하 "기·예능"이라 한다)의 전수교육을 실시하도록 하여야 한다. 다만, 대통령령으로 정하는 특별한 사유가 있는 경우에는 그러하지 아니하다.

213 문화재협업포탈 홈페이지(2013. 8. 11), https://www.e-minwon.go.kr

은 물론이고, 전통 기·예능을 왜곡하거나 날조하는 사례가 없어야 하며 후계자 양성을 위한 전수교육에 최선을 다해야 한다. 지정문화재 중 중요한 것이나 지정되지 않은 것이라도 특별히 필요하다고 인정되면 기록·작성하거나 관련 전문가에게 기록·보존하도록 하게 되어 있다. 중요무형문화재를 표현하는 데 필요한 가면, 의상, 악기 등 각종 공연장비 및 제작도구, 기구, 기자재 등도 의무적으로 관리해야 한다.

② 전수교육조교·이수자·전수 장학생 선정방식

중요무형문화재 보유자(보유단체)는 전수교육 실시 및 기·예능 공개 의무를 가지고 있다. 중요무형문화재의 전승·보존을 위하여 보유자와 보유단체는 전수교육을 실시[214]하고 있다. 보유자는 매년 1회 이

---

214 〈문화재보호법〉 시행령 제24조(전수교육) ① 문화재청장은 법 제41조 제2항에 따라 중요무형문화재의 보유자 또는 보유단체로 하여금 해당 중요무형문화재의 전수교육을 3년 이상 받은 사람의 기능이나 예능을 심사하여 그 기능이나 예능이 상당한 수준에 이르렀다고 판단되면 전수교육 이수증을 발급하게 할 수 있다. 이 경우 문화재청장은 전수능력, 전수활동 기여도 등을 고려하여 전수교육 이수증 발급을 위한 심사항목·지표 등 세부적인 심사 기준을 정하여 고시하여야 한다. ② 제1항에 따라 중요무형문화재의 보유자 또는 보유단체가 전수교육 이수증 발급을 위한 기능 또는 예능 심사를 하는 경우에는 해당 중요무형문화재의 보유자 및 해당 중요무형문화재에 관한 학식과 경험이 풍부한 전문가 등 3명 이상이 심사에 참여하여야 하고, 해당 기능 또는 예능 심사평가기록을 5년간 보존·관리하여야 한다. ③ 제1항에 따라 전수교육 이수증을 발급한 중요무형문화재의 보유자 또는 보유단체는 1개월 안에 그 사실을 문화재청장에게 알려야 한다.
〈문화재보호법〉 시행령 제25조(전수교육 실시의 예외사유), 제41조 제2항 단서에 따라 중요무형문화재의 보유자가 전수교육을 실시하지 아니할 수 있는 사유는 다음 각 호와 같다. 1. 본인의 질병 또는 그 밖의 사고로 전수교육이 불가능한 경우 2. 국외의 대학 또는 연구기관에서 1년 이상 연구·연수하게 된 경우.
〈문화재보호법〉 시행령 제26조(전수교육조교) ① 문화재청장은 중요무형문화재의 보유자 또는 보유단체의 전수교육을 보조하기 위하여 제24조 제1항에 따라 전수교육이수증을 발급받고 5년 이상 전승활동을 한 사람 중에서 문화체육관광부령으로 정하는 바에

상 기획행사, 전승자 주관행사(찾아가는 무형문화재, 무형문화재 해외공연 등), 공개행사 등을 통해서 기·예능을 공개하고 있다.[215]

보유자, 보유단체의 이러한 전수교육 활동을 보조하기 위해 전수교육조교를 선정하고 있다. 중요무형문화재 이수증을 교부받은 사람 중에서 보유자·보유단체가 전수교육조교가 되고자 하는 사람을 2배 이상 추천해서 문화재위원 및 관계전문가 등으로 하여금 기·예능을 조사한 뒤에 일정한 평가심의를 거쳐 전수교육조교를 선정한다. 이수자는 보유자 또는 보유단체가 해당 중요무형문화재의 전수교육을 3년 이상 받은 사람을 대상으로 기·예능을 평가하여 일정 수준에 이른 사람에게 이수증을 교부하고 있다. 전수장학생을 선정할 수 있는 종목은 문화재위원회 심의를 거치도록 되어 있다. 추천은 보유자가 하고, 이를 검토하여 문화재청에서 승인하도록 되어 있다. 선정 기준은 중요무형문화재 보유자 또는 보유단체로부터 6개월 이상 전수교육을 받고 있는 사람으로서 해당 중요무형문화재의 기능 또는 예능에 소질이 있는 사

따라 중요무형문화재 전수교육조교를 선정할 수 있다. ② 제1항의 중요무형문화재 전수교육조교에게는 예산의 범위에서 전수교육을 보조하는 데 드는 경비를 지급할 수 있다.

215 〈문화재보호법〉 제50조(중요무형문화재 보유자의 기·예능 공개) ①중요무형문화재의 보유자는 대통령령으로 정하는 특별한 사유가 있는 경우를 제외하고는 매년 1회 이상 해당 중요무형문화재의 기·예능을 공개하여야 한다. ② 제1항에 따른 중요무형문화재의 기·예능의 공개 방법 등은 대통령령으로 정한다. ③ 국가 또는 지방자치단체는 제1항에 따른 공개에 드는 비용의 전부 또는 일부를 예산의 범위 안에서 지원할 수 있다.
〈문화재보호법〉 시행령 제30조(기·예능의 공개 예외 사유), 제50조 2제1항에 따라 중요무형문화재의 보유자가 그 기능 또는 예능(이하 "기·예능"이라 한다)을 공개하지 아니할 수 있는 사유는 다음 각호와 같다. 1. 질병 또는 그 밖의 사고로 기·예능 공개가 불가능한 경우. 2. 국외의 대학 또는 연구기관에서 1년 이상 연구·연수하게 된 경우
〈문화재보호법〉 시행령 제31조(기·예능의 공개방법), 제50조 제1항에 따라 중요무형문화재의 보유자 또는 보유단체가 기·예능을 공개할 경우에는 무대나 광장 등 공개된 장소에서 국민을 대상으로 공연하거나 실연(實演)하도록 한다.

람이어야 한다.[216]

한국은 1964년 12월 '종묘제례악'을 중요무형문화재 제1호로 지정함으로써 국가지정 중요무형문화재제도가 적용되기 시작했다. 1964년 중요무형문화재 종목을 지정하고 보유자를 인정한 이후 50여 년이 지난 현재 보유자는 제1세대에서 제2세대나 제3세대로 교체되고 있는 추세이다. 2014년 6월 말 현재 기·예능 통합 120종목[217]에 보유자 172명, 전수교육조교 281명이 지정되어 있다.

표 2.14 중요무형문화재 전승자 현황 (단위: 종목, 명)

분야구분		예능종목			기능종목			계
		개인	단체	소계	개인	단체	소계	
지정종목	지정번호	15	53	68	개인 51, 복합 1	52	120
	세부종목포함	15	63	78	53	1	54	132
전승자	보유자	30	75	105	67	–	67	172
	전수교육조교	44(1)	189	233(1)	48	–	48	281(1)
	이수자	1,945	2,651	4,596	551	3	554	5,150
	전수장학생	25	–	25	57	–	57	82
	계	2,044(1)	2,915	4,959(1)	723	3	726	5,685(1)
명예보유자		4(1)	18	22(1)	11	–	11	33(1)

※ 세부종목: 농악(6), 향제줄풍류(2), 농요(2), 풍어제(4), 향토술담그기(3) 포함
※ 복합종목: 향토술담그기[개인(문배주,경주교동법주) + 단체(면천두견주)]
※ ( ): 2종목이상(승무·살풀이춤) 중복인정(선정) 명예보유자(전수교육조교) 수
출처: 문화재청 주요업무 통계자료(2014. 6. 30) 참조.

---

216 전수장학생의 선발연령은 연극분야 18~40세, 음악분야 18~30세, 무용분야 18~30세, 공예분야 18~35세, 민속놀이분야 18~40세, 제례·궁중음식·그 밖의 분야 18~40세이다. 전수장학생의 전수교육 기간은 선정일로부터 최대 5년까지로 되어 있다.

217 세부종목포함 132종목.

③ 중요무형문화재 전승활동 지원방식

한국은 무형문화재의 보존·전승을 위해 다양한 지원[218]을 실시하고 있다. 이러한 지원 사업으로는 보유자와 보유단체 등에 대한 월정 전승지원금 지급, 전승취약종목을 보호하고 한국 공예를 알리기 위한 공예분야 보유자 작품 구입 및 전시 기증 등이 있다. 월정 전승지원금은 중요무형문화재 보유자, 보유단체, 전수교육조교, 전수 장학생에게 지급되는 전승활동 및 전수교육의 경상적 경비가 된다.[219] 2013년 현재 월정 전승지원금 지급 기준은 〈표 2.15〉와 같다.

표 2.15 2013년 월정 전승지원금 지급 기준

구분		월 지급액	비고
개인 종목	보유자	1,250,000원~1,650,000원	전승활성화 18종목: 1,250,000원
	전수교육조교	625,000원~875,000원	전승활성화 18종목: 625,000원
	전수장학금	250,000원	• 예능: 서도소리, 가곡, 가사, 줄타기, 발탈, 대금정악 • 공예: 전승취약 41종목
단체 종목	보유자	1,250,000원	
	전수교육조교	625,000원	
	단체지원금 (전수교육비 포함)	A등급(30%): 4,000,000원 B등급(35%): 3,500,000원 C등급(35%): 3,000,000원	• 공개행사 점수 30% + 전승자 수 70% 지표에 따라 등급조정 • 보유단체 내의 보유자, 전수교육 조교에 대한 월정 전승지원금은 각 개인에게 직접 입금
	보유자 없는 단체 특별지원비	3,500,000원	• 해당종목: 면천두견주, 구례잔수 농악, 연등회, 법성포단오제
명예보유자특별지원금		1,000,000원	2012년 말 기준 30명

---

218 〈문화재보호법〉 제41조(중요무형문화재의 보호·육성) 및 제51조(보조금)에 의거한다.

219 〈문화재보호법〉 제41조, 시행령 제26조.

구분	월 지급액		비고
보유자 등에 대한 위로금	장례위로금	명예보유자	1,000,000원	
		보유자	1,000,000원	
		전수교육조교	500,000원	
	장례조화		150,000원	
	입원위로금		보유자 30만 원	10일 이상 입원 시 지원, 연 1회

※전승활성화 종목(18종목)
- 예능(7종목): 판소리, 가야금산조 및 병창, 승무, 대금산조, 경기민요, 태평무, 살풀이춤
- 공예(11종목): 조선왕조 궁중음식, 단청장, 대목장, 유기장, 문배주, 사기장, 목조각장, 주철장, 불화장, 석장, 번와장

출처: 문화재청, 2013년 중요무형문화재 전승지원 및 전승활성화 사업계획 참조.

공예분야의 지원은 중요무형문화재 전승자의 공예작품을 구입하여 공예종목 전승자들의 전승활동을 장려하고, 전통공예 작품을 국내외 홍보자료로 활용하고 있다. 구입 대상은 중요무형문화재 전승자 작품전 기획전시 출품작과 대한민국 전승공예대전 출품작이다. 구입은 해당 전승자에게 작품 구입계획을 알리고, 평가위원회 구성 및 평가를 실시한 다음 해당 전승자에게 작품 구입에 대한 심사 결과를 통보하고 구입을 확정한다. 또한 출품작에 대한 평가위원회의 평가를 거쳐 평가 금액을 산정하고, 평가 금액에 대하여 출품자와 협의한 후 구입 여부를 결정한다. 종목 간의 불균형을 해소하기 위하여 전승취약종목에 대한 구입을 우선하고 있다. 2011년의 경우에는 총 144종 204점을 구입하였다.[220] 또한 2013년 작품 구입 예산은 8억여 원이다.

---

220   문화재청, 『2012 문화재 연감』, 금강인쇄, 2012, p. 276.

표 2.16 2011년 공예작품 구입내용

사업명	지원내용	지원액(단위: 천 원)
전통공예품 구입	공예종목 전승자 작품 구입 • 2011 보유자작품전 출품작: 81명, 84종, 137점 • 제36호 전승공예대전 우수작: 7건, 7종, 7점 • 공연분야 취약종목 작품: 53명, 53종, 60점	742,700

출처: 2012 문화재연감 참조.

중요무형문화재 전승자 공개행사[221]지원 사업은 보유자 및 전승자들의 해당 종목 기·예능의 원형 발표회를 지원함으로써 중요무형문화재 원형보존과 기·예능 향상을 도모하였다. 각종 원형공개행사 지원, 문화소외계층 방문공연, 공예종목 보유자 작품전 개최 등을 통해 중요무형문화재 행사의 원형 전승뿐 아니라 전통문화를 알리는 계기를 마련하고 있다. 중요무형문화재 공개행사는 기·예능 공개방법, 공개의 예외사유, 비용지원 등을 법적으로 규정하고 있는 법적 의무사항이므로, 해당 종목의 보유자 및 보유단체는 반드시 매년 1회 이상의 공개행사[222]를 해야 한다.

공개행사의 기준은 예능종목의 경우 완창 또는 전과장 실연을 원칙으로 하며 탈춤 및 농악 등 유사 종목의 경우 합동 공개행사를 추진한다. 공예종목의 경우 전통기법의 실연 및 그 작품을 최소 3일 이상 전

---

221 중요무형문화재 기·예능 공개행사는 〈문화재보호법〉 제50조에서 규정하고 있는 법적 의무사항으로, 문화재청에서 예산의 범위 내에서 중요무형문화재 보유자, 보유단체의 기·예능 공개행사 비용을 지원하고 있다.

222 공개행사에는 개별 공개행사(보유자/보유단체가 주관하는 보유자/보유단체 단위의 행사), 합동 공개행사(문화재청에서 위임한 법인단체가 주관하는 합동행사), 연합 공개행사(보유자/보유단체가 주관하는 2종목 이상의 합동행사)가 있다.

시해야 하며 매년 10종목 내외를 선정하여 최종 결과물(공예품) 제작을 목표로 하여 전 과정을 시연하는 공개행사를 추진하고 이를 모니터링하여 기록영화를 촬영하도록 하고 있다. 또한 최종 결과물과 기록물은 당해 연도 보유자작품전에 활용하여 공예품의 제작과정에 대한 대중의 이해도를 높이는 방향으로 활용하고 연말에는 이를 우선 구입하도록 하고 있다.

중요무형문화재 보유자 등이 직접 참여하여 실연하는 것을 원칙으로 하되, 보유자 등은 공개 과정 중 일부를 보유자 등의 지도 아래 전수교육조교 및 이수자로 하여금 실연하게 할 수 있다. 다만 전수교육조교 및 이수자가 실연하는 비율은 공개 과정의 50%를 넘을 수 없다. 2013년도 공개행사 비용 지원 기준은 〈표 2.17〉과 같다.

표 2.17 2013년도 공개행사 지원계획

구분	분야	지급액 (단위: 천 원)	소요예산 (단위: 천 원)	지원 대상
개인	예능	6,000	204,000	중요무형문화재 예능 개인 16개 종목 – 보유자 34명
	공예	7,000	497,000	중요무형문화재 공예종목 53개 종목, 보유자 71명, 전 과정 공개행사 13종목 보유자 13명 매듭장(김희진), 유기장(이봉주), 자수장(한상수), 제와장(한형준), 전통장(김동학), 조각장(김철주), 나전장(송방웅), 나주샛골나이(노진남), 갓일(정춘모), 악기장(이영수), 백동연죽장(황영보), 각자장(오옥진), 배첩장(김표영)

구분	분야	지급액 (단위: 천 원)	소요예산 (단위: 천 원)	지원 대상
단체	대규모 의례 (6단체)	12,000	80,000	종묘제례(관광기금) 석전대제 24,000(춘·추/2회) 사직대제 20,000 / 영산재 12,000 연등회 12,000 / 법성포단오제 12,000
	축제성 놀이 (8단체)	15,000	105,000	은산별신제(小祭일 경우 10,000), 안동차전놀이, 영산쇠머리대기, 영산줄다리기, 광주칠석고싸움놀이, 경산자인단오제, 기지시줄다리기, 강릉단오제(민간보조)
	무속, 놀이굿 (10단체)	10,000	100,000	양주소놀이굿, 제주칠머리당영등굿, 진도씻김굿, 동해안별신굿, 서해안배연신굿및대동굿, 위도띠뱃놀이, 남해안별신굿 , 황해도평산소놀음굿, 경기도도당굿, 서울새남굿
	농악, 농요, 무용, 탈춤 (35단체)	10,000	350,000	종묘제례악, 진주삼천포농악, 평택농악, 이리농악, 강릉농악, 임실필봉농악, 구례잔수농악, 진주검무, 선소리산타령, 승전무, 학연화대합설무, 피리정악및대취타, 남도들노래, 구례향제줄풍류, 이리향제줄풍류, 고성농요, 예천통명농요, 양주별산대놀이, 통영오광대, 고성오광대, 북청사자놀음, 봉산탈춤, 동래야류, 강령탈춤, 수영야류, 송파산대놀이, 은율탈춤, 하회별신굿탈놀이, 가산오광대, 진도다시래기, 남사당놀이, 강강술래, 좌수영어방놀이, 밀양백중놀이, 처용무
	공예 단체	10,000	10,000	면천두견주

출처: 문화재청, 2013년 중요무형문화재 전승지원 및 전승활성화 사업계획 참조.

또한 무형문화재 전승자가 직접 주관하여 행사를 하는 데 지원하는 '전승자 주관 전승활동 지원 사업'이 있다. 사업의 예산은 전승자가 일부 부담하도록 되어 있다. 이 지원 사업의 종류는 기획행사, 해외공연·전시, 찾아가는 무형문화재 등 전승자 주관 전승활동을 지원하는 사업이다. 전승활동 지원의 기준은 다음 〈표 2.18〉과 같다.

표 2.18 2013년도 전승활동 지원 기준

구분	지원 대상	지원 횟수	지원 기준
기획 공연 전시	보유자, 조교, 보유단체	연 1회	• 단체 : 공개행사 지원 기준에 준함
			• 개인(보유자) – 예능/기능 : 600만 원 • 개인(전수조교) – 예능/기능 : 500만 원 ※개인종목 합동 행사 시 지원금 50% 감액 ※전시기간: 7일 이상 ※공연시간 60분 이상(출연자 10명 이상)
해외 공연 전시	보유자, 조교, 보유단체	연 1회	• 개인종목(인원수: 이수자, 전수장학생 포함) – 항공요금 전액 지원(500만 원 한도)
			• 단체종목(인원수: 이수자 이상) – 항공요금 전액 지원(1,000만 원 한도)
찾아가는 중요무형 문화재 공연전시	보유자, 조교, 보유단체	연 2회 (취약 종목 연 4회)	• 기본경비 : 300만 원
			• 임차료: 관내 30만 원 / 관외 50만 원
	※행사장소는 학교, 군부대 및 낙도 등 친서민적 문화소외지역으로 한정(지방축제 제외) ※개인종목: 참여인원 10명 이하 기본경비 100만 원 감액 ※1일 2회 이상 공연 시 기본경비 100만 원 추가(동일 장소)		

출처: 문화재청, 2013년 중요무형문화재 전승지원 및 전승활성화 사업계획 참조.

각 지역의 무형문화유산 전승지를 중심으로 안정적 전승활동을 위한 공간을 제공함으로써 후계자를 양성하고, 일반 국민의 체험연수 활동을 지원하고 전통문화를 보급·선양하기 위하여 1974년부터 무형문화재 전수교육관 건립을 지원하고 있다. 2013년도에는 전수교육관 건립지원비 지원으로 인천무형문화재 전수교육관 건립, 고성오광대 전수교육관 건립 등 총 76억 9,000만 원을 지원했으며, 경상남도 전통문화학교 운영과 전남 진도 무형문화재 전수교육관 활성화 프로그램 사업 등에 총 6억 원을 지원하고 있다. 전수교육관 건립 및 활성화 사업

지원 내용은 다음 〈표 2.19〉와 같다.

표 2.19 2013년도 전수교육관 건립 지원 및 활성화사업 지원

구분	사업명	예산액 (단위: 천 원)	사업주관
전수	인천 무형문화재 전수교육관 건립	3,700,000	인천광역시
교육관 건립 지원	고성오광대 전수교육관 건립	400,000	경남 고성군
	가산오광대 · 진주삼천포농악 전수교육관 건립	800,000	경남 사천시
	문경 사기장 · 자수장 전수교육관 건립	260,000	경북 문경시
	제주칠머리당영등굿 전수교육관 건립	500,000	제주특별 자치도
	양주소놀이굿 전수교육관 야외공연장 보수	100,000	경기도 양주군
	청주 배첩전수교육관 증축	200,000	충북 청주시
	익산 무형문화유산 전수교육관 건립	300,000	전북 익산시
	위도띠뱃놀이 전수교육관 보수	50,000	전북 부안군
	부산 민속예술관 증축 보수	525,000	부산광역시
	부산 구덕전수교육관 증축	355,000	부산광역시
	강릉농악 전수관 건립	500,000	강원도 강릉시
소계		7,690,000	
전수 교육관 활성화 사업 지원	경상남도 전통문화학교 운영	16,000	경상남도
	전남 진도 무형문화재 전수교육관 활성화 프로그램	100,000	전남 진도군
	충남 공주 박동진 판소리 전수관 활성화 프로그램	20,000	충남 공주시
	충남 당진 기지시줄다리기 전수관 활성화	42,000	충남 당진시
	충북 청원 옹기전수교육관 옹기체험	20,000	충북 청원군
	충북 충주 시민 택견교실 운영사업	25,000	충북 충주시
	경북 김천 빗내농악 체험교실	8,000	경북 김천시
	경기 김포 통진두레놀이 마당극 창작 및 공연	32,000	경기도 김포시

구분	사업명	예산액 (단위: 천 원)	사업주관
전수 교육관 활성화 사업 지원	강원도 무형문화재 전수지원 활성화	85,000	강원도
	강원 공성 각자기법 실기강습	10,000	강원 고성군
	대전 무형문화재 활성화 사업	145,000	대전광역시
	부산 민속예술관 일요상설 전통민속놀이 한마당	23,000	부산광역시
	부산 민속예술관 동래전통예술문화대학	20,000	부산광역시
	부산 민속예술관 토요상설 체험·공연	5,000	부산광역시
	부산 수영고적민속관 무형문화재 전승·보존 활성화	13,000	부산광역시
	부산 구덕민속예술관 활용 상설공연 및 강습	24,000	부산광역시
	광주칠석고싸움놀이 전수지원 활성화	12,000	광주광역시
소계		600,000	
합계		8,290,000	

출처: 문화재청, 2013년 중요무형문화재 전승지원 및 전승활성화 사업계획 참조.

문화재청에서는 중요무형문화재 보유자(보유단체)에 직접 지원하는 예산과는 별도로 한국문화재보호재단 등 무형문화재와 관련한 법인 단체의 공연, 전시 행사 및 전통공예 활성화 사업 등에 대하여도 무형문화재 간접지원의 형식으로 국고보조금을 지원하고 있다. 또한 유네스코 인류무형문화유산으로 등재된 무형문화재의 보급·선양을 위하여 해당 종목들의 합동 공연에 대하여도 국고보조금을 지원하고 있다. 다만, 공연이 불가능한 일부 종목들에 대해서는 종목의 특성에 맞도록 개별 행사 등에 대한 지원을 하고 있다. 2013년도 지원사업 내용은 다음 〈표 2.20〉과 같다.

표 2.20 2013년도 국고보조금 지원사업

구분	내용	금액 (단위: 천 원)
무형 문화재 전통공연 지원	무형문화재와 함께하는 꿈과 희망의 공연(한국문화재보호재단)	502,000
	무형문화재 전국 예능경연대회(한국문화재보호재단)	162,000
	판소리경연대회	50,000
	가야금산조 및 병창 경연대회	50,000
	농악축제(농악종목 연합회)	50,000
	탈춤축제(탈춤종목 연합회)	50,000
	이북5도 무형문화재 합동공연	50,000
전통공예 활성화 사업 지원	전승공예대전, 전통공예명품전(한국중요무형문화재 기능보존협회)	250,000
	중요무형문화재 보유자 작품전(국립무형유산원)	150,000
	공예작품 재외 공관대여 및 활용(국립무형유산원) • 재외 공관을 무형유산 홍보 공간으로 활용	150,000
	이수자 전승활동 지원(국립무형유산원) • 이수자의 기술 및 재료 개선, 창조적 역량 강화를 위한 교육프로 그램 및 전시 등 진행	155,000
	무형문화재 공예판로 확대(국립무형유산원)	360,000
	전통공예 제작 유통 지원(국립무형유산원) • 한국 대표 전통공예 브랜드 및 상품 패키지 개발 • 전통재료와 기법을 적용한 현대적 상품 디자인 개발	400,000
	공예단체 지원	50,000
유네스코 등재종목 지원	유네스코 등재종목 국내 합동 공연. 2013년 8월, 12월 / 국립국악원	210,000
	유네스코 등재종목 등 무형문화재 해외 합동 공연. 2013년 10월 / 프랑스(파리)	150,000
	중앙아시아 고려인 대상 합동공연. 2013년 6월 / 우즈베키스탄	150,000
	종묘제례 추계 제례 및 복식 지원	150,000
	종묘제례악 복식 지원	20,000
	강릉단오제 행사 지원	90,000
	기타 종목별	5,000 내외

출처: 문화재청, 2013년 중요무형문화재 전승지원 및 전승활성화 사업계획 참조.

그러나 중요무형문화재 전승지원을 제한하는 경우도 있다. 전수교육과 공개행사와 관련한 전승지원금의 전부 또는 일부를 지급 정지하거나 지급한 비용을 회수하는 형식이다. 첫째 월정 전승지원금을 제한하는 경우는 전수교육계획서를 제출하지 않거나 전수교육을 소홀히 하여 중요무형문화재 보유자(보유단체)의 법적 의무사항인 '전수교육'을 성실히 이행하지 않거나 보유단체 내의 제명 및 징계 등의 사항에 대하여 문화재청장이 실태파악을 하여 보유단체 및 보유단체 내의 보유자 또는 전수교육조교의 정상적인 전수교육이 불가능하다고 판단된 경우, 그리고 고령 및 병환으로 전수교육 활동이 불가능하거나 특별한 사유 없이 전수교육활동을 6개월 이상 실시하지 않는 경우이다. 둘째, 공개행사 지원금을 제한하는 경우는 공개행사 모니터링을 통하여, 공개방법을 현저히 위반한 경우와 해당 무형문화재의 기·예능에 관한 실연 내용이 중요무형문화재 지정 가치를 현저히 위반한 경우이다.[223] 셋째, 월정 전승지원금의 제한 대상에 대해서는 전승자 주관 전승활동 지원금 지원 또한 함께 제한된다.

한국 정부는 중요무형문화재 보전을 위해 월정 전승지원, 명예보유자 특별지원, 보유자 등에 대한 위로금, 공예종목 전승자 출품작 구입, 중요무형문화재 기·예능 공개행사 지원, 국고보조금 지원 사업을 통한 간접지원, 전승자 주관 전승활동 지원 등 다양한 지원정책을 펼치고 있다.[224]

---

223 〈중요무형문화재 공개 및 전승활동 등에 관한 규정〉(훈령 제258호).
224 2013년 문화재청 중요무형문화재 전승지원 및 전승활성화 주요사업계획 참조.

④ 중요무형문화재 정기조사

한국은 매년 중요무형문화재 지정, 보유자 인정, 전수교육조교 선정이 필요한 종목에 대한 조사계획을 수립하여, 당해 1월 말 문화재청 홈페이지(www.cha.go.kr)를 통하여 공지하고 있다.

2013년도 정기조사에 대한 추진 방침은 첫째, 궁중의례, 민속악, 전통공예 분야 등 신규 종목의 발굴 및 지정을 확대하는 것이다. 17개 시·도 지방자치단체에 대한 수요조사를 실시(2012년)하며, 비지정 무형문화재 및 시도지정 무형문화재를 조사 대상으로 한다. 둘째, 보유자 부재 종목 및 보유자 고령화 종목의 보유자 추가 인정 확대 및 종목 내에 유파·제 등을 인정하지 않고 다수의 보유자를 인정 추진하는 것이다. 현재 보유자의 고령화로 인하여 전승활동에 어려움을 겪는 종목이 있기 때문에 보유자를 확대하려는 방침이다. 셋째, 개인종목의 경우 전수교육조교 선정을 지양하고, 보유자 충원 시 일반 전승자까지 조사 대상을 넓혀 보유자 추가 인정 확대를 추진하고 있다. 이러한 방침은 비제도권의 예술가를 발굴하여 보유자로 지정하여 지원하기 위함이다. 넷째, 전수교육 및 공개행사를 정상적으로 실시할 수 없는 보유자에 대한 명예보유자 인정을 추진하는 것이다. 또한 공예종목의 경우 실연 전 과정에 대한 기록화 수준의 조사를 진행하며 명예보유자 인정조사는 공개행사 모니터링과 병행하도록 하는 방향이다.[225] 2013년도 조사 대상종목은 57종목이며 내용은 다음과 같다.

---

[225] 〈중요무형문화재 지정 및 보유자 인정 등의 조사와 심의에 관한 규정〉에 의거 조사 실시한다.

표 2.21 2013년 조사 대상 종목

구분	분야	대상
종목 지정 (15)	예능(10)	수륙재, 궁중의식, 산릉제례, 산조(아쟁, 피리, 통소, 태평소, 단소, 소금, 해금)
	기능(5)	야철장 · 환도장, 궁중화, 채화칠장, 삼베짜기, 선자장
보유자 인정 (24)	예능(14)	− 보유자 부재 종목: 종묘제례악, 제주민요, 은율탈춤, 양주소놀이굿, 경기도당굿, 영산줄다리기, 영산쇠머리대기, 광주칠석고싸움놀이 − 보유자 고령 종목: 태평무, 가사, 살풀이춤, 이리향제줄풍류, 황해도평산소놀음굿, 판소리(흥보가)
	기능(10)	− 보유자 부재 종목: 보유자 소반장, 궁시장(궁장), 바디장 − 보유자 고령 종목: 배첩장, 제와장, 각자장, 조각장, 유기장 − 복수 보유자 필요 종목: 소목장, 사기장
전수교육조교 선정(3)	예능(2)	피리정악 및 대취타, 영산줄다리기
	기능(1)	대목장
명예보유자 인정(15)	예능(7)	경기민요(이은주), 판소리(성판례), 처용무(김용), 황해도평산소놀음굿(이선비), 이리향제줄풍류(김규수), 진도다시래기(강준섭,김귀봉)
	기능(8)	조각장(김철주), 제와장(한형준), 각자장(오옥진), 매듭장(김희진), 악기장(이영수), 백동연죽장(황영보), 배첩장(김표영), 유기장(이봉주)
57건		예능(33건), 기능(24건)

※명예보유자 인정 조사 대상은 전승현장의 여건에 따라 변동될 수 있음.

출처: 문화재청, 2013년 중요무형문화재 전승지원 및 전승활성화 사업계획 참조.

(3) 중요무형문화재 보전의 주체

① 문화재청

문화재청(Cultural Heritage Administration, 文化財廳)은 문화재를 보호, 관리하고 지정하는 업무 등을 담당하는 문화관광체육부의 외청 기관이다.

1945년 11월 8일 '미군정청' 관할 하의 구 '황실사무청'으로 문화재관리 업무를 시작해 1955년 6월 8일 구황실재산사무총국으로 개편됐다. 1961년 10월 2일에는 문교부의 외국인 문화재관리국이 설치되었으며, 1968년 4월 17일에는 문화재연구소와 민속박물관이 신설됐다. 1989년 12월 30일 문교부 외국 문화재관리국이 문화부 외국으로 개편됐으며 1990년 1월 3일에는 경주문화재연구소, 부여문화재연구소, 창원문화재연구소와 목포해양유물보존처리소를 신설했다. 문화재관리국은 1998년 2월 28일 문화관광부 외국으로 개편됐다가 1999년 5월 24일 정부조직법 개정에 따라 문화재청으로 승격됐다.

조직은 청장과 차장, 1관(기획조정관) 3국(문화재정책국, 문화재보존국, 문화재활용국)으로 구성돼 있다. 기획조정관 산하에는 기획재정담당관, 행정관리담당관, 법무감사담당관, 정보화담당관이 있으며 문화재정책국

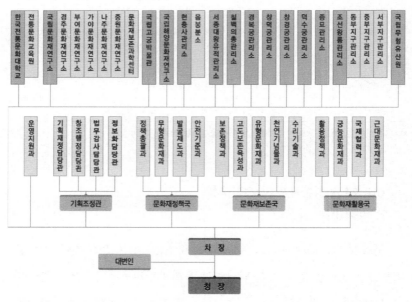

그림 2.8 문화재청 조직도

은 정책총괄과, 무형문화재과, 발굴제도과, 안전기준과를 두고 있다. 문화재보존국에는 보존정책과, 유형문화재과, 천연기념물과, 수리기술과가 있으며 문화재활용국에는 활용정책과, 궁능문화재과, 국제협력과, 근대문화재과가 있다. 대변인과 운영지원과 그리고 국립무형유산원은 별도로 설치되어 있다.

산하 관련기관으로 한국전통문화대학교, 전통문화연수원, 국립문화재연구소, 경주·부여·나주·가야·중원문화재연구소, 문화재보존과학센터, 국립고궁박물관, 국립해양문화재연구소, 현충사관리소와 경복궁관리소 등 각종 유적 관리사무소 등이 있다.

문화재청의 주요 업무는 중요 문화재를 국보와 보물, 중요무형문화재 보유자 등으로 지정해 관리하고 국가지정문화재의 현상변경과 문화재 발굴 관련 허가를 내주며 문화재 보존과 정비, 무형문화재 전수교육을 위한 재정을 지원하는 것이다. 경복궁, 창덕궁 등 수도권의 조선 왕릉을 관리하고 경복궁 및 덕수궁을 복원, 정비하며 국립고궁박물관 등을 운영하는 것도 문화재청의 업무다. 유네스코 세계문화유산과 기록유산 등의 등록, 인류무형문화유산의 등재 등 외국과의 협력, 문화재의 과학적 보존 관리, 문화재 조사연구 등에도 주력한다.[226]

무형문화유산 관련 업무는 무형문화재과에서 중요무형문화재에 관한 정책의 수립·조정 및 시행, 무형문화재 제도 개선, 무형문화재의 전승기반 구축 및 지원, 중요무형문화재의 지정·해제·보호·전승, 문화재위원회 무형문화재분과위원회 운영 등을 담당하고 있다. 무형문화재과의 주요 업무는 다음 〈표 2.22〉와 같다.

---

226   문화재청 홈페이지(2013. 8. 9), http://www.cha.go.kr

표 2.22 문화재청 무형문화재과 담당 업무

번호	내용
1	중요무형문화재에 관한 정책의 수립 · 조정 및 시행
2	무형문화재 제도 개선에 관한 사항
3	무형문화재 전승제도의 국가 브랜드화에 관한 사항
4	중요무형문화재 지정 · 해제 · 보호 · 전승 및 관리에 관한 사항
5	중요무형문화재 전승 기반 구축 및 지원에 관한 사항
6	중요무형문화재 전수교육 진흥에 관한 사항
7	중요무형문화재 해외 보급 · 선양(宣揚)에 관한 사항
8	중요무형문화재 기초 조사 및 정기 · 직권조사에 관한 사항
9	〈무형문화유산 보호를 위한 협약〉 운용에 관한 사항
10	중요민속문화재(건조물은 제외. 이하 항도 동일함)와 그 보호구역의 지정 · 해제 · 보존 및 관리
11	중요민속문화재 기초 조사 및 정기 · 직권조사에 관한 사항
12	중요민속문화재 현상변경허가에 관한 사항
13	중요민속문화재 국외반출허가에 관한 사항
14	〈문화재보호법〉 제34조에 따른 중요민속문화재의 관리단체 지정 · 운영에 관한 정책 수립 · 시행
15	시 · 도지정문화재 중 무형문화재와 민속문화재(건조물은 제외)의 보존 · 관리 지원에 관한 사항
16	무형문화재 자원 중 지정 · 등록되지 아니한 문화재의 보존 · 관리에 관한 사항
17	국립무형유산원 건립과 전수교육관 운영 · 지원에 관한 사항
18	문화재위원회 무형문화재분과위원회의 운영
19	이북5도 무형문화유산 지원에 관한 사항
20	무형문화유산 지식재산권 보호에 관한 사항

② 문화재위원회

〈문화재보호법〉 제8조에 의거하여, 문화재의 보존 · 관리 및 활용에 관한 사항을 조사 · 심의하기 위해 문화재청에 설치된 행정위원회[227]다. 1964년 문교부장관의 자문기관으로 설치되었다가 1968년 문화공보부 발족과 함께 문화공보부장관의 자문기관으로 이관되었으며, 1990년 문화부장관의 자문기관, 1993년 문화체육부장관의 자문기관, 1998년 문화관광부장관의 자문기관으로 각각 이관되었다가 1999년 문화재청이 신설되면서 문화재청의 상설위원회가 되었다.

위원회는 문화재청장이 위촉하는 80명 이내의 위원으로 구성되어 있다. 임기는 2년이며, 연임할 수 있다. 위원장 1인과 부위원장 2인을 두며, 위원회의 의사는 재적위원 과반수의 출석과 출석위원 과반수의 찬성으로 의결한다. 심의 대상 국가지정문화재에는 국보 · 보물 · 중요무형문화재 · 사적 · 명승 · 천연기념물 · 중요민속자료 등이다.

위원회의 소관사무 및 종류별로 문화재를 분장하기 위하여 9개의 분과위원회를 두며, 그 명칭과 분과별 심의 내용 및 회의 주기는 다음과 같다.

표 2.23 분과별 심의 내용 및 회의 주기

분과	심의 내용	회의 주기
건축문화재	유형문화재 중 건조물에 관한 사항	월 1회
동산문화재	유형문화재(건조물은 제외한다)에 관한 사항	2월 1회
사적	기념물 중 사적지 및 특별히 기념이 될 만한 시설물(근대 시설물은 제외한다)에 관한 사항	월 1회

---

227 〈문화재보호법〉 제8조(문화재위원회의 설치)에 의거.

분과	심의 내용	회의 주기
무형문화재	무형문화재에 관한 사항	2월 1회
천연기념물	기념물(사적지 및 특별히 기념이 될 만한 시설물은 제외한다)에 관한 사항	월 1회
매장문화재	매장문화재에 관한 사항	월 1회
근대문화재	기념물 중 근대 시설물 및 등록문화재에 관한 사항	2월 1회
민속문화재	민속문화재에 관한 사항	2월 1회
세계유산	세계유산 등의 등록, 잠정목록 대상의 조사·발굴 등에 관한 사항	사안 발생 시

각 분과위원회의 분장사항에 관한 효율적·전문적 심의를 위하여 분과위원회에 소위원회를 둘 수 있으며, 필요에 따라 다른 분과위원회와 합동분과위원회를 열 수 있다. 위원회에 200인 이내의 비상근 전문위원을 둘 수 있으며, 전문위원의 임기는 2년으로 한다.

주요기능은 ⓐ 문화재기본계획에 관한 사항 ⓑ 국가지정문화재의 지정과 그 해제에 관한 사항 ⓒ 국가지정문화재의 보호물 또는 보호구역 지정과 그 해제에 관한 사항 ⓓ 중요무형문화재 보유자, 명예보유자 또는 보유단체의 인정과 그 해제에 관한 사항 ⓔ 국가지정문화재의 현상변경에 관한 사항 ⓕ 국가지정문화재의 국외 반출에 관한 사항 ⓖ 국가지정문화재의 역사문화환경 보호에 관한 사항 ⓗ 문화재의 등록 및 등록 말소에 관한 사항 ⓘ 매장문화재 발굴 및 평가에 관한 사항 ⓙ 국가지정문화재의 보존·관리에 관한 전문적 또는 기술적 사항으로서 중요하다고 인정되는 사항 ⓚ 그 밖에 문화재의 보존·관리 및 활용 등에 관하여 문화재청장이 심의에 부치는 사항 등이다.[228]

---

228   문화재청 홈페이지(2013. 8. 9), http://www.cha.go.kr

중요무형문화재 보유자 지정, 해제, 명예보유자 인정등과 유네스코 인류무형문화유산 등재 추진 종목에 대한 심의는 무형문화재분과위원회에서 담당한다.

③ 국립문화재연구소

국립문화재연구소는 1969년 문화재관리국 산하 '문화재 연구실'에서 시작됐고, 1973년 '문화재 연구 담당관실'로, 1975년 '문화재 연구소'로 각각 직제가 개정됐다. 이어 1995년 11월 22일 지금의 '국립문화재연구소'로 기관 명칭이 변경됐다.

국립문화재연구소는 문화재의 정확한 인식과 보존 및 활용을 위한 각종 연구, 조사, 개발 업무를 주 임무로 하는 국가 유일의 문화유산 관련 종합연구기관이다. 현재 고고문화재, 미술문화재, 건축문화재, 무형문화재, 자연문화재, 그리고 보존과학 등의 연구실에서 문화재관련분야 350여 명의 직원들이 근무하고 있다.

연구소의 주된 업무는 대학교나 일반 기관에서 하기 어려운 국가적 차원의 중요 문화유산에 대한 연구, 발굴 조사, 보존 및 복원 등이다. 그 예로서 한국서화가 인명사전과 한국고고학 전문사전의 편찬, 한성 백제토기분류 표준화 방안 연구 등을 들 수 있다. 또한 익산미륵사지석탑의 보수 정비와 경주 황룡사지 복원 연구 프로젝트 등도 연구소가 추진하는 중요한 국책사업들이다. 5개의 지방 연구소에서는 지역 특유의 역사를 규명하기 위하여 신라 왕경, 백제 도성, 산성, 목간, 옹관, 사지 등을 대상으로 지속적인 연구와 발굴 조사를 추진하고 있다.

대외적으로는 한국 문화유산을 외국에 소개하고 비교 연구하는 일도 하고 있다. 한국의 역사를 외국에 분명히 알려 왜곡되는 일이 없도록 하기 위한 것이므로 한국과 관련된 주변국의 유적과 유물도 연구 대상에 포함하고 있다. 그 사례로 러시아 연해주 지역의 발해 유적 발굴 사업을 추진하고 있으며, 최근까지는 개성 만월대의 고려시대 유적도 발굴하였다. 아울러 외국 기관이 소장한 한국문화재의 현황을 파악하기 위한 조사도 병행하고 있다.

무형문화유산의 업무는 무형문화재연구실에서 2014년까지 담당하였다. 오랜 역사 속에 전승되고 있는 음악, 춤, 의례, 놀이, 신앙, 세시풍속, 생산기술 등 다양한 분야의 전통문화를 대상으로 역사적 변천 및 전승양상과 지역적 특성을 조사연구하였다. 더불어 기록매체를 다양화하여 중요무형문화재와 전통 기·예능을 대상으로 영상물을 제작하였다. 2010년부터는 유네스코 인류무형문화유산 대표목록을 모니터링하고 콘텐츠를 제작하였다.[229] 2015년 현재 무형문화유산 업무는 국립무형유산원으로 이관되었다.

④ 국립무형유산원

국립무형유산원[230]은 무형유산의 창조적 계승과 가치 확산을 선도하는 세계적인 무형유산 종합정책기구를 목표로 2014년 개원된 문화재청 산하기관이다. 국립무형유산원에는 아카이브 전시공간, 공연공간, 교육공간, 국제교류공간, 리셉션·멀티미디어 공간, 운영지원 공간,

---

229 "국립문화재연구소 홈페이지", 2013. 8. 9, http://www.nrich.go.kr/

230 위치: 전라북도 전주시 완산구 동서학동 896-1, 규모: 지하 1층 지상 5층 / 부지면적 59,930m²(18,128평), 건축 연면적 29,615m²(8,958평), 공사기간: 2012. 2. 17~2013. 4. 30, 공사업체: ㈜ 현대건설 등 3개사. 총 소요예산 759억 원.

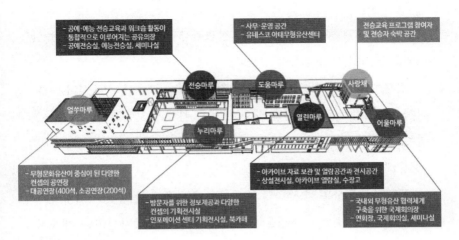

그림 2.9 국립무형유산원

게스트하우스로 구성되어 있다.

국립무형유산원의 주요 정책은 다음과 같다.

첫째, 무형유산 전승지원을 강화한다. 합동 공개행사를 기획하고 홍보지원을 확대하며, 전승자 주관 전승활동의 국내외 수요기관을 적극적으로 발굴한다. 또한 전통공예 활성화사업 및 전수교육관 활성화 사업을 지원한다.

둘째, 전시 및 공연프로그램을 개발·운영한다. 상설전시, 기획전시 디지털(융복합) 전시 공간 구성과 운영 상설전시실, 기증기탁자료실, 디지털전시실의 전시 시설물 제작 설치 콘텐츠 수집 및 구성 등 무형유산 가치 확산 및 전승 활성화를 위한 공연 프로그램 개발을 목표로 하고 있다.

셋째, 무형유산 교육을 확대하고 국내외 교류 협력망을 구축한다. 무형유산 교육 실태조사 및 프로그램 개발, 무형유산 전승자 전문가 연수과정 운영 및 학교 사회교육 지원, 전수교육관 운영개선 및 활성화

사업지원, 지역 무형유산 발굴 및 전승역량 강화, 재외국민 무형유산 해외강습 지원 사업 등을 진행한다.

넷째, 무형유산 기록물 수집 및 정보서비스 체계를 구축한다. 주요 정책목표로는 기증·기탁을 통한 보유자 자료의 보존관리를 강화, 수집한 자료의 디지털화 추진, 무형유산 자료 보존처리 및 아카이브 기반 조성, 해외전승 무형유산 학술 조사연구가 있다.[231]

무형문화유산은 한 사회의 정체성을 풍요롭게 할 뿐만 아니라 인류의 창의성과 문화적 다양성을 담고 있는 세계의 공동자산이다. 세계화, 산업화, 도시화로부터 위협받는 국내외 무형문화유산의 다양한 가치를 보호하고 동시대와 함께 호흡할 수 있도록 새롭게 구성하여 그 공감대를 확산시키는 것이 국립무형유산원의 역할이다.

무형유산원의 주요 기능은 무형문화유산 자료의 아카이빙 및 연구개발(R&D)을 통한 보전기능, 무형문화유산 분야의 다양한 창작자·연구자·매개자들의 교류협력 기회를 제공하는 전승교류 기능, 축제·공연·전시·체험교육·홍보 마케팅 등으로 무형문화유산의 저변 확대를 모색하는 활성화 기능으로 이루어져야 한다. 나아가 이러한 모든 활동들이 새로운 무형문화유산 보호·진흥과 관련된 정책집행 기능과 연계되어 이 시대 새로운 패러다임에 대응해야 한다.

무형문화유산 보전은 사람을 매개로 표현·전승되는 무형문화유산의 다양한 기록 정보자원의 효과적 보전을 위한 자료 수집 및 디지털화 조사연구 등 영상자료와 디지털 매체를 중심으로 하는 무형문화유산 전문 아카이브 기능을 수행하는 것이다. 또한 새로운 정보 생산·확산

---

231 국립무형유산원 홈페이지(2013. 8. 11), http://nith.cha.go.kr

하기 위한 연구개발(R&D) 기능도 수행하여 전승교류를 촉진하고 활성화하는 기반 역할을 해야 한다. 특히 대두되고 있는 무형문화유산 관련 지식재산권에 대한 시책을 강구해야 한다.

무형문화유산의 전승교류를 촉진하기 위해서는 국내외 전문가들의 교류와 네트워킹을 기반으로 무형문화유산 분야의 '창작＋연구＋연수' 연계 프로그램을 제공해야 한다. 국내외 전문가들의 무형문화유산에 대한 다양한 경험과 지식, 지혜가 창작 및 연구를 통해 적극적인 만남과 교류로 이어져 현시대 무형문화유산의 가치 재창조를 위한 전문가들의 역량을 강화시켜야 한다. 또한 무형문화유산 정책 패러다임의 거점기관으로서 주요 정책 이슈와 공동 사업을 중심으로 다양한 국제 교류 및 협력을 모색해야 한다. 특히 이수증 발급, 공개행사 관리, 학교 전수교육 등의 정책을 수행하는 기관으로 자리매김해야 한다.

무형문화유산의 대중적 외연을 넓히고 공감대를 확산하기 위한 다양한 테마 중심의 축제, 공연, 전시, 체험행사, 상영회 등의 프로그램을 연중 기획하고 제공해야 한다. 국내 무형문화재 공연물 및 공예 작품의 유통 경로를 국내 · 외적으로 확대하고 해외 무형문화유산의 트렌드를 소개하는 프로그램을 기획해야 한다. 특히 그동안 등한시되었던 전통 공예품의 기술개발 지원과 판로를 개척해야 한다. 또한 국립무형유산원은 무형문화유산 분야의 대표적인 복합문화공간의 이점을 살려 잠재고객으로서 젊은 세대를 포함한 일반 대중들의 다양한 취향을 개발하고 심화할 수 있도록 공연, 전시, 축제, 체험 교육, 영상 상영회 등을 상시적으로 기획하여 제공함으로써 고객의 만족도를 최대화해야 할 것이다. 국내외 무형문화유산의 트렌드를 이끌어가는 대표적 복합문화공간으로서 고객들이 무형문화유산의 가치를 오감으로 체험하고 즐길 수 있는 편안하고도 품격 있는 공간으로 기획되어야 한다. 지난 2013년 7월 31일 전북 전주시 완산구에 위치한 국립무형유산원의 준공식이 있었다. 무형문화재 전승자들을 지원하기 위해 건립된 기관이기에 무형문화재 전승자들의 기대는 남다르다.

⑤ 한국문화재재단

한국문화재재단(Korea Cultural Heritage Foundation, 韓國文化財財團)은 문화재보호법에 근거하여 유·무형문화재의 보호·보존·보급·활용과 전통생활문화의 창조적 계발을 위해 설립된 특수법인이다. 1980년 4월 1일 한국문화재보호협회로 설립된 뒤, 1992년 9월 1일 재단법인 한국문화재보호재단으로 개칭하였으며, 2002년 12월 문화재보호법 개정에 따라 2003년 7월 1일부터 문화재청 산하의 특수법인이 되었다. 이 법에 따라 운영 경비를 국고에서 지원받고, 업무 수행을 위하여 필요하다고 인정되는 때에는 국유재산 또는 공유재산을 무상으로 사용·수익할 수 있게 되었다.[232] 2009년에는 인천국제공항 한국전통문화센터를 개관하여 외국인들에게 한국의 무형문화유산을 소개하고 체험하도록 하였다. 2010년에는 유네스코 무형문화유산 국제자문기구(NGO) 인가를 받음으로써 무형문화유산 협약 정부간위원회에 자문을 제공하고 있으며, 대내외 유네스코 관련 및 무형문화유산 관련기관과의 협력체계를 구축하고 있다. 2014년에는 〈문화재보호법〉을 개정하여 '한국문화재재단'으로 개칭하였으며, 〈문화재보호법〉에 재단의 임무를 명기하여 문화유산 전문기관으로서의 위상을 확립하였다.

---

232 〈문화재보호법〉 제9조.

조직은 이사장, 기획이사, 경영이사, 기획조정실, 문화예술실 등 8실과 기획예산팀, 공연전시팀, 국제교류팀, 한국전통공예건축학교를 운영하고 있는 문화연수팀 등 19팀 208명의 전문 인력으로 구성되어 있다. 주요 사업은 무형문화재 기·예능 보유자에 대한 활동 지원, 무형문화유산을 기반으로 한 공연·전시, 전통문화의 해외 보급과 선양을 위한 국제교류, 한국의집 등 전통문화와 예술 보급 및 체험시설 운영, 문화재와 관련된 학술 조사연구, 매장문화재의 발굴조사 및 과학적 보존 처리, 문화재보호운동의 전개, 유·무형문화재 보호·보존·보급 및 선양과 관련한 문화재와 국·공유 재산의 수탁관리, 국가가 위임·위탁하는 문화재 정책사업의 수행 등이다.[233]

한국문화재재단이 무형문화유산과 관련해 시행하고 있는 주요 사업은 주로 문화진흥팀, 공연전시팀, 문화연수팀 등에서 시행한다. 2012년의 경우 무형문화재 전승자 주관 전승활동 지원 사업으로 중요무형문화재 보유자(보유단체) 및 전수교육조교 등 전승자들에게 246건에 12억 4,000만 원, 무형문화재 전수교육관 활용 강습사업으로 115건에 3억 7,000만 원, 기·예능 공개행사에 118건, 9억 8,000만 원 등을 지원한 바 있다.[234]

⑥ 유네스코 아태무형유산센터

아태무형유산센터의 공식 명칭은 유네스코 아시아·태평양무형문

233 한국문화재재단 홈페이지(2013. 8. 11), http://www.chf.or.kr

234 한국문화재보호재단, 『한국문화재보호재단 2012 연보』, 한국문화재보호재단, 2012, pp. 8~9.

화유산 국제정보네트워킹센터(International Information & Networking Centre for Intangible Cultural Heritage in the Asia-Pacific Region under the Auspices of UNESCO: ICHCAP)[235]이다. 센터는 아시아·태평양 지역 48개 유네스코 회원국들과 함께 무형문화유산을 보호하고 증진하기 위하여 설립된 유네스코 산하 국제기구이자 대한민국 문화재청 소관의 특수법인으로 문화재청장이 당연직 이사장을 겸임하며 사무총장의 임명권을 갖는다. 전라북도 전주시 국립무형유산원 내에 위치하고 있다.

2005년 10월 제33차 유네스코 총회 때 유네스코 수석대표가 센터 설립을 공식 표명하였고, 2006년 9월 한국문화재보호재단 내에 특별기구로 '아시아태평양 무형문화유산 국제정보네트워킹센터 설립기획단'을 발족하였다. 2009년 10월 제35차 유네스코 총회에서는 '유네스코 아시아태평양 무형문화유산 국제정보네트워킹센터' 한국 설립을 공식 승인하였다. 문화재청과 한국문화재재단은 2011년 07월 '유네스코 아시아태평양 무형문화유산 국제정보네트워킹센터'를 공식 창립하였다.

주요 업무는 무형문화유산 보호와 관련된 협약 이행 증진, 관련 지역사회의 참여와 대중에 대한 인식 제고, 무형문화유산 보호를 위한 지역 및 국제협력 강화, 정보통신기술을 이용한 무형문화유산 보호활동 증진 등이다. 센터는 아태지역 국가들의 무형유산 현황조사 및 기록·작성 지원, 무형유산 데이터베이스 및 아카이브 구축, 노후 혹은 손상

---

235 제17조의 2(유네스코 아시아·태평양 무형문화유산 국제정보네트워킹센터의 설치) ① 국제연합교육과학문화기구(이하 "유네스코"라 한다)의 〈무형문화유산의 보호를 위한 협약〉 이행을 장려하고, 아시아·태평양 지역 등의 무형문화유산 보호활동 등을 지원하기 위하여 문화재청 산하에 유네스코 아시아·태평양 무형문화유산 국제정보네트워킹센터(이하 "아·태무형문화유산 국제정보네트워킹센터"라 한다)를 설립한다.

자료 복원·보존 및 디지털 작업, 무형유산에 관한 디지털 자료를 활용한 다양한 콘텐츠 개발, 무형문화유산 활성화를 위한 공동체 및 그룹 단위의 네트워크 회의 개최 등이 있다. 조직은 사무총장 1인과 1실 1본부, 3팀으로 구성되어 있다. 기획관리실, 정책사업본부 아래 연구정보팀, 교류협력팀, 지식출판팀에 20여 명의 전문 인력으로 구성되어 있다.[236]

2) 국외 무형문화유산의 보전과 활용정책

1990년대 말부터 국제사회에 본격적으로 등장한 것이 세계화에 대한 논의이다.[237] 세계화란 국가를 초월하여 정치, 경제, 사회, 기술, 문화 등의 분야에서 상호교류와 연계성이 빠르게 강화되어 가는 현상을 말한다. 이러한 경제적 세계화는 세계 문화의 획일화를 초래할 위험성이 있다는 우려가 제기되면서, 유네스코를 중심으로 〈문화다양성에 대한 선언〉과 〈문화적 표현의 다양성 보호와 진흥을 위한 협약〉 등이 채택되었다.[238] 이러한 이유로 문화다양성 보장에 대한 개념이 중요하게 대두되고 있는 것이다.

문화다양성 보장의 개념은 '다문화주의(multiculturalism, 多文化主義)'[239]

---

236 유네스코 아태무형유산센터 홈페이지(2013. 8. 12), http://www.ichcap.org/kr

237 문화의 세계화를 통한 인류문화의 획일화 위험성에 대한 각국의 반발과 우려는 점차 문화다양성의 보장으로 집약되고 있다. 최근의 〈문화적 표현의 다양성 보호와 진흥에 관한 협약(Convention on the Protection and Promotion of the Diversity of Cultural Expression)〉의 채택은 1990년대부터 진행된 문화의 세계화에 대항하는 새로운 문화이념을 제시하고 있다는 점에서 중요하다.

238 송준, 앞의 글, p. 87.

239 여성문화, 소수파문화, 비서양문화 등 여러 유형의 이질적인 문화의 주변문화를 제도권 안으로 수용하자는 입장을 이르는 말.

의 이론적 체계에서 발전한 것으로, 원래 소수민족과 집단의 고립이나 소외를 방지하려는 목적을 가지고 있었다. 이러한 '다문화주의'는 1990년대에 들어오면서 세계화로 인한 인류문화의 획일화 위협에 대응하는 개념으로 확장되어, 유네스코를 중심으로 '문화적 다양성 보장'의 개념으로 재정립되었다.[240] 이로써 한국, 중국, 일본, 프랑스 등은 유네스코 협약에 가입하였고 자국의 무형문화유산을 경쟁적으로 등재시키기 시작했다. 특히 한·중·일 삼국은 지정학적으로나 역사적으로 관련성이 많아서 유네스코 인류무형유산 등재 시에도 경쟁적이고 예민한 구도를 가지고 있다. 이에 본 장에서는 각국의 무형문화유산의 개념과 제도성립의 역사를 살펴보도록 한다. 또한 각국 무형문화유산의 제도적 특징과 현황을 파악하여 한국 무형문화유산 보전체계 개선방안을 찾는 데 밑거름으로 삼고자 한다.

(1) 국외 무형문화유산 보전의 역사

일본의 무형문화유산 보전체계는 여러 차례에 걸쳐 분화, 통합되어 오늘에 이르고 있는데, 대체로 네 시기로 구분이 가능하다. 첫 번째 시기는 법이 제정된 1950년부터 1953년까지로, 이 시기 무형문화재 분야는 '선정된 무형문화재(選定無形文化財)'와 '민속자료(民俗資料)'로 구분되었다. 이때 선정된 무형문화재는 예능(향토예능, 민간전승, 행사 등을 포함)과 공예기술, 그 외 무형의 문화적 소산을 가리키며, 민속자료는 유형문화재의 일부가 포함되었다.[241]

---

240 송준, 앞의 글, p. 87.

241 김인규·임형진, 「일본 무형문화유산 보호제도」, 『국외 무형문화유산 보호제도 연구』,

두 번째 시기는 1954년부터 1974년까지로 중요무형문화재와 기록선택무형문화재, 기록선택무형민속자료가 등장한다. 향토예능과 민간전승 등이 포함된 예능 및 공예기술 분야가 중요무형문화재와 기록택무형문화재 대상이며, 향토예능을 포함한 풍속관습이 기록 선택무형민속자료의 대상이다. '민속문화재'와 '기록선택무형민속문화재'가 추가되며 선정보존기술 개념[242]이 도입된다.

세 번째 시기는 1975년 〈문화재보호법〉을 대폭 개정하여 기존의 '민속자료'를 '유형민속문화재'로 개칭하였으며 '무형민속문화재' 지정 제도를 신설하였다. '무형민속문화재'는 민간에서 행하는 세시풍속, 의례, 신앙, 생업 등을 지정 대상으로 한다.[243] 또한 보유자는 거의 인정하지 않으며 보유단체만을 인정하고 있다. 1996년에는 '근대 생활문화유산 보존 활용에 관한 조사 협력자회의'를 구성하였다. 이 단체는 '생활문화 · 기술 분과회'에서 생활문화에 관한 근대 생활문화와 기술에 관한 조사 · 정보의 정비 · 활용 등에 관한 사업[244]을 추진하였다.

2004년 개정법률(평성 16년; 2005년 시행)에서는 사람과 자연의 관계 속에서 생성되어온 '문화적 경관'과 생활 및 생산 관련 공구, 용품 등의 제작기술 등 지역에서 전승되는 민속 기술을 새롭게 보호 대상으로 하며 근대 문화재 등을 보호하기 위하여 건축물 이외의 유형문화재에 '문

국립문화재연구소, 2010, p. 18.

242 김인규 · 임형진, 앞의 책, p. 18 참조. 선정보존기술은 문화재가 아니다.

243 임장혁, 「아시아 각국의 무형문화유산 정책」, 『비교민속학』 37, 비교민속학회, 2008, p. 464.

244 임장혁, 「아시아 각국의 무형문화유산 정책」, 『무형문화유산의 보존과 전승』 민속학자대회 학술총서 1, 민속원, 2009, pp. 64~65 참조.

화재 등록제도'[245]를 확충하였다.

　중국은 문화유산 보전에 오랜 전통이 있으나 현대적 개념의 무형유산 보전이 시작된 것은 2001년 이후부터이다. 문화재관리 관련 법률로 1982년 제정된 『문화재보호법(中華人民共和國文物保護法)』이[246] 있었다. 2001년 5월 곤곡(昆曲)이 유네스코 '구전 및 인류무형문화유산 걸작'으로 선정되면서부터 무형문화유산이 우수하고 진귀한 것이며 보존될 가치가 있음을 깨달았다.[247] 2003년부터 중국 문화부와 재정부가 공동으로 2020년 달성을 목표로 한 '민족민간문화보존 프로젝트'를 발족했고, 같은 해 유네스코가 〈무형문화유산 보호협약〉[248]을 발표했다. 2004년에는 유네스코 〈무형문화유산 보호협약〉에 가입했다.

　2005년 3월에는 국무원판공청이 '비물질문화유산 보호강화에 관한 의견'을 하달하여 비물질문화유산 보호업무의 방침과 목표를 확립했다. 2005년 6월 중국예술원 산하에 '비물질문화유산 자료관리중심(非物質文化遺産資料管理中心)'을 설치하여 무형문화유산 관련 자료를 관리하고, '비물질문화유산 네트워크(非物質文化遺産網)'의 운영[249]을 담당하도록 했다. 또한 2006년 9월에는 '국가급무형문화유산'을 보호하기 위한 전문기구로서 '중국비물질문화유산 보호중심(中國非物質文化遺産保護中心)'을 중국예술연구원 산하에 설립하여 무형문화유산 보호정책에 대

245　문화재청, 『주요국 문화재보호 법제 수집·번역 및 분석』, 문화재청, 2010, p. 5.

246　천위제(陳玉潔), 「무형문화유산, "우리 모두가 전승자"」, 『한국어 잡지〈중국〉』 7, 인민화보사, 2013, p. 2 참조.

247　김용범, 『중국의 무형문화유산 제도 변화에 대한 정책적 대응 방안 연구』, 한국문화관광연구원, 2012, p. 47 참조.

248　천위제, 앞의 글, p. 1 참조.

249　김용범, 앞의 책, p. 52 참조.

한 자문, 조사업무, 연구 및 관련 인재 양성을 담당하게 하였다. 같은 해 12월 '국가급비물질문화유산 보호 및 관리 잠정조치(國家級国非物質文化遺産保護與管理暫行辦法)'를 제정하여 '비물질문화유산' 목록에 포함된 '중요비물질문화유산'에 대한 효과적 보호와 관리를 강화[250]하였다.

2008년 6월 '국가급비물질문화유산항목' 대표성 전승인에 대한 효율적인 선정과 관리를 위해서 '국가급비물질문화유산항목 대표성 전승인의 선정 및 관리 잠정조치(國家級非物質文化遺産項目代表性傳承人認定與暫行辦法)'를 제정하였다. 2009년 3월에는 문화부에 '비물질문화유산사(非物質文化遺産司)'를 설치하여 '비물질문화유산' 보호정책과 관련 법규의 초안, 보호계획 수립, 조직, 대표항목의 신청과 선정업무, 우수 민족문화의 전승보급업무[251] 등을 전담하도록 했다. 이후 중국 정부는 전통문화를 계승·선양하고 사회주의 정신문명 건설을 촉진하고, 무형유산 보전 업무를 강화하고자 2011년 2월 25일 〈중화인민공화국 비물질문화유산법〉을 제정하고 2011년 6월 1일부터 시행하여 무형문화유산을 법적 차원까지 끌어올려 보호하려는 단계에 이르렀다.

대만은 타이완으로 옮겨 온 이후 내정부(內政部)를 중심으로 〈고물보존법(古物保存法)〉(1930년)에 기초하여 문화재 행정을 펼쳐왔다. 이후 경제가 급격히 발전하고 도시가 개발되면서 경제발전과 문화재 보존 사이에 갈등을 겪게 되었다. 이에 따라 민간에서부터 문화재보호운동이 전개[252]되었고, 행정원 문화건설위원회가 성립(1981년)되었으며 〈문

---

250 앞의 책, p. 52 참조.

251 정준호, 「중국의 비물질문화유산정책」, 『한국행정학회 공동학술대회』, 한국행정학회, 2010, p. 855 참조.

252 1970년대~1980년대.

화자산보존법〉(1982년, 중화민국 71년)이 제정되었다.[253] 〈문화자산보존법〉에서는 고물, 고적, 민족예술, 민속 및 유관 문물, 자연문화경관으로 문화재를 분류하였다. 당시에는 문화재 유형에 따라 주관기관을 교육부(고물과 민족예술), 내정부(고물, 민속 및 유관문물), 경제부(자연문화지경)로 나누었으며, 행정원 문화건설위원회는 각 주관기관 간의 협조와 심의를 담당하는 역할을 하였다.[254] 2002년 6월 수정된 〈문화자산보존법〉 제3조에 따르면, 문화자산은 역사, 문화, 예술적 가치를 구비한 것으로, 즉 고물, 고적, 민족예술, 민속과 관련된 문물, 자연문화경관, 역사건축물 등이[255] 이에 포함된다.

2005년 제5차 〈문화자산보존법〉에 대한 전면적인 수정공포(修正公布)가 있었다. 이 새로운 법은 '보존방식의 신책략', '예방성 보존개념 및 보존과 재이용을 동등하게 중시'함을 강조하였다.[256] 이전의 〈문화자산보존법〉이 '문화자산보존과 국민 정신생활의 충실, 중화문화의 발양'을 취지로 하였던 것에 비해, 이 개정법은 '문화자산의 보존 및 활동, 국민 정신생활의 충실, 다원문화의 발휘'를 입법목적으로 하고 있는 것이 큰 차이다.[257] 2007년에는 '행정원 문화건설위원회 문화자산총관리처

---

253 박대남, 「중화민국무형문화유산보호제도」, 『국외 무형문화유산 보호제도 연구』, 국립문화재연구소, 2010, p. 178 참조.

254 박대남, 위의 글, p. 178 참조.

255 임미용 · 사가령, 「타이완 무형문화자산의 보존현황」, 『세계무형문화유산과 민속예술』, 국학자료원, 2004, pp. 109~110 참조.

256 새로 수정한 문화자산보존법은 모두 11장으로 구성되었으며, 총칙, 고적 · 역사건축 취락, 유적, 문화경관(文化景觀), 전통예술, 민속 및 유관문물, 고물, 자연지경(自然地景), 문화자산보존기술 및 보존자, 장려, 벌칙, 부칙이 포함된다.

257 박대남, 앞의 글, pp. 177~178 참조.

주비처'[258]를 설립하여 문화자산 행정업무를 실행했다.

프랑스는 전통적으로 절대군주가 예술의 번영을 통해 자신의 영광을 과시하려고 했기 때문에, 군주가 예술의 비호자가 되었다. 절대군주는 지원제도[259]를 만들어내고, 그들에게 보조금을 지급했다. 시민혁명 이후에는 군주를 대신하여 국가가 문화예술 지원을 하였다. 1791년 프랑스 국민의회는 '예술적 표현의 자유'를 선언하여, 예술 표현에 대한 시민의 자유를 보장했다. 자코뱅당(Jacobins)은 문학 분야에 실질적인 지원활동을 했다. 19세기의 자유주의 정권에서는 '로마상'을 제정하여 문화예술[260] 육성에 힘쓰기도 했다. 1959년, 앙드레 말로(Andre Malraux)는 문화재의 보존과 복원, 그리고 지방 문화의 진흥 및 각종 예술을 지원하였다.[261] 특히 그 목적은 연극, 음악, 문화유산 분야의 문화 활동에 대한 참여를 유도하는 데 있었다. 예술 창작을 장려하고 문화를 확산시키기 위해 프랑스 전국 9개도에 문화센터를 세우기도 하였다.[262]

이처럼 프랑스 전통예술은 다양한 지원을 받으며 점진적인 변화를 거듭하여 현지 주류사회의 고급문화로 자리 잡고 있었다. 그러나 기능 분야, 예컨대 전통공예 분야의 경우 산업의 발전과 시장의 경쟁논리에 밀려 그 기능의 전승이 어려워지고 있었다. 이에 프랑스 정부는 1994년

---

258 문화건설위원회 소속.

259 작가나 예술가를 위하여 코메디 프랑세즈나 왕립 음악아카데미(현재의 오페라좌) 같은 기관을 만들었다.

260 음악, 회화, 건축 등의 청년예술가의 육성에 힘썼다.

261 오세정, 「프랑스 문화의 정체성과 문화정책」, 『프랑스 문화예술연구』 9, 프랑스문화예술학회, 2003, p. 11.

262 송준, 앞의 글, p. 83.

지금의 '예술의 거장(Máitres d'art)'이라는 무형문화재 지정보호제도를[263] 만들게 되었다.

(2) 국외 무형문화유산 보전정책과 제도

21세기를 맞아 무형문화유산의 가치에 대한 사회적인 분위기는 급격히 변하고 있다. 예전에는 문화유산을 고풍스러운 예술품 혹은 경외의 대상으로 여겨 뜻있는 일부 사람들이 보호하며 남몰래 숨겨왔다. 그러나 최근에는 문화유산을 미래 사회에서 가장 중요한 가치의 하나로 여기고 있으며 '마음의 풍요'를 책임지고 지역 경제와 사회를 활성화시킬 수 있는 유력한 수단으로서 그 존재가 크게 부각되고 있다.

세계 대부분의 국가들은 자국의 문화유산을 계승하고 발전시키기 위해 정책적인 노력을 하고 있다. 해외 각국은 문화유산에 대한 가치와 중요성에 대해 공감하고 있으나, 정책적인 사업내용은 자국의 실정에 맞게 운영되고 있는 실정이다. 유네스코는 한국 정부와 협력하여 무형문화재에 대한 개념을 세계 각국에 소개하였고, 무형문화유산 제도를 보급하기 위해 많은 노력을 하였다. 이에 힘입어 많은 국가들이 무형문화유산 보호를 위해 무형문화유산 개념의 제도적인 장치를 만들어 운영하기 시작했다. 무형문화유산 보전체계가 비슷하더라도 국가마다 사업의 내용과 목표는 다르게 운영된다.

일본의 무형문화재는 연극, 음악, 공예기술, 기타 무형의 문화적 소산으로 일본에서 역사상 또는 예술상 가치가 높은 것을 '무형문화재'라고 한다. 무형문화재는 인간의 '기능 · 예능'이고, 구체적으로는 그

---

263 앞의 글, p. 42.

기·예능을 습득한 개인 또는 개인이 속한 집단에 의해 구현된다. 국가는 무형문화재 중 중요한 것을 중요무형문화재로 지정하고, 동시에 이러한 기능·예능을 고도로 구현하고 있는 자를 보유자 또는 보유단체로 지정하여 일본의 전통적인 기능·예능의 계승을 꾀하고 있다. 보유자 등의 지정에는 '각개인정', '총합인정', '보유단체인정' 등[264] 세 가지 방식이 있다.

중요무형문화재의 유지를 위해 국가는 각개인정의 보유자(인간국보)에 대해 특별보조금(연 200만 엔)을 교부하고 있으며, 이외에도 보유단체, 지방공공단체 등이 하고 있는 전승자 양성사업, 공개사업에 대해 그 경비의 일부를 조성하고 있다.[265] 그 밖에 국립극장에서는 노우가쿠(能樂, 가면음악극), 분라쿠(文樂, 인형극), 가부키(歌舞伎, 민중연극) 등의 예능에 관해서 각각의 후계자 양성을 위한 연수사업 등을 하고 있다.[266] 또한, 중요무형문화재로 지정되어 있지 않지만, 일본 예능 및 공예기술의 변천을 감안하여 중요하고, 기록 작성 및 공개 등을 할 필요가 있는 무형의 문화재에 대해서 '기록·작성 등의 조치를 강구해야 하는 무형문화재'로 선택하여[267] 국가가 기록 작성을 해야 한다.

일본의 민속문화재란 의식주, 생업, 신앙, 연중행사 등에 관한 풍속관습, 민속예능 및 이에 사용되는 의복, 기구, 가옥, 기타 물건 등 사람들이 일상생활 중에서 만들어내고, 계승해온 유형·무형의 전승으로

---

264 김인규·임형진, 「일본 무형문화유산 보호제도」, 『국외 무형문화유산 보호제도 연구』, 국립문화재연구소, 2010, p. 20 참조.

265 위의 글, p. 21.

266 위의 글, p. 21 참조.

267 문화재청, 『주요국 문화재보호 법제 수집·번역 및 분석』, 앞의 책, p. 15.

사람들의 생활 추이(변화)를 나타내는 것을 말한다.[268] 국가는 중요한 것에 대해서 지정을 함과 동시에, 유형민속문화재의 수장(收藏)시설 및 방재시설의 설치, 그 수리에 대해 조성하고, 지방공공단체가 하는 무형의 민속문화재의 보존 · 전승사업 및 민속문화재의 활용사업 등에 대해서 조성하고 있다. 또한, 무형의 민속문화재로 지정되어 있는 것 이외의 것 중에서, 특히 기록작성이 필요한 것에 대해서는 국가가 기록을 작성하거나, 지방공공단체가 진행하는 조사사업 및 기록 · 작성[269] 사업에 지원하는 방식으로 관리한다.

1975년 〈문화재보호법〉이 개정됨으로써 일본에 문화재보존기술제도가 창설되었다. 문부과학대신은 문화재 보존을 위해 반드시 필요한 전통적인 기술 또는 기능으로 보존의 조치를 강구할 필요가 있는 기술을 선정보존기술로 선정하고, 그 보유자 및 보존단체를 인정하고 있다.[270] 국가는 선정보존기술 보호를 위해 자체적으로 기록을 작성하고 전승자를 양성함과 동시에, 보유자, 보존단체 등이 하는 기술 연마, 전통자 양성 등의 사업에 대해 필요한 지원을 하고 있다.

일본의 무형문화유산 관리기관은 문화청의 문화재부이다. 문화청 조직에서 '문부과학성(대신), 문화청(장관), 문화재부(부장), 문화재심의회, 문화재분과회, 제4전문조사회'가 문화유산과 관련이 있다. 무형문화유산 조사 · 심의는 문화재조사관(文化財調査官)이 담당하며,[271] 문화재부에서 정년퇴직할 때까지 무형문화유산의 조사에 관련된 일에만 종사

---

268 가와무라 쓰네아키 외, 이홍재 옮김, 『문화재정책개론』, 논형, 2007, p. 149 참조.

269 문화재청, 『주요국 문화재보호 법제 수집 · 번역 및 분석』, 앞의 책, p. 15.

270 위의 책, pp. 17~18 참조.

271 김인규 · 임형진, 앞의 글, pp. 15~19 참조.

한다.[272] 일본 무형문화유산은 무형문화유산과 교육정책의 연결고리가 단단하여 청소년들이 무형문화유산에 관련된 교육을 철저하게 받을 수 있도록 되어 있다.

2001년 중국 무형문화유산 곤곡(昆曲)이 유네스코 인류무형문화유산으로 선정되면서 촉발된 중국 내 '비물질문화유산 보호운동'은 2002년 국가기금인 '중국민간문화유산창구공정'을 조성하고 2003년 초부터 '비물질문화유산'에 대한 보호와 권리를 강화하기 위해 '중국민족민간문화보호공정'을 펼쳤다.[273] 중국은 세 차례에 걸친 무형문화유산 등재사업을 통해 한국과 중국이 공유하는 조선족의 문화예술 관련 항목들이 거의 등재되었다. 특히 전통무용이 가장 높은 비율을 차지하며 중화인민공화국 창건 이후 조선족예술인들이 현지에서 창작한 '삼노인', '재담과 만담', '물동이 춤' 등 한국에는 존재하지 않는 예술종목도 통합 등재되어 있다.[274] 그 외에도 중국 정부에서 국가급 및 성급 '비물질문화유산'으로 등재한 총 목록 중 한국과 공유하고 있는 조선족 무형문화유산들은 차후 한중 문화갈등의 요소가 될 수도 있다. 한국과 중국은 전통의약학, 단오제 등 동일 또는 유사한 무형문화유산을 공유하고 있다. 이는 한자문화권이란 전통의 범주 내에 있다는 것에서 비롯되었다.

2012년 현재 중국은 한족 및 55개의 소수민족으로 구성되었다. 중화인민공화국 〈민족구역자치법〉에 의하면 중화인민공화국은 전국 각 민족 인민이 공동으로 창건한, 통일된 다민족국가이다. 중화인민공화

---

272 위의 글, p. 15 참조.

273 천위제, 앞의 글, p. 1 참조.

274 중국비물질문화유산망 홈페이지(2013. 8. 10), http://www.ihchina.com.cn

국에 속한 소수민족은 각각의 민족에 정치·문화·행정적으로 독자적인 자치기관을 설립하고 법령으로 보장된 자치권을 행사하여, 자치지역 내에서 각 민족 언어와 문자로 교육을 진행한다.[275] 민족적 형식과 특성을 띤 문학과 예술 등 민족문화사업 및 민족의 역사와 명승고적, 기타 중요한 문화유산을 보호하고 지원한다. 이와 같이 중국은 소수민족의 문화유산에 대해 정부 차원에서 법적·제도적으로 보호하고 있으며, 이 보호 대상 가운데는 한민족과 민족정체성을 공유하는 조선족이 존재하고 있다.[276] 중국의 민족자치법에 의하여 중국에서 거주하고 있는 조선족은 중국 전체 인구대비 0.15%로서 13위를 차지한다. 길림성(吉林省), 흑룡강성(黑龙江省), 요령성(辽宁省) 등 중국 동북3성을 중심으로 집거하고 있으며, 연변조선족자치주(延边朝鲜族自治州)는 조선족 민족자치의 중심이다. 이 자치주 내의 조선족은 중국의 법률적 권리가 보장된[277] 소수민족으로 살고 있다.

중국 무형문화유산 정책은 일종의 공공문화 사업으로 시행되었으며, 정부 주도로 단기간에 진행되면서 총 34개 항목이 유네스코에 등재되는 성과를 이루었다. 전면조사를 시작한 지 불과 3년 만에 1,028개의 항목이 '국가급 비물질문화유산대표작'으로 지정될 수 있었던 것[278]은 중앙정부에서 지방정부로 이어지는 상명하달 방식의 행정시스템에 의거한 것이다. 그러나 성과주의에서 비롯된 맹목적 신청이 늘어나면

---

275 김용범, 『중국의 무형문화유산 제도 변화에 대한 정책적 대응 방안 연구』, 한국문화관광연구원, 2012, p. 38 참조.
276 김용범, 위의 책, p. 39 참조.
277 위의 책, p. 39 참조.
278 위의 책, p. 47 참조.

서 질적 저하를 가져오게 되었다. 일부 자격 미달 종목이 '국가급 비물질문화유산대표작'에 지정되는가 하면, 다량의 '만들어진 전통'들이 정치적 이유, 또는 상업화에 힘입어 지정되기도 하였다. 실제로 일부 '비물질문화유산대표작'은 이름만 존재하고 전승인조차 실체를 모르는 경우도 있다고 한다. 이에 중국 문화부는 2011년 국가급 비물질문화유산 퇴출제를 도입하였다. 중국은 '국가급비물질문화유산' 제도를 통해 안으로는 문화적 관리체계를 통해 한족 및 55개 소수민족의 국가 통합을 계획하였고, 밖으로는 한자문화권의 전통문화가 중국이 발원지라는 것과 중국 문화유산의 우월성을 홍보하는 것에 초점을 맞추고 있다.

대만의 무형문화유산 관리는 1971년 〈문화자산보존법〉을 제정하여 '문화건설위원회 문화자산총관리처 주비처(文化資産總管理處 籌備處, 台中 소재)'에서 관리하고 있다.[279] 이는 한국의 문화재청에 준하는 문화재 관련 국가기관이다. 또한 문화자산심의위원회에서 중요민족예술·중요민속 및 유관문물을 조사·심의하여 보존자를 지정하고 있다.

대만은 무형문화자산 지정 기준을 마련하기 위해 "전통예술은 예술성과 특수성, 지방성을 갖추어야 한다"라고 정의하고 있다. 여기서 말하는 특수성은 전통예술의 특수예능표현을 구성하고 그 기법이 우수한 것을 가리키며, 지방성은 전통예술 영역에 가치와 지위가 있고, 동시에 지방색채 혹은 유파의 특색이 현저한 것을 가리킨다.[280] 중요전통예술의 지정 기준으로는 옛날 백성들의 생활, 오락, 예술과 예술사상 등 중

---

279 박대남, 「중화민국무형문화유산 보호제도」, 『국외 무형문화유산 보호제도 연구』, 국립문화재연구소, 2010, p. 191 참조.

280 위의 글, pp. 185~186 참조.

요한 가치가 있는 것과 지방색 혹은 유파의 특색이 확연히 차이가 있어야 하며, 동시에 중요한 가치가 있으나 전승을 상실할 위기에 처한 것을 대상으로 한다. 중요민속 및 유관 문물은 풍속 습관의 역사 전승과 내용에 인민생활문화의 전형적인 특색을 나타내는 것과 인민 세시의 중요한 풍속, 신앙, 기념경축 등 의식에 예능 특색을 나타내며, 민속예능의 발생과 변천에 그 구성상 지방특색을 갖추고 동시에 인민 생활에 영향을 미치는 것을 지정한다.[281] 무형문화자산 보존기술 및 그 보존자 지정에 관해서는 〈문화자산보존법〉에 "보호가 필요한 문화자산보존기술 및 그 보존자는 법이 정한대로 심사 후 보존하고, 보존기술 및 그 보존자에 대해 주관기관이 그 기초자료의 조사 및 등록, 중요사항의 기록을 해야 한다"고 명시하였다. '보존자산 보존기술'은 문화자산보존 및 수복작업을 실시함에 있어 필요불가결한 동시에 반드시 보호해야 할 기술을 뜻하며, '그 보존자'는 보존기술을 가지고 있으며, 정통하고 정확히 체현할 수 있는 자를 뜻한다.[282]

대만 무형문화유산 보존의 방향성은 2005년 〈문화자산보존법〉 수정법에 그대로 반영되었다. 이 법은 유네스코의 무형문화유산 보호협약의 정의와 한국과 일본의 무형문화재보호제도를 참고로 새롭게 제안된 것이다. 무형문화재의 보호대상은 바로 무형의 기술과 예능 그 자체이지만, 그것을 표출해내고 전승하는 매개체가 사람인 것 또한 분명한 사실이다.[283] 이는 무형문화유산 기 · 예능 '보유자'를 위주로 전승되기

---

281 위의 글, p. 185 참조.
282 위의 글, pp. 187~188 참조.
283 위의 글, p. 205 참조.

때문이다. 기·예능의 핵심능력을 보유하고 있는 보존자(보존단체)에 대한 인식을 새롭게 한 것이다.

2003년 유네스코 총회가 〈무형문화유산 보호협약〉을 채택함에 따라 최근 대만의 무형문화재 보전정책은 기존의 방향을 선회하여 유네스코가 정한 보호원칙을 따르고 있다. 이전에는 한(漢族)문화의 보전에 관심을 치중하였다면, 최근에는 다원화, 혼혈 등 다양한 문화특색을 존중하는 방향으로 선회하고 있다. 대만의 무형문화유산은 다양성과 우수성을 가지고 있음에도 불구하고, 유네스코의 회원국이 아니기 때문에 세계유산 등재 추진의 한계를 지니고 있다. 이러한 한계극복을 위해 대만 현 '세계유산' 잠재력목록(후보목록) 작성을 추진하였다.[284]

프랑스는 문화예술활동에 대해 각종 지원정책을 펴고 있으며, 1981년 이후 문화부 예산이 총예산 대비 0.45%에서 2009년 0.77%로 증가하였다. 2009년 문화부 예산 28억 2,100만 유로(정부 총예산 약 3,658억 유로), 2011년 문화부예산 75억 유로(정부 총예산 3,685억 유로)로 증가했다.[285] 문화예술정책은 문화유산(건물, 미술품, 도서 등)의 보존 및 관리, 예술품 관람인구 확대, 예술창작활동 지원 등에 중점을 두고 있다. 또한 프랑스 문화를 해외에 홍보하고 외국의 주요 문화들을 프랑스에 소개하는 문화교류를 강화하고 있다.

프랑스의 무형문화유산 보호정책은 '예술의 거장(Máitres d'art)'이라는 무형문화재 지정보호제도(1994년)로 대변된다. 이 제도의 목표는 첫째, 문화유산의 보존에 필요한 전통적인 기·예능보유자의 직업보전과 그

---

284 위의 글, p. 206 참조.

285 송준, 앞의 글, p. 81 참조.

직업에 대한 가치제고, 둘째, 그를 통한 새로운 창작의 진흥, 셋째, 당해 문화의 보급, 넷째, 보유자의 뛰어난 노하우(savoir-faire)를 다음 세대로 전수하는 것이다.[286] '예술의 거장'에 관한 주요 업무는 문화재국이 담당하고 있다. 문화재국은 총 200여 명의 직원으로 구성되어 있으며, 조직은 문화재 감독과, 발굴, 보존 및 연구과, 건축 및 공간활용부, 연구조사부, 역사건조물부, 민족유산사업단, 직업교육, 건축 및 도시계획 연구부, 지방네트워크 및 국제협력부 등으로 구성되어 있다.[287] 또한 '예술의 거장'을 문화부장관에게 추천하는 기관은 직업예술자문회(1994년 창설)이다. 프랑스에는 약 1만 5,000개의 '예술의 거장'과 관련된 예술작업장이 있으며 이곳에서 다루는 분야는 악기제작기능, 서적 및 인쇄기능, 유동 및 고정 유산 복원기능, 무대 및 흥행 예술기능, 스테인드글라스 및 유리 제조, 흙과 불을 이용하는 예술기능, 직물 및 패션에 관한 예술기능 등[288]이 있다.

이러한 노하우를 보전하기 위해, 문화부는 이들 기능에 대한 조상 대대로의 사명을 다하도록 돕고 있다. 이런 취지에서 두 가지 형태로 경제적 개입을 하는데, 하나는 유산보존과 복원을 위한 공공시장을 개방하는 것이고, 또 하나는 예술 작업장에서 일하는 예술가들을 위해 공공주문 제도를 만드는 것이다. 그럼에도 불구하고 많은 희귀한 노하우들이 소멸의 위협을 받고 있다.[289] 그렇기 때문에 프랑스에서는 '예술의

286   위의 글, p. 77.

287   프랑스 문화통신부 홈페이지(2013. 8. 11), http://www.culturecommunication.gouv.fr

288   Pascual Leclercq, 「프랑스, 무형문화재의 보존: '예술의 거장' 제도」, 『무형문화재 보존을 위한 제 3차 유네스코 국제연수 워크샵』, 유네스코 한국위원회, 2010, p. 215.

289   Pascual Leclercq, 위의 글, p. 215.

거장'의 역할이 더욱 중요한 것이다. 이러한 무형문화재정책은 강력한 국가주도형이며 무형문화재의 지정과 지원의 공정성에 대한 국민의 신뢰가 담보되어 있다.[290]

예술의 거장 보유자에게는 전수지원금(연 1만 6,000유로)과 공예문화재건 기금을 통한 창업도 지원된다. 프랑스 무형문화유산제도는 강력한 국가주도형을 보여주고 있다. 또한 공무원도 무형문화재 보유자로 지정될 수 있다. 한편 높은 연봉을 받는 기능직 공무원이나 작가활동에 충분한 월급을 받는 보유자에게는 지원금을 지급하지 않는다. 이러한 현상은 국가와 국민에게 모두 자연스럽게 받아들여지고 있다.

각국의 무형문화유산에 관련된 관리기관, 법명, 문화재명, 조사 · 심의기관과 지정 대상 그리고 정책과 제도의 특징에 대해서 정리하였다. 각국은 문화유산의 계승발전을 위해 정책적인 노력을 지속하고 있다.

표 2.24 국외 무형문화유산 보호제도

	한국	일본	중국	대만	프랑스
관리 기관	문화재청	문화청 (문화재부)	문화부 (비물질문화 유산사)	문화건설위원회 (문화자산총관리 처 주비처)	문화공보부 문화재국 조형예술국 지역예술사업단
법명	문화재보호법 (1961)	문화재보호법 (1950)	비물질문화 유산법(2011)	문화자산보존법 (1971)	문화유산법전 (2004)
문화 재명	중요무형문화재	중요무형문화재 무형의민속문화재 문화재의 보존기술	국가급비물질 문화유산	중요민족예술/ 중요민속 및 유관문물	예술의 거장

290   송준, 앞의 글, p. 76 참조.

	한국	일본	중국	대만	프랑스
조사·심의	문화재전문위원 문화재위원	전통문화과 문화재조사관 (文化財調査官)	국가비물질문화 유산전문가위원회	문화자산심의 위원회	자문위원회
지정 대상	연극, 음악, 무용, 공예기술 등 무형의 문화적 소산으로서 역사적·예술적·학술적 가치가 큰 것	연극, 음악, 공예 기술, 기타 무형의 문화적 소산으로 일본에서 역사상 또는 예술상 가치가 높은 것을 '무형의 문화재'라 함	전통구전문학, 전달하는 언어, 전통미술, 서예, 음악, 무용, 희극 등, 전통기예, 의약, 역법, 전통예절 의식, 명절(기념일) 등 민속, 전통체육, 유희, 기타 무형 유산이라 이를 수 있는 것	공예미술, 공연예술, 풍속 등, 신앙, 기념경축일, 예술 작품, 생활 및 의례기물	도장제작자, 수예 가, 유리공예가, 도자기공예가, 전통악기 제작자, 고가구 복원가 등 주로 전통공예, 의상분야, 고서적 제본, 보석공예 등 대상 분야의 외연이 계속 확장
인정 명	보유자(保有者)	보지자(保持者)	대표전승인 (代表傳承人)	보존자(保存者)	예술의 거장 보유자
지원 사항	전승지원금 지급, 교육교재 발간, 공개행사 지원, 이수증 교부, 장비 제작 지원, 해외공연 지원, 의료보호	각개 인정 보유자 에게 매년 200만 엔의 특별조성금, 공개행사 지원 (공연, 전시 등)	전승자(전승기관) 의 인증과 교육기 제를 수립하여 지 원금 지급, 인정·기록·등록 등의 조치	기록, 성과 전시 지원, 우수한 보존자를 초빙, 강좌지도, 교사자 격 부여, 교육·출판 등 지원, 관광자원활용	보유자에게 전 수지원금(연 1만 6,000유로) 지급, 지원이 필요하지 않으면 미지급. 공예문화 재건기 금으로 창업지원
특징	• 정부 주도 • 중점보호주의 • 전수교육 실시 • 보유자 및 전 승자 관리 • 보유자 재량 교육 • 명예보유자 인정 • 무형유산 범위 협소 • 원형유지원칙 • 문화재보호법 으로 무형과 유형 관리	• 교육정책연계 • 문부과학성 (대신)·문화청 (장관)·문화재 부(부장)·문화 재심의회·문 화재분과회·제4전문조사회 • 총합인정(總合認定)은 한국에 없는 전승 개념 • 한국과 유사 • 문화재조사관 의 전문적 관리	• 정부 주도 • 등급별 보호 • 구체적인 업무는 지방 문화청이나 문화국 시행 • 전승·전파 방 식을 통해 역사 적·문학적·예술적·과학적 가치가 있는 유 산을 보호함 • 단기간 내 제도 구축 등 큰 발전	• 중국과 정치적 상황 대치 • 유네스코의 회 원국이 아님 • 유네스코 대표 목록 없음 • 대만 현 '세계 유산' 잠재력 목록 작성 중 • 미술·음악·연극 등 각 급 학교에서 전수, 교육청 감독 • 전통예사인증	• 공예분야 장인 제도가 주 • 국가주도 • 보유자의 직업 보전 • 공무원의 예술 의 거장 지정 가능 • 연봉 수준이 높은 공무원이 나 작가는 지원 금을 지급하지 않음

III.

무형문화유산 보전과 활용정책의 개선방안은 무엇인가

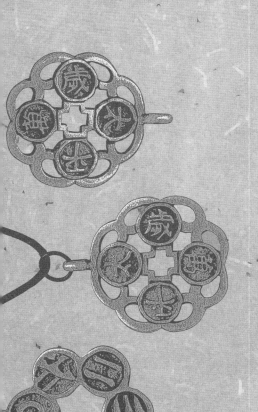

1. 무형문화유산 보전과 활용정책

1) 무형문화유산 보전과 활용정책의 관계성

〈문화재보호법〉에서는 "문화재를 보존하여 이를 활용함으로써 국민의 문화적 향상을 도모하고, 민족문화 발전에 기여"한다고 보존, 활용의 필요성에 관한 개념을 규정하였다. 1999년 〈문화재보호법〉을 개정하면서 「문화재 보존관리 및 활용계획의 수립」을 할 수 있도록 명문화하였고,[1] 2002년 문화재보존관리 및 활용에 관한 기본계획을 수립하면서 보존과 관리, 활용에 관한 좀 더 구체적인 계획을 명시하였다. 이에 따라 2개의 정책과제로 효율적 활용을 위해 문화유산의 관광자원화와 문화의 향유기회 확대를 설정하고 있다.[2] 활용정책 수립의 배경에는 국민적 삶의 질이 향상됨에 따라 의식수준이 높아지고 다양한 문화생활 향유의 욕구가 늘어난 사회적 요인이 자리하고 있다. 무형문화유산의 가치와 기능, 능력을 이용하여 문화생활에 활용하는 욕구가 커지고 있는 것이다. 또한 다양한 부가가치를 창출할 수 있는 기대감 역시 증대되고 있다.

무형문화유산의 교육적 · 문화적 가치를 활용함으로써 국가경쟁력 강화를 위한 부가가치를 발견할 수도 있고, 경제적 가치로의 환원 또한 가능하다. 그러나 이는 어디까지나 지속 가능한 창의 가치 창출의 목표를 잃지 않을 때 가능한 것이다. 무형문화유산의 활용은 민족문화를 재발견하는 기회인 동시에 새로운 문화적 가치를 창조하는 행위이기도

---

1 〈문화재보호법〉 제13조의 2.

2 「문화재 보존관리 및 활용에 관한 기본계획」, 문화재청, 2002.

하다. 지나친 상업화를 경계해야 하는 이유가 여기에 있다. 무형문화유산의 보전과 활용정책은 보전과 활용이라는 두 차원을 모두 최대한 만족시키면서 균형 있게 발전시켜야 하는 것이다.

국내외의 사회문화적 환경이 세계화 흐름 속에 급변하면서 무형문화유산 보호 패러다임이 바뀌고 있다. 1993년 전문가회의 이후로 유네스코는 무형유산의 기록을 포함한 전승에 중점을 두고 있다. 무형문화유산의 보전을 위해서 무형유산을 기록하는 것도 중요하지만 전수교육 또한 매우 중요하다.[3] 공동체 생활 속에 무형문화유산을 전승하는 전수교육 자체가 지속가능한 삶과 문화적 다양성을 보장하기 때문이다.[4] 생활 속에 살아 숨쉬는 무형문화유산이 체계적으로 보호되고 통합적으로 활용되기 위해서는 유네스코의 〈무형문화유산 보호협약〉에 의거한 무형문화유산 보호 법령제정과 제도정비, 정책, 활용전략 등을 연구 · 개발하여 적용 · 집행하는 일이 선결되어야 한다.

2) 무형문화유산 보전관리 정책

한국의 무형문화재 보전체계는 주로 안전하게 보호하는 데만 초점이 맞춰져 있고, 이를 타이완과 같이 문화자산으로 간주하여 보존함과 동시에 그것을 현대적으로 활용하고 개발하는 데는 큰 관심이 집중되지 못하고 있다. 이러한 무형문화재 범위의 협소화와 무형문화재 원형유지 원칙으로 인해 창조적 계승 발전이 저해되고 있다. 또한 전통문화

3　최종호, 「부여의 무형문화유산 보호와 활용에 관한 연구」, 『부여학』 2, 부여고도육성포럼, 2012, p. 94.

4　최종호, 위의 글, p. 95.

에 대한 수요가 저하되어 공예기술의 전승 단절 위기가 더욱 고조되고 있으며, 사회 환경이 변화하면서 도제식 전수교육의 효용성 또한 저하되었고, 심지어는 무형문화유산의 지식재산권을 둘러싸고 사회적 갈등까지 빚어지고 있다. 따라서 무형문화유산의 보호와 전승 그리고 진흥을 위한 새로운 제도적 뒷받침이 요구된다. 본 절에서는 이러한 보전정책의 현대적 활성화를 위한 전제 작업의 일환으로 한국 무형문화재 보전정책을 둘러싸고 있는 쟁점을 다음과 같이 분석하였다.

(1) 무형문화재 원형보존주의

〈문화재보호법〉에서는 '원형유지'를 문화재의 보존 · 관리 활용의 본 원칙으로 삼는다.[5] 이에 따라 지금까지의 무형문화재 제도는 '원형유지'를 기본으로 해왔다. 그러나 무형문화재는 일정한 형태가 없고 대부분 구전으로 내려오거나 도제식 교육으로 전수되었기 때문에 진정한 원형을 찾기가 힘들다. 오랜 세월을 거쳐 내려오는 동안 문화는 자연과의 상호작용 속에서 또 생활 속에서 부단히 변화를 거듭하며 재창조되어왔다는 점도 간과하지 말아야 한다. 즉 무형문화의 원형성을 인정하지 않는다는 뜻이기도 하다. 바로 이 지점에서 한국의 문화재보호법은 모순이 있다.[6] 한국은 문화유산에 대해 나름대로의 보호 및 전승체계를 개발해왔다. 하지만 지금은 전환이 필요하다는 의견이 많아지고 있다. 이에 기존 유형문화유산 중심의 보호제도를 바꾸고자 하는 움직임과

---

5   〈문화재보호법〉 제3조: 문화재의 보존 · 관리 활용은 원형유지를 기본 원칙으로 한다.
6   함한희, 「무형문화유산의 목록화에 대한 논의」, 『무형문화유산총서(1)』, 전북대학교 20세기민중생활사연구소, 2012, p. 33.

유네스코의 무형문화유산 협약을 준수하고자 하는 시도도 있다.

유네스코 협약에서는 무형유산이 지속적으로 변화를 거듭한다는 사실 때문에 살아 있는 문화(living culture)를 강조하고 있다. '살아 있는 문화'란 공동체나 집단의 구성원들이 현재까지도 보유하고 있어야 하며, 조상 대대로 내려온 것을 자신들의 것으로 인식하고 있어야 한다. 유네스코 협약은 무형문화의 보호를 통해서 보유집단이나 개인들이 자신들의 문화에 대한 자긍심을 가질 수 있다는 점과 인류문화의 창조성을 높일 수 있다는 점을 중시한다.[7]

무형문화란 기본적으로 일정한 형태가 없는 것으로 사람에 의해 일정한 모습을 지니기 때문에 원형유지란 것이 하나의 관념으로는 가능할지 모르지만 실제적으로는 제시되기 어려운 면이 있다. 이를테면, 일본은 노가쿠(能樂) 같은 고전연극, 가가쿠(雅樂) 같은 고전음악처럼 이제는 바꿀 수 없는 것들은 무형문화재로 삼아 원형유지를 원칙으로 하고, 민속놀이나 민속축제는 민속문화재로 삼아 그 변화를 인정하고 있다. 한국의 중요무형문화재들 중 종묘제례악, 대금정악, 가곡, 가사, 피리정악 및 대취타, 진주검무, 승전무, 처용무, 학연화대합설무, 태평무, 사직대제 등의 이른바 고전음악, 고전무용, 고전의례 등을 제외한 대부분의 공연종목들은 일본의 민속문화재와 비슷한 것들이어서 그 변화 역시 불가피한 면이 있다. 또 공연종목은 그 성격상 변화·발전된 면을 보여주어야 공연의 성취를 얻게 되는 면도 있다. 그러나 한국에서는 지금까지 고전적인 공연종목이든 민속적인 공연종목이든 모두 원형유지를 기본으로 했다. 원형성을 고수해온 것이 꼭 잘못됐다고는 할 수 없다. 한

---

7   위의 글, p. 37.

국이 그렇게 한 데는 나름대로의 이유가 있다. 근대 제국주의 국가의 식민지 경험이 있는 한국과 같은 나라들은 광복 이후 근대화 과정에서 근대 이전의 전통적 문화들을 민족적인 것으로 여기고, 이를 되찾고 지키려는 노력들을 해왔다. 근대 이전의 전통사회는 기본적으로 자연경제사회여서 그 변화가 느렸다. 한국도 오랜 시간 전통사회 시대를 거쳐옴으로써 민족문화를 성립했던 것이다. 전통문화는 단순한 전통사회 시대의 문화를 넘어 한민족의 문화였다. 이처럼 가치 있는 문화가 급격한 근대화와 산업화로 사라질 위기에 놓이자 그 시대의 문화를 전통문화의 원형으로 여겨 보존하고자 한 것이다. 따라서 전통문화의 가장 중요한 것들인 무형문화재들이 원형유지의 원칙에 따라 지켜진 것은 이러한 민족문화를 보존하려는 노력의 일환이었던 것이다.

사실 '원형유지'를 기본으로 하는 문화재라고 하더라도 "이 법은 문화재를 보존하여 민족문화를 계승하고, 이를 활용할 수 있도록 함으로써 국민의 문화적 향상을 도모함과 아울러 인류문화의 발전에 기여함을 목적으로 한다"(제1조)라고 규정하고 있다. 문화재보존의 목적은 문화재의 계승·활용에 있는 것이다. 그러나 한국은 식민지 기간과 그 이후의 급격한 근대화 과정에서 수천 년, 혹은 수백 년간 발전시켜온 근대 이전의 전통문화들을 되찾고 전승하는 데 역점을 두어왔기에 창조적 계승이나 활용을 오히려 금기시한 면도 있었다. 그래서 한국은 변화와 발전을 주된 속성으로 하는 전통적 민속공연예술들에서나 공예 분야에서도 원형유지를 기본으로 하였던 것이다. 이제 무형문화유산의 창조적인 계승과 활용을 할 수 있는 제도적 뒷받침이 절실히 요구되는 시점이다.

이장렬은 원형보존주의에 대하여 "민족의 정체성 보존을 목적으로 원형보존은 그 수단이 되어야 하며 시대의 새 문화 창조를 위하여 원형은 밑거름이 되어야 한다. 즉 원형은 자신의 생존보다는 자신을 태우는 불씨가 되어 찬란한 새 문화 창조의 꽃을 피워야 할 것이다"[8]라고 하며 원형의 변화를 요구했다. 많은 학자들은 원형성에 문제가 있다고 지적하고 있다. 〈문화재보호법〉에서 정의한 원형보존의 개념으로 인해 전승 및 창조적인 예술활동에 저해요인이 되고 있다. 전승과정에서는 전승자들이 보유자에게 원형대로 전수를 받아야 하기 때문에 도제식 교육의 문제점과 보유자의 권력화 현상을 낳을 수밖에 없는 구조가 되는 것이다. 또한 유사한 종목이거나 본 종목을 바탕으로 창조적인 예술활동을 할 경우 마치 이적행위를 하는 듯한 취급을 받는 상황에 이르게 된다.

무형문화재는 말 그대로, 실물이 존재하지 않는, 실연(實演)을 통해서만 순간적으로 존재하는 '무형의 문화'이므로 원형(原型) 그대로 보존되거나 계승되는 것은 원칙적으로 어렵다. 공예품은 유형문화재이지만 그 작품을 만드는 기술은 무형이다. 무형문화재의 실연은 아무리 철저히 해도 다소의 변화나 변형이 생기게 마련이다. 그러나 원형은 언제나 새로운 창조의 기반이 되고 원동력이 된다는 점이 핵심적인 요소이다.[9] 원형(原型)성의 의지가 원초적으로 잘못된 것은 아니지만, 이 시대의 패러다임이 원형이라는 존재에 표현적인 변화를 요하고 있다. 이에 문화재청에서 준비하고 있는 「무형문화유산 보전 및 진흥에 관한 법률안」에서 적절한 표현방식으로의 개정이 요구된다.

---

8   이장렬, 「한국무형문화재정책연구」, 고려대학교 대학원 박사학위논문, 2005, p. 209.

9   서연호, 「21세기 한국문화 새로운 모색이 필요하다-새 '무형문화유산법' 제정을 위한 몇 가지 제안」, PAF논단, 2011, p. 21.

이와 관련하여 송준(2009)은 「한국 무형문화재정책의 현황과 발전방안」에서 전형(典型)개념의 사용을 제안하였다. 그것은 '어떤 부류의 본질적 특색을 나타내는 틀'이라는 사전적 정의를 갖는 '전형(典型, typifier)'이 특정 시기의 한 형태만을 규정하는 원형(原形)의 개념과는 달리 무형문화유산의 속성인 순간성과 공간성 그리고 변화의 속성인 내발적 역동성을 모두 포괄할 수 있기 때문[10]이라고 하였다. 전형이란 종목 행위의 형태를 기록하고 보존하는 것이 아니고 그 종목의 역사성, 사회성, 지역성이 반영되었다고 보는 것이며 지역 공동체가 인정하는 변형은 종목의 정체성을 가진다고 보는 것이다.

(2) 전수교육과 국가 전승지원제도
① 전수교육과 이수증

무형문화재 종목이 지정되고 보유자(단체)가 인정되면 그 자체만으로도 전승 단절이나 소멸로부터 어느 정도는 보호될 수 있기 때문에 보존·전승을 위한 최소한의 기본 조건은 갖추었다고 볼 수 있다. 그러나 지정·인정만으로 무형문화재가 온전히 보호·전승되기를 기대하기는 어렵다. 무형문화재의 대부분이 정확한 기록이나 정립된 이론에 근거하지 않고 구전되는 특성 때문에 인위적인 전승체계와 전수교육이 이루어지지 않으면 어떻게 변질되고 어느 때 소멸될지 알 수 없기 때문이다. 따라서 보유자에게 전수교육 권한을 부여하여 후계 전승자를 양성하도록 하고, 중요무형문화재 기·예능의 전수교육을 3년 이상 받은

---

10   송준, 앞의 글, p. 96.

자에 대하여 기능 또는 예능을 심사하여 전수교육 이수증을 교부하도록 위임하고 있다. 현재 이수자 수는 예능 4,596명, 기능 554명으로 총 5,150명이다.[11] 전수장학생은 82명이다.

한국의 전수교육체계는 국가 주도의 전수교육체계로 보유자-전수교육조교-이수자-전수장학생(일반전수생)의 4단계로 되어 있지만, 실상 보유자-전수자의 2단계로 이루어져 있으며 국가가 지정 및 인정, 전승 지원 등에 주도적인 영향력을 행사하고 있다. 이러한 전수교육체계는 국가가 보유자의 생존영역을 형성해놓고 그 안에서 안주하도록 조장하여[12] 무형유산에 관한 창의적 개발과 활용을 저해하고, 비제도권의 유능한 예능인들이 제도권으로 진출하는 데 문제점으로 작용한다. 보유자는 전수교육조교의 추천권과 이수증 교부권을 가지고 있다. 이것은 국가가 도제식 교육체계에 절대적인 권력을 부여한 까닭이다. 전수교육조교 추천권이 보유자에게 주어져 있어 제도권 밖의 실력 있는 예능인이 무형문화재 제도권으로 진출할 수 있는 길은 원천적으로 봉쇄되어 있다. 전수교육조교는 '이수증을 교부받은 자' 중에서 5년 이상 전수교육을 받은 자를 추천하도록 되어 있는데, 이수증은 보유자가 교부하므로 드문 경우이긴 하지만, 보유자와의 관계가 밀접한 사람일수록 더 유리한 면을 배제할 수 없다.[13] 중요무형문화재 제5호 판소리의 경우를 예로 든다면 한 명의 소리꾼은 보유자에게 전수를 받아서 긴 세월 소리를 했고 무형문화재 전수교육조교가 되어 곧 무형문화재 보유자가 된

---

11   『문화재청 주요업무 통계자료집』, 2014. 6. 30, p. 37.

12   김지성, 「무형문화재 보호정책의 현황과 과제」, 고려대학교 석사학위논문, 2008, pp. 107~108.

13   앞의 논문, p. 108 참조.

다는 희망을 가지고 살고, 또 한 명의 소리꾼은 무형문화재가 아닌 스승에게 사사하고 60년 소리 인생을 걸었다. 무형문화재 전수교육조교에 버금가는 실력으로 국내대회에서 대통령상까지 받는 실력의 소유자가 되었지만 중요무형문화재 보유자로는 인정받기 어려운 상황이 된다. 무형문화재 보호제도의 그늘진 면이다. 무형문화재 보유자로 거론될 만한 자격과 예술성을 갖추었다면 언제든지 제도권으로 편입될 수 있도록 해야 한다. 이는 전공, 공연경력, 관계전문가들의 공정한 예능도 평가를 통해 이루어져야 한다. 일본의 경우처럼 무형문화재 연구소 연구자들의 오랜 모니터링 기간을 거친다면 무형문화유산의 올바른 전승체계를 마련할 수 있을 것이다.

1994년부터 문화재청장이 가지고 있던 이수증 교부권이 중요무형문화재 보유자에게 주어졌다. 보유자만이 전수자의 이수 여부를 정확히 안다는 취지였다. 그러나 이수증 교부권한이 보유자에게 주어지면서 이수증 교부가 남발되거나 이수증 교부 과정에서 금품수수 사건이 발생하는 등 부작용도 생겨났다. 이수증 교부에 대해서 학연화대합설무 보유자인 이홍구는 "현재 단체장이 선정하는 이수자 선정을 종전과 같이 문화재청이 직접 선정하는 것이 바람직하다. 이수자 선정 또한 중대한 인물 선정이다. 소홀히 할 수 있는 것이 아니다. 예전처럼 평가 발표회를 실시하여 투명성과 공정성을 기하고 명예로움이 있는 것이 바람직하다"라고[14] 주장하였다. 이수증은 국가가 발급하도록 해야 한다. 그것이 국가로부터 위임받은 문화재청 산하 공공기관(한국문화재재단 등)

---

14   이홍구, 「전통예술의 보존전승 방향」, 『전통무용의 정립을 위한 심포지움』, 국립한국예술종합학교 전통예술원, 1994, pp. 17~18.

이나 학교(한국전통문화대학교 등)에서 운영될 수도 있을 것이다. 이수증은 공익근무요원 자격, 산학겸임교사 임용자격, 학교 강사 및 학점인정제 등이 부여되는 대학교의 졸업장과 같은 것인데, 이와 관련된 교육, 추천, 심사 등이 모두 보유자에 의해 결정되는 것이다. 또한 제도권 밖의 일반 전승자 및 20여 년 이상의 경력을 소유한 전수교육조교라고 할지라도 제자 양성이 불가능하여 전승활동 자체가 제한을 받고 있다. 이에 문화재청에서는 2005년도, 2007년도의 개선안에도 이수증 교부권을 다시 문화재청장으로 되돌려야 한다는 주장이 강력히 제기되었다. 학계와 무형문화유산 전문가들 사이에도 종목 간의 차이는 있지만, 원칙적으로 문화재청이 발급 주체가 되어야 한다는 의견이 다수 제기되었다.

이수증을 문화재청장이 발급하여야 하는 이유는 다음과 같다.

첫째, 이수증 발급에 공정성과 객관성을 부여하기 위함이다. 이수자는 현재에도 산학겸임교사 임용자격, 학교 강사 및 학점인정제 등이 부여되므로 사회적 공신력과 객관성이 요구된다.

둘째, 이수증 발급은 단순히 이수 사실의 확인이 아니라 일정한 자격을 갖추었다는 인정이다. 보유자에게 전수교육권과 평가권을 동시에 주어 객관성과 공정성이 결여되고 있다는 비판이 있다. 보유자가 이수증을 발급하는 것은 자율적 전승체계로 의의가 있으나, 폐쇄적으로 운영된다는 문제점이 있기 때문이다. 현재의 전수교육체계를 개방화하여 전승을 활성화하자는 것이다.

셋째, 이수 심사 대상자들을 대폭 확대하는 것이 전승교육 확대에 기여할 것이다. 일반 전승자, 대학 관련 학과 졸업자 등 보유자 이외에서 교육을 받은 경우에도 기량이 우수하다면 국가에서 이수증을 교부할 필요가 있다.

제도 개선에 있어서는 '이수증 발급'에서 '이수자 인정 및 이수증 발급'으로 법률안을 개정해야 한다. 보유자, 전수교육조교도 그러하듯이 이수자도 인정제도로 전환되어야 한다. 이수증 발급이 행정법상 단순히 '확인'의 성격을 갖는 것이 아니라 일정한 자격을 부여하는 것이기 때문이다. 이에 따라 이수자 인정에 문제가 있을 경우 이수증 회수로만 끝나는 것이 아니라, 이수자 인정 취소 및 이수증 회수로 규정하여야 한다는 제안이다. 아울러 일부 전승이 극히 취약한 공예종목은 학교가 아니면 전승되기 어려운데, 이 경우는 전수교육을 학교에서 실시하고 해당 학교 총장이 이수증을 발급하고 문화재청장이 승인하는 방식이 될 것이다.[15]

한국의 무형문화재 전수교육이 근대식 체계를 갖추지 못하는 이유는 초·중등 및 고등교육에 의한 근대식 교육이 이루어지고 있음에도 불구하고 도제식 교육체계에 따라 모든 것을 보유자에게 의존하는 방식을 취하고 있기 때문이며, 이는 일제강점기 이후 전통예술의 체계적 연구가 이루어지지 않은 점도 하나의 이유가 될 것이다. 21세기 첨단시대에도 무형문화재교육은 여전히 구전으로 교육하는 방식만을 고집하고 있다. 그러나 도제식 교육을 완전히 부정하면 무형문화유산 보전의 근간이 흔들릴 수 있다. 보유자의 정신과 문화는 도제식으로 전수하되, 기술적인 내용들은 교육방법의 체계화를 통해 전수해야 한다. 도제식 교육과 체계적인 교육방법의 양립을 제안하고자 한다. 많은 사람들이 배우고 즐기는 무형문화유산이 되기 위해서는 체계화된 악보, 보법, 교육 커리큘럼이 필요하다. 지금은 무형문화재 전공자들만의 교육이

15　인하대학교, 앞의 책, p. 79.

되고 있기 때문에 대중화는 어려운 실정이다. 무형문화유산의 체계적인 전수교육 방안에 대한 실질적인 연구가 절실하게 요구된다.

한국은 무형문화재 중 일부 종목만이 국악과 과목으로 채택되어 운영되고 있다. 한국예술종합학교, 서울대학교 국악과, 한양대학교 국악과, 중앙대학교 국악과, 단국대학교 국악과, 추계예술대학교 국악과, 서울예술대학 한국음악과, 한국문화예술교육진흥원, 국립국악 중·고등학교 등 근대식 교육기관이 무형문화재의 교육을 하고 있다. 각 교육기관에서는 음악의 기본 소양에 관련된 부분, 즉 음악이론, 서양 음악론, 전통음악사 등은 각 전공분야 교수들이 강의를 진행한다. 판소리, 경기민요, 풍물놀이 등의 전문적인 무형문화재 종목에 대해서는 보유자가 가르치고 있다. 국악 종목은 이와 같이 대학교육과 연계하여 전승함으로써 무형문화재의 대중화와 활성화에 기여한 바가 크다.

② 국가전승지원금

중요무형문화재 보유자에게 매월 지급되는 전승지원금에 대해 비판의 목소리가 커지고 있다. 이는 두 가지로 요약될 수 있는데 첫째 전승지원금의 생계보조비화, 둘째 일률적인 월정액 지원에 대한 비판이다.

보유자에 대한 전승지원금은 2014년 현재 전승 활성화 종목에는 보유자당 월 131만 7,000원이 지급되며, 전승 취약 종목 보유자에게는 월 171만 원이 지급된다.[16] 보유자 1인당 평균 150만 원 정도가 된다. 이 지원금은 단순히 숫자로 생각하면 많은 것처럼 느껴질 수도 있다. 2013년 현재 직원 수 300명 미만의 중소기업이 책정한 대졸 신입

16　『문화재청 주요업무 통계자료집』, 2014. 6. 30.

직원 평균 연봉은 2,653만 원인 것으로 집계됐다.[17] 이렇게 보면 대졸 초임 월급이 220만 원인데, 평균연령 70세 이상인 무형문화재들은 대졸 초임도 되지 않는 월정 지원금을 지급받으며, "생계비로 써서는 안 된다", "보유자는 완전히 보유자로 전업을 해야 한다", "일률적으로 지급해서는 안 된다", "보유자가 권력화되어가고 있다"는 등 수많은 질타가 이어지고 있다. 한국 사회가 평생을 바쳐 일구어낸 전통예술에 대해 너무도 매정한 시각을 가지는 것은 아닌지 생각해볼 일이다. 보유자는 지원금을 평생 받는다고 얘기 하겠지만 일반 직장인이 퇴직하고 국민연금과 퇴직연금을 합해 받는 액수에 비하면 턱없이 작은 금액이다.

이에 지원금의 액수를 증액 및 현실화하여 전승자들의 사기를 진작시키고, 대신 지원금 지급의 연령한도를 제한하여야 한다. 현재까지 기준으로 삼고 있는 전승지원금 연도별 현황은 〈표 3.1〉과 같다.

표 3.1　전승지원금 연도별 현황　　　　　　　　　　　　　　　　　(단위: 원)

| 연도 | 보유자 | 전수교육조교 | | 전수장학생 | 보유단체 | 특별장려금 | 장례보조금 (보유자) |
		보유자 후보	조교				
'90	400,000	135,000	50,000	40,000	130,000	80,000	500,000
'91	450,000	200,000	60,000	50,000	150,000	80,000	〃
'92	500,000	250,000	70,000	개인: 60,000 단체: 150,000	200,000	80,000	700,000
'93	500,000	250,000	100,000	개인: 60,000 단체: 150,000	300,000	100,000	〃
'94	550,000	280,000	110,000	개인: 70,000 단체: 170,000	300,000	100,000	〃
'95	600,000	300,000	130,000	개인: 100,000 단체: 200,000	330,000	100,000	〃

17　잡코리아 회원이 직접 등록한 연봉 정보 및 잡코리아 이력서의 경력사항을 기초로 생성된 연봉 통계 DB를 기준으로, 경력 연차와 학력 등의 조건에 따라 산출한 연봉 통계자료.

연도	보유자	전수교육조교		전수장학생	보유단체	특별장려금	장례보조금(보유자)
		보유자후보	조교				
'96	650,000	320,000	200,000	〃	360,000	100,000	〃
'97	700,000	350,000	250,000	〃	400,000	150,000	1,000,000
'98	900,000	350,000	300,000	〃	400,000	150,000	1,000,000
'99	900,000	350,000	300,000	〃	400,000	150,000	1,000,000
'00	900,000	350,000	300,000	〃	400,000	150,000	1,000,000
'01	900,000	350,000	300,000	〃	400,000		1,000,000
'02	900,000	350,000		〃	600,000		1,000,000
'03	900,000	350,000		〃	600,000		1,000,000
'04	1,000,000	400,000		개인: 120,000 단체: 240,000	1,000,000		1,000,000
'05	1,000,000	400,000		〃	1,000,000 2,000,000 (보유자 없는 보유단체 추가 지원)		1,000,000
'06	1,000,000	400,000		〃	〃		1,000,000
'07	1,000,000	500,000		개인: 150,000 단체: 300,000	1,200,000 3,000,000 (보유자 없는 보유단체 추가 지원)		1,000,000
'08	1,000,000	500,000		개인: 150,000 단체: 300,000	1,200,000 3,000,000 (보유자 없는 보유단체 추가 지원)		1,000,000
'09	1,000,000 ~1,300,000	500,000~700,000		개인: 200,000	3,000,000 (전수교육비 포함) 3,000,000 (보유자 없는 보유단체 추가 지원)		1,000,000
'10	1,000,000 ~1,300,000	500,000~700,000		개인: 200,000	3,000,000 (전수교육비 포함) 3,000,000 (보유자 없는 보유단체 추가 지원)		1,000,000
'11 ~ '12	1,000,000 ~1,300,000	500,000~700,000		개인: 200,000	3,000,000 (전수교육비 포함) 3,000,000 (보유자 없는 보유단체 추가 지원)		1,000,000
'13	1,250,000 ~1,625,000	625,000~875,000		개인: 250,000	A: 4,000,000 B: 3,500,000 C: 3,000,000 보유자 없는 단체: 3,500,000		1,000,000

연도	보유자	전수교육조교		전수장학생	보유단체	특별 장려금	장례 보조금 (보유자)
		보유자 후보	조교				
'14	1,317,000 ~ 1,710,000	660,000~921,000		개인: 263,000	A: 4,200,000 B: 3,700,000 C: 3,200,000 보유자 없는 단체 4,700,000원		1,000,000

※개인종목 중 전승활성화 종목: 보유자 131만 7,000원, 전수교육조교 66만 원 지급
• 예능(7종목): 판소리, 가야금산조 및 병창, 승무, 대금산조, 경기민요, 태평무, 살풀이춤
• 공예(11종목): 조선왕조궁중음식, 단청장, 대목장, 유기장, 문배주, 사기장, 목조각장, 주철장, 불화장, 석장, 번와장
※개인종목 중 전승활성화 종목을 제외한 나머지 종목(50종목): 보유자 171만 원, 전수교육조교 92만 1,000원 지급
※단체종목: 보유자 131만 7,000원, 전수교육조교 66만 원, 단체운영비(차등 지급)
• A등급(30%) 420만 원, B등급(40%) 370만 원, C등급(30%) 320만 원, 보유자 없는 단체 470만 원

3) 무형문화유산 보호활용 정책

(1) 생활 속의 무형문화유산

무형문화유산에 관한 보호 시책은 후계자 양성을 위한 특별보조금의 교부, 보유단체 또는 지방공공단체가 수행하는 전승자 양성사업에 대한 보조, 기록 작성 사업, 우수작품의 구입, 공개공연 · 작품전 원조, 전승자 전통예능 공연 · 전승을 위한 시설의 설치 등 광범위한 분야에 걸쳐 수행된다. 그러나 그 보호는 무형문화재가 '사람'이 체현하는 것이라는 본질적 성격 때문에 사람들의 생활이나 사회 변화의 영향을 받기 쉽고 전승자 · 후계자 자신의 의사 여하, 생활 · 생업유지, 사회적 수요의 동향 등과 깊이 관계되며 사업에 대한 보조 등의 차원에서 대응하기 곤란한 과제를 안고 있다.[18]

---

[18] 가와무라 쓰네아키 외, 이흥재 옮김, 『문화재 정책개론: 문화유산보호의 새로운 전개』, 논형학술, 2007, pp. 102~103.

무형문화재의 대상이 되는 '기술이나 기예'는 그 전통적인 기술·기능의 완성도가 높고 우수한 예술성을 지녀 사회적으로 가치가 인정되고 평가된다. 동시에 그 시대와 사회의 요구를 정확히 이해하고, 사람들에게 사랑받기 때문에 비로소 존재할 수 있다. 시대의 변천과 함께 사람들의 기호도 늘 변하기 때문에 아무리 우수한 예능·기술이라 할지라도 시대적인 성쇠는 피할 수 없다. 사회적 지지를 잃어버린 '기술이나 기예'를 그대로 문화재로 남아 있게 할 것인가 하는 것, 이것이 또 다른 문화유산 정책의 과제이다. 이들 '기술이나 기예'가 사회·시대변천을 극복하고 우수한 예술성을 보존하며 사회적으로 존재하기 위해서는 단순히 전통적인 기법을 유지·보존하는 것만으로는 불가능하다. 끊임없는 창조적 활동이 이어져야만 비로소 시대를 뛰어넘어 사람들에게 인정을 받을 수 있다.

　　한국의 중요무형문화재 전승자들은 매년 정기공연 및 기획공연을 하도록 함으로써 그들의 예능이 단절되지 않고 전승되고 있음을 보여주고 있다. 이 외에도 정부는 전승활동을 돕기 위하여 전승공간을 건립하여 제공하기도 한다. 전승공간은 해당 무형문화재가 전승되는 지역에 건립해 지역의 전통문화전승이 이루어지도록 하고 있다. 여기에서는 기록화 작업도 이루어지고 있는데, 영상, 음반, 도서 등으로 기록화 작업을 하여 영구 보존하고 있다. 이와 같은 노력으로 많은 무형문화유산들이 보존·전승되고 있다. 그러나 무형문화유산 보호의 경험이 쌓이면서 무형문화유산 보호와 전승방안에 대한 새로운 쟁점들이 생겨나기 시작하였다. 그 몇 가지 쟁점들은 다음과 같다.

　　첫째, 무형문화유산을 인위적으로 보존할 필요가 있는지에 대한 쟁점이다. 문화는 흐르는 물과 같아서 항상 변하게 마련이고 그런 변화는 자연적이라는 것이다. 더 이상 기능을 하지 않는 과거의 문화는 사라져가는 것이 당연하기 때문에 인위적으로 사라져가는 문화를 보호해야 할 필요가 있을지에 대한 문제를 제기하는 것이다. 반면 무형문화유산을 인위적으로 보전하는 것을 주장하는 측은 다른 논리를 펴고 있다. 대체로 많은 사회에서 사라져가는 전통문화는 그 민족, 국가, 종족의 정체성을 상징하는 경우가 많다는 것이다. 전통음악이 그 사례다.

판소리는 1960년대부터 사람들에게 외면당하기 시작했고 대신 서구음악이 들어와 많은 사람들의 사랑을 받게 되었다. 만약에 한국 정부의 무형문화유산 정책이 없었더라면 판소리는 사라졌을지도 모른다. 현재 한국 사람들이 판소리보다는 서양음악을 더 즐겨 듣는다 하더라도, 그들은 여전히 판소리는 한국의 고유음악이라고 생각할 것이다. 그러므로 많은 무형문화유산들은 그 집단의 고유한 문화이자 정체성이라는 의미에서 보존되어야 한다는 논리를 펴고 있다.[19]

둘째, 무형문화유산은 유형문화유산과 달리 어느 시기에 만들어진 고정된 문화유산이 아니다. 어떤 집단에 의해 계속 향유되고 표현되는 살아 있는 유산이다. 따라서 계속 변화하고 있다. 그런데 무형문화유산을 보존한다면 어떤 형태의 모습으로 어떻게 보존할 것인가 하는 논란이다. 일부 학자들은 전통적인 모습을 갖고 있어야 하기 때문에 될수록 지정 당시의 모습을 갖고 있어야 한다는 주장을 하고 있다. 그러나 여기에 반대하는 사람들은 현대의 청중과 유리된 과거의 모습으로만 남아 있다면 결국 현대 관객의 호응을 얻지 못하는 무형문화유산의 박제

19　임돈희, 「무형유산의 제도적 보호를 위한 한국의 경험」, 『무형유산의 창조적 가치와 지속가능발전』, 아태무형유산센터, 2012, p. 232 참조.

화 현상을 가져온다는 주장이다. 무형문화재 지정 당시의 모습 보존을 옹호하는 학자들은 이러한 문제점을 고려한다 하더라도 급변하는 한국 사회에서 이렇게라도 보존하지 않으면 전통의 모습이 사라지기 때문에 어쩔 수 없다고 주장한다. 변화를 인정하여 현대에 맞게 많이 변화한다면 전통의 옛 모습은 사라지는데 보존의 의미가 어디에 있느냐고 반문한다. 무형문화유산의 전통적인 모습을 유지하기 위하여 변화를 허용하지 않고 과거의 전통을 재현할 것인가 아니면 변화를 허용할 것인가, 그리고 허용한다면 어느 정도까지를 허용하는가 하는 문제는 학자와 집단과 개인에 따라 다르게 논의되고 있다.[20] 한국의 무형문화재 지원책에서 대안을 찾아본다면, 정기발표공연은 원형대로 실연하고, 그 외의 찾아가는 공연, 전승자 주관공연, 기획공연, 이벤트공연, 축제 등은 현대화가 일부 시도되도록 허용하는 방법도 고려해볼 수 있다.

셋째, 무형문화유산들 간의 서열화와 다양성 파괴 문제이다. 어떤 특정의 무형문화유산을 국가무형문화유산으로 지정하면 이 지정된 종목은 전승이 되지만, 지정되지 않은 종목은 전승이 되지 않을 확률이 높다. 왜냐하면 국가의 지정문화재가 된다는 것 그리고 인간문화재가 된다는 것은 하나의 문화 권력으로 작용하기 때문이다.[21] 지정된 종목을 배우려는 젊은이들은 많은 반면 그렇지 않은 종목은 후계자를 구하지 못하는 경우가 많아 단절되기 쉽다. 이에 다양한 모습의 무형문화유산이 전승될 수 있는 방안을 마련하여야 한다.[22] 무형문화유산이 보호·전승되

20　위의 글, p. 234 참조.

21　위의 글, p. 235 참조.

22　임돈희, 위의 글, p. 235 참조.

는 일 자체에도 큰 의미가 있지만 활용되면서, 생활문화로 보급되어야
한다. 무형문화유산의 활용사례로는 TV방송이나 축제, 학교 방과 후 교
육, 전통소극장 무료공연 등이 있다. 활용할 수 있는 방식은 다양한데
전통생활문화로 확실히 자리 잡게 할 수 있는 정확한 방법은 없다. TV
방송을 보면 KBS1에서 매주 토요일에 방영되는 '국악방송'은 아무도 보
지 않는 시간(12시~1시)에 조용히 방송된다. 그래도 한 방송사에서 끊임
없이 전통예술인들을 출연시키고 동기부여를 한다는 점에서는 다행스
러운 일이다. 축제의 경우는 '전주대사습놀이', '대한민국국악축제', '난
계국악축제' 등 지역별 국악축제가 수없이 많다. 하지만 그들만의 잔치
로 끝나는 경우가 왕왕 있다. 학교의 방과 후 교육도 해도 그만 안 해도
그만, 전통소극장의 무료공연은 소리 소문 없이 지나간다. 한국의 무형
문화유산이 전통생활문화로 자리 잡기는 아직 요원하다는 생각이 든다.

이러한 문제들을 해결하기 위해서는 첫째, 학교에서 정기적이고 의
무적인 무형문화유산교육을 실시해야 한다. 문화강좌나 문화예술교육
등을 실시하는 경우에는 의무적으로 무형문화유산 교육이나 강좌를 포
함하여 실시하도록 하는 무형문화유산 쿼터제도를 도입하는 것도 하나
의 방법이다.

둘째, 국가와 지방자치단체의 각종 행사와 축제에 무형문화유산이
필수적으로 참여할 수 있도록 하는 것이다. 지방자치단체에 소속된 지
방문화재가 관광활성화에 기여할 수 있도록 유도하고, 지역민이 참여
하는 지역축제를 창안하여 무형문화유산이 실제 문화생활과 직결될 수
있도록 하는 것이다.

셋째, 전통공예품의 기술개발과 지원을 조직적으로 도와 무형문화
유산 작품이 관광상품화가 될 수 있도록 하는 것이다. 현재는 한국문화

재재단이 인천공항, 경복궁, 창덕궁, 덕수궁, 국립고궁박물관, 태릉 왕릉전시관에서 무형문화재작품과 전통공예품을 개발, 판매하고 있다. 이를 활용하여 무형문화재 이수자 등이 현대적이고 실용적인 디자인을 할 수 있도록 디자인 인력 지원과 교육을 병행하고, 마케팅은 관련 기관을 통해 진행하는 방법 역시 생각해볼 수 있다.

넷째, 국가는 국제기구와 다른 국가와의 협력을 통해, 공연예술종목의 해외 공연과 전통공예품의 전시, 수출을 추진할 수 있는 법적인 근거를 마련하고, 한국 무형문화유산의 국제적인 교류와 함께 한국 문화의 다양성을 알릴 수 있도록 지원하는 것이 필요하다.

21세기의 문화유산은 박물관에 가지런히 놓여 있어야 하는 것이 아니라 대중들이 쉽게 찾아 함께 즐길 수 있어야 한다. 곧 실생활 속에서 살아 숨 쉬는 문화유산으로 발전되어야 한다. 대중들과 끊임없이 쌍방향으로 소통할 때 예능인들도 전승을 게을리하지 않고, 창조적인 프로그램 개발 또한 이루어질 것이다.

(2) 무형문화유산의 지식재산권 제도

무형문화유산의 지식재산권에 관한 법적 · 제도적인 장치가 필요하다. 무형문화유산에 관한 전승내역과 구성요소 등을 디지털자료로 구축하고, 이를 국제특허협약에 따라 효력을 가진 홈페이지에 게재하도록 함으로써 외국의 국제특허 출원으로부터 지식재산권을 보호하고, 전통적 지식 · 기술에서 진보된 지식 · 기술을 창출하고 보호하는 데 필요한 조치를 취해야 한다. 전통지식은 전통의약, 전통식품, 농업 및 환경 등의 지식뿐만 아니라 전통미술, 전통음악 등 전통예술에 관한 지식까지, 전통적으로 계승되어온 모든 지식을 포함하는 개념이다.

최근 유전자원 및 전통지식의 상업적 활용가치가 증가함에 따라 지식재산권을 선점하기 위한 국제적 경쟁이 심화되면서, 자본과 기술력이 앞선 선진국 기업들이 개발도상국의 고유한 유전자원이나 전통지식을 산업기술로 개발하여 특허권을 선점하고 권리를 주장하는 사례가 발생하고 있다.[23] 한국은 특허청에서 2007년 12월부터 전통지식 DB에 대한 검색서비스를 '한국전통지식포털'[24]을 통해 제공함으로써 국내외에서 한국 전통지식과 관련된 특허 취득을 방지하는 등 전통지식의 국제적 보호를 위한 기반을 마련하였다. 따라서 무형문화유산 관련 전통지식 및 기술 자료를 DB로 구축하여 '한국전통지식포털'에 탑재하도록 하는 등 무형문화유산의 지식재산권 보호를 위한 제도는 절대적으로 필요한 조치이다. 또한 외국의 국제특허출원으로부터 보호하기 위해 국제특허협약에 따른 효력을 가진 홈페이지에 게재하는 등 더욱 포괄적인 지식재산권 보호제도를 마련해야 한다.

(3) 무형문화유산 관련 법률

2013년 10월 17일, 유네스코 〈무형문화유산 보호협약〉이 발효되었고, 한국도 비준하여 회원국으로 가입하였다. 이에 따라 한국의 무형문화유산 보호체계도 국제협약 수준으로 재정립할 필요가 있다. 2003년 유네스코 〈무형문화유산 보호협약〉이 발표된 이후에는 자국의 무

---

23 중요무형문화재인 주철장, 염색장의 기능에 대한 특허분쟁과 중국이 '아리랑'을 중국의 무형유산으로 등재한 사건은 지식재산권 논의를 본격화하고 있다.

24 한국전통지식포털 홈페이지, www.koreantk.com

형문화유산을 대표목록에 등재하기 위하여 각 국가별 경쟁이 심화되고 있다. 또한 무형문화유산에 대한 관심이 커지고 있으며 자국의 무형문화유산에 대한 보호 대책 마련을 서두르고 있다.

〈문화재보호법〉은 문화재에 대한 국가 보전책을 분명하게 수립했다는 점에 역사적인 의의가 있지만, 원형과 전승자에 국한된 지정방법, 문화재청에 국한된 중요무형문화재의 관리, 종목 유파의 불인정, 지식재산권 보호가 불가능한 분류체계, 현대적인 문화유산을 폭넓게 수용할 수 없는 한계 등을 지니고 있다. 지금까지 해온 방식대로 보호법을 일부개정하는 것만으로는 급변하는 시대에 무형유산 전반을 보전하고 선양할 수 없다.[25] 따라서 유네스코 협약의 수준에서 이루어지고 있는 무형문화유산 보호체계에 맞도록 한국도 가능한 빨리 무형문화유산 보호제도를 마련해야 할 필요가 있다. 현행 〈문화재보호법〉은 사라질 위험에 처했던 문화재를 보존하는 데 일정한 기여를 하였지만, 원형보존 위주의 문화재 보호 방식은 이제 바뀌어야 할 때가 되었다. 현행 유형문화재 중심의 〈문화재보호법〉은 무형문화유산의 발전 가능성에 불편을 주고 있다. 한국 무형문화유산 보호제도는 지금까지도 원형보존을 강조하기 때문에 무형문화유산 보호에 미흡한 면이 발견되고 있는 것이다.[26] 원형만 강조하면서 어느 한 사람만을 원형으로 틀 지어 함께 발전에 기여해온 나머지 사람을 원형이 아니라고 전부 배척해버릴 것이 아니라, 그 기여도를 참작하여 원형에서 어느 정도까지 발전된 것은 모

---

25 서연호, 앞의 글, p. 26.

26 인하대학교 산학협력단, 『(가칭) 무형문화유산 보전 및 진흥에 관한 법률 제정 연구』, 문화재청, 2011, p. 10.

두 무형문화유산으로 인정해야 하는 것이다.

현행 〈문화재보호법〉의 시행과정에서 나타나고 있는 지정체계의 문제점, 전승 단절 위기, 전수교육 활성화 부족, 공예종목의 전승기반 약화, 무형문화재의 활성화 전략 부재 등의 문제점을 해소할 필요가 있다. 그렇기 때문에 무형문화유산과 관련된 법안을 문화재보호법에서 분리시켜 무형문화유산에 관한 법률을 독립적으로 만들고 무형문화유산의 개념을 획기적으로 바꾸어야 할 것이다.

2. 무형문화유산 활용의 중요성

1) 무형문화유산의 보전과 창의계승 방안

(1) 무형문화유산 개념의 도입

2003년 유네스코 〈무형문화유산 보호협약〉에서는 '무형문화유산'이라는 명칭이 사용되었고, 이 협약의 제2조에서 "무형문화유산을 구전 전통, 공연예술, 사회적 관습, 의례, 축제 행사, 자연과 우주에 대한 지식과 관습 그리고 전통공예 기술 등 선조에게서 물려받아 후손에게 물려줄 전통이나 살아 있는 표현물"로 정의하고 있다. 세계 각국의 무형문화유산 개념이 이와 유사한 개념으로 확대되고 있다. 한국은 유네스코 〈무형문화유산 보호협약〉을 제정할 당시 지대한 영향을 끼쳤음에도 불구하고, 한국의 〈문화재보호법〉은 협소한 개념의 무형문화재 개념을 사용하고 있다. '무형문화유산' 개념의 도입이 필요한 시점이다.

현행 〈문화재보호법〉에서는 무형문화재를 "연극 · 음악 · 무용 · 놀이 · 의식 · 공예기술 등 무형의 문화적 소산으로서 역사적 · 예술적 또는 학술적 가치가 큰 것"으로 정의하고 있다.[27] 따라서 무형문화유산은 현행 무형문화재의 범위에 속하는 전통적 예능 또는 기능 외에 추가로 한의약, 농경·어로 등에 관한 전통 지식과 구전 전통 및 표현, 의식주 등 전통적 생활관습 등을 포함해야 하며, 이는 유네스코 〈무형문화유산 보호협약〉에서 규정하고 있는 무형문화유산의 정의에 부합되도록 해야 한다. 무형문화유산의 범위 설정은 보전 및 활용의 대상이 되는 무형문화유산을 선정할 때의 기준이 되는 중요한 사항이다. 중국이 〈비물질문화유산법〉을 제정하여 소수민족(조선족 포함)의 구전문학, 전통미술, 기예·잡기, 전통의약, 명절민속 등을 자국의 무형문화유산으로 범주화[28]함에 따라, 이에 대한 한국의 적극적인 대응이 필요한 점을 감안할 때, 유네스코 협약의 취지를 반영하여 무형문화유산의 범위를 확대해야 하는 이유는 더 분명해진다.

(2) 무형문화재 보유자의 명칭 개칭

현행 무형문화재 보유자의 명칭을 '인간문화재'로 개칭해야 한다. 현행 중요무형문화재 '보유자'라는 명칭의 의미는 문화재적 가치를 지닌 예술형태를 그대로 유지·전승해야 하는 보호자로서의 의무가 반영된 것이다. 그동안 중요무형문화재 보유자들로부터 '중요무형문화재 보유자'라는 명칭을 '인간문화재'로 개칭해달라는 건의가 여러 차례 제기되었다. '인간문화재'라는 명칭을 공식적으로 사용할 수 있도록 규정

---

27 〈문화재보호법〉 제2조(정의).

28 중국은 총 3차에 걸쳐 아리랑, 농악무, 씨름, 판소리, 회갑연·회혼례 등 조선족 관련 16개 종목을 국가급 대표목록으로 선정, 공표하였고, 이 중 농악무는 2009년 유네스코 인류무형문화유산으로 등재했다.

하고, 국가 · 지방자치단체와 공공기관 등이 세제 감면 등 일정한 혜택을 부여할 경우 어려운 환경 속에서도, 소중한 무형문화유산을 묵묵히 지켜온 전승자들에게 자부심을 심어줄 수 있을 것이다.[29]

다만 명칭만 '인간문화재'가 된다고 해서 진정한 '인간문화재'가 되는 것은 아니다. 인간이 문화재가 되려면 그 사람의 삶 자체가 문화재화되어야 한다. 한국의 무형문화재 보유자 중 그러한 인간의 삶을 사는 사람이 얼마나 있는지는 살펴봐야 할 일이다. 일본의 경우는 현대 문화를 거부하고 철저히 전통 속에서만 살아가는 '인간문화재'가 있어서 그러한 용어를 사용하는 것이다. 한국의 경우도 '인간문화재'란 용어로 개칭할 경우 이에 걸맞은 제도를 구축함과 동시에 보유자들이 이에 걸맞게 삶과 인식을 전환할 필요가 있다.

(3) 전형성의 도입

무형문화유산의 가치, 지식, 기능 또는 예능 등의 '전형(典型)'[30]성을 도입해야 한다. 송준은 「한국 무형문화재정책의 현황과 발전방안」(2009)에서 무형문화재에 있어서 그 문화유산의 근원을 지칭하는 범주적인 '원형(原型, archetype)'으로부터 파생된 한 형태, 즉 무형문화재 종목의 한 시대적 형태를 지정하고, 그를 유지하기 위한 개념으로 사용되는 '원형(原形, original form)'의 개념 대신에 '전형(典型, typifier)'의 개념을 사용

---

29   현재 중요무형문화재 보유자에 대해서는 〈주세법〉 제31조 제1항에 따라 공개행사에 사용되는 주류에 대해서는 면세되고 있으며, 인천공항공사와 MOU체결을 통해 공항라운지 이용혜택을 주고 있다.

30   '전형(典型)'이란 해당 무형문화유산의 핵심적인 가치, 지식, 기능 또는 예능으로서 대통령령으로 정하는 것을 말한다.

할 것을 제안하였다.[31]

매장문화재 등 유형문화재는 '원형'을 그대로 보존하는 것이 중요하지만, 무형문화유산의 경우에는 순수한 원형의 확인과 보존이 어려운 것이 현실이다. 때문에 현행 〈문화재보호법〉상 원형유지의 규정은 무형문화재 본래의 특성에 비추어 볼 때 개선될 필요가 있다. 현재와 같은 원형유지주의 문화재정책은 사람을 매개로 하는 무형문화유산의 정책에는 맞지 않고, 〈문화재보호법〉의 테두리 안에서는 이러한 원형유지주의의 폐해를 극복하기 어렵다고 볼 수 있다. 때문에 '전형'제도를 무형문화유산에 도입해야 한다.[32]

(4) 무형문화재 이수증 발급업무 국가로 이관

현행 중요무형문화재 보유자 또는 보유단체에게 위탁한 전수교육 이수증 발급에 관한 업무를 문화재청으로 환수해야 한다.[33] 보유자 등에 의한 이수증 발급제도는 전승자 확대에 기여하는 등 긍정적인 효과

---

31   송준(2009)은 "그것은 '어떤 부류의 본질적 특색을 나타내는 틀'이라는 사전적 정의를 갖는 '전형(典型, typifier)'이 특정 시기의 한 형태만을 규정하는 원형(原形)의 개념과는 달리 무형문화유산의 속성인 순간성과 공간성 그리고 변화의 속성인 내발적 역동성을 모두 포괄할 수 있기 때문이다"라고 이야기 하고 있다.

32   "현행 문화재보호법상의 원형유지 원칙은 유형문화재에 적합한 원칙으로, 무형문화재에 대해서는 박제화할 위험, 원형에 대한 논란, 무형문화유산 향유에 대한 제약 등의 한계가 제기되었다. 유네스코 협약이나 외국 입법의 경우에도 원형유지의 원칙을 명시하는 경우는 거의 없고 오히려 지속가능한 발전을 강조하고 있는 형편이다." 「무형문화유산 보전 및 진흥에 관한 연구용역보고서」, 문화재청, 2012, p. 3.)

33   1994년 〈문화재보호법〉 시행령 개정을 통해 중요무형문화재 보유자 또는 보유단체의 전승교육 활성화를 위해 종전 국가에서 심사·발급하던 이수증을 보유자 또는 보유단체가 직접 심사를 거쳐 발급하도록 했다.

가 있었으나, 이수자 간의 서열화, 이수증 부정발급이나 금품수수 등 전승질서를 훼손하고 무형문화재 전반의 위상을 실추시키는 많은 부작용을 초래하고 있다는 지적이 수차례 제기되었기 때문이다. 또한 개인이나 단체가 발급함으로써 국가의 지원이 줄어들고 이수자의 위상이 낮아지는 상황도 발생하고 있다. 따라서 보유자, 보유단체와의 충분한 협의를 통해 전수교육 이수증 발급 주체를 다시 국가로 환원하여 이수증 발급의 공정성과 객관성을 제고할 필요가 있다.

(5) 무형문화유산의 정기조사 강화

국가무형문화유산의 보전 · 활용을 위한 정책을 수립하기 위하여 국가무형문화유산의 전수교육과 전승활동 등 전승 실태를 3년마다 조사하도록 해야 한다. 또한 추가 조사가 필요한 경우 재조사를 할 수 있도록 해야 한다. 현행 〈문화재보호법〉에서도 국가지정문화재의 현상, 관리, 수리, 전승의 실태, 그 밖의 환경보전상황 등에 관한 정기조사 및 재조사를 규정하고 있다. 〈문화재보호법〉에서는 정기조사의 대상을 중요무형문화재로 한정하고 있는데, 정기조사 결과가 중요무형문화재의 지정이나 무형문화재의 보전 및 활용 등의 정책수립에 중요한 자료가 되는 만큼 시 · 도(이북5도 포함)지정 무형문화재 및 비지정 무형문화재도 정기조사의 대상에 포함할 필요가 있다. 〈문화재보호법〉에서는 문화재의 멸실 방지를 위하여 현존하는 문화재의 현황, 관리실태 등에 대한 조사(기초조사)를 별도로 규정하고 있다.[34] 무형문화재의 범위를 확대함에 따라 비지정 무형문화재의 현황에 대한 조사도 필요하므로 기

---

34 〈문화재보호법〉제44조 국가지정문화재에 대한 정기조사; 제10조.

록화와 함께 무형문화재의 분포현황, 전승실태 및 내용 등에 관한 조사를 진행해야 한다.

판소리의 경우 주로 유파별로 지정되는 경향을 보여왔다. 그런데 보유자가 작고한 후, 아직 해당 유파 조교(후보자)가 보유자로 확정되지 않은 경우가 있어서 이의 보완이 시급하다.[35] 현재 전승이 가장 확실한 유파는 '보성소리'와 '동초제'이며, 오늘날 판소리 전승의 양대 산맥을 이루고 있다. '박봉술제'나 '정정렬제', '유성준제', '박동진제' 등으로 전승유파를 확대하여 나머지 빈 간극을 채우면 좀 더 풍성한 유파의 복원이 가능하다.[36] 조사 분야는 전승현황과 보유자의 제자 양성 실태, 보유자·전수교육조교의 무형문화유산 보전의 실태, 이수자 양성과정이며, 이를 면밀하게 조사할 필요가 있다. 충실한 조사는 판소리 보전을 지원하는 문제와도 연계되어 있다. 중요무형문화재 제5호로 지정되어 있는 판소리 유파는 보호·육성되지만, 지정되지 못한 유파는 몰락할 수밖에 없는 구조이다. 지정의 영역에서 벗어나 있으면서도 충분히 기량과 실력을 갖춘 명창이 있고, 그 아래서 훌륭한 제자들이 양성되기도 한다. 그런데 이와 같은 전승에는 일정한 한계가 있다는 것이 전승현장에서의 위기감이다.[37] 이러한 점이 제도의 그늘이라 할 수 있다. 현재 활약 중인 판소리 명창들의 실태를 체계적으로 새롭게 조사할 필요가 있다. 판소리는 이제 어느 정도 자생적 기반이 구축된 것으로 보고, 기준을 엄격히 하되 자격을 갖춘 이들은 보유자 혹은 후보로 추가 지정해야

---

35   유영대, 「판소리 자원현황과 보존방안」, 『판소리학회 제64차 학술대회』, 판소리학회, 2010, p. 57.

36   위의 글, p. 57.

37   유영대, 「판소리 전승현황과 보존방안」, 『판소리연구』 36, 판소리학회, 2013, p. 380.

한다.[38] 이처럼 새로운 유파의 명창을 찾아내고 실력 있는 명창들의 계통을 발굴하기 위한 조사가 필요하다. 앞서 논한 각종 무형문화유산에 대한 조사는 일본의 경우처럼 조사연구원들이 가급적 한 분야의 무형문화재 조사만을 전적으로 담당하게 해야 한다.

(6) 무형문화유산의 긴급 보호 방안 마련

유네스코 〈무형문화유산 보호협약〉 제17조[39]에 따른 "긴급한 보호가 필요한 무형문화유산 목록" 제도의 취지를 반영하여, 긴급한 보호가 필요한 무형문화유산을 적시에 보호할 수 있는 제도를 도입해야 한다. 국가 대표목록 무형문화유산의 '인간문화재'가 사망하거나 적당한 전승자가 없는 경우, 전승자가 거의 없어 무형문화유산의 소멸이 예상되는 경우에 국가긴급보호무형문화유산 지정을 통해 특별한 조치[40]와 지원이 이루어진다면 무형문화유산의 보전에 크게 기여할 수 있을 것이다.

38　앞의 글, p. 57.

39　〈무형문화유산 보호협약〉 제17조(긴급한 보호가 필요한 무형문화유산 목록) 1. 적절한 보호 조치를 취하기 위하여 위원회는 긴급한 보호가 필요한 무형문화유산 목록을 작성·갱신 및 공표하고 관련 당사국의 요청에 따라 이러한 유산을 목록에 등재한다. 2. 위원회는 이 목록의 작성·갱신 및 공표의 기준을 작성하여 승인을 위하여 총회에 제출한다. 3. 극도의 긴급 상황(위원회의 제안에 따라 총회가 승인하는 객관적인 기준에 따른다)에서 위원회는 관련 당사국과의 협의를 거쳐 해당 유산을 위 제1항에 언급된 목록에 등재할 수 있다.

40　특별한 조치와 지원의 예를 들면, ① 예술적, 기술적, 과학적 연구, ② 전승자 발굴 및 지원, ③ 전수교육 및 전승활동 지원, ④ 무형문화유산의 기록화 등을 들 수 있다.

(7) 계승자의 인식 전환

무형문화유산을 배우는 전수자는 기·예능보유자의 기능을 물려받는 데서 만족해서는 안 된다. 문화유산이 지닌 본래의 정신을 주체적으로 이어받아 현시대에 맞는 문화 창조자로 살아가도록 노력해야 한다. 아울러 예인다운 가치관과 장인정신을 갖추어야 한다. 무형문화유산이 지니고 있는 본래의 예술정신이나 문화적 가치를 터득하고 이를 실천할 수 있도록 계승자의 올바른 인식이 필요하다. 온전한 문화 전승이 이루어지려면 지정된 문화재를 전수하는 활동과 함께, 오늘의 현실에 적절한 새 문화를 창출해낼 수 있어야 한다. 기능보유자 아무개의 전수자가 아니라, 문화 전승 주체자로서 독창성을 발휘하고 자신의 문화 세계를 새롭게 구축할 수 있어야 한다. 예를 들자면 하회별신굿탈놀이 전수자로서 옛 탈을 그대로 만들기만 할 것이 아니라, 자기 작품으로 인정받을 수 있도록 독창적으로 만들겠다는 창조적 의지를 갖추고 작품 활동을 할 수 있어야 한다.[41]

일부 기·예능보유자들이 무형문화재 지정을 기득권 삼아 무형유산의 전승보다 신분 상승이나 개인적 이익에 몰두하는 경우가 있다. 이 때문에 전수자들 사이에서 야기된 분쟁이 심지어 행정소송으로까지 이어지는 경우도 있다. 따라서 무형문화재 지정이 잘못되면, 무형유산은 간곳없고 형해(形骸)만 남는 기이한 현상에 이를 수 있다.[42] 무형문화유산 지정이 특정인의 기득권을 확보해주는 문화 권력이 아니라 이웃과

41　임재해, 「새 전통을 겨냥한 문화재 정책방향을 찾는다」, 『실천민속학』 1, 실천민속학회, 1999, p. 199 참조.

42　위의 글, p. 200 참조.

더불어 누리는 삶의 문화로 확산될 수 있도록 계승자와 우리 사회의 인식 전환이 필요하다.

(8) 창조적 계승 발전

무형문화유산의 상당수가 세계화, 문화적 동질성, 지원과 이해의 부족으로 인해 위험한 상태에 놓여 있다. 무형문화유산을 보호 · 육성하지 않으면 영원히 소멸되거나 과거에만 있었던 관습으로 굳어질 수 있다. 무형문화유산을 보호하고 이를 미래 세대에 전수하는 일은 유산의 변화와 적응을 허용하면서도 전승을 강화하여 유산이 살아남을 수 있도록 하는 것이다.[43] 무형유산을 실연하는 공동체들은 대부분 구전(口傳)을 통해 지식이나 기술을 전수하는 특성을 지닌다. 따라서 보호활동에는 항상 유산을 보호한 공동체, 집단, 개인이 참여해야 한다. 한편으로는 구전 전승의 한계도 세계 여러 무형문화유산의 전승과정에서 드러나고 있다. 이를 해결하기 위해 제도권 교육이 구전 전승의 보완재 역할을 하도록 만들기 위한 시도가 도처에서 행해지고 있다. 예를 들면 프랑스의 예술과 교육(Arts et Metier) 학교에서는 다양한 예술을 직업화하는 분야에 대해 현장에 적합한 새로운 교육 프로그램을 꾸준히 개발하고 있다.[44]

무형문화유산의 일부 요소들은 도움을 받지 못한 채 사멸하거나 사라질 위험에 놓여 있다. 끊임없이 변화하며 살아 있는 문화유산이 과

---

[43] 아태무형유산센터, 앞의 책, p.16 참조.

[44] 송준, 「한국과 프랑스의 전통공예정책의 현황과 문제점」, 『남도민속연구』 19, 남도민속학회, 2009.

거의 것으로 화석화되거나 사라지지 않도록 하려면, 보호·관리를 뛰어넘어 창조적으로 계승하고 발전시켜야 한다. 무형문화유산의 보호는 지식, 기술, 의미를 전수하는 것과 깊이 연관된다. 즉, 보호를 위해 무용 공연이나 노래, 악기, 공예품과 같은 구체적인 표현물을 생산하기보다는 세대 간 무형문화유산의 전수·소통 과정에 주목할 필요가 있다. 보호란 무형문화유산이 삶의 중요한 부분이 되어 다음 세대에 전해질 수 있도록 하는 것이다. 보호를 위해서는 무형문화유산의 생존 능력(viability)을 키우고 지속적인 재창조와 전수를 가능하게 해야 한다. 무형문화유산 보호 사업은 유산 지정, 기록, 연구, 보존, 증진, 특히 형식·비형식 교육을 통한 전수 등 유산이 지닌 다양한 측면의 활성화가 이루어져야 한다.[45] 무형유산의 보전이 생명력 없는 문화유산에 집착하다 보면 문화의 본질적 기능인 문화 창조력의 문제를 소홀히 할 수 있다. 무형유산은 구비전승과 행위전승에 의하여 지속되므로, 고정적 전승은 불가능하다. 연행할 때마다 재창조되며 전승되는 것이 본질이기 때문이다. 그러나 이 문화재들은 본디 속성과 상관없이 법적으로 지정될 당시의 내용에 입각하여 연행되도록 규제되고 있다. 상대적으로 전통적인 모습을 복원하고 유지한다는 점에서 이러한 규제가 필요하지만, 문화 창조의 가능성이나 문화의 본질적 속성을 고려한다면 이것은 단순한 반복에 불과한 것으로서, 창조적 생명력을 의도적으로 박탈하는 일이나 마찬가지이므로 사실상 박제된 문화재로 만들고 마는 것이다.[46]

45　임재해, 앞의 글, p. 199.

46　임재해, 위의 글, p. 199 참조.

2) 무형문화유산의 활성화 방안

(1) 무형문화유산 전수교육의 혁신

① 무형문화유산 전수교육의 고등교육 연계

전통문화에 대한 젊은 층의 관심이 점차 증대하는 이때 그 가치의 향유와 발전을 진작하기 위해서는 전통문화와 접촉할 기회를 제도적으로 확대할 필요가 있다. 이렇게 되면 무형문화재를 포함한 전통문화의 전승토대가 보다 확고하게 다져질 것이다.[47] 이에 대학을 통한 무형문화유산의 전수교육을 제안한다. 〈고등교육법〉 제2조에 따른 학교, 또는 〈한국전통문화대학교 설치법〉에 따른 한국전통문화대학교 등에서 선정한 대학(이하 "전수교육대학"이라 함)을 통해서도 국가무형문화유산의 전수교육을 실시할 수 있도록 해야 한다.[48] 현재 국가무형문화유산의 전수교육은 보유자 및 보유단체에게 실시의무를 부여하고 있는데, 전수교육대학에서도 전수교육을 실시할 수 있도록 해야 한다. 이는 변화하는 사회문화 환경과 다양한 현대적 문화수요에 대한 대응력이 취약한 도제식 교육의 미비점을 보완하는 한편, 학교 교육과의 결합을 통해 무형문화유산의 전수교육 기반을 강화할 수 있다. 전수교육대학의 장이 전수교육을 수료한 학생을 대상으로 이수자격을 심사하여 대상자를 선정하면, 문화재청에서는 일정한 심사(심사방법 및 심사기준은 시행규칙으로 정해야 함)를 거쳐 이수증을 발급받도록 해야 한다.

고등교육과의 연계를 통한 전수교육에 앞서 고려해야 할 사항은 다

---

47 최성욱, 「무형문화재 전승사와 전수과정의 재이해: 교육학적 관점」, 『무형문화재 전수교육관 고등교육기관 연계방안』, 문화재청, 2010, p. 23.

48 조해진 의원 대표발의, 「무형문화유산 보전 및 진흥에 관한 법률안」, 2012. 11. 7 참조.

음과 같다.

첫째, 학제의 표준화다. 이탈리아 국립음악원(Conservatorio di musica), 국립미술원(Accademia di belle arti), 국립연극원(Accademia nationale di arte drammatica), 국립무용원(Accademia nationale di danza) 등 이탈리아 국립예술계 학교들의 학제는 법령에 의해서 철저하게 표준화되어 있다. 지역의 특성에 따라 개설되는 전공의 차이가 있기는 하지만, 개설된 전공들 간에는 필수과목, 수학기간, 입학 제한 연령, 심지어 전공실기를 비롯한 교과목의 시험 내용까지도 동일한 기준을 갖고 있다. 따라서 이탈리아 국립예술계 학교의 동일 전공끼리는 전국 어디로나 전학이 가능하며, 전학으로 인해 교과목 이수상 혼돈이 벌어지는 일이 전혀 없고, 학교 간의 격차도 거의 존재하지 않는 '프리바타(privata)'[49] 제도를 운영하고 있다.[50] 입시경쟁 체제인 한국에서는 적용이 어려울 수 있으나 국공립 전통예술대학이 전국 분교형식으로 설립된다면 가능한 일이다.

둘째, 전공에 따른 학제의 차별성이다. 이탈리아의 국립 예술학교들은 전공에 따라 수학 기간이 다르다. 대개는 4~6년 정도의 수학기간을 갖는데, 어릴 때부터 교육을 시작해야 하는 피아노 같은 악기 전공자의 경우에는 졸업을 위해 10년의 기간이 필요하다. 또한 교과목의 숫자도 전공별로 다양하다. 인문대학의 경우 졸업을 위해서 대개 20개 정도의 과목을 이수해야 하지만, 예술학교의 경우에는 전공별로 전공실기 이

---

49 프리바타 제도는 공식적인 제도권에서 수학하지 않았더라도 필수 교과목 시험을 치르고 각 단계별로 제시되어 있는 전공실기 시험을 통과하면 예술학교(마지막으로 시험을 본 곳)의 학위(디플롬)를 취득할 수 있는 제도이다.

50 한수연, 「외국의 전통공예·예술 교육제도의 고찰과 한국적 적용에의 시사점」, 『무형문화재 전수교육과 고등교육기관 연계방안』, 문화재청, 2010, p. 32.

외에 필수 교과목이 최소 2~3과목인 것부터 6과목 정도인 것까지 다양하다.[51] 무형문화유산의 고등교육기관 연계 교육을 할 때에도 학제의 표준화와 전공에 따른 학제의 차별성을 분명히 해야 효율적인 제도화가 가능할 것이다. 물론 제도화가 능사는 아니다. 무형문화유산처럼 전승기반이 상대적으로 취약한 경우, 섣부른 제도화가 도리어 도태를 앞당길 수도 있다. 제도가 반드시 순기능적인 역할만을 하는 것은 아니기 때문이다. 이런 제도의 역행성 때문에 커리큘럼이나 관련 학습 집단의 조직 운영 등 인위적 접근방식에 대해서는 각별한 주의가 필요하다. 중요한 것은 무형문화유산의 전승에 관여하는 교육의 실질적인 과정을 얼마나 활성화하느냐에 있다. 더불어 운영 단계에서도 그 실행의 효과가 교육의 활성화에 기여했는지를 수시로 점검하고 평가하는 노력이 후속되어야 한다. 이런 엄격한 기준과 단계적인 절차를 따른다는 전제 하에, 무형문화유산을 학교의 커리큘럼에 포함시키는 노력이 다소나마 실효성을 가질 수 있을 것이다.[52]

셋째, 무형문화유산 예능 분야의 종합 전통예술인 육성시스템을 구축하는 것이다. 한국의 무형문화유산 예능 분야의 경우 전통예술을 교육하는 방식은 악 · 가 · 무 일체의 특성을 갖고 있는 전통예술에 적합한 악 · 가 · 무 융합 교육과 협동학습을 통하여 총체적 역량을 갖춘 예술인을 키워내는 방식이 아니라, 서양 음악적 방식에 따라 단일 종목의 기예를 장기간 집중 교습하는 체제로 되어 있다. 조기에 전공을 선택하여 대학입학 및 개별 종목의 예능인을 목표로 진행되는 현재의 전통예

---

51   위의 글, p. 33.
52   최성욱, 앞의 글, p. 23.

술 교육방식은 매우 많은 문제점을 안고 있다. 그 가운데 가장 우려되는 점은, 종합창작의 기량을 갖춘 예술인과 전승교육을 담당할 지도자를 배출하기가 어렵다는 것이다.[53] 이에, 전통연희 특성화 중고등학교 교육과정의 단계적 통합이 필요하다. 즉, 특정한 전공의 개념을 강조하지 않고 악가무극 전반을 단계별로 두루 실습하는 교육체계를 중학교 과정에서 운영한다. 그리고 그것이 고등학교 과정과 대학과정까지 연계되면, 대학에서는 전공을 중심으로 하는 심화과정에 집중할 수 있는 기반이 될 것이다.[54] 무형유산의 경우 단일 종목에만 집중해야 하는 경우도 있다. 하지만 악·가·무 일체의 전통예술을 익히게 되면 타 예술에 대한 이해도가 높아질 것이며, 무형문화유산의 창조적 예술활동을 하기 위한 밑거름이 될 것이다.

② 학교와 사회에서의 무형유산교육

학교의 문화예술교육을 지원하거나 문화강좌를 설치할 때 무형문화유산에 관한 교육이나 강좌를 포함하도록 유도하는 방안이 있다. 국가와 지방자치단체가 〈문화예술교육 지원법〉 제15조에 따라 학교문화예술교육을 지원하거나, 〈문화예술진흥법〉 제12조에 따라 국가 및 지방자치단체가 문화강좌를 설치하는 경우 무형문화유산에 관한 교육이나 강좌가 포함되도록 하는 것이다. 현행 〈문화예술교육 지원법〉 제15조[55]에서는 국가와 지방자치단체가 문화예술 관련 교육과정 및 교육내용

---

53 고려대학교 한국학연구소, 『전통연희 산업화와 세계화 및 인력양성 방안』, 문화관광부, 2007, p. 115.

54 고려대학교 한국학연구소, 위의 책, p. 117 참조.

55 〈문화예술교육 지원법〉 제15조(학교문화예술교육의 지원) ① 국가 및 지방자치단체는

의 개발·연구 및 각종 문화예술 교육활동과 이를 위한 시설·장비 지원 등 학교문화예술교육을 지원할 수 있도록 하고, 〈문화예술진흥법〉 제12조[56]에서는 국가와 지방자치단체가 국민이 수준 높은 문화예술을 누릴 수 있도록 문화강좌 설치를 지원하고 있다. 따라서 〈문화예술교육 지원법〉에 따른 학교문화예술교육과 〈문화예술진흥법〉에 따른 문화강좌에 무형문화유산에 관한 교육이나 강좌가 포함되도록 하는 것은 무형문화유산 교육을 통한 무형문화유산에 대한 국민의 인식 제고 및 무형문화유산 전승 활성화에 기여할 것이다.

한편, 〈문화예술교육 지원법〉 제21조[57]에서는 국가와 지방자치단체가 질 높은 사회문화예술교육을 위하여 문화예술 관련 교육과정 및 교육내용의 개발·연구, 각종 문화예술 교육활동과 이를 위한 시설·

질 높은 학교문화예술교육을 위하여 문화예술 관련 교육과정 및 교육내용의 개발·연구 및 각종 문화예술 교육활동과 이를 위한 시설·장비를 지원할 수 있다. ② 국·공립 교육시설의 경영자는 학교문화예술교육을 위하여 대통령령이 정하는 바에 따라 시설·장비, 문화예술교육사 및 교육프로그램 등을 갖추어야 한다. ③ 민간 교육시설의 경영자 및 교육단체는 학교문화예술교육의 지원을 위하여 시설·장비, 문화예술교육사·프로그램 및 자료 등을 지원할 수 있다.

56 〈문화예술진흥법〉 제12조(문화강좌 설치) ① 국가와 지방자치단체는 국민이 높은 문화예술을 누릴 수 있도록 문화강좌 설치 기관 또는 단체를 지정하여 문화예술을 보급할 수 있다. ② 제1항에 따른 문화강좌를 설치할 대상 기관 또는 단체의 지정 및 그 절차는 대통령령으로 정한다. ③ 국가 및 지방자치단체는 문화강좌 설치·운영에 드는 경비를 지원할 수 있다.

57 〈문화예술교육 지원법〉 제21조(사회문화예술교육의 지원) ① 국가 및 지방자치단체는 질 높은 사회문화예술교육을 위하여 문화예술 관련 교육과정 및 교육내용의 개발·연구 및 각종 문화예술 교육활동과 이를 위한 시설·장비를 지원할 수 있다. ② 국·공립 교육시설의 경영자는 사회문화예술교육을 위하여 대통령령이 정하는 바에 따라 시설·장비, 문화예술교육사 및 교육프로그램 등을 갖추어야 한다. ③ 민간 교육시설의 경영자 및 교육단체는 사회문화예술교육의 지원을 위하여 시설·장비, 문화예술교육사·프로그램 및 자료 등을 지원할 수 있다.

장비를 지원하는 '사회문화예술교육 지원'에 관하여 규정하고 있는데, 국가와 지방자치단체가 사회문화예술교육을 지원하는 경우에도 무형문화유산에 관한 교육이 포함될 수 있도록 유도해야 한다.

(2) 무형문화유산 전수교육관의 현대화

1974년부터 국가와 지방자치단체의 지원으로 전국에 무형문화재 전수교육관이 건립, 운영되기 시작했다. 단체종목을 중심으로 건립되기 시작해 연차적으로 개인종목까지 확대되면서, 2013년 3월 현재 전국적으로 128개의 무형문화재 전수교육관(회관 포함)이 건립·운영[58]되고 있다. 무형문화재 예능의 개인종목인 무용이나 음악 분야는 유파별 보유자나 전수자들이 개인 연습실을 이용하고 있기 때문에 전수교육관 건립대상에서 제외된 경우가 대부분이다. 건립부지는 전승지의 자치단체가 제공하고, 건축비는 문화재청과 자치단체가 각각 50%씩 부담한다. 무형문화재전수교육관의 시설규모와 내용은 자치단체의 지원규모에 따라 차이가 있다.[59] 건립된 전수교육관은 자치단체 소유로 되어 있고, 시설관리 및 전수교육은 보유자 또는 보유단체가 수행한다. 전수교육관의 시설관리와 교육프로그램에 관한 예산은 자치단체와 문화재청의 지원으로 운영되는데 전수교육관에 따라 차이가 있다.

앞으로 무형문화재 보호와 활용을 위한 정책수립은 국가 지정 중요 무형문화재뿐만 아니라 광역시도 지방자치단체 지정 무형문화재가 동일한 정책을 시행할 수 있도록 해야 할 것이다. 각 지방자치단체와 정책

---

[58] 국립무형유산원 홈페이지(2013. 8. 11), http://nich.go.kr
[59] 최종호,「무형문화재 전수교육과 실태조사 연구용역」, 한국문화재정책학회, 2009, p. 5.

을 조율하여 지역에 따른 불균형 지원이 최소화될 수 있도록 합리적으로 제도를 개선할 필요가 있다. 정부는 지정 종목이나 지역에 따라 다소 차이가 있는 무형문화재 전수교육 지원사업의 갈등을 최소화하기 위한 정책지원을 적극적으로 모색하고, 지원사업을 다양하게 마련해야 한다. 기존의 무형문화재 전수교육관이 지역사회의 복합문화센터로서 전수교육관, 평생학습관, 향토문화관, 지역박물관, 홍보전시관, 문화상품관, 체험학습장 등[60]을 아우르는 무형유산센터로 자리 잡을 수 있도록 무형문화재 전수교육관의 정체성과 역할, 기능을 재정립할 필요가 있다.

무형문화재 전수교육관을 지역사회의 복합문화센터로서 활용할 수 있는 여건을 조성하고 지원하는 편이, 무형유산을 보전 활용하는 데 도움이 될 것이다. 무형문화재전수교육관을 관광자원화한다면 지역주민들의 생업에도 도움을 줄 수 있고, 지역경제의 활성화와 지역의 문화예술 홍보에도 실질적인 도움을 줄 수 있을 것이다. 무형문화재전수교육관은 주민들에게 열린 공간이 되어야 한다. 무형문화재전수교육관의 시설운영과 유지관리는 관련 전문기관이나 유관단체에 위탁경영을 하는 것이 경영효율을 극대화할 수 있다.[61] 전수교육관을 열린 공간으로 개방하기 위해서는 전수교육사업도 중요하지만, 지역사회의 무형유산을 보전하고 활용하는 다목적 사업을 수행할 수 있는 복합문화공간으로 활용할 수 있는 정책을 수립해야 한다.

---

60   최종호, 위의 글, p. 5.
61   위의 글, p. 6.

표 3.2 전국 전수교육관 현황

구분/시도		서울	부산	인천	광주	대전	경기	강원	충북	충남	전북	전남	경북	경남	제주	계
전수교육관수		2	3	1	1	3	15	12	10	14	13	19	10	22	3	128
입주종목	국가지정	21	3	1	1	−	6	3	3	4	6	15	4	17	5	89
	시·도지정	1	7	−	−	15	12	10	7	12	11	10	6	19	1	111
	계	22	10	1	1	15	18	13	10	16	17	25	10	36	6	200

※이 외에도 지자체에서 건립한 전수교육관 9개소 운영 중
*국립무형유산원 홈페이지(2013. 8. 10), http://nich.go.kr

(3) 전통공예의 진흥 방안 마련

무형문화유산 공예분야의 진흥을 위한 별도의 방안이 필요하다. 원재료 및 제작공정의 기술개발과 디자인·상품화를 지원하고, 전승자가 제작한 상품에 대한 전통공예품 인증, 전통공예품은행 운영, 전승자의 창업·제작·유통, 해외시장 진출 지원 등 공예와 미술 분야 전통기술 진흥을 위한 법 조항과 그에 따른 방안을 마련해야 한다. 또한 전통공예공방 클러스터(cluster)화를 통한 노하우 전수와 기술개발이 필요하다. 이것이 공예·미술 등에 관한 전통기술의 진흥과 무형문화유산 공예 분야 전승을 촉진하는 지원책이 될 수 있을 것이다.

한국은 공예·미술 분야의 독특한 소재가 될 수 있는 독창적인 문화전통과 찬란한 문화유산을 가지고 있다. 그러나 아직까지 사회적 인식의 부족, 사업장의 영세한 재무상태, 전근대적인 유통구조, 디자인 개발문제와 마케팅전략의 부재 등 여러 가지 이유로 인해 전승자들이 많은 어려움을 겪고 있다. 무형문화유산의 전형성을 유지하면서 기술적 지원과 상품화를 위한 지원을 꾸준히 한다면, 수요 창출과 전승자의 자생력 강화에 기여할 수 있을 것이다. 전통공예의 진흥을 위한 방안마련의 필요성은 다음의 예에서 절감할 수 있다.

복원 6개월 만에 기둥 갈라지고 단청 벗겨진 숭례문

국보(國寶) 1호 숭례문의 나무 기둥과 추녀의 서까래 일부가 복원 6개월 만에 갈라지고 뒤틀렸다고 한다. 2층 누각의 네 기둥 가운데 하나는 위아래 길이 1m가 넘게 갈라졌다. 지난달엔 숭례문 수십 군데에서 단청이 갈라지고 떨어져나간 것이 발견됐다. 문화재청은 2008년 숭례문이 방화(放火)로 무너지자 "혼신을 다해 원형을 복구해 1,000년 가는 자랑거리로 만들겠다"고 했다. 복원에는 5년 동안 예산 250억 원이 들어갔다. 공사에 투입된 사람도 연인원 3만 5,000여 명에 이른다. 문화재청은 대목장, 단청장, 대장장, 석장(石匠) 등 최고 기량의 인간문화재들이 공사에 참여했다고 했다. 전통 방식을 고수한다며 한복차림 일꾼들이 대패와 자귀로 나무를 다듬고 끌로 돌을 쪼는 장면을 공개하기도 했다. 이렇게 정성을 들였다는 숭례문이 1년도 안 돼 기둥이 갈라지고 단청이 떨어져 나갔으니 어처구니가 없다. (…) "나무가 제대로 건조되려면 7~10년 걸리는데 그렇게 기다릴 수 없었다"고 했다. 시간에 쫓겨 작업을 서두르다 보니 덜 마른 나무를 쓸 수 밖에 없었다는 고백이다. (…) 독일은 2차 대전 때 폭격으로 부서진 쾰른성당의 기둥 하나를 복원하는 데 10년 걸렸다고 한다. 숭례문 복원 같은 사업을 전시 효과에 매달려 5년이라는 짧은 기간에 허둥지둥 해치우려 한 데서 (…) 전통기법을 이을 기술과 재료도 없으면서 전통에 집착하는 문화재 복원은 이제 다시 생각해 볼 때가 됐다. 전통을 엉터리로 흉내 내는 것보다 전통을 재해석하고 응용하며 이 시대의 기술과 재료가 담긴 문화재를 남기는 방안도 강구해봐야 한다.[62]

---

62   "복원 6개월 만에 기둥 갈라지고 단청 벗겨진 숭례문", 조선일보, 2013. 11. 8, p. 35.

숭례문 복원사업에는 중요무형문화재 대목장, 단청장, 대장장, 석장 등 최고의 기량을 가진 무형문화재 보유자들이 참여하였다. 그러나 공들인 결과와는 다르게 많은 부분에서 문제점이 발견되고 있다. 이러한 문제점의 개선방안으로 각 지역 무형문화유산 공예 클러스터 조성을 제안한다. 이것은 지역 특산 공예 원재료 육성사업과도 맞물려 있다. 각 지방의 특정 지역을 무형문화유산 공예분야 클러스터화하여 전통공예 노하우 전수는 물론, 전통공예 원료 개발, 전통공예 원재료 재배 등을 할 수 있도록 조성하는 것이다. 또한 온·오프라인으로 인프라와 네트워크를 구축하여, 전통공예의 지식과 정보의 교환, 교육과 연구를 통한 새로운 원료의 개발, 통합적 유통과 판매까지 연결되도록 하는 것이다.

일본 가나자와(金澤)의 우타츠야마(卯辰山) 공예공방 사례를 살펴보면 좋은 예가 될 수 있다. 일본에서 가나자와의 공예는 최고로 인식되고 있을 뿐만 아니라, 국제적으로도 전통공예의 도시로 널리 알려졌다. 그곳 전통공예는 봉건영주의 용품이나 그에게 바치는 물건을 만드는 일을 하면서 영주의 철저한 지원과 보호정책이 계기가 되어 발전했다. 염색, 도자기, 금박, 낚시대, 낚시바늘, 오동나무조각, 종이, 완구 분야에서 공예전통의 맥을 고스란히 계승하고 있다.[63] 가나자와의 우타츠야마 공예공방은 에도시대의 '세공소' 기술과 정신을 현대적으로 계승하고, 동시에 시제(市制) 100주년을 기념하는 목적으로 1989년 11월 1일에 설립되었다. 우타츠야마는 시가를 흐르는 아사카와의 동쪽에 위치한 자연공원으로 예부터 그곳 공예를 발전시킨 명소이다. 공예공방은 지

---

63 서연호, 『일본의 지역문화 경영』, 월인, 2004, p. 74.

상 2층, 지하 2층, 철근콘크리트 기와집이다.[64] '양성한다', '보여준다', '참가한다'는 설립목표에 따라서 기술연수자를 양성하는 각종 공방(도예, 칠예, 염예, 금예, 유리예 등 5개), 공예자료를 전시하고 공방을 공개하는 각종 시설(전시관 및 견학코스), 그리고 시민 스스로 참가하는 각종 교실(상기와 같은 5개 공방) 등을 완비 · 운영하고 있다.[65]

이상과 같은 훌륭한 설비에 비하여 정규 기술연수자의 연간정원 (1997년 기준)이 불과 31명(도예 8, 칠예 5, 염예 5, 금예 5, 유리 8)이라는 사실은 말 그대로 획기적이다. 전체 3년 과정이지만 엄격한 심사를 거쳐 2년 만에 졸업이 가능하기도 하다. 졸업의 기준은 해당 분야의 우수한 전문가로서 자질과 자격을 인정받는 것이다. 연수자의 입학자격은 전공분야의 대학을 졸업한 사람으로서 40세 이하를 원칙으로 한다. 이력서, 연수계획서, 소논문, 제출작품, 면접 등을 종합하여 선발된다. 입학금과 수업료는 무료이고, 3년 연수하는 동안 월 10만 엔의 장학금을 받는다. 연간

---

64 각종 공방은 최고와 최선의 시설을 갖추고 있다. 도예공방에는 성형실(成型室), 시유실(施釉室), 상회실(上繪室), 건조실, 요장(窯場), 등요(登窯) 및 혈요(穴窯) 등이 있다. 칠예공방에는 지하 · 중도실(中塗室), 상도실(上塗室), 시회실(蒔繪室)등이 있다. 염예공방에는 염예실, 염장(染場), 수조실, 조제보관실, 남염실(藍染室) 등이 있다. 금예 공방에는 조금실, 상감실, 마무리 착색실, 용접실, 금제거실, 강판 마무리실 등이 있다. 유리 공방에는 공중불어넣기 작업실, 가공공작실(키룬와크, 바나와크, 스텐드그라스), 절단연마실, 자료조정실 등이 있다. 또한 이상과 같은 공방들은 석고원형실과 공작기계실을 공동으로 사용한다. 1층과 2층의 전시실에는 에도시대에 세운 '세공소'에 관한 자료 공예발전사에 관한 자료, 각종 기법 및 재료에 관한 자료, 공방활동에 관한 자료 등이 상세히 전시되어 있고, 공예 살롱과 공예품 수장고가 함께 마련되어 있다. 지하 1층에는 디자인실과 공예에 관한 문헌자료실이 훌륭하게 갖추어져 있다. 9,200평방미터의 대지에 1,356평방미터의 연상면적, 2,200평방미터의 총건평이다.

65 서연호, 위의 책, p. 73.

예산은 2억 2,000만 엔인데 99퍼센트가 시에서 지원된다.[66] 이곳의 공예공방장(工房長)은 유명한 작가로서 강사를 겸한다. 도예공방은 전임 2명, 강사 13명(시내거주 8명, 현외거주 5명), 칠예공방은 전임 1명, 강사 10명(6, 4), 염예공방은 전임 1명, 강사 9명(6, 3), 금예공방은 전임 1명, 강사 10명(6, 4), 유리공방은 전임 3명, 강사 5명(5) 이 밖에 디자인 · 이론 · 조형의 기초분야는 강사 17명(7, 10)이다. 불과 몇 명의 연수자들을 위해 일본 최고 장인 및 전문(작가와 기술자)강사 72명이 교과지도에 초빙되고 있는 것도 획기적인 사례가 아닐 수 없다. 연수자 1인에 지도자 1인이 해당되는 교육체제라고 할 수 있다.[67] 가나자와 시는 전통공예를 발전시키기 위해 매년 일본 전통공예전의 일환으로 '가나자와전'을 개최한다. 시민이 자유롭게 참가하는 '시민공방'은 앞서 지적한 5개 공방별로 수시로 개설되며, 이는 초급자들을 위한 교실이다.[68] 1회 2,000엔의 수강

---

66 입소자의 현황을 보면, 1989년 20명, 1990년 12명(종료자 4명), 1991년 6명(1), 1992년(26), 1993년 27명(4), 1994년 6명(2), 1995년(26), 1996년 26명(5), 1997년 5명이다. 프랑스와 포르투갈에서 연수하러 온 특별생도 있다. 자격 미달자는 정원에 관계없이 선발하지 않는다. 현재까지 총입소자는 102명, 총종료자는 68명에 지나지 않는다. 퇴소자나 중도탈락자가 적지 않다. 그만큼 연수과정이 어렵고 고되다는 증거다. 이시카와 현 내의 출신자가 3분의 1, 현 외의 출신자가 3분의 2이고, 졸업자의 3분의 2가 가나자와 시내에서 분야별로 종사하고 하고 있다.

67 서연호, 위의 책, p. 75.

68 초중학생과 그 부모 2인이 1조가 되는 '친자 도예 체험교실'(20개조, 40명), '초중학생 칠예교실'(10인), '친자 1일 염예교실'(7개조, 14인), '친자 금예교실'(8개조, 16인), '친자 1일 유리교실'(10개조, 20인) 등이 그것이다. 어린 학생들은 이렇게 직접 공예에 대한 체험을 갖게 되고, 후일 전문가로서 성장하게 되는 것이다. 시민공방의 참가율은 매우 높다. 1990년에는 39회에 538명, 1991년에는 34회에 424명, 1992년에는 38회에 508명, 1993년에는 47회에 564명, 1994년에는 50회에 559명, 1995년에는 51회에 583명, 1996년에는 57회에 592명, 그동안 도합 316회 3,768명이 참가했다. 대체로 연간 50회 정도의 교실을 열어 공예문화, 장인문화의 저변을 넓히는 미래지향적인 운영을 하고 있다.

료와 약간의 재료비를 내는 한나절 코스도 있고, 7,000~8,000엔의 수강료에 재료비를 내는 2~3일 코스도 있다. 방학기간에는 아이들을 동반한 부모들의 코스도 있다.[69]

전통공예품의 소재, 디자인, 기법, 기술 등을 활용하여 대중적 수요에 맞는 상품으로 개발하여 성공적인 창업으로 연결하기 위해서는 전승자를 중심으로 하는 가내수공업적 공방 수준에서는 한계가 있다. 필요한 기술과 디자인을 개발하고 이를 보급 · 컨설팅 할 수 있는 산학연 협력체계 구축 및 관련 기업 · 민간투자자의 적극적인 참여를 유도할 수 있는 제도적 장치도 마련할 필요가 있다. '전통공예품'이란 〈문화산업진흥 기본법〉 제2조 제2호[70]에 따른 문화상품 중 제1항 제2호의 무형문화유산을 활용하여 경제적 부가가치를 창출하는 상품으로 정의하고 있다. 이와는 별도로 무형문화유산 전승자 인증제 및 은행제도에 관한 사항을 「무형문화유산 진흥과 관련된 법안」에 별도로 입안해야 한다. 무형유산 전승자 인증제는 전승자가 전통기술로 제작한 상품의 제작기법, 재료, 품질 등에 관하여 국가가 인증하는 것이다. 이런 인증제 등을 통해 무형문화유산 전승자가 주체가 되어 제작한 상품임을 명시하는 등 무형문화유산을 활용한 상품의 특화전략이 필요하다.

---

69 서연호, 위의 책, p. 75.

70 〈문화산업진흥 기본법〉 제2조 제2호에서 "문화상품"이란 예술성 · 창의성 · 오락성 · 여가성 · 대중성(이하 "문화적 요소"라 한다)이 체화(體化)되어 경제적 부가가치를 창출하는 유형 · 무형의 재화(문화콘텐츠, 디지털문화콘텐츠 및 멀티미디어문화콘텐츠를 포함한다)와 그 서비스 및 이들의 복합체로 규정하고 있다.

3) 정부와 단체의 무형문화유산 지원제도 개선

(1) 지원자의 인식 전환

무형문화유산의 중요성을 모든 사람들이 인식하게 하는 것은 어렵 겠지만, 강력하게 강조할 필요는 있다. 그 중요성을 인정하며, 보전하 는 것이 바로 무형문화유산 지원정책의 핵심이다. 지원자, 즉 정부는 현존하는 무형문화유산 전승자와 관객을 연결시키고, 격려하고 장려할 의무가 있다. 디지털 테크놀로지의 힘이 무형문화유산을 만들고, 나누 는 방법을 송두리째 바꾸어놓고 있다. 이런 시대에, 무형문화유산 양식 들은 변화하고 서로 융합하고 있다. 21세기에 발맞추어 나아가기 위해 서는 그것이 어떠한 것이든 무형문화유산이 참여할 공간을 찾아야 한 다. 정부는 지원금 형태의 지원뿐 아니라 무형문화유산과 현대예술, 혹 은 디지털 기술과의 융·복합도 끊임없이 주선해야 할 것이다. 무형문 화유산은 모두의 자산이기에 무형문화유산 전승자들은 지원받고 인정 받아야 하며, 젊은 세대가 문화유산을 계속 이어나가기 위해서는 그 문 화를 배우고 사랑해야 한다. 그리고 무형문화유산 또한 사회변화에 공 헌해야 한다.

무형문화유산이 왜 중요한 것일까? 무형문화유산이 본질적으로 값 진 것이기 때문일까? 무형문화유산이 경제성장을 위해, 혹은 국가 위 신, 심적 건강, 사회 결속, 아이덴티티를 위해, 행복과 안녕을 위해 필 요하기 때문일까? 이 시대의 전통예술 지원자들은 그 중요성을 최대 한 과학적으로 입증하려고 노력하고 있지만 아직 명확한 정의를[71] 내리

---

71   Dame Liz Forgan, Chair, *Achieving great art for everyone A strategic framework for the art*, Arts Council England, 2010, p. 75 참조.

기는 힘들다. 이렇게 생각해볼 때 무형문화유산을 지원하는 데 있어서 '합리적인 지원'이나 '정당한 지원'의 범주를 설정하는 일은 쉽지가 않다. 다만, 동시대 많은 이들이 공감할 수 있는 수준에서 판단할 뿐이다. 제도적 틀은 지원자뿐만 아니라 예술가와 예술을 향유하는 대중이 함께 만들어가는 것이다. 그렇게 만들어진 제도가 바로 그 사회의 문화적 수준이자 방향성이다.

앞서 논한 바와 같이 무형문화유산에 대한 지원의 정당성을 논리적으로 설명하기는 어렵다. 하지만 보편적으로 무형문화유산이 본질적 가치, 국가 위신, 심적 건강, 사회 결속, 정체성, 행복과 안녕을 줄 수 있다는 점에서 무형문화유산에 대한 지원은 분명히 필요한 일이다. 그러나 전승자들에 대한 무조건적 지원이어서는 안 된다. 수혜자 간의 불공정 해소, 일률적 재정 지원의 문제점 해소, 한정된 재원, 보유자들의 기득권 문제 등을 고려해야 할 것이다. 그러나 정부 지원자가 일일이 통제할 수는 없는 일이고 그렇게 해서도 안 된다.

문화예술 정책과 관련하여 '팔 길이 원칙(Arm's Length Principle)'이 있다. 문화예술 단체와 그 단체에 예산을 지원하는 기관 간에 그 접촉의 거리를 '팔 길이'보다 가까이하지 말라는 원칙으로, UN이 제정하여 세계의 공직자들에게 지키도록 권고한 행동강령이기도 하다. 영국을 비롯한 서구에서는 이미 보편화되어 문화정책이나 각종 규제 등의 분야에서 "지원은 하되 간섭하지 않는다"는 책임운영 원칙이 다양하게 적용되고 있다. 특히 문화예술 지원에 있어서 이 원칙을 강조하게 되는데, 문화예술 활동 자체의 자율성을 지켜주어야 하기 때문이다. 그래야 독창성이 존중될 수 있고, 또 다양성을 잃지 않게 된다는 것이다. 간섭을 하게 되면 그만큼 규제를 받게 되어 창작성과 독창성이 변질될 수 있기 때문이다.

한국의 무형문화유산 정책은 관 주도형 제도이기 때문에 지원만 하고 완전히 간섭을 하지 않는 일은 있을 수 없다. 다만 지원방식과 체계, 합리적인 예산 지원에 있어서는 정부 주도의 계획이 필요하다. 한편 무형문화유산의 예술적 속성과 다양성, 독창성을 유지하는 것은 전승자 스스로 해결해야 할 과제이다.

(2) 전승지원체계의 개선

무형문화유산으로 지정되거나 보유자, 전수조교 등으로 인정한 후에는 전승실태를 평가할 필요가 있다. 현재는 지정·인정 후 전승이 활성화되고 있거나 또는 전승이 단절됐는지 여부 등의 재평가 없이 종신제로 운영되고 있다. 무형문화유산으로 지정된 경우에도 실태에 따라 긴급보호가 필요한 경우도 있고, 활성화된 경우에는 보유자 인정 등의 운영에 변화가 필요하기 때문이다. 물론 보유자 인정과 평가의 어려움이 있다. 그러나 보유자의 전승활동이 부실할 경우 지원을 확대해야 할 상황인지, 아니면 보유자 인정을 해제해야 할 상황인지를 판단하기 위한 재평가가 필요하다. 그 일환으로 정기조사를 통한 재평가를 생각해볼 수 있다. 정기 조사와 함께 공개적인 행사와 보유자 개인이나 보유단체의 활동보고서도 참고가 될 수 있다. 매년 모든 종목에 대해 평가를 하는 것은 현실적으로 어렵기 때문에 3년 주기의 정기조사를 하되, 부분적으로 정기조사 전에 자료를 제출하게 하고 모니터링하면 될 것이다. 정기조사 결과는 지정과 인정의 취소나 해제의 근거가 될 수 있다. 이를 위하여 해제 요건에 전승활동을 일정한 기간 이상 소홀히 하거나 또는 하지 않은 경우를 법정화하여야 한다. 더불어 모니터링 결과를 통해 인센티브나 페널티 제도를 시행하는 것 또한 필요하다. 인센티브와 페널티 부여에 대한 내용은 시행령이나 시행규칙에 규정하면 될 것이다.

전승지원금의 필요 경비는 현재 보유자(보유단체)의 전승 여건을 고려하지 않고 대다수 일률적으로 월정액을 지원하는 방식과 전수조교와 이수자의 현실성이 반영되지 않은 전승 지원이 이루어지고 있다. 따라서 전승 여건의 조사를 시행하여 차등 지급하는 방안과 전업으로 전승활동에 임하는 이수자들을 전폭적으로 지원하는 방안 등으로 보완 발전해나가야 한다.[72] 무형문화유산의 효과적 전승을 위해서는 기·예능 보유자의 생계비를 보조에 머물지 말아야 한다. 해당 무형문화유산 전승에 필요한 여러 가지 물적·인적·제도적 조건이 있다. 따라서 실제 전승에 필요한 물적 지원과 인적·제도적 지원을 함께 해야 한다. 무형문화유산 전승에 필수적으로 소용되는 재료이지만 기능 보유자 개인이 구입하기 어려운 경우에는 재료를 국가에서 구입해주고, 실제적 전수에 필요한 공간을 마련해 주는 일, 그리고 수요가 없는 문화유산 작품의 구입을 확대하는 일 등의 실질적 도움을 줄 수 있다.[73]

문화재청은 중요무형문화재 전승자의 공예작품 구입을 통하여 공예종목 전승자들의 전승활동을 장려하고, 전통공예 작품을 국내외 홍보자료로 활용하고 있다. 구입 대상은 중요무형문화재 전승자 작품전, 기획전시 출품작 대한민국 전승공예대전 출품작이다. 2011년 작품구

---

72 김미경, 「무형문화재 정책 및 운영의 발전방안 연구」(배재대학교 대학원 박사학위논문, 2012), p. 149 참조.

73 임재해, 「새 전통을 겨냥한 문화재 정책방향을 찾는다」, p. 203 참조.

입은 보유자작품전 출품작으로 81명(84종 137점), 제36호 전승공예대전 우수작으로 7건(7종 7점), 공예 분야 취약 종목에 해당하는 작품을 구입하는 비용으로 53명(53종 60점)에 7억 4,270만 원을 지원하였다. 이렇게 실질적 지원을 확대하면 일률적인 금액의 생계보조비 지급으로 생기는 불공정성의 문제를 어느 정도 해결할 수 있다. 일률적 재정 지원은 자립적 기반이 취약한 종목에는 부족하고, 자생력을 갖춘 인기 종목의 경우에는 많은 도움이 되지 않는다. 문화재 지정과 동시에 출연료 수입이 확보되고 개인적으로 전수 지도를 통해 수강료를 벌어들일 수 있는 인기종목의 경우에 생계보조비를 지급하는 것은 예산 낭비라는 비판을 면할 수 없다. 한정된 재원을 효과적으로 사용하기 위해서는 실질적인 전승지원금을 지급하는 것이 필요하다. 이와 같이 정부의 재정 지원은 전승자들의 생계유지 보조를 넘어서 실제적인 전승 조건을 개선하고 전승활동을 하는 경비로 쓰일 수 있도록 개선해야 한다.

(3) 무형문화유산의 보전과 활용을 위한 법률체계의 정비 필요성
① 법률 제정의 시대적 필요성

무형문화유산의 보전과 활용을 위해서는 기존의 법률체계를 재검토해야 할 시대적 필요성이 제기되고 있다. 2003년 10월 17일 유네스코 〈무형문화유산 보호협약〉이 제정됨에 따라 회원국으로 가입한 한국은 무형문화재 보호제도와 정책의 틀을 새롭게 마련해야 할 필요성이 생긴 것이다. 또한 2011년 5월 중국이 조선족 〈아리랑〉을 자국의 '비물질문화유산'으로 지정하는 등 대외적으로 무형문화유산을 둘러싼 치열한 국제적 경쟁에 직면하게 되었다.

1962년 1월 10일 〈문화재보호법〉이 시행된 이래 한민족의 전통생활 방식에 녹아 있는 무형문화재를 보호하기 위한 각종 정책을 시행했다. 그 결과, 도시화·산업화 속에 사라질 위기에 처한 전통문화를 보호하는 데 일정한 성과를 거두었다. 그러나 기존 〈문화재보호법〉의 해당 내용은 유형문화재를 중심으로 구성되어 있다. 또한 무형문화재 범위의 협소화와 무형문화재 원형유지의 원칙으로 인해 창조적 계승·발전이 저해된 면도 있다. 또한 전통공예품의 사회적 수요가 축소된 까닭에 공예기술의 전승 단절 위기가 높아졌고, 사회 환경 변화로 인한 도제식 전수교육의 효용성 부족, 지식재산권을 둘러싼 무형문화유산 분야의 사회적 갈등 발생 등 무형문화유산의 보전 및 진흥을 위한 새로운 제도적·법적 뒷받침이 요구된다. 이에 무형문화유산의 범위를 유네스코의 기준에 맞추어 대폭 확대하고, 보전 및 진흥의 원칙을 전통과 현대의 조화를 꾀하는 방향으로 변경하는 한편, 대학을 통한 무형문화유산 전수교육 제도를 도입하여, 전통 기술은 물론 현대적 디자인, 경영기법, 지식재산권 등에 관한 지식을 함께 학습함으로써 전통문화를 창조적 계승·발전시킨다는 목적을 두고 법을 제정해야 한다. 또한 무형문화유산의 브랜드화, 전통공예품 인증·은행제 도입, 전승자의 창업·제작·유통 지원, 해외 전시·공연 등 국제교류 지원, 지식재산권의 적극적 보호 등 무형문화유산의 사회적 수요를 진작시킬 수 있는 활용정책을 마련해야 한다. 그리고 무형문화유산 전승자의 전승 의욕을 고취시키고, 전통문화의 자생력을 높이는 한편 인류무형문화유산 등재를 확대하여 한국의 독특한 전통문화를 세계에 널리 알리는 기반을 공고히 할 수 있도록 새로

운 무형문화유산법이 제정되어야 한다.[74]

법률 제정의 목적은 무형문화유산을 보전하고 진흥하여 전통문화를 창조적으로 계승하고 국민의 문화적 생활 향상을 꾀하며 인류문화의 발전에 기여하는 방향으로 해야 한다. 현행 유형문화재 중심의 〈문화재보호법〉[75]상 문화재 중 무형문화재를 따로 분리하여 규정하고, 〈무형문화유산 보호협약〉의 성격과 정책 방향에 부합되도록 '무형문화유산'으로 다루어야 하기 때문이다. 〈문화재보호법〉은 지난 50년간 무형문화재를 보존하기 위해 각종 시책을 시행한 결과, 전통문화를 보호하는 데 일정한 성과를 거두었으나, 사회적 수요 부족으로 전승 단절 위기에 처해 있는 무형문화유산이 많은 실정이다. 무형문화유산은 고정된 것이 아니라, 〈무형문화유산 보호협약〉에서 규정한 바와 같이[76] 사회문화적 환경과의 조우를 통해 끊임없이 변화하고 재창조되는 것이다. 따라서 무형문화유산의 전승 과정에서 재창조된 것들도 제도적 틀 안에서 보전·전승될 수 있도록 해야 한다. 여기에서 새로운 법률 제정의 의의를 찾아야 한다.

---

74 본 장은 조혜진 의원 대표발의로 현재 추진되고 있는 「무형문화유산 보전 및 진흥에 관한 법률안」과 교육문화체육관광위원회 박명수 전문위원의 검토보고서(2013. 6) 참고.

75 〈문화재보호법〉 제1조는 "문화재를 보존하여 민족문화를 계승하고 이를 활용할 수 있도록 함으로써 국민의 문화적 향상을 도모함과 아울러 인류문화 발전에 기여함"을 목적으로 하고 있다.

76 〈무형문화유산 보호협약〉 제2조 1. "무형문화유산"이라 함은 공동체, 집단 및 개인들이 그들의 문화유산의 일부분으로 인식하는 실행, 표출, 표현, 지식 및 기술뿐 아니라 이와 관련된 전달 도구, 사물, 유물 및 문화 공간 모두를 의미한다. 세대를 통해 전해오는 이 무형문화유산은 공동체와 집단이 그들의 환경에 대한 반응, 자연과의 교류, 존재의 역사적 조건에 대응하여 끊임없이 재창조하며 이들에게 정체성 및 지속성을 제공하여 문화적 다양성과 인류의 창조성에 대한 존중을 증진시킨다. 동 협약의 목적상 무형문화유산과 관련되는 것은 공동체, 집단, 개인의 상호 존중에 대한 요구 및 지속 가능한 개발뿐 아니라 현존하는 국제 인권과 양립하여야 한다. 2.~5. (생략)

② 〈문화재보호법〉과 〈무형문화유산 보전 및 진흥에 관한 법률(안)〉 비교

문화재청은 〈무형문화유산 보전 및 진흥에 관한 법률〉(이하 "무형문화유산법") 제정을 추진하고 있다. 현 〈문화재보호법〉 체제로는 앞의 법률 제정의 의의에서 논한 것처럼 시대적 변화를 수용하기 어렵기 때문이다. 따라서 시대적 상황을 반영하여 무형문화유산의 가치 및 활용성 제고를 위한 법률적 근거는 꼭 필요하다. 〈무형문화유산법(안)〉은 「무형문화유산의 보전 및 진흥에 관한 법률 제정 연구용역」(2011년 7~12월/인하대학교 산학협력단)을 실시하여 「무형문화유산 보전 및 진흥에 관한 법률안(가칭)」을 마련(2012년 1월)하였으며, 조해진 국회의원이 2012년 11월 7일 「무형문화유산 보전 및 진흥에 관한 법률안」을 대표 발의하였고, 문화체육관광방송통신위원회에 2012년 11월 8일 상정되었다.[77]

〈무형문화유산법(안)〉은 무형문화유산의 범위를 유네스코의 기준에 맞추어 대폭 확대하고, 보전 및 활용의 원칙을 전통과 현대의 조화를 꾀하는 방향으로 변경하였다. 또한 보유자(보유단체)가 없는 종목 지정제도를 추가하고, 대학을 통한 무형문화유산 전수교육제도를 도입하고, 이수증 발급 심사 및 발급권자를 보유자(보유단체)에서 문화재청으로 변경하여 전승체계의 개선을 꾀하고 있다. 더불어 전통공예품 인증제 및 전통공예 은행제 도입, 전통공예의 창업 · 제작 · 유통 지원 등의 내용을 포함하고 있다.

본 절에서는 〈문화재보호법〉(이하 "현행")과 〈무형문화유산법(안)〉(이하 "제정(안)")의 주요 내용을 비교해보고자 한다.

첫째, 법률 용어가 수정되었다. 무형문화재를 무형문화유산, 보유자

---

77 문화재청 홈페이지(2013. 10. 23), http://www.cha.go.kr

또는 보유단체를 전승교수 또는 전승단체, 중요무형문화재를 국가무형
문화유산, 시·도지정문화재를 시·도무형문화유산과 이북5도 무형문
화유산으로 변경하고 있다. 전반적으로 무형문화재에서 무형문화유산
의 개념을 체용(體用)하고 있다.

둘째, 무형문화유산으로 범주를 확대[78]하고 있다. 현행은 기능과 예
능으로 범주를 한정하고 있지만, 제정(안)에서는 전통적 공연·예술, 공
예, 미술 등에 관한 전통기술, 한의약, 농경·어로 등에 관한 전통지식,
구전 전통 및 표현, 의식주 등 전통적 생활관습, 민간신앙 등 사회적 의
식(儀式), 전통적 놀이·축제 및 기예·무예 등으로 확장하여 유네스코
협약의 카테고리를 한국적으로 수용하고 있다.

셋째, 보전원칙에 변경[79]이 있다. 현행에서는 원형유지를 원칙으로
하는 반면, 제정(안)에서는 민족정체성 함양, 전통문화의 계승 및 발전,
무형문화유산의 가치 구현과 향상에 중점을 두어 전형(典型)성의 개념
을 도입하여 제정하였다.

넷째, 지정제도를 추가[80]하고 있다. 보유자와 보유단체를 반드시 병
행 지정하던 조항을 전승교수 또는 전승 단체가 없이도 지정이 될 수
있도록 신설한 조항이다. 따라서 법률이 발효될 경우 아리랑과 김장문
화 등도 국가무형문화유산 종목으로 지정될 수 있도록 하였다.

다섯째, 이수증 심사 및 발급 주체가 변경[81]되었다. 현행 법률에서는
보유자 또는 보유단체가 발급하고 있으나 이를 문화재청장이 심사하여

78　〈무형문화유산 보전 및 진흥에 관한 법률(안)〉 제2조.

79　〈무형문화유산 보전 및 진흥에 관한 법률(안)〉 제3조.

80　〈무형문화유산 보전 및 진흥에 관한 법률(안)〉 제8조.

81　〈무형문화유산 보전 및 진흥에 관한 법률(안)〉 제27조.

발급하는 안을 제시하였다. 이 조항은 이수증 발급의 공정성과 이수자들의 기량 강화를 목표로 하고 있다.

여섯째, 전수교육 방법이 추가[82]되었다. 현행 도제식 전수교육에서 대학을 통한 전수교육 조항을 추가하였다. 이는 시대적 변화를 반영한 것이다. 그러나 고등교육을 통한 전수교육만이 능사는 아니다. 무형문화유산의 본질은 사람이 중심이 되어 전승되는 것이다. 따라서 도제식 교육방식을 완전히 배제한다면 무형문화유산의 본질에 큰 손상을 가져올 수도 있다. 체계적인 교육방식과 도제식 교육방식을 적절히 혼용하여 운영해야 할 것이다.

일곱째, 시장신뢰성 제고와 공예품 수요증대를 위한 전통공예품 인증제 및 은행제,[83] 무형문화유산 전승자들의 자생력 확대 및 관광자원화를 위한 창업 · 제작 · 유통의 조항,[84] 무형문화유산을 통한 해외선양을 목적으로 하는 국제교류 지원 조항,[85] 공유와 확대 및 창작의욕 고취 및 전승자의 권리 보호를 위한 지식재산권 보호 및 창출 조항,[86] 전승질서 확립을 위한 전승자 권리보호 조항[87] 등은 제정(안)에서만 신설된 조항들이다.

마지막으로 무형유산법(안) 집행 기관 신설에 관한 조항[88]이다. 본

---

82 〈무형문화유산 보전 및 진흥에 관한 법률(안)〉 제31조.

83 〈무형문화유산 보전 및 진흥에 관한 법률(안)〉 제42조, 제44조.

84 〈무형문화유산 보전 및 진흥에 관한 법률(안)〉 제45조.

85 〈무형문화유산 보전 및 진흥에 관한 법률(안)〉 제46조.

86 〈무형문화유산 보전 및 진흥에 관한 법률(안)〉 제52조.

87 〈무형문화유산 보전 및 진흥에 관한 법률(안)〉 제54조.

88 〈무형문화유산 보전 및 진흥에 관한 법률(안)〉 제47조.

조항을 통해 한국무형문화유산진흥원(법인)을 신설하여 창업·제작·유통 지원, 전통공예센터(전시·판매) 운영, 새터민·다문화가정과 해외입양인을 대상으로 하는 전통문화(국악) 교육기관 운영, 전통공예품 인증, 은행제 운영 등의 사업을 집행하는 무형문화유산 진흥정책 집행기관 설립을 목적으로 하고 있다.

(안) 제47조(한국무형문화유산진흥원)

① 문화재청장은 무형문화유산의 진흥에 관한 사업과 활동을 효율적으로 지원하기 위하여 한국무형문화유산진흥원(이하 "진흥원"이라 한다)을 설립한다.

② 진흥원은 법인으로 한다.

③ 진흥원은 다음 각 호의 사업을 한다.

   1. 전통공예품 제작기술 및 디자인 개발, 상품화 지원

   2. 전통공예품 인증 및 판매 사업

   3. 전통공예품의 구입, 대여, 전시 등 전통공예품은행 운영

   4. 전통공연 브랜드화사업 및 국내외 공연활동 지원

   5. 무형문화유산에 관련된 개인 또는 단체와의 상호연계 협력사업

   6. 새터민, 다문화가정에 대한 전통문화 교육 및 체험 사업

   7. 해외입양·해외이주 한민족에 대한 전통문화 교육 및 체험 사업

   8. 그 밖의 무형문화유산 진흥에 관한 사업

④ 진흥원에는 정관으로 정하는 바에 따라 임원과 필요한 직원을 둔다.

⑤ 진흥원에 관하여 이 법에 규정하는 것 외에는 〈민법〉 중 재단법인에 관한 규정을 준용한다.

⑥ 진흥원 운영에 필요한 경비는 국고에서 지원할 수 있다.

이 제정(안)은 무형문화유산의 진흥에 관한 사업과 활동을 효율적으로 지원하기 위하여 법정 법인으로 '한국무형문화유산진흥원'을 신설하려는 것이다. 법인설립 시 사업을 안정적으로 추진하고, 진흥원의 운영에 필요한 경비를 국고에서 지원받을 수 있게 된다.[89] 그러나 현재 '무형문화재 보호 및 활용과 관련한 사업'은 '한국문화재재단'에서 수행하고 있거나 기구를 재편하여 수행할 수 있다. 따라서 안 제47조 제3항 각 호의 사업내용 중 제1호와 제4호 및 제5호의 사업은 한국문화재재단[90]에서 실시 중이며, 제3호 전통공예품은행사업은 동 재단에서 동일 기능의 사업을 실시하고 있다. 제6호 및 제7호의 사업 또한 그 대상에서 차이가 있으나 동 재단에서 유사기능의 사업을 실시하고 있다는 점에서, 새로운 재단을 만드는 것보다는 한국문화재재단 내에 무형문화센터를 두고 무형문화유산 진흥사업을 수행할 수 있도록 하는 것이 효과적이다.[91] 또한, 문화재청 소속기관으로 국립무형유산원[92]이 무형유산의 전시·공연, 무형유산의 조사·기록·지식 관리, 세계 무형유산의 허브기관으로서의 국제협력 등의 주요 업무를 수행할 것이기 때

---

89   박명수, 「무형문화유산 보전 및 진흥에 관한 법률안-검토보고」, 국회 교육문화체육관광위원회 전문위원실, 2013. 6, p. 93.

90   현재 〈문화재보호법〉에 따라 '한국문화재보호재단'이 설립·운영 중에 있다.

91   박명수, 앞의 보고서, p. 93 참조.

92   국립무형유산원 조직 및 시설 개요
  • (조직·인력) 2팀(기획운영팀, 전승지원팀) 15명 *단장(4급)
  ※설립추진단 별도정원 확보: 5명(4급 1, 5급 1, 연구관 1, 6급 2)
  • 소재지: 전주시 완산구 동서학동 896-1(옛 전라북도 산림환경연구소 부지)
  • 총사업비: 759억 원
  • 사업기간: 2006~2013년(8개년) *2013년 4월 준공
  • 시설규모: (부지면적) 59,930㎡, (건축 연면적) 29,615㎡ / 지하 1층~지상 5층
  • 시설내역: 공연장(3), 전시관(6) 및 아카이브, 교육관, 국제교류관 등

문에, 업무의 유사 · 중복성이 있는 동 진흥원 신설은 조직의 중복화를 초래하고, 효율성이 떨어질 수밖에 없으며, 국가재정 투입으로 직결되어 재정 건전성에도 문제가 있을 수 있다.

이와 관련하여 기획재정부도 진흥원 설립에 대하여 신규 설립에 소요되는 경비와 인원 소요 등을 이유로, 기 설립된 '한국문화재재단'을 활용하는 방안을 제시[93]하고 있으므로, 진흥원 설립 추진(안)에 대한 조항은 삭제하고, 한국문화재재단 내에 무형문화유산 진흥센터를 설치하는 조항으로 수정하는 것이 바람직하다.

〈문화재보호법〉과 〈무형문화유산 보전 및 진흥에 관한 법률(안)〉의 주요 내용을 비교해보면 〈표 3.3〉과 같다.

표 3.3 〈문화재보호법〉과 〈무형문화유산법률(안)〉의 주요 내용

구분	현행	변경	비고
용어변경	무형문화재 보유자(보유단체) 중요무형문화재 시 · 도지정문화재	무형문화유산 전승교수/전승단체 국가무형문화유산 시 · 도 무형문화유산/이북5도 무형유산	
무형문화유산 범위 확장 (제2조)	기능, 예능	전통적 공연 · 예술 공예, 미술 등에 관한 전통기술 한의약, 농경 · 어로 등에 관한 전통지식 구전 전통 및 표현 의식주 등 전통적 생활관습 민간신앙 등 사회적 의식(儀式) 전통적 놀이 · 축제 및 기예 · 무예	유네스코 협약의 카테고리 한국적 수용

93　기획재정부는 「무형문화유산 보전 및 진흥에 관한 법률안」 검토에서 수용불가의 원칙을 밝히고 있다. 관련 사업을 수행하고 있는 기존 한국문화재재단을 활용하는 것이 바람직하며, 공공부문의 경쟁력 제고, 국민 부담 경감 측면에서 별도 기관 신설은 공공기관 선진화 취지와 부적합함을 검토한 바 있다.

구분	현행	변경	비고
보전원칙 변경(제3조)	원형유지	민족정체성 함양 전통문화의 계승 및 발전 무형문화유산의 가치 구현과 향상	무형≠원형
지정제도 추가(제18조)	보유자(보유단체) 병행 지정	전승교수(전승단체) 없는 종목 지정 가능 긴급보호무형유산 지정 제도 추가	아리랑, 김장문화 등
이수증 심사, 발급 주체 변경(제27조)	보유자 (보유단체)	문화재청장이 심사를 거쳐 발급	기량 강화
전수교육 방법 추가 (제31조)	도제식 전수교육	대학을 통한 전수교육 추가 (전수대학 선정, 재정지원 등)	시대적 변화 반영
전통공예품 인증제 (제42조)	없음	전승자가 제작한 전통공예품 국가 인증	시장 신뢰성 증대
전통공예품 은행제 (제44조)	없음	전통공예품 은행에서 체계적인 작품 구입, 수요기관 대여, 현지 전시 지원	공예품 수요 증대
창업·제작· 유통 지원 (제45조)	없음	무형문화유산 전승자 창업 지원 전통공연 브랜드화 사업 지원 전통공예품 유통망 구축 지원 등	자생력 확대, 관광자원화
국제교류 지원(제46조)	없음	무형문화유산 국제교류(공연, 전시 등) 지원, 공예품 해외판로 개척 및 지원	해외선양
지식재산권 보호 및 창출(제52조)	없음	무형유산에 대한 국제특허출원 예방 전래된 기술체계 지식재산권 불인정 및 창조된 영역 지식재산권 인정	공유 확대, 창작의욕 고취
전승자 권리 보호(제54조)	없음	지정무형유산의 전승교수, 전승단체 외에 제3자의 명칭 사칭 금지	전승질서 확립
무형유산법 집행기관 신설(제47조)	한국문화재 보호재단 일부 기능 수행 중	한국무형문화유산진흥원(법인) 신설 • 창업·제작·유통 지원 • 전통공예센터(전시·판매) 운영 • 새터·다문화가정, 해외입양인 대상 전통문화(국악) 교육기관 운영 • 전통공예품 인증, 은행제 운영 등	무형유산 진흥 정책 집행기관

「무형문화유산 보전 및 진흥에 관한 법률(안)」은 조해진 의원(새누리당)이 2012년 11월 7일 대표 발의하였고, 2013~2014년 국회에 계류되었다. 이후 「무형문화재 보전 및 진흥에 관한 법률」(이하 무형문화재법)로 개칭되어, 2015년 3월 3일 국회 본회의를 통과했다. 이로써 국제적 기준에 부합하는 무형문화재 관리체계가 마련된 것이다.

1962년 제정된 「문화재보호법」에서 분법(分法)되는 「무형문화재법」은 ▲ 유네스코의 기준에 맞추어 무형문화재의 범위 확대 ▲ 세대 간 전승과정에서 변화하는 특성을 고려하여 '원형유지'에 대응하는 '전형(典型)유지' 원칙 도입 ▲ 대학을 통한 전수교육제도를 신설하여 기존의 도제식 전수교육과 병행 ▲ 전통기술 개발 지원, 전승 공예품 인증제·은행제 실시, 국내외 특허권 취득 방지 등 진흥 활성화 ▲ 이수증 심사와 발급주체를 보유자(보유단체)에서 문화재청으로 환원하여 이수자의 기량 강화와 심사의 공정성·투명성 제고 기반 마련 등 각종 무형문화재 보전·진흥 정책을 담고 있다. 또한 당초 별도 법인으로 설립 계획되었던 '한국무형문화유산진흥원'은 '한국무형문화재진흥센터'로 개칭되어 '한국문화재재단' 내에 설치하도록 입법되었다. 당 법안은 2016년 3월부터 시행된다.[94]

---

94 문화재청 보도자료, 2015. 3. 4, 「유네스코 기준에 맞춘 새로운 무형문화재 관리체계 도입」 참조.

3. 무형문화유산 지식재산권과 제도

1) 무형문화유산의 지식재산권

무형문화유산과 지식재산권의 관계를 살펴보기에 앞서 무형문화유산의 최신 국제규약이라고 할 수 있는 유네스코 〈무형문화유산 보호협약〉(2003)을 살펴보면 무형문화유산을 보호하기 위한 수단으로서 지식재산권의 문제가 적극적으로 취급되고 있지 않음을 알 수 있다. 하지만 협약에서 무형문화유산의 정의 및 범주로 규정하고 있는 내용들이 이미 지식재산권의 영역에서 지속적인 논의의 대상이 되어온 것은 엄연한 사실이다. 즉, 유네스코 및 세계지적재산권기구 등의 국제회의에서 무형문화유산 혹은 이와 관련한 전통지식, 전통문화표현물 등에 대한 지식재산권 문제는 공동체의 지속적인 발전과 정보 접근성 강화라는 측면에서 중요한 이슈로 다루어져 왔다.[95]

지식재산권(Intellectual Property Right)은 인간 정신으로부터 나오는 창작물에 대한 보호 권리로서, 지식소유권이라고도 하며, 지식재산권에 관한 문제를 담당하는 국제연합의 전문기구인 세계지식재산권기구(WIPO)[96]는 이를 '문학 · 예술 및 과학 작품, 연출, 예술가의 공연 · 음반

95　박성용, 「무형문화유산의 보호와 지적재산권에 관한 주요 이슈」, 『무형문화유산 보호와 지적재산권 동향과 과제』, 아태무형유산센터, 2010, p. 11.

96　세계지적재산권기구(World Intellectual Property Organization)는 1886년 저작권 문제를 위해 〈베른조약〉, 1883년 산업재산권 문제를 위해 〈파리조약〉을 발효하였다. 이 두 조약을 관리하고 사무기구 문제를 처리하기 위하여 1967년 스톡홀름에서 체결하고 1970년에 발효한 〈세계지적재산권기구설립조약〉에 따라 이 기구를 설립하였다. 1974년 UN(United Nations: 국제연합) 전문기구가 되었으며 정책결정기관인 총회를 3년마다 개최하고 회의를 연다. 발명 · 상표 · 디자인 등 산업적 소유권과 문학 · 음악 · 사진 및 기타 예술작품 등 저작물의 세계적인 보호를 목적으로 한다. 지적재산권이란 발명 · 상표 · 의장 등에 관한 공업소유권과 문학 · 음악 · 미술 작품 등에 관한 저작권의 총칭

및 방송, 발명, 과학적 발견, 공업의장·등록상표·상호 등에 대한 보호 권리와 공업·과학·문학 또는 예술 분야의 지적 활동에서 발생하는 기타 모든 권리를 포함한다'[97]고 정의하고 있다. 궁극적으로 지식재산권 보호는 창작자의 권리를 보호하고 대중으로 하여금 창작물에 대한 적법한 접근이 가능하도록 하는 데 목적이 있다.[98] 물론 지식재산권을 인정하는 범위와 보호 장치의 존재 여부도 국가에 따라 차이가 있을 수 있고, 이러한 차이는 종종 국가 간 분쟁의 원인이 되기도 한다.[99] 특히 오늘날과 같이 급속하게 변화하고 정보가 전파되는 시대에는 누군가 오랫동안 공들여 성취한 결과물이 손쉽게 사용될 수 있는 가능성이 매우 높기 때문에 선진국들을 중심으로 지식재산권 보호 조치가 강화되고 있는 실정이다.

전통문화자원에 관한 지식재산권은 전통지식과 전통표현, 전통기술 분야로 세분화될 수 있다. 전통지식은 무형문화유산협약과 세계지

이다. WIPO는 지적재산권의 국제적 보호 촉진, 국제협력을 목적으로 하며, 이를 위하여 조약의 체결이나 각국 법제의 조화를 도모하고, 개발도상국에 대해서는 지적소유권에 관한 법률 제정이나 기술 등에 대하여 원조한다. 음반·비디오 등 음악·시청각 재료의 해적판 범람을 규제하기 위하여 각국에 입법 조치를 강구하는 등의 결의를 채택하였다. 본부는 스위스 제네바(Geneva)에 있으며, 2012년 현재 회원국은 185개국이다. 한국은 1979년에, 북한은 1974년에 가입하였다.

97 Intellectual property, very broadly, means the legal rights which result from intellectual activity in the industrial, scientific, literary and artistic fields. World Intellectual Property Organization (WIPO), *WIPO Intellectual Property Handbook: Policy, Law and Use*(Geneva: WIPO, 2008) p. 3.

98 World Intellectual Property Organization (WIPO), *WIPO Intellectual Property Handbook: Policy, Law and Use*(Geneva: WIPO, 2008) p. 3.

99 오윤석, 「유전자원과 전통지식의 보호에 관한 국제적 논의방향」, 『법학연구』 14(1), 충남대학교, 2003, p. 494.

식재산권기구의 전통지식공유와 재산권 보호에 대해서 관련분야의 전문가들이 연구와 분석을 하고 있는 사항이다. 전통표현에 관한 것은 주로 저작권법에서 보호하고 있고, 전통기술에 관한 것은 주로 특허법에서 보호하고 있다. 무형문화유산의 각 영역은 매우 유동적이고 각각의 공동체마다 차이를 보이므로 외적으로 엄격한 분류 기준을 정하기는 어렵다. 예를 들어 축제는 노래, 무용, 연극, 연회, 구전 전통 이야기, 공예기술의 전시, 운동 경기, 그 밖의 다른 오락거리 등을 포함하는 복합적인 무형문화유산 표현물이다.[100] 따라서 무형문화유산협약 등에서 무형문화유산에 대한 기본적인 분류체계를 마련하고는 있지만 각각의 영역들은 배타적이기보다는 포괄적으로 보아야 한다.

앞서 논한 바와 같이 유네스코의 분류체계는 2003년 채택된 〈무형문화유산 협약〉에 나타나는데, 무형문화유산을 아래와 같이 5가지의 영역으로 분류하고 있다.

ⓐ 무형문화유산의 전달체로서의 언어를 포함한 구전 전통 및 표현
ⓑ 공연예술
ⓒ 사회적 관습 의식 그리고 축제
ⓓ 자연과 우주에 대한 지식 및 관습
ⓔ 전통적 공예 기술[101]

---

100 아태무형유산센터, 『무형문화유산의 이해』, 문화재청 · 아태무형유산센터, 2010, p. 81.

101 〈ICH 협약〉 Article 2 – Definitions. 2. The "intangible cultural heritage", as defined in paragraph 1 above, is manifested inter alia in the following domains: (a) oral traditions and expressions, including language as a vehicle of the intangible cultural heritage; (b) performing arts; (c) social practices, rituals and festive events; (d) knowledge and practices concerning nature and the universe; (e) traditional craftsmanship.

'구전 전통과 표현물' 영역에는 속담, 수수께끼, 이야기, 전설, 신화, 서사시, 노래, 시 등 매우 다양한 형태의 무형문화유산이 포함된다. '구전 전통과 표현물'은 지식, 문화적 · 사회적 가치, 집단 기억을 전달하는 데 사용된다. 무형문화유산의 영역에 '언어'를 포함시키는 문제와 관련하여 협약은 언어 자체 혹은 언어의 전반적인 부분(문법, 어휘, 구문)을 포함하지는 않지만, 이것이 무형문화유산을 전달하는 기본적인 수단이라는 점을 강조하여 '무형문화유산의 전달수단'으로서의 언어라는 표현을 추가하였다.[102] '공연예술'에는 음악, 무용, 연극, 운문의 낭송, 무언극 등이 있으며, 인간의 창의성을 반영하는 수많은 문화적 표현물들이 포함된다. '사회적 관습, 의례, 축제 행사'는 공동체와 집단의 삶을 구조화하는 습관적인 활동으로서, 많은 구성원으로 이루어지며 이들과 밀접한 관련이 있다. 사회적 관습은 이를 연행하는 사람들의 집단적 · 사회적 정체성을 재확인하며 의례와 축제 행사는 흔히 특정 시간에 정해진 장소에서 열리며 공동체로 하여금 그들의 세계관과 역사를 기억하도록 한다.[103] '자연과 우주에 관한 지식과 관습'에는 공동체가 자연환경과 상호작용을 하는 과정에서 발전시킨 지식, 방법, 기술, 관습, 표상 등이 있으며, 전통적 생태 지식, 토착지식, 지역 동식물에 대한 지식, 전통치료체계, 의례, 신앙, 입문식, 우주론, 샤머니즘, 소유의례, 사회조직, 축제, 언어, 시각예술 등 수 많은 분야가 있다.[104] '전통공예'는 무형문화유산 가운데 가장 유형적인 표현물이지만, 협약은 공예품 자체보

102　아태무형유산센터, 『무형문화유산의 이해』, 문화재청 · 아태무형유산센터, 2010, p. 64.

103　위의 책, p. 91.

104　위의 책, p. 94.

다는 주로 공예 관련 기술이나 지식에 초점을 맞추어, 장인이 계속해서 공예품을 생산하고 기술과 지식을 공동체 내의 다른 사람에게 전달하는 것에 관심을 갖는다.

표 3.4 유네스코의 무형문화유산 분류체계

영역	구분
무형문화유산을 전달하는 언어를 포함한 구전 전통 및 표현	시가, 역사, 전설 및 문화공동체의 존재의미에 관한 이야기로서의 연행 및 공적인 표현
공연예술	문화공동체의 축제 혹은 의례행사에서 이루어지는 연행 예술로서의 신체언어, 음악, 연극, 인형극, 노래, 춤을 표현하는 것
사회적 관습 · 의식 및 축제 행사	일생의례, 놀이 및 경기, 친족 및 의례적 친족의식, 정착양식, 요리법, 사회적 위치 및 위신 지정의례, 연중행사, 성별에 다른 사회적 관습, 수렵 · 어로 · 채집 관습, 거주지 및 조상에 근거한 명명법, 명주 생산 및 직조기술, 목각, 직물, 신체예술(문신, 피어싱, 페인팅 등)
자연과 우주에 대한 지식 및 관습	시간 및 공간구조, 농업활동과 그 지식, 생태학적 지식 및 관습, 약전(藥典) 및 치료관습, 우주관, 항행지식, 예언 및 탁선, 자연에 관한 주술적 · 영적 · 예언적 · 우주론적 · 종교적 신앙 및 관습, 해양학, 화산학, 환경보호 및 관습, 천문학, 기상학, 야금지식, 수와 계산체계, 축산학, 식량보존 · 준비 · 변형 · 발효, 화예, 직물에 관한 지식 및 예술
전통공예기술	신체 보호 및 장식용 의복과 장신구류, 축제나 연행예술의 의상 및 보석류, 저장 · 운반 · 임시가옥에 사용되는 물건, 장식예술 및 의례도구, 악기 및 가재도구, 놀이 혹은 교육용 장난감, 생업활동과 생존을 위한 필수 도구 등의 제작기술과 방법

출처: 함한희 엮음, 『무형문화유산의 이해』, 20세기민중생활사연구소, 2010.

한편 많은 무형문화유산은 단일 표현물에 한정되지 않고 복수 영역의 구성요소들을 포함한 경우가 많다. 예를 들면 무속의식의 경우 전통음악과 무용, 기도와 노래, 복식, 성물, 의례, 의식적 관습, 그리고 자연에 대한 예리한 인식과 지식 등이 복합적으로 관련되어 있다.[105] 이와 같은 무형문화유산은 다양한 지식재산권의 대상이 될 수 있다. 즉, 다수의 무형문화유산이 인간의 사상과 감정을 표현한 창작물인 저작물에 해당할 수 있으며, 전통지식이나 기술 등은 자연법칙을 이용한 기술적 사상의 창작으로서 고도한 것으로 산업상 이용가능하고, 신규성과 진보성의 요건을 갖출 경우 특허권에 의해 보호받을 수 있다. 이 밖에도 상표, 지리적 표시, 디자인, 영업비밀로서의 요건을 충족할 경우 상표법, 디자인보호법, 부정경쟁방지 및 영업비밀보호에 관한 법률에 의하여 보호를 받을 수 있다.[106]

그런데 WIPO에서는 포괄적 의미를 지닌 '무형문화유산'이라는 개념 대신 전통문화 표현물, 전통지식 등의 개념을 사용하고 있다. WIPO에서는 왜 전통지식과 전통문화표현물을 하나로 취급하지 않고 나누어 다루고 있는가? 이것은 전통지식과 전통문화표현물의 각 영역에서 구체적으로 발생하는 법적·정책적 문제들에 대응하기 위함이다.[107]

2) 전통지식 지식재산권의 보호와 제도정비

(1) 전통지식 지식재산권 관계법령과 제도

전통지식은 무형문화유산협약과 세계지식재산권기구의 전통지식 공유와 재산권 보호에 대해서 관련분야의 전문가들이 연구와 분석을

---

105   위의 책, p. 85.

106   충남대학교 산학협력단, 『지적재산권 관점에서 바라본 무형문화유산의 개념 및 보호방안 연구』, 국립문화재연구소, 2011, p. 29.

107   충남대학교 산학협력단, 위의 책, p. 29.

하고 있는 사항이다. 전통지식에 관한 IGC초안(Draft)은 전통문화 표현물의 초안과 비교할 때 아직 충분히 구체화되지 못한 채 미완성의 내용이 많이 포함되어 있으며, 전통지식의 개념과 보호 요건에 대해서 아직까지 합의가 되지 못한 채 다양한 옵션들이 제안되고 있다.

첫 번째 옵션은 전통지식을 "토착 또는 지역 공동체 내에서 집단적으로 창출되고 보존 및 전승되어온 노하우 기술(skills) 혁신관행(practices)과 학습(learning)을 포함하는 지식으로" 정의하고 있다.[108]

두 번째 옵션은 전통지식을 4가지 요소로 구분하여 보다 상세한 정의를 하고 있다. 즉, (a) 전통지식은 역동적이며 진화한다. 그것은 다양한 전통적 컨텍스트에서의 지적 활동들의 결과이며, 코드화된 지식체계를 포함한 공동의 프레임워크에 내재된 과학적 지식, 기술(skills), 기능(competencies), 혁신, 관행(practices)과 가르침(teaching)을 포함하며, 환경과 지리적 조건 및 기타의 요소들이 변화함에 따라 계속해서 발전하고 진화하며 널리 사용된다. 토착민과 토착국의 토착지식은 자기결정권과 개발권의 원칙에 따라 보호되어야 한다. (b) 전통지식은 공동의 조상전래의(ancestral), 영토의 정신적·문화적·지적·물질적 유산의 일부이다. (c) 전통지식은 다양한 형태로 세대에서 세대로 전승되며, 양도불가능하며, 불가분적이고 시효로 소멸되지도 않는다(imprescriptible). (d) 전통지식은 본질적으로 생물다양성 자연자원과 연결되어 있으며, 전통적인 생활방식에 체화된(embodied) 문화적·사회적·인간적 다양성을 유지시킨다.[109]

---

108 위의 책, p. 30.

109 위의 책, p. 34.

세 번째 옵션은 전통지식을 "전통적 컨텍스트에서 지적 활동으로부터 발생하는 노하우, 기술, 혁신, 관행과 학습"으로 간략히 정의하고 있다.

무형문화유산은 집단 구성원 스스로가 자신들의 문화로 인정하는 '공동체성'을 갖고, 특정 집단 구성원들의 전통적 지식, 기술, 관습의 전형적인 것으로서의 '대표성'을 가지며, 집단 구성원에게 동질감을 심어주고 사회적 통합에 기여하는 '포괄성'을 가지는, 전통적이고 동시대적이며 살아 있는 것이다.[110] 이와 같은 특성을 가진 무형문화유산을 보호하기 위해서는 해당 공동체 등의 적극적인 참여가 필요하다. 전통과 관습을 실연하는 공동체나 집단들은 지식이나 기술을 전수하는 자신들만의 체계를 지니고 있기 때문이다.[111]

무형문화유산을 보호하는 것은 지식, 기술, 의미를 전수하는 것이며, 이것은 춤, 음악, 악기, 공예 등 구체적인 표현물의 창조라기보다는 세대 간의 전수 내지 전달 과정에 초점을 맞춘다. 끊임없이 변화하며 살아 있는 무형문화유산을 과거의 것으로 화석화시키지 않고 유지해나가기 위해서는, 무용 공연이나 노래, 악기, 공예품과 같이 구체적인 표현물을 생산하기보다는, 세대 간 무형문화유산의 전수, 소통과 관련된 과정에 초점을 맞추어야 한다. 이러한 의미에서 무형문화유산의 '보호(safeguarding)'란 무형문화유산이 현세대의 삶에 중요한 일부가 되어 내일의 세대에 전해질 수 있도록 하는 것이며,[112] 그것의 끊임없는 재창조와 전수를 강조한다. 따라서 단순한 'protection'이나 'conservation'의

---

110 위의 책, p. 37.

111 아태무형문화유산센터, 『무형문화유산의 이해』, 문화재청·아태무형유산센터, 2010, p. 18.

112 위의 책, p. 18.

개념과는 다르다.

한편, 지식재산권의 보호대상이 되는 지식재산은 인간의 창조적 활동 또는 경험 등에 의하여 창출되거나 발견된 지식·정보·기술, 사상이나 감정의 표현, 영업이나 물건의 표시 등을 포함하는데,[113] 이러한 지적재산은 인간의 창조적 활동이나 경험, 사상이나 감정 그 자체가 아니라 이들이 외부로 창출되거나 표현된 것이다. 그 결과 무형문화유산 중에는 지적재산권에 의해 보호될 수 있는 부분도 있지만 보호받지 못하는 부분도 존재한다. 특히 유네스코는, 무형문화유산은 변화하면서 공유적 성격을 지니고 있으며, 종종 집단적으로 소유한다는 사실 때문에 지적재산권법 체계에 적합하지 않다고 평가하기도 했다.[114]

정리해보면, 전통지식의 개념은 크게 두 가지로 분류된다. 하나는 협의의 전통지식으로서, 전통적(traditional)·생태학적(ecological)·의학적(medical) 지식으로서의 기술적 노하우(technical know-how)와 관계되는 전통지식을 말하고,[115] 다른 하나는 광의의 전통지식으로서 전통에 기반을 둔 지적활동의 산물로서 파생되는 산업, 문학, 예술, 과학 분야의 결과물 전체를 말한다.[116] 하지만 아직까지 전통지식이 무엇인지에 대한 사회적 또는 국제적 합의는 없으며 WIPO를 중심으로 계속 논의되고 있다. 전통지식은 사용되는 과정에서 개량(innovation)이 추가되는데, 예컨대 기존의 전통지식에 신재료를 추가하거나 프로세스를 효율화하

---

113   〈지식재산기본법〉 제3조 제1호.

114   아태무형유산센터, 앞의 책, p. 65.

115   WIPO, *Consolidated analysis of the legal protection of traditional cultural expressions/expressions of folklore*(2003. 5. 2), p. 6.

116   송영식·이상정·김병일 공저,『지적재산법』, 세창출판사, 2009, p. 391.

는 것이 개량에 해당한다. 개량은 전통지식의 본질을 변화시키지 않는 범위 내에서 그 가치를 증대시키는 행위이고, 전통이라고 하는 본질은 계속 유지시키는 것을 말한다.[117]

전통지식을 형태적 측면에서 보면 개념적 구분이 일정 부분 드러나 겠지만 그 내면적 특성을 살펴보면 정의 도출이 단순하지 않다. 이것의 특성상 서면에 의한 보존보다는 개인의 경험을 통해 습득되고 구전으로 계승되어, 축소적이고 분할적인 서양 과학과는 달리 정합적인 속성을 지니고 있기 때문이다. 즉, 정신적 요소와 실용적 요소가 복합적으로 구성되어 있고, 문화적 표현과 기술적 측면에서 다양한 장르를 포함하며, 지식의 논리 구조가 해당 지역의 자연 · 문화 환경에 의해 점진적으로 생성되어 그 특성이 명확하게 나타나지 않는다.[118] 따라서 전통지식에 관한 형태 · 기능뿐 아니라 전체적이고 체계적인 특성의 파악을 위해 문화적 배경 및 맥락의 이해가 필수적으로 요구된다.[119]

전통지식에 관한 국제논의가 본격적으로 전개되는 가운데, 국내에서도 국제논의 동향을 주시하면서 전통지식에 관한 현황 실태와 향후 대책을 점진적으로 모색하기 시작했다. 전통지식 사업에 관련한 주요 정부부처는 보건복지부, 농촌진흥청, 특허청, 문화재청으로서 사업목적은 크게 발굴조사 및 DB화, 지식재산권 보호방안, 자원화 및 활용방

---

117 양대승, 「전통지식, 전통문화표현물과의 비교적 관점에서 본 무형문화유산의 개념과 특성」, 『무형문화유산 보호와 지적재산권 동향과 과제』, 아태무형유산센터, 2010, p. 63.

118 WIPO GRTKF/IC/3/8., Elements of a sui generis system for the Protection of Traditional Knowledge, 2002.

119 강석훈 · 이지훈, 「전통지식 발굴조사 방법론 구축과 지식재산권 연계 방안」, 『문화정책논총』 26집, 한국문화관광연구원, 2012, p. 84.

안으로 구분된다.[120] 그중 지식재산권 보호방안으로 전통지식의 법적 보호체계를 수립하는 과정에서 방어적 보호 방안, 즉 국제기구에서 인정한 지식재산권의 범주에 속하는 법적 권리와 더불어 독자적 보호 내에서의 법적 권리도 함께 획득하여 다각적 측면에서 특정 전통지식을 전략적으로 보호하는 정책이 필요하다.[121] 가령 전통지식에 속하는 특정 식품이 있다면 지리적 표시제, 상표권, 디자인권 등록에 더하여 식품에 사용되는 주요 식물에 대한 식물종 권리 확보에 주력하는 한편, 식품의 오랜 이용에서 발생한 생산조직 및 주요 생산자는 전통식품 명인지정제를 통해 보호 권리를 마련하고, 식품에서 비롯된 고유한 민속문화는 무형문화재로 지정하는 것을 말한다.[122] 하나의 전통지식을 두고 연계되는 핵심 키워드를 추출 후 이에 관한 법적 보호체계를 함께 수립하고, 이것을 유기적으로 연결하여 일관화된 시스템 아래에서 관리한다면 국제사회 법적 권리 획득의 공고한 방어 기반을 마련할 수 있다. 그리고 바로 이 과정에서 앞서 제시한 전통지식 발굴조사 방법의 연계가 요구된다. 국제사회에서 요구하는 전통지식 요건 기준을 충족하는지 우선적으로 검증한 이후 법적 대응의 검토로 나아가야 하기 때문이다.[123]

조사 과정에서는 요건 검증 이외에 크게 두 가지 내용을 추가하여 파악해야 한다. 첫째, 발굴 과정에서 확보한 특허 · 비특허 문헌을 DB화하여 국제분쟁 특허심사에서 기능하는 PCT 최소문헌 등록에 얼마

---

120   강석훈 · 이지훈, 위의 글, p. 86.

121   위의 글, p. 98.

122   위의 글, p. 99.

123   위의 글, p. 99.

나 기여할 수 있는지 그 현황을 살피는 것이고 둘째, 요건 검증 과정에서 추출된 관련내용을 토대로 어떠한 법적 체계를 수립하여 유기적으로 연계할 수 있는지의 가능성을 살피는 것이다.[124] 이 내용을 정리하면 다음과 같다.

표 3.5 전통지식 발굴조사와 법적 보호체계의 연계과정

1. 전통지식 발굴조사			
속성핵심조사	기초환경조사	전승문화조사	활용실태조사
각 부처별로 특화된 전문 분야를 맡아 연계협력조사 실시			

▼

2-1. 전통지식 요건 검증	2-2. 특허·비특허 문헌의 DB화
토착사회의 구체적 증거물	발굴과정에서 특허·비특허 문헌확보와 DB화
토착사회의 세대 간 전수과정	
토착사회의 자연·문화 배경	한국 전통지식 포털(특허청)등록 및 PCT 최소문헌 등록 가능 여부 확인
토착사회의 활용실태	

▼

3. 법적 보호체계 수립 현황 및 등록 가능 여부 파악		
특허청	농림수산식품부	문화재청
① 지리적 표시제 단체표장 ② 상표권 ③ 특허권 ④ 디자인권 ⑤ 저작권	① 지리적 표시제 ② ISO 9000 시리즈 ③ 전통식품명인지정제	① 무형문화재
비고	비고	비고
①~⑤: WIPO 보호법 범주	① WIPO 보호법 범주 ② ISO가 제정한 품질규격 ③ 독자적 보호법	① 유네스코 보호법 예비단계

출처: 강석훈·이지훈, 앞의 글, p. 99.

---

124 위의 글, p. 99.

전통지식이 국제사회로부터 보호받고 지역사회, 나아가 국제사회의 블루칩으로 인정받기 위해서는 다음의 프로세스를 유기적으로 거쳐야 한다.

① 전통지식의 효과적인 발굴조사
② 명확한 요건검증
③ PCT 최소문헌 등록을 위한 DB화
④ 법적 보호체계 수립

하나의 전통지식이라도 국제사회에서 제대로 공인받고 산업적으로 성공을 거두려면 그동안 부처별로 행해온 개별 사업들을 일관된 관점에서 통합·수렴하고, 각 부처의 특성에 맞는 역할분담 체제를 새로이 편성하여 지식재산권 보호를 위한 실질적인 시스템과 법률체계를 마련해야 한다.[125]

무형문화유산을 현대의 지식재산권법 체계에 적용하는 작업은 무형문화유산의 보호라는 임무를 수행하는 데 가장 힘든 문제 중의 하나이다. 우선 지식재산권을 보호하기 위해서는 실연자가 그러한 권리를 가지고 있어야 한다. 실연자가 그러한 권리를 가지기 위해서는 법이 정한 몇 가지 요건을 극복하여야 한다.[126] 법이 정한 신규성, 차별성, 또는 독창성 등은 무형문화유산에 적용시키기에는 너무 엄격한 요건들이다. 그러나 여러 나라와 국제기구들 그리고 민간기구들이 그러한 법적 요

---

125 위의 글, p. 100.

126 박필호, 「무형문화유산 실연자들의 지적재산권 보호」, 『무형문화유산 정보의 구축과 공유』, 아·태무형문화유산센터, 2011, p. 253.

건을 극복하기 위하여 다각적인 노력을 기울이고 있다.[127]

앞서 논한 바와 같이 무형문화유산 전통지식이란 어떤 특정 공동체의 토착민이 보유하고 있는 지식이다. 이는 또한 "전통에 근거를 둔 문학, 예술 또는 과학적 작품, 공연, 발명, 과학적 발견, 표시, 이름과 기호, 공개된 정보, 그리고 산업적, 과학적, 문학적, 예술적 분야에서 지적 활동의 결과로 나타나는 기타의 모든 전통에 기반한 혁신과 창조"를 가리키기도 한다.[128] 공동체들에게 전통지식은 전반적 세계관의 일부를 형성하는 것이며 그들의 생활방식이나 문화적 가치, 종교적 믿음과 관습 법적 체계로부터 분리할 수 없는 것이다.[129] 전통지식은 소위 선진사회 구성원이라 일컫는 자들이 종종 전통의술의 원리를 추출하여 특허를 내는 방법으로 그 자신들의 이익을 위해 사용하는 방법으로 오용되기도 한다.

오늘날 전통지식 보유자들은 그 지식을 유지하고 후대에 전승시키는 일을 수행하는 데 많은 어려움을 안고 있다. 국·내외적으로 전통지식을 보호할 수 있는 관련 정책이나 법적 제도가 없다. 비록 국제적 차원에서 전통지식의 보호를 위한 여러 가지 방안이 만들어지기는 하였어도 아직은 미흡한 상태이다.[130] 전통지식을 보호하기 위하여 가장 중

---

127 위의 글, p.253 참조.

128 World Intellectual Property Organization (WIPO), "Intellectual Property Needs and Expectations of Traditional Knowledge, WIPO Report on Fact-finding Missions on Intellectual Property and Traditional Knowledge", 1998-1999, at 25.

129 WIPO, Intellectual Property and Traditional Knowledge at 1.

130 생물다양성협약(Convention on Biological Diversity of 1992), 유엔 사막화방지조약 (UN Convention to Combat Desertification of 1994 by UNEP), 세계보건기구 알마아타 보건선언(Primary Health Care Declaration of Alma Ata of 1978 by WHO), 세계통

요한 것은 어떤 정책이나 법률을 통하여 전통지식 보유자들에게 재산 권적 권리를 인정해주는 일이다. 이런 조치는 전통지식의 보호를 위한 적극적 방법에 해당될 것이다. 이렇게 해서 일단 재산권적 권리가 부여되면 재산적 권리를 침해하는 어떤 행동에 대하여 법적 구제 수단을 갖게 될 수 있다. 이것은 전통지식 보호를 위한 방어적 방법이 될 것이다.[131] 전통지식의 보호를 위해서 다음과 같은 방법을 효과적으로 사용하여야 한다.

첫째, '수이 제네리스(Sui generic)'[132] 방법을 사용하는 것이다. 지식재산권법에서 '수이 제네리스'란 전통적인 지식재산권법 원리의 영역 밖에 있는 어떤 권리를 보호하기 위하여 전통적인 법률 개념을 확장 적용한 것이다. 이미 여러 나라들이 '수이 제네리스' 방법을 기존의 지식재산권법 체계에 접목시키고 있는 중이다. 예를 들면, 중국은 전통의술로 진찰과 치료를 하는 방법에 특허를 내줌으로써 전통지식에 대하여 지식재산권을 인정하였다.[133]

상기구 지적재산 통상분야 합의서(Agreement on Trade-Related Aspects of Intellectual Property by WTO), 식량농업기구 식물유전자원에 관한 국제사업(International Undertaking on Plant Genetic Resources of 1983 by FAO) 등 많은 활동이 WIPO와 여러 국제기구들에 의해 전개되어 왔다.

131 박필호, 위의 글, p. 254.

132 Sui generic라는 뜻은 'of its/his/her/their own kind or unique'로서 '그 자체 혹은 유일한'이라고 할 수 있을 것이다.

133 중국전통의학에 관한 중화인민공화국 규정(Regulations of the People's Republic of China on Chinese Traditional Medicine) 제23조. 수이 제네리스 방법은 무형보다는 유형문화유산의 보호를 위해 더 자주 쓰이는 경향이 있다. 물론 둘 사이의 경계가 항상 분명한 것은 아니다. 미국은 '미국 토착부족의 휘장의 데이터베이스'를 통해 다른 사람들이 미국 인디언의 휘장을 사용하지 못하도록 보호하고 있다. 미국 특허청 홈페이지(2013. 12. 10), http://www.uspto.gov

둘째, 공정한 경쟁을 하는 것이다. 법률적 관점에서 부정경쟁이란 상품이나 서비스와 관련하여 어떤 사람이 혼동이나 실수를 유발할 수 있는 단어, 용어, 이름, 상징, 장치, 잘못된 원산지 표기, 사실에 관하여 잘못된 혹은 현혹시키는 표현 등을 사용하는 식의 올바르지 않은 사업 거래를 말한다. 부정경쟁 행위는 기만적인 혹은 부정한 사업거래를 함으로써 다른 사업자에게 경제적 손실을 입히는 불법행위이다.[134] 만약 어떤 사람이 어떤 제품을 두고 그것을 토착민이 정품으로 인정한 것이라고 하거나 어떤 특정 공동체, 집단, 개인이 생산했다거나 보증해줬다거나 아니면 그들과 관련이 있다고 허위 주장을 하는 경우에 이로 인해 불이익을 당한 사람은 법적 구제 수단을 동원할 수 있는 것이다.[135]

셋째, 영업비밀보호법을 적용하는 것이다. 영업비밀은 상업적 가치를 지녔지만 일반인이 알 수 없는 비밀 정보를 말한다. 이것은 어떤 제조법일 수도 있고 관행이나 디자인, 도구, 특정의 형태 혹은 정보를 집약해놓은 것일 수도 있다. 만약에 어떤 사람이 허가 없이 영업비밀을 훔치거나 탈취하거나 다른 곳으로 옮겨 놓거나 감추거나 복사하거나 복제를 하면 이는 범죄 요건을 구성하는 것이 된다.[136] 신뢰와 영업비밀에 관한 법률은 공동체나 집단 혹은 개인이 보유한 전통지식의 보호를 위해 사용될 수도 있다. 전통적 공동체는 간혹 어떤 지식이나 정보

또한 뉴질랜드의 〈통상법〉 제19조도 어떤 사람이 상표를 등록할 당시에 다른 사람의 이름이나 상징이 포함된 경우 그 다른 사람의 동의서를 문서로 받아 오도록 하였다. 이것은 일반 사람들이 뉴질랜드 토착민인 '마오리'족의 허가 없이 마오리족의 상징이나 문양 등을 무단으로 사용하는 것을 방지하기 위한 것이다.

134 박필호, 위의 글, p. 255.

135 위의 글, p. 255.

136 미국연방법전 18 U.S.C.A. § 1832 참조, 박필호, 앞의 글, p.256 참조.

가 내부의 제한된 사람에게만 공개될 것을 정할 수 있다. 이런 경우 관습법을 적용하여 신뢰와 영업비밀을 보호할 수 있을 것이다.[137] 토착민 공동체의 신성시되는 비밀 자료를 무단으로 일반에 공개하는 경우에도 법적 보호가 필요한 전통지식으로 인정한 사례도 있다.[138]

무형문화유산 전통지식 지식재산권은 적극적으로 보호되어야 한다. 무형문화유산에 대한 적극적 보호란 해당 공동체가 자신의 무형문화유산에 대해 저작권, 특허권, 상표권을 적극적으로 취득하여 보호하는 것을 말한다. 더 넓게는 현행 〈지식재산권법〉 체계에 의해 보호받지 못하는 부분에 대해 앞서 논한 방식이나 새로운 지식재산권 규범체계를 창설하는 것도 여기에 포함된다.

(2) 전통지식 지식재산권 사례

전통지식은 전통적으로 계승되어온 지식의 총칭이다. 그러므로 전통을 바탕으로 이루어지는 지적 활동의 산물이면 전통지식에 포함된다. 이러한 전통지식의 개념에 따르면 한국의 경우에도 전통지식의 범주에 속하는 것은 상당히 많으며, 그중 대표적인 것으로 한의약을 들

---

137 미국 연방법원은 미국 인디안의 관습법을 원용하여 워싱턴 주에 사는 튜라립 부족에게 법적 구제 수단을 인정하였다. 이 사건은 '스토리베이스 A'라는 이름의 전통치료법을 디지털로 제작하여 튜라립 부족의 내부자들만 열람할 수 있도록 하였으나 이를 입수한 사람이 일반에게 공개하려고 하자 튜라립 부족이 이의를 제기하여 인디언 관습법을 적용하여 금지시킨 사례이다. 박필호, 위의 글, p. 256.

138 호주의 Foster V. Mountford and Rigby Ltd.(1977) 사건 참조. 이 사건에서 법원은 호주 원주민의 비밀스러운 의식이 담겨져 있는 사진의 출판을 금지시켰다. 이 판결에서 이유로 삼은 것은 책이 출판됨으로서 "(그렇지 않아도) 사정이 어려운 공동체의 사회적 종교적 안정성을 약화시킬 수 있다"는 것이었다. 박필호, 위의 글, p. 256.

수 있다.[139]

전통지식 중 전통의약 관련 전통지식은 지재권적 보호가치를 가지고 있는 전통지식의 구체적인 예로서 국제사회에서 빈번하게 거론되고 있다. 이러한 전통의약지식을 포함한 데이터베이스는 단순히 선행기술로서의 정보제공과 이를 통한 잘못된 특허의 방지라는 목적 이외에 데이터베이스를 통하여 전통의약 관련 전통지식을 토대로 한 발명을 창작하기 위한 연구개발의 기초 자료로 널리 제공되는 역할을 하기도 한다.[140]

한국 전통지식의 하나인 한의학 데이터베이스 구축에 대하여 살펴보기 전에 다른 나라의 전통지식 데이터베이스의 대표적인 예로 인도와 중국을 살펴보고자 한다. 인도의 경우는 전통지식 디지털도서관 (TKDL: Traditional Knowledge Digital Library)이 있다. TKDL 프로젝트에 의한 문서화는 전통지식을 갖지 않는 발명자의 특허취득을 막는 역할을 하며, 이는 인도의 국가적 관심사이기도 하다. 인도정부는 미국특허청이 부여한 터메릭(Turmeric, 울금)과 바스마티(Basmati, 쌀의 종류) 특허 및 유럽특허청이 부여한 님(Neem, 나무의 종류) 특허의 취소를 전통지식 보유자라는 이유로 성공적으로 이끌어냈다.[141] 한편 중국은 1980년대부터 전통지식 관련 데이터베이스 구축을 시작하여 현재 50여 개의 데이터베이스를 보유하고 있다. 중국 전통의약 데이터베이스 시스템은 47만 7,000건 이상의 중국 전통의약 의약서 초록 및 참고문헌을 보유하고 있다. 이 데이터베이스 시스템은 중 의약, 침, 기공, 중국마사지, 건강증

---

139 고광국, 「전통지식 데이터베이스 구축과 지적재산권의 보호-한의학 DB 사례」, 『무형문화유산 보호와 지적재산권 동향과 과제』, 아태무형유산센터, 2010, p. 137.

140 위의 글, p. 137.

141 위의 글, p. 138.

진 및 기타 사항을 포괄하고 있다. 매년 4만 2,000건 이상의 기록물이 이 시스템에 추가되고 있으며, 중국어와 영어버전이 있다.[142]

한국의 전통지식 관련 데이터베이스는, 전통지식 관련 자료에 대한 국·영문 DB를 구축하여 한국과 해외 주요국의 특허청에서 관련 특허 심사 시 선행기술로 활용하도록 유도하여 외국인이 국내외에서 한국 전통지식과 관련된 특허권을 취득하여 사업화하는 것을 방지하고 관련 자료를 체계화하여 한의약 등 관련 분야 연구개발의 기초 자료를 제공함으로써 관련 학문 및 산업분야 발전을 촉진하는 목적으로 구축, 활용되고 있다.[143] 전통지식에 포함되는 전통의약지식은 보호할 가치가 높은 전통지식으로 인식되고 있다. 20세기 중반에 출현한 만성질환, 암, 후천성 면역결핍증 등 난치성 질환에 대해 서양의학 자체 내에서 한계가 있음을 인식하게 되고 또한 21세기 들어 의약산업이 치료에서 예방으로 변화되고 있어 비교적 안전하고 장기 복용이 가능한 전통의약에 관심을 갖게 되었다. 세계 의학기술의 선진국들은 전통의약지식과 유전자원에서 해결책을 찾고자 연구비, 인력과 첨단 기술을 투자해 많은 경제적 효과를 얻고 있으며, 전통의약지식은 어려운 신약개발 성공률을 높이게 되었다.

전통지식에 기반을 둔 발명에 대하여 특허가 부여됨으로 전통지식 보유자와 이를 활용하여 특허를 획득한 개발자간에 전통지식의 가치와 그에 기초한 특허로부터 얻은 수익에 대한 이익배분에 관하여 논쟁이 일어나게 되었다. 전통의약지식에 의한 신약개발이 특허되는 경우 그

---

142   위의 글, p. 138.

143   위의 글, p. 138.

이익은 대부분의 경우 신약개발자, 즉 특허권자가 독점하게 되었고, 이렇게 되는 경우 전통지식 보유자는 그 이익에서 배제됨으로써 문제가 발생했다. 이러한 전통지식을 어떻게 보호하여야 하는가는 중요한 문제이다.[144]

데이터베이스 구축에 의한 보호는 방어적 · 소극적 보호방안으로 전통지식 · 유전자원의 재래적 전승자(customary custodian) 이외의 자들에 의하여 전통지식 등에 대한 특허 등의 지적재산권을 취득하지 못하도록 방해함으로써 개발도상국의 법익을 지켜내는 소극적 보호방안에 해당한다. 보호대상의 권리취득 및 실시에 대한 것이 아니므로 일정한 권리를 인정하고 이를 바탕으로 제3자의 권리 침해에 대한 권리 구제 수단을 마련하고 있는 적극적 보호방안과는 다르다.[145]

한국의 전통의학은 고조선과 고려시대를 거치며 독자적인 의약 · 의술이 발달함과 동시에 중국 의서들을 받아들여 새롭게 체계화된 것이다. 조선시대에는 독자적인 의학이 수립되었고 유전자원인 약초와 의서를 비롯하여 민간비법 등 많은 전통의약지식을 보유하게 되었다. 이러한 전통의약지식의 보호수단으로는 지식재산권적 보호, 독자적 입법에 의한 보호 및 데이터베이스 구축에 의한 방어적 보호 등이 있으며 한국의 경우 디지털베이스 구축으로 타인의 특허 취득을 저지하고 있다.

앞서 논한 인도의 사례를 보다 구체적으로 살펴보겠다. 인도는 불교와 힌두교를 바탕으로 한 독특한 문화를 발전시켜온 나라로서 인도 고유의 음악, 춤, 의식, 민간설화 등의 무형문화유산을 가지고 있

---

144 위의 글, p. 140.

145 위의 글, p. 140.

다. 인도의 경우 협의의 전통지식 즉 과학이나 자연현상에 대한 지식에 대해서는 어떠한 방법으로 보호할 것인지에 대하여 사회적으로 논란이 된 바 있다.[146] 이들 전통지식을 지식재산권 또는 지식재산권 이외의 방법에 의해 보호하는 방안이 논의되었으며 검토 결과 지식재산권에 의한 보호가 불가능하다는 결론에 도달했다. 문제가 된 인도의 전통지식들은 주로 의약적 효과가 있는 것으로 알려진 것으로서 아유르베다(Ayurveda), 유사요법, 자연요법, 실지(Siddha)와 요가 등이 있다. 이중 심황뿌리, 바스마티 등의 특허출원이 미국과 유럽 등에서 문제가 되면서 인도 정부는 자국의 전통의학지식의 보호를 모색하게 되었다. 그러나 인도 정부가 도달한 방안은 적극적인 보호방안을 강구하는 것이 아니라, 방어적 방안으로 전통지식에 대한 디지털 도서관(Traditional Knowledge Digital Library)을 설립하여 전통지식을 데이터베이스화하는 것이었다.[147]

인도는 아직 무형문화유산에 대한 특별한 입법이나 보호방안은 강구되지 않았다. 다만 INTACH(The Indian National Trust for Art and Cultural Heritage, 예술 및 문화유산을 위한 인도 신탁)라는 비영리단체에 의해 보존의 노력을 하고 있다. INTACH에서는 무형문화유산의 문서화 작업을 진행하고 있으며 소멸 위기에 있는 인도 언어에 대한 다양한 세미나와 워

---

146 육소영, 「무형문화유산에 있어서 지식재산권 보호의 문제와 당면 과제」, 『무형문화유산 보호와 지적재산권 동향과 과제』, 아태무형유산센터, 2010, p. 84.

147 Chidi Oguamanam, "Patents and Traditional Medicine: Digital Capture, Creative Legal Interventions, and the Dialectics of Knowledge Transformation", 15 Ind. J. Global, Legal Stud. 489(2008); 육소영, 「무형문화유산에 있어서 지적재산권 보호의 문제와 당면 과제」, 『무형문화유산 보호와 지적재산권 동향과 과제』, 아태무형유산센터, 2010, p. 84에서 재인용.

크샵을 개최하는 작업을 하고 있다.[148]

3) 전통표현 지식재산권의 보호와 제도정비

(1) 전통표현 지식재산권 관계법령과 제도

WIPO 정부간위원회(IGC) 초안(draft)에서 정의하고 있는 전통문화 표현물은 어떠한 형태로서 유형이든 무형이든지 또는 그것들의 조합으로서 전통문화와 지식이 체화되어 세대에서 세대로 전승되어온 것으로 제2조에서 정의된 수혜자들의 창조성이 유형 또는 무형의 형태로 나타난 것으로 다음의 것을 포함한다.[149]

> (a) 이야기, 서사시, 전설, 시, 수수께끼, 그리고 그 밖의 설화와 같은 음성적 또는 언어적 표현물, 단어, 기호, 이름, 그리고 상징들 (b) 노래, 리듬, 기악곡, 의식의 표현인 소리와 같은 음악적 또는 소리의 표현물 (c) 춤, 연극, 기념식, 의식, 신성한 장소에서의 의식, 스포츠와 전통적 게임, 꼭두각시 공연, 기타 고정되거나 고정되지 않은 공연과 같은 행위적 표현물 (d) 예술의 유형적 표현 수공예 축제에 의한 저작물(works of mas) 건축 유형의 영적 형상물(spiritual forms), 신성한 장소와 같은 유형의 표현

2011년 7월에 있었던 제19차 IGC에서도 전통문화표현물의 정의와 관련하여 다양한 논의가 있었다. 예를 들면, 전통문화표현물의 구

---

148   육소영, 앞의 글, p. 84.
149   충남대학교 산학협력단, 앞의 책, p. 29.

체적인 예시들을 포함시킬 것인가, 그렇지 않으면 각각의 국가들이 자국의 입법에 의해 결정하도록 할 것인가에 대해서 논의가 있었는데 지금까지의 논의과정에서 많은 국가들은 국제적인 차원에서는 넓은 범위의 틀(broad framework)을 제시하고 각각의 국가들이 각국의 구체적인 상황들에 맞게 보다 구체적인 보호객체를 정의하는 것으로 제안해왔다.[150] 하지만 남아프리카공화국, 오만, 이란 등 몇몇 국가들은 전통문화표현물의 개념이 불명확하기 때문에, 예시를 들어주는 것이 타당하다는 주장을 하였다.[151] 이 밖에 일본 대표는 "전통적인" 것과 퍼블릭도메인의 범위가 명확하지 않다는 점 등 동 규정이 여전히 모호하고 광범위하다는 점을 지적하였으며,[152] 캐나다 대표는 현재의 논의는 WIPO에서 이루어지는 것으로서, 전통문화표현물의 개념을 정의할 때 지적재산권의 보호대상이 된다는 점을 염두에 두어야 할 것을 지적하였고, 호주 대표는 IGC는 국내법을 제정하는 것이 아니라 국제적인 수단(instrument)을 만들고 있음을 인식해야 하며, WIPO가 모든 형태의 문화유산을 보호하고자 하면 안 되고, 문화유산들 중 특정한 분야에 초점을 맞추어야 할 것을 주장하였다. 예를 들어 WIPO는 "전통의 예술적 창작성(traditional artistic creativity)"에 초점을 맞추어야 하고, "신성한 장소들(sacred places)"과 같은 것들은 UNESCO 협약에서 다룰 내용이라고 주장했다.[153]

---

150   WIPO/GRTKF/IC/19/12 PROV, 2011. 9. 30, para. 22., 충남대학교 산학협력단, 위의 책, p. 30 참조.

151   WIPO, 위의 자료, para. p. 29~30, 충남대학교 산학협력단, 위의 책, p. 30 참조.

152   WIPO, 위의 자료, para. p. 28, 충남대학교 산학협력단, 위의 책, p. 30 참조.

153   WIPO, 위의 자료, para. p. 39, 충남대학교 산학협력단, 위의 책, p. 30 참조.

WIPO IGC 초안 제1조의 두 번째 문단은 전통문화 표현물이 보호 받기 위한 실질적인 기준을 제시하고 있다. 현재의 IGC 초안에 따르면 전통문화표현물이 보호를 받기 위해서는 해당 토착민족 또는 지역공동 체와 문화적 공동체 또는 국가를 포함한 민족이나 공동체를 나타내면 서, 해당 민족이나 공동체에 의해 '그들의 문화적 또는 사회적 정체성 의 일부로' 사용되고 발전되어온 것이어야 한다. 보호되는 전통문화표 현물은 다음과 같아야 한다.[154]

(a) 공동의 창작성을 포함한, 창조적 지적 활동의 산물 (b) 토착 민족과 공동체와 전통적이며 다른 문화적 공동체의 진정성, 진정한 문화적, 사회적 아이덴티티와 문화 전통을 나타낼 것 (c) 국가 토착 민족 및 공동체와 전통 및 기타 문화 공동체들 또는 관습법 등에 의해 그러 한 권리를 가졌거나 책임을 가진 개인들에 의해 유지되고 사용되거 나 개발될 것

제19차 IGC에서는 두 번째 문단과 관련해서도 많은 논의가 있었 다. 호주 대표는, 정확히 어떠한 전통문화 표현물들이 국제적인 보호를 받을 수 있는가에 대해 명확히 할 필요가 있다고 주장하였다. "예를 들 어 수혜자들의 문화적 사회적 아이덴티티와 관련된" 의미가, 유럽에서 기원한 축구와 같은 게임이나, 미국에서 유래한 야구가 각 국가들에서 전통문화 표현물로 보호를 받을 수 있는지, 만약 국제적으로 인기 있는 게임들이 많은 국가들에서의 문화와 연관되어 있기 때문에 보호를 받

---

154 충남대학교 산학협력단, 앞의 책, p. 30.

을 수 없는 것이라면, 요가와 같은 전통지식도 많은 국가들에서 행해지고 있기 때문에 보호받기 어려울 것이라는 점을 지적했다.[155]

전통표현 지식재산권에 관한 것은 주로 〈저작권법〉에서 보호하고 있다. 한국의 〈저작권법〉은 "저작자의 권리와 이에 인접하는 권리를 보호하고 저작물의 공정한 이용을 도모함으로써 문화 및 관련 사업의 향상 발전에 이바지함을 목적으로 한다."[156] 한국의 〈저작권법〉에서 보호하고 있는 전통표현에 관한 지식재산권은 저작권자의 권리와 저작인접권자의 권리로 대별된다. 전통표현 보호를 위한 저작권자의 권리는 저작인격권과 저작재산권으로 구분된다. 저작인격권 유형에 공표권, 성명 표시권, 동일성 유지권이 있고, 저작재산권 유형에 복제권, 공연권, 공중 송신권, 전시권, 배포권, 대여권, 2차적 저작물 작성권이 있다. 이를 표로 구성하면 〈표 3.6〉과 같다.

표 3.6 저작권자의 권리

구분	권리의 종류
저작인격권	공표권, 성명표시권, 동일성유지권
저작재산권	복제권, 공연권, 공중송신권, 전시권, 배포권, 대여권, 2차적 저작물작성권

전통표현 보호를 위한 저작인접권자의 권리 유형은 실연자, 음반제작자, 방송사업자로 지식재산권의 보호 유형이 구분된다. 이를 표로 구성하면 〈표 3.7〉과 같다.

---

155 WIPO/GRTKF/IC/19/12 PROV, 2011. 9. 30, para. 71, 충남대학교 산학협력단, 위의 책, p. 31 참조.

156 한국 〈저작권법〉 제1조.

표 3.7 저작인접권자의 권리

실연자	음반제작자	방송사업자
성명표시권 동일성유지권 복제권, 배포권, 전송권 방송권, (생실연) 공연권 판매용음반의 대여권 판매용음반 방송보상청구권 디지털음성 송신보상청구권 판매용음반 공연보상청구권	복제권, 배포권, 전송권 판매용음반 대여권 판매용음반 방송보상청구권 디지털음성 송신보상청구권 판매용음반 공연보상청구권	복제권 동시중개방송권 공연권(입장료 받는 경우)

　　최근 무형문화유산 또는 전통문화 표현물의 이용사례가 증가하고 잠재적 가치가 조명을 받으면서 관련 분쟁사례도 증가하고 있다. 무형문화유산의 보유자들이 가진 이해관계는 저작권법을 통해 일부 반영할 수도 있지만, 현행 저작권법 체계는 무형문화유산을 충분히 보호하는 데 한계가 있다. 한국 저작권법의 해석상 무형문화유산을 기반으로 한 '2차적 저작물'[157]과 '편집저작물',[158] 실연자의 '저작인접권'[159] 등은 보호

157　원저작물을 번역 · 편곡 · 변형 · 각색 · 영상제작 및 그 밖의 방법으로 작성한 창작물(저작권법, 1986. 12. 31 개정, 제5조). 이러한 저작물도 독자적인 저작물로서 저작권에 의해 보호된다. 그러나 이 보호는 원저작물 저작자의 권리에 영향을 미치지 않는다. 따라서 예컨대, 번역물도 그 원저작물로부터의 번역권 유무와 관계없이 2차적 저작물로서 인정되기 때문에 독립된 2차적 저작권이 그것 자체로 발생한다.

158　'편집저작물(compilation)'이란, 이미 존재하는 저작물 또는 기타 자료 등을 수집 · 선정 · 배열 · 조합 · 편집 등의 행위를 통해 모아놓은 편집물이나 데이터베이스 중에서 그 소재(저작물이나 자료들)의 선택과 배열에 창작성이 인정되는 것을 가리키는 개념이다. 이 같은 편집저작물은 또한 저작권법에 따라 보호되는 독자적인 저작물이기도 하다. 그런데 이러한 편집저작물의 보호는 그 편집 방법에서의 아이디어에 미치는 것이 아니라 편집물에 구현된 편집 내용에 미친다. 아울러 편집저작물의 구성 부분이 되는 원저작물 저작자의 허락을 얻지 않은 무단 편집물이라도 그 자체는 보호받는 편집저작물이며, 제3자의 침해에 대해 권리 주장을 할 수 있다. 그러나 편집저작물의 저작자가 원저작자의 권리를 침해했다면 그에 따른 책임은 별도로 발생한다. 따라서 편집저작물을 작성하고

를 받을 수 있겠지만, 무형문화유산 그 자체는 보호를 받기가 어렵다.[160]

무형문화유산을 보유하고 있는 공동체들의 주된 관심사항은, 해당 무형문화유산의 상업적 이용을 어떻게 통제할 것인가, 그리고 그로 인한 이익이 발생할 경우 어떠한 방식으로 수익을 공유할 것인가의 문제, 전통문화 표현물에 대한 무단 공개와 왜곡되거나 불경한 사용에 대한 통제, 출처 표시, 귀속(attribution) 등의 요구, 전통문화 표현물의 보존, 계승, 발전 등에 있다. 이와 같은 이해관계는 현행 저작권법에 의해 어느 정도는 충족할 수 있으나, 전통표현물의 특성상 현행 저작권법상의 보호요건, 보호기간 등의 요건을 충족하지 못하는 경우가 있다. 무형문화유산이 저작권법에 의해 보호를 받을 수 있다면, 무형문화유산의 보유자들이 가진 이해관계는 저작권을 통해 적절히 반영될 수 있을 것이다.

자 하는 사람은 그것의 구성 부분이 되는 저작물의 저작권자로부터 일일이 허락을 얻어야만 정당한 권리를 취득하는 것이 된다. 결국 편집저작물의 저작자가 권리를 주장할 수 있는 것은 제3자가 그것과 유사한 편집저작물을 무단으로 작성해서 이용하였을 경우에 한정되며, 편집저작물 중 일부 저작물만을 누군가가 무단으로 이용하였을 경우에는 그 저작물 원저작자의 권리만이 미치게 된다.

159 저작인접권이란 글자 그대로 저작권에 인접한, 저작권과 유사한 권리라는 말이다. 즉, 저작물을 일반 공중이 향유할 수 있도록 매개하는 자에게 부여한 권리를 말한다. 이 권리는 실연, 음반, 방송 위에 존재하며, 배우 가수 연주자와 같은 실연자, 음반제작자 및 방송사업자에게 귀속된다. 실연자, 음반제작자 및 방송사업자는 저작물을 직접 창작하는 사람은 아니나, 일반 공중이 창작물을 온전하고 풍부하게 누릴 수 있도록 매개하는 역할을 한다. 다시 말해서, 이들은 저작물의 해석과 재현에 기여할 뿐만 아니라, 이런 행위가 없다면 비록 완벽한 저작물이라도 충분히 일반 이용자에게 전달될 수 없기 때문에 저작권법에서 보호하는 것이다. 저작인접권은 실연을 한 때, 그 음을 맨 처음 그 음반에 고정한 때, 방송을 한 때부터 발생하며 보호기간은 50년이다.

160 이철남, 「저작권법을 통한 무형문화유산의 보호와 그 한계」, 『(계간)저작권』 96, 저작권위원회, 2011, p. 77.

예를 들어 공표권,[161] 성명표시권,[162] 동일성유지권[163] 등의 저작인격권[164]을 통해 전통문화표현물의 공개, 출처표시, 왜곡, 변형 등의 행위를 통제하는 것이 가능하고, 복제, 배포, 공중송신, 2차적 저작물 작성 등에 관한 독점적 권리를 부여함으로써 상업적 이용을 통제할 수 있고 이익을 공유하도록 요구할 수 있다. 또한 특허권, 상표권 등 산업재산권과 비교할 때 저작권법상의 '무방식 주의'[165]는 무형문화유산 보유자들이

161 여러 사람에게 널리 공개하거나 공개하지 아니할 것을 결정할 수 있는 권리. 저작물의 공표권은 저작자에게 있다.

162 저작인격권의 하나로 저작자가 저작물의 원작품이나 그 복제물에 또는 저작물의 공표에 있어서 그의 실명 또는 이명(異名)을 표시할 권리(저작권법, 1986. 12. 31 개정, 제12조 제1항). 저작물을 이용하는 자(예: 출판업자)는 그 저작자의 특별한 의사표시가 없을 때에는 저작자가 그의 실명 또는 이명을 표시한 바에 따라 이를 표시해야 한다. 만약 저작물의 원작품이나 그 복제물에 저작자성명의 표시가 없으면 발행자 등이 저작권을 가지는 것으로 추정되며, 저작자는 그 저작재산권의 양도 또는 질권의 설정·이전·변경·소멸·처분·제한 등에 있어서 제3자에게 대항하지 못한다. 이는 공동저작물의 경우에도 마찬가지이다. 따라서 공동저작자는 모두 그 성명을 밝혀야 한다. 만약 대표가 있을 경우에는 그 대표자의 성명과 함께 '외(外)'라고 표기할 수 있다.

163 저작인격권의 하나로 저작자가 저작물의 내용·형식 및 제호의 동일성을 유지할 권리(저작권법, 1986. 12. 31 개정, 제13조 제1항). 저작자는 이러한 권리를 가진다. 따라서 저작물을 이용하는 자(출판업자)는 그 저작자의 특별한 의사표시가 없이는 그 저작물의 내용이나 형식에 대한 본질적인 변경을 할 수 없다. 그러나 저작물을 학교교육 목적 등에 이용하는 경우에 그 이용자가 학교교육 목적상 부득이하다고 인정되는 범위 안에서 표현상의 변경을 했을 경우와 그 밖에 저작물의 성질이나 그 이용의 목적 및 형태에 비추어 부득이하다고 인정되는 범위 안에서의 변경에 대해서는 저작자가 이의(異議)할 수 없다(저작권법, 제13조 제2항).

164 저작자가 자신의 저작물에 대하여 정신적·인격적 이익을 추구할 수 있는 권리. 이 권리는 저작자의 일신에 전속되어 양도나 상속 등 권리 이전은 불가능하며 저작자의 사망 혹은 저작자인 법인의 해산에 의해 소멸된다. 그러나 저작자가 사망하였더라도 그의 저작물을 이용하는 자가 저작자 명예를 현저히 침해하는 행위를 할 수는 없다. 또 공동저작물의 저작인격권은 저작자 전원의 합의에 의하지 않고는 이를 행사할 수 없다. 저작인격권에는 공표권, 성명표시권, 동일성유지권 등 크게 세 가지가 있다.

165 저작권 보호에 대한 입장이나 제도의 한 가지로 저작자가 자신의 저작물에 대한 저작권

보다 편리하게 그들의 권리를 보호할 수 있다.

(2) 전통표현 지식재산권 사례

한국의 저작권법은 무형문화유산 또는 전통문화표현물에 관한 명문의 규정을 두고 있지 않지만, 저작권법의 해석상 무형문화유산에 관한 권리가 일정부분 보호받고 있다.[166] 예를 들면, '고려수지요법강좌, 대한수지의학강좌' 사례에서 대법원은 "원고의 경우 비록 기존의 전통 한의학 이론이나 다른 서적들에 의하여 이미 알려진 상응요법, 오지진단법 등의 이론을 기초로 하였으나 이를 체계적으로 정리하여 새로운 수지침이론을 정립하였음은 물론 이를 원고 나름대로의 표현방식에 따라 이 사건 원고 저작물인 『고려수지요법강좌』를 저술한 이상 이는 원고의 창조적인 정신적 노력에 의하여 만들어진 작품으로서의 성격을 가지고 있다 할 것이고 거기에 일부 기존의 이론 등이 포함되었다 하여 이를 달리 볼 것이 아니므로 원고의 『고려수지요법강좌』는 〈저작권법〉에 의하여 보호되는 저작물로서의 창작성을 가지고 있다"고 판단하였다.[167]

또한 도서와 응용미술 저작물의 경우, '관혼상제와 일반 서식' 사례

의 취득 및 행사에 있어서 그 어떤 형식요건이나 등록절차를 갖추지 않아도 자동적으로 그 저작권이 보호된다는 입장이나 제도. 저작권에 대한 〈베른조약〉은 이 무방식주의를 채택하고 있다. 따라서 이 조약에 가입한 국가들에서는 어떤 저작물이 창작되면 자동적으로 그 저작권도 보호된다. 그러나 이 무방식주의는 저작권의 발생 및 소재가 명확하지 않은 경우가 있을 수 있다는 단점이 있기 때문에, 이와는 다른 방식주의를 채택하는 국가들도 있다.

166 함한희 엮음, 『무형문화유산의 이해』, 20세기민중생활사연구소, 2012, p. 114.

167 대법원 1999. 11. 26. 선고 98다46259 판결, 함한희 엮음, 『무형문화유산의 이해』, 20세기민중생활사연구소, 2012, p. 117에서 재인용.

가 있다. 동 사례에서 피고인은 "피해자가 출판한 책은 한국인의 풍습이나 관행을 소개 · 정리한 것에 불과하여 저작권법에 의하여 보호받을 만큼 가치 있는 창작물이라고 보기 어렵다"고 주장했는데, 이에 대해 서울서부지법은 "피해자가 출판한 책인 『관혼상제와 일반서식』은 한국 전통의 관혼상제 등에 관하여 그 책 고유의 삽화를 곁들여 정리 · 설명한 저작물로서 창작성이 있다"[168]고 판단하였다. 상고심에서 대법원은 "위와 같은 원심의 판단은 앞서 본 법리와 기록에 비추어 옳은 것으로 수긍이 가고, 거기에 상고 이유의 주장과 같은 저작권법 소정의 창작성에 관한 법리 오해의 위법이 있다고 할 수 없다"고 인정하였다.[169]

2차적 저작물 또는 편집저작물로서의 보호뿐만 아니라, 무형문화유산을 실연하는 실연자는 저작인접권에 의해 보호를 받을 수 있으며, 무형문화유산의 데이터베이스, 실연자의 초상권 또는 퍼블리시티권[170]

---

168 서울서부지방법원 2007. 5. 11. 선고 2006노1328, 함한희 엮음, 『무형문화유산의 이해』, 앞의 책, p. 115에서 재인용.

169 대법원 2007도4388, 함한희 엮음, 『무형문화유산의 이해』, 앞의 책, p. 115에서 재인용.

170 자기의 초상이 자기 의사에 반하여 촬영되거나 공표되지 않을 권리. 초상이라고 할 때 광의로는 특정인의 사진이나 그림은 물론 성명, 음성, 서명 등 특정인의 동일성을 인지할 수 있는 모든 요소를 포함하며, 협의로는 특정인의 모습이나 형태를 그림, 사진, 영상 등으로 표현한 것을 말한다. 초상권이란 이와 같은 형상을 다른 사람이 임의로 제작, 공표하거나 영리적으로 이용당하지 않을 권리를 말한다. 초상권은 인격권의 성격을 갖는 프라이버시권과 재산권의 성격을 갖는 퍼블리시티권을 동시에 포함한다. 프라이버시권이란 개인이 자신의 의사에 반하여 함부로 공표되지 않을 권리로 개인의 초상이 본인의 허락 없이 공표당함으로써 받게 되는 정신적 고통을 방지하는 데 기본적 목적이 있으며 개인의 인격적 이익을 보호하기 위한 권리를 의미한다. 퍼블리시티권은 초상권의 재산권적 성격을 구체화한 것으로 자신의 초상 사용을 독점적으로 이용할 권리를 말한다. 이 권리는 초상과 같은 자신의 정체성을 공표하는 것을 직업으로 하는 영화배우, 운동선수, 유명인에게 주로 해당되는 권리이다. 따라서 프라이버시권이 초상의 무단 이용으로 인한 정신적 고통을 구제하기 위한 권리라면 퍼블리시티권은 초상의 경제적 가치를 보호하는 권리이다. 영화배우는 대중의 인기를 받는 존재이므로 초상권이 상당한 경제적 가

등을 통해서 일부 보호가 가능하다. 그러나 무형문화유산이 갖는 몇 가지 특성 때문에, 현행 〈저작권법〉 체계는 무형문화유산을 보호하는데 어느 정도 한계가 있다. 예를 들면, 다수의 무형문화유산은 아주 오래전에 창작되었기 때문에 설사 저작권의 보호대상에 속한다고 할지라도 이미 보호기간이 만료된 것으로 취급받을 수 있으며, 새로운 창작성이 가미되지 않은 무형문화유산 그 자체는 현행법상 저작물로 취급되지 않는다.[171] 또한 다수의 무형문화유산은 공동체 다수의 작품인 경우가 많고, 많은 사람들에 의해 조금씩 변형되기 때문에 누가 저자인지를 확인하기가 어렵다. 이 밖에도 저작권은 아이디어, 역사적 사실이나 신화 등을 보호하지 않는다는 한계를 가지고 있다. 한국의 저작권법은 전통표현물의 이용활성화를 위해서 다음과 같이 프로그램 저작재산권의 일부를 제한하고 있다.

① 재판 또는 수사를 위한 복제
② 교육기관(학력인정 또는 학위를 수여하는 교육기관에 한함)에서 교육을 담당하는 자가 수업과정에 제공할 목적으로 복제 또는 배포하는 경우
③ 초·중등교육법에 따른 학교 및 이에 준하는 학교의 교육목적을 위한 교과용 도서에 게재를 위한 복제
④ 가정과 같은 한정된 장소에서의 개인적인 목적을 위한 복제
⑤ 입학시험 기타 검정 목적의 복제 또는 배포

치를 갖는데, 다만 이를 잘못 다루면 영화배우와 영화사 간, 영화배우와 출판사 간 언제든 초상권 분쟁이 발생할 수 있다.

171 이철남, 앞의 책, p. 82.

⑥ 프로그램 기능의 조사 · 연구 · 시험 목적의 복제

⑦ 정당한 이용자에 의한 프로그램의 역분석(reverse engineering)

　• 호환에 필요한 정보를 얻을 수 없는 경우 필요한 부분에 역분석 가능

　• 분석 정보는 호환 목적 이외에 다른 목적으로 사용 못함

⑧ 정당한 소유 및 사용자에 의한 복제

　• 프로그램의 멸실 · 훼손 · 변질 등에 대비하기 위한 복제 가능

　• 프로그램 소유권과 사용권 상실 시 복제물은 폐기해야 함

자발적인 이용허락 대상인 저작물에 대해서 국가는 〈표 3.8〉과 같은 3가지의 경우 법정허락제도를 운영하고 있다.

표 3.8　자발적인 이용허락 대상인 저작물에 대한 법정허락제도

구분	저작권자를 찾을 수 없는 경우	방송	판매용 음반의 제작
요건	• 공표된 내국인의 저작물 • 권리자나 그의 거소를 알 수 없는 경우 • 찾기 위하여 상당한 노력을 할 것 • 보상금 공탁	• 공표된 저작물 • 공익상 필요 • 협의가 성립되지 않은 경우 • 보상금의 지급 또는 공탁	• 판매용 음반 • 최초 판매 후 3년 경과 • 협의가 성립되지 않은 경우 • 보상금의 지급 또는 공탁

국제적으로는 저작권법의 전통문화 표현물에 관한 규정을 보면, 보호의 대상인 전통문화 표현물의 귀속 주체는 대부분 국가기관 또는 그로부터 위임을 받은 기관이다. 또한 보호의 범위와 관련하여 대체로 저작인격권 및 저작재산권에 유사한 권리를 부여하고 있다. 그것은 현재 WIPO 정부간위원회(IGC)에서 논의되고 있다. 한국도 WIPO IGC의 논의에 맞추어 전통문화 표현물의 보호에 관한 정책적 판단을 할 시

점이다. 정책적 판단을 위해서는 문화체육관광부, 문화재청, 특허청 등 유관기관을 중심으로 국내 전통문화 표현물의 현황과 이해관계에 관한 실증적 조사가 선행되어야 하며, 그 결과를 바탕으로 법적 보호가 필요한 전통문화표현물의 종류와 그 특징들을 추출한 후, 보호의 대상과 요건을 규정하고, 권리의 귀속 및 행사 주체, 권리의 내용과 예외, 위반 시의 제재조치 등에 관한 사항을 규정할 필요가 있다.

4) 전통기술 지식재산권의 보호와 제도정비
(1) 전통기술 지식재산권 관계법령과 제도

ICHPEDIA 분류체계에 의하면 '전통공예기술' 영역은 '공예'와 '서화' 2개의 분야로 설정되어 있다. 공예 분야로는 목공예, 도자기공예, 화각(華角)공예, 나전공예, 종이공예, 자수공예, 짚·풀공예, 매듭공예, 석공예, 금속공예, 단청공예, 죽세공예, 가죽공예, 섬유공예 등이 있다. 서화 분야로는 민화, 사군자화, 벽화, 암각화, 풍자만화, 풍속화, 명문, 비문(碑文), 서각, 전서, 예서, 해서, 행서, 초서 등이 있다. 이러한 문화유산을 만든 사람이나 자연 혹은 문화적 배경, 기능과 기술적인 부분 등은 그동안 소홀히 다루어져 왔다. 결국 후대에 남게 된 것은 어떤 문화유산이 만들어지기까지의 과정에서 드러나는 '무형'의 것이 아닌, 결과물로서의 '유형'유산들뿐인데, 이는 공예기술에 대한 분야에서 특히 그러하다.[172] 이에 전통기술 지식재산권에 관한 법률을 정비하여 전통기술에 관한 특별한 제작방법의 가치를 알고 국가지식으로 재산화해야 한다.

---

172 함한희 엮음, 앞의 책, p. 400.

전통기술에 관한 것은 주로 〈특허법〉에서 보호하고 있다. 〈특허법〉 제29조 제1항은 "산업상 이용할 수 있는 발명으로서 다음 각 호의 어느 하나에 해당하는 것[173]을 제외하고는 그 발명에 대하여 특허를 받을 수 있다"고 하고 있고, 제2조에서는 "발명이라 함은 자연법칙을 이용한 기술적 사상의 창작으로서 고도한 것을 말한다"고 하고 있으므로 〈특허법〉상 '발명'에 해당하고 산업상 이용 가능성이 있다면 원칙적으로 특허권의 대상이 된다.[174]

〈특허법〉상 '발명'에 해당하더라도 '산업상 이용 가능성'이 없으면 특허를 받을 수 없는데 '산업상 이용할 수 있는 발명'에 해당하지 않는 대표적인 유형이 의료행위이다.[175] 따라서, 전통의료지식을 토대로 한 발명의 경우 의료행위에 관한 방법의 발명으로 청구한다면 '산업상 이용할 수 있는 발명'에 해당하지 않는다는 이유로 특허를 받을 수 없게 된다.[176] 또한, '산업상 이용 가능성이 있는 발명'에 해당한다고 하더라도 이미 공지된 발명이라면 특허를 받을 수 없다. 〈특허법〉상 '공지'란

---

173 〈특허법〉 제29조 제1항 제1호는 '특허출원전에 국내 또는 국외에서 공지되었거나 공연히 실시된 발명'을 제2호는 '특허출원전에 국내 또는 국외에서 반포된 간행물에 게재되거나 대통령령이 정하는 전기통신회선을 통하여 공중이 이용 가능하게 된 발명'을 열거하고 있는데 일반적으로 '공지(公知)된 발명' 혹은 '신규성이 없는 발명'이라고 한다. 즉, 〈특허법〉에 따르면 특허출원 시점을 기준으로 세상에 알려지지 않은 새로운 발명을 하여야 특허를 받을 수 있다. 한편, 〈특허법〉 제29조 제2항에서는 '신규한 발명'이더라도 특허출원 시 '공지된 발명'으로부터 통상의 기술자가 용이하게 발명할 수 있는 경우에는 특허를 받을 수 없다고 규정하고 있는데 이 경우 발명의 진보성이 부정된다고 한다.

174 함한희 엮음, 위의 책, p. 121.

175 특허청, 「심사지침서」, pp. 3106~3107.

176 함한희 엮음, 앞의 책, p. 122 참조.

비밀유지 의무가 없는 불특정인이 알 수 있는 상태를 말하는데,[177] 일반 대중이 그 발명 내용에 접근할 수 있는 상태를 말하는 것이다.

(2) 전통기술 지식재산권 사례

무형문화유산의 경우 오랜 세월 전해져 내려온 것이기 때문에 이미 일반 대중에 널리 알려져 있거나 특허청이 구축한 전통지식 DB에 포함되어 있다면 일반 대중이 접근 가능한 상태에 있기 때문에 '공지'된 발명에 해당하여 특허를 받을 수 없게 된다. 다음의 사례에서 '공지'된 발명에 해당하는 특허 불허 사례를 볼 수 있다.

① '쪽'을 이용한 섬유의 천연 염색방법(natural dyeing method of fiber using indigo plant)
ⓐ 특허출원번호: 10-2010-0100656
ⓑ 특허 청구범위
청구항 1.
용기 내에 쪽과 일정온도의 물을 채운 후, 일정시간 우려내어 수용성 쪽 색소를 용출해내는 쪽 색소 용출단계(S1)와, 상기 쪽 색소 용출단계(S1)를 통해 용출된 쪽 물에 석회가루 및 공기를 주입한 후, 상기 석회가루의 화학반응에 의한 응집력으로 상기 쪽 색소 및 산소의 결합에 의해 만들어진 불용성 쪽 색소가 응집되어 침전되면, 물을 버리고 상기 석회가루와 함께 응집된 불용성 쪽 색소로부터 수분을 제거하여 쪽 염료를 제조하는 쪽 염료 제조단

---

177   특허청, 「심사지침서」, p. 3201.

계(S2)와, 상기 쪽 염료 제조단계(S2)를 통해 제조된 쪽 염료와 잿물을 혼합한 염액을 일정온도에서 일정기간 숙성시킨 후, 당분을 첨가하여 일정기간 미생물 발효시켜 수용성 쪽 색소로 환원시키는 쪽 염액 발효단계(S3)와, 상기 쪽 염료 발효단계를 통해 미생물 발효된 쪽 염액에 섬유를 일정시간 침지하여 염색하는 섬유 염색단계(S4)를 포함하여 이루어지되, 상기 쪽 색소 용출단계(S1)는, 물 온도 15~30℃에서 일정시간 동안 쪽 색소를 우려내되, 물 온도 15~19℃에서는 51~70시간, 물 온도 20~30℃에서는 40~50시간 동안 쪽 색소를 우려내는 단계이고, 상기 쪽 염료 제조단계(S2)는, 조개껍질을 고온에서 구워 소성시킨 석회가루를 준비하는 단계와, 상기 쪽 색소용출단계(S1)를 통해 용출된 쪽 물 100ℓ를 기준으로 상기 석회가루 100~500g을 첨가하는 단계와, 상기 석회가루가 첨가된 쪽 물에 공기를 주입하되, 쪽 물의 색상이 연녹색에서 남색으로 변할 때까지 주입하는 단계와, 상기 쪽 물에 용해된 쪽 색소와 산소의 결합에 의해 만들어진 불용성 쪽 색소가 상기 석회가루의 화학반응에 의한 응집력에 의해 응집되어 침전되면서 물과 분리되면, 물을 버리고 상기 석회가루와 함께 응집된 불용성 쪽 색소로부터 수분을 제거하여 쪽 염료를 제조하는 단계와, 상기 쪽 염료를 그늘에서 일정기간 띄워 발효균을 생성하는 단계를 포함하여 이루어진 단계이며, 상기 쪽 염액 발효단계(S3)는, 식물을 태운 숯을 물과 혼합하여 pH10~12.5의 잿물을 만드는 단계와, 상기 쪽 염료 제조단계(S2)를 통해 제조된 쪽 염료와 상기 잿물을 일정비율로 혼합하여 염액을 만드는 단계와, 상기 염액의 온도 15~30℃에서 일정기간 숙성시키는 단계와, 상기 숙성된 염액에 일정량의 당분을 첨가하여 일정기간 미생물 발효시켜 수용성 쪽 색소로 환원시키는 단계를 포함하여 이루어진 단계인 것을 특징으로 하는 쪽을 이용한 섬유의 천연 염색방법.

【청구사유】

㉠ 전통 문화적 방법은 어느 개인이나 단체만의 특허권한으로 부여될 수 없다.

민족 고유의 전통적 방법으로 전해오는 문화는 그 자체로서 누구나 향유하고 즐길 수 있어야 하는 것이기에, 특정 개인이나 단체에게 그 문화적인 행위에 대한 권리가 주어질 순 없다. (특허청 심사관에게 문의한 바, 전통문화에 대해서는 누구도 특허권을 가질 수 없다고 한다.)

㉡ 위 특허 내용으로 한 중요무형문화재 제115호 염색장(故윤병운옹, 정관채 선생)이 선정되었다. (…) 2001. 9. 6 염색장(染色匠) 제115호 故윤병운 옹, 정관채 님 두 분이 중요무형문화재로 문화재청에서 지정하였다. 두 분 인간문화재께서 하시는 쪽염색의 과정이 피청구인의 특허내용과 일치한다.

㉢ 위 특허 내용에는 피청구인만의 특허내용이 없다. 피청구인의 특허 청구항의 내용 중, 청구항 1에는 '일정온도', '일정기간', '일정비율', '일정량' 등 조건 범위를 나타내는 표현이 명확하지 않고, 청구항 5, 청구항 6의 내용은 이미 많이 보편화된 내용이다. 또, 명세서 내용(기술분야, 배경기술)과 발명의 내용(해결하려는 과제, 과제의 해결 수단, 발명의 효과)은 피청구인만의 독특한 연구(특허) 내용이라 볼 수 없는 일반적인 내용이다.

㉣ 위 특허내용은 이미 일반 천연염색 책 및 논문에 기록되어 있다. 위 특허 내용은 이미 시중에 판매되고 있는 많은 천연염색 책에 실려 있는 객관적인 자료이며, 그 내용이 피청구인만의 특허내용이 될 수는 없다.

㉤ 보편적으로 알려졌고, 이미 많은 천연염색 동호인들이 활용하고 있는 방법이기 때문에, 피청구인이 특허권을 이용하여, 그들의 행위에 대해서 재제(宰制)할 시, 대다수의 염색 동호인들이 피해 대상이 될 수 있다.

【증거】

아래 표에는 쪽의 재배 및 쪽염료 제조, 염색 방법에 대해서 비교적 상세하게 서술되어져, 일반적으로 많이 알려졌고, 판매되어지고 있는 책과 논문들[178]이다. 피청구인이 받은 특허내용이 기존에 여러 자료들로 이미 대중화되어져 많은 사람들이 활용하고 있는 방법이다. 또, 피청구인의 특허 내용은, 아래 근거자료들로부터 부분 인용하여 조합되어진 내용에 불과하다.[179]

---

178 박복규,「한국 쪽물염색에 대한 고찰」, 홍익대학교 석사학위논문, 1997; 김순영,「농학서를 통해 본 조선후기 남염법의 변천」, 한국의류학회, 2008; 금복현, 빛깔있는 책 시리즈 『쪽물들이기』, 대원사, 2003; 조경래,『전통염색의 이해』, 보광출판사, 2000; 정옥기,『내 손으로 하는 천연염색』, 들녘, 2001; 이종남,『우리가 정말 알아야할 천연염색』, 현암사, 2004; 조경래,『규합총서에 나타난 전통염색법해설』, 한국학술정보, 2007; 정관채,「한국 전통 감염색의 현대적 이용방법」, 대구가톨릭대학교 석사학위논문, 2000; 염색장(染色匠) 정부기록영화, 정부기록영화국립문화재연구소, 2002; 중요무형문화재 제115호, 염색장.

179 특허정보넷 키프리스(2013. 12. 11), http://link.kipris.or.kr 참조.

위의 사례와 같이 특허법으로는 전통 문화적 방법이 어느 개인이나 단체만의 특허권한으로 부여될 수 없다. 대대로 전승되어지는 무형문화재의 고유한 기술 또한 특허법으로 보호받기는 어려운 실정이다. 따라서 전통기술 지식재산권 제도의 정비가 필요하다. 무형문화유산에 해당하는 전통기술이 보편적으로 알려졌고, 이미 많은 천연염색 동호인들이 활용하고 있는 방법이기 때문에, 피청구인이 특허권을 이용하여, 그들의 행위에 대해서 재제(宰制)할 시, 대다수의 염색 동호인들이 피해 대상이 될 수 있다는 문제점이 있다면, 특허 권한 조정 등을 통해 민족고유의 전통기술이 지식재산 관리가 되어야 한다.

특허권의 보호사례를 살펴보면 특허권의 대상이 되는 것은 자연법칙을 이용한 기술적 사상의 창작인 '발명'이기 때문에 무형문화유산의 유형들 중 특허권과 특히 관련이 있는 부분은 '전통지식', '전통기술', '전통공예' 등이다.

② 한지를 이용한 원단 및 그 제조방법(FABRICS USING KOREAN PAPER AND MANUFACTURING METHOD THEREOF)(등록번호: 10-0561916)
ⓐ 존속기간(예정)만료일: 2024년 12월 2일
ⓑ 특허 청구범위
청구항 1.
하나 또는 그 이상의 색상으로 염색된 복수매의 한지를 적층하여 압축한 후 그 측면에 접착제를 도포하고 거즈를 접착시킨 후 세로방향으로 소정 두께로 절단한 것을 특징으로 한지를 이용한

원단.[180]

③ 범종의 로스트왁스 주조방법(lost wax casting method of the temple bell)(등록번호: 10-0587775)

ⓐ 존속기간(예정)만료일: 2024년 10월 19일

ⓑ 특허 청구범위

청구항 1.

강화플라스틱(FRP)으로 기본모형(10)을 제작하되, 상기 기본모형(10)의 외면에서 문양이 들어갈 부분에는 홈부(11)를 형성하여 기본모형(10)을 제작하는 제1단계와, 왁스로 문양을 형성한 각종 문양판(20)들을 기본모형(10)의 홈부(11)에 부착하여 범종(50)의 모형(15)을 완성하는 제2단계와, 세라믹분말 등의 내화물을 혼합한 바인더를 모형(15)의 외부에 수차례 바르고 건조시켜서 일정 두께의 외형(30)을 형성하는 제3단계와, 기본모형(10)을 제거하고 왁스로 된 문양판(20)을 용해, 연소 등의 방법으로 제거하여 외형(30)을 생산하는 제4단계와, 주물사로 제작한 내형(40)과 제4단계에서 생산된 외형(30)을 조립하고 주조(鑄造) 및 탈사하여 범종(50)을 생산하는 제5단계를 포함하는 것을 특징으로 하는 범종의 로스트왁스 주조방법.[181]

④ 옻칠 및 자개 문양이 적용된 안경 제조방법(Method for manufacturing glasses applied lacquer and pattern of mother-of-pearl)(10-2011-0056438)

---

180   특허정보넷 키프리스(2013. 12. 11), http://link.kipris.or.kr 참조.
181   특허정보넷 키프리스(2013. 12. 11), http://link.kipris.or.kr 참조.

ⓐ 존속기간(예정)만료일: 2031년 6월 10일

ⓑ 특허 청구범위

청구항 1.

안경용 지지체를 제공하는 단계; 상기 안경용 지지체의 표면에 옻칠을 수행하여 옻 층을 형성하는 단계 및 상기 옻 층에 원하는 패턴에 따라 자개를 부착시켜 자개 문양을 형성하는 단계를 포함하는, 옻칠 및 자개 문양이 적용된 안경 제조 방법.[182]

그림 3.1　옻칠 및 자개 문양 안경(출처: 통계청)

　특허의 보호 대상 및 보호 요건을 고려하여 무형문화유산을 특허로 보호하고자 할 때, 다음과 같은 한계점이 있다.

　첫째, 자연관, 우주관, 음양오행관, 생태환경 지식, 풍수지리, 항해술, 고지도 작성원리, 점성학, 기타 천문 지식 등의 전통지식 자체는 특허법의 보호 대상인 발명에 해당하지 않는다. 즉, 위와 같은 전통지식을 활용(응용)하여 물건이나 방법의 형태로 구현된 경우에만 특허법의 보호를 받을 수 있다.[183]

　둘째, 전통의료지식을 활용하여 발명을 한 경우 특허를 받을 수 있지

182　특허정보넷 키프리스(2013. 12. 11), http://link.kipris.or.kr 참조.

183　함한희 엮음, 앞의 책, p.128.

만, 인간을 수술하거나 치료하거나 또는 진단하는 방법의 발명(소위 '의료행위')에 대해서는 산업상 이용할 수 있는 발명에 해당하지 않음을 이유로 특허를 부여하지 않는 것이 판례의 입장이므로 치료나 예방의 효과가 있는 조성물이나 의약품 등의 형태로 특허를 받는 것이 가능하다.[184]

셋째, 전통지식, 민간의료, 공예 등 일정한 경우 특허권의 대상이 될 수 있는 무형문화유산도 기본적으로 특허법상 특허 요건인 신규성·진보성 등을 충족해야 하기 때문에 만일 발명의 기초가 된 전통지식 등이 이미 공지된 것이라면 특허를 받을 수 없게 된다.[185]

넷째, 특허를 받기 위해서는 발명자이거나 특허를 받을 권리의 적법한 승계인이어야 하는데 단지 전수받았을 뿐인 전통지식을 기초로 특별한 발명적 기여 없이 특허출원을 하였을 경우에는 특허법상의 발명자로 볼 수 없기 때문에 특허를 받을 수 없게 된다.[186] 따라서, 발명자로 인정을 받기 위해서는 전통지식을 기초로 일정한 개량을 가하여 발명적 기여를 해야 한다.

---

184 함한희 엮음, 위의 책, p. 128.
185 위의 책, p. 129.
186 위의 책, p. 129.

IV.

무형문화유산콘텐츠,
개발과 활용이
중요하다

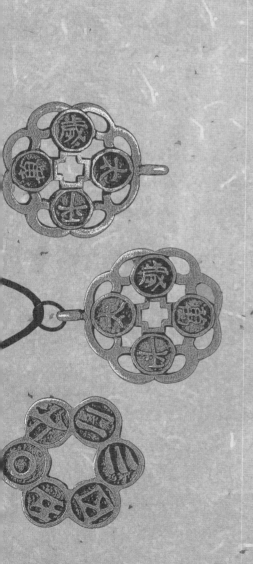

오늘날 문화 분야의 화두는 콘텐츠의 개발과 활용이다. 다양한 관객의 요구를 수용하고, 문화적 변용을 함께 모색해야 할 필요가 있다. 변화하는 전통예술의 모습을 담아내기 위해서 새로운 무형문화유산 프로그램 개발에 대한 논의가 본격적으로 필요하다.[1]

문화콘텐츠는 문화의 원형(archetype) 또는 문화현상의 형태적 활용 요소를 발굴하고 그 속에 담긴 원형적 가치와 활용 가능성을 찾아내어 대중과 소통하기 위해 다중매체(on-off line)에 결합하는 창조과정이다. 문화콘텐츠 분야가 새로운 응용학문 분야로 주목받을 수 있는 배경이자 특성은 '다학문의 통합성과 다양한 문화가치의 창출, 그리고 시공을 초월한 활용성'이라고 말할 수 있다. 문화는 더 이상 고전적 의미에 머물지 않고, 사람들의 실천(practice)을 통해 끊임없이 생성되며 또는 재확인되거나 때로는 부인되는 것이다.[2] 이러한 문화의 역동성과 가변성이 문화콘텐츠 영역을 통해 포착되고 끊임없이 시험된다. 실제로 문화콘텐츠는 다양한 사회구성원들 사이에서 문화가 어떻게 서로 다르게 이해되고, 그러한 이해가 실천을 통해 복원(restoration)과 재현(represent)되는지가 중요한 과정이 된다. 이 점은 문화콘텐츠 분야가 다양한 문화가치의 창출 기반인 동시에 현실적 적용과 구현이라는 실용적 활용성을 속성으로 가지고 있음을 잘 보여준다.[3]

문화적 관점에서 공동체의 구성원들은 특정 지역에서 태어나 시대

---

1   유영대, 「전주대사습놀이의 전통과 콘텐츠의 확장」, 『한국학연구』 37, 고려대학교 한국학연구소, 2011, p. 110.

2   심승구, 「한국 술 문화의 원형과 콘텐츠화」, 『인문콘텐츠학회 학술 심포지엄 발표자료집』, 인문콘텐츠학회, 2005, p. 55.

3   위의 글, p. 55.

적 흐름과 상황에 따라 정치 · 경제 · 사회적 위상(계층)이 달라지고, 생존과 교류를 위해서 직업을 갖게 되고, 성별과 연령에 따라 구성원들의 생활양식은 지속되거나 끊임없이 변화의 과정을 지속적으로 거치게 된다.[4] 문화인류학적으로 단절 없이 지속되는 생활양식을 전통이라고 할 수 있고, 변화의 과정 속에 일시적이나마 동시다발적으로 많은 사람들이 따르는 생활양식을 유행이라고 할 수 있다.[5] 문화콘텐츠산업은 전통과 유행의 흐름을 조화롭게 창의적으로 이끌어갈 때 성공할 수 있다. 한국에서도 문화콘텐츠의 중요성과 활용가능성에 대한 인식이 점차 커지고 있으며, 콘텐츠화의 대상과 방법 등에 대한 다양한 노력들이 진행되고 있다. 그동안 문화콘텐츠화 방식이 경제적 시각에서의 문화상품 만들기 중심이었다면, 최근에는 문화유산의 콘텐츠화와 상품화의 모색을 통하여 전통적인 문화유산을 활용하려는 새로운 전기를 맞고 있다. 열악한 전승환경 등으로 잔존문화화의 위험성이 높은 무형문화유산 분야에도 새로운 기능의 부여와 시장 개척의 가능성이 열린 것이다. 국제문화시장에서도 이러한 노력들은 중요시되고 있다. 지금처럼 세계화가 진행되고, 국경과 지역 경계가 없어진다면, 국가와 지역의 변별성과 독자성을 토대로 하는 문화유산의 적극적인 활용이 국가경쟁력 확보의 필수 요소가 될 것이다.

먼저 문화유산의 활용이 우선인가, 보존이 우선인가의 논의가 제기되고 있다. 특히 무형문화유산의 보호와 활용에 대한 관심이 높아져 이

---

4   최종호, 「문화콘텐츠박물관의 정체성과 역할 및 기능에 관한 연구」, 『전통문화논총』 3호, 한국전통문화학교, 2005. p. 8.

5   위의 글, p. 8.

와 관련된 다양한 시각의 대안들이 제시되고 있다. 문화유산 보존과 활용 중 어느 것이 우선시되어야 하는지에 대한 논의는 양날의 검과 같으며, 전 시대를 거쳐 논의되어온 공통된 과제이다. 활용이 있어야 보존의 필요성이 제기되고, 보존되어야 제대로 된 활용을 할 수 있기 때문이다. 이제는 국가와 국민의 정체성과 정신유산으로서 문화유산을 보호하고 활용하는 것이 아니라, 더욱 광범위하게 문화유산의 활용을 검토하고 있는 것이다. 활용의 대상도 유형과 무형문화재, 지정과 비지정 문화재를 포괄하고 있다. 때문에 보존과 활용 간의 균형이 필요하다. 사실 '균형'을 유지하기는 쉽지 않다. 앞서 논의한 바와 같이 사회적 가치기준과 대상에 대한 이해, 대상물의 현재 상태에 따라 어떤 것은 보존을 우선해야 한다. 또 어떤 것은 활용에 비중을 두는 것이 더 효과적으로 전승할 수 있다. 분명 '활용과 보존'은 늘 충돌할 것이다. 이때 중요한 것은 어떤 가치를 우선해야 하는가 하는 문제일 것이다. 현대적 가치냐 미래적 가치냐에 대한 고려가 그것이다. 문화유산의 제 1의 임무가 미래로의 전승이라고 할 때, 현재적 필요성에 의해 결정하기보다는 미래적 가치를 보고 결정하는 것이 더 바른 선택이 될 것이다. 미래적 가치를 우선 생각한다면 문화유산을 영원히 잃는 참사는 피할 수 있기 때문이다.

개개인의 상상력과 문화가 콘텐츠로 활용되는 시대이다. 한류문화가 세계인들의 사랑을 받고 큰 자긍심이 되는 배후에는 우리의 5,000년 유·무형의 문화유산과 정신문화가 있었기 때문이다. 앞으로 점점 더 문화유산의 중요성이 부각되고, 문화유산에 대한 다양한 논의가 생겨날 것이다. 문화유산을 바탕으로 세계와 교류하고 경쟁하기 위해 노력하게 될 것이다. 그 어느 시대보다 문화유산에 대한 높은 관심으로 인하여 '활용과 보존' 논쟁이 본격화될 것이다. 특히 무형문화유산은 과거와 오늘만이 아니라 미래의 것이기도 하기 때문에 무형문화유산을 대상으로 하는 우리 시대의 결정은 더욱 신중해야 한다. 즉, 무형문화유산의 보전과 활용을 통한 문화콘텐츠로 활용하기 위해 무엇이 필요한지 보다 기술적이고 체계적인 접근이 필요하다.

무형문화유산의 콘텐츠 활용을 위해서는 몇 가지 선행해야 할 과제가 있다. 첫째, 무형문화유산 콘텐츠의 기획·창작 교육시스템과 창작활성화 기반의 조성이다. 일례로, 문화체육관광부에서는 기획·창작아카데미 교육을 실시하고 있다. 프로젝트 과정은 허들시스템(Hurdle System)으로 우수한 프로젝트를 선발하고, 이를 실제로 제작하고 상용화하는 전 과정을 멘토들과 함께 진행하도록 하여 안정성 있는 성공프로젝트 창출 프로세스를 구축하였다. 2010년도에는 마노스패밀리(다음 웹툰 연재), 〈애니다이어리〉(애니메이션) 등 다양하고 독특한 소재의 작품들이 나왔다. 2011년도에는 〈여신님이 보고 계셔〉(뮤지컬)가 CJ아지트 신인피디상과 서울국제뮤지컬 페스티벌 예그린 최우수상을 수상하였다. 또한 수료자 중 77%(17명)가 취업하거나 프리랜서로 활동함으로써 업계에 진출할 수 있는 교두보 역할을 하고 있다.[6] 그러나 이러한 교육과정에 무형문화유산을 주제로 하거나, 무형문화유산을 활용하는 기획·창작아카데미 커리큘럼은 전무하다. 문화재청에서 별도로 무형문화유산 기획·창작아카데미 교육을 실시해야 하며, 문화체육관광부 교육과정에 무형문화유산 전공을 개설해야 한다.

둘째, 지역 무형문화유산을 기반으로 한 스토리텔러의 양성이다. 각

---

6 「품격있는 문화국가 대한민국」, 『정책자료집 3 콘텐츠』, 문화체육관광부, 2012, p. 76.

지역을 연고로 하고 각 지역의 고유 자원을 활용한 스토리를 창작할 스토리텔러 양성을 위해서는 문화체육관광부, 문화재청, 지방자치체, 지역대학 등의 공동 노력이 필요하다. 구체적인 방안으로는 다음과 같은 것이 있겠다. 지역의 특색과 상황에 맞는 프로그램을 진행할 수 있도록 지원하고, 선정된 지역들은 각각 전통공연, 전통공예, 전통축제, 설화 등 지역의 특징에 기반한 테마를 활용하기 위해 스토리 교육, 공모전, 세미나 개최 등 실질적인 노력이 필요하다.

셋째, 지역 무형문화재전수회관을 중심으로 한 지역 무형문화유산 연구센터의 운영을 제안한다. 무형문화유산 연구수행을 지역 무형문화재전수회관에서 조성하고, 핵심인력 양성과 문화산업 연구개발 역량의 강화를 위해 지역의 산·학·연·관 네트워크를 지역 무형문화재전수회관에서 구축할 수 있을 것이다. 이렇게 하면 무형문화재전수회관은 지역의 전통공연, 전통공예, 전통축제 콘텐츠의 산실이 될 수 있을 것이다.

넷째, 무형문화유산의 콘텐츠 활용을 위한 재원의 확충이다. 정부의 정책에는 콘텐츠산업에 대한 국가적인 지원을 위하여 2015년까지 정부예산의 0.7% 수준(약 2조 원) 확보, 창의인재 양성, 글로벌 인프라 및 창작 기반 구축 등 기업의 자생력을 강화할 수 있는 콘텐츠 제작 기반 조성에 관련된 안들이 포함됐다.[7] 문화재청에서는 문화유산 활용 활성화를 위한 조사연구 및 기획 사업에 2012년부터 2016년까지 29억 원을 투자할 계획이다. 문화유산 스토리텔링 프로그램 개발 및 원천소스 발굴·DB화 사업에 총 45억 8,000만 원이 쓰여질 예정이다.[8] 이 중 일

---

[7] 문화체육관광부, 위의 책, p. 245.

[8] 「국민과 함께 세계와 함께 하는 문화유산」, 『정책자료집(문화재)』, 문화재청, 2012, p.

부 예산만이라도 무형문화유산 콘텐츠 구축에 집중적으로 쓰일 수 있도록 해야 한다.

1. 전통예능콘텐츠의 활용

1) 전통예능콘텐츠의 활용사례

(1) 아리랑

전통예능콘텐츠로서의 무형문화유산 활용사례로는 유네스코 인류무형문화유산 대표목록으로 등재된 '아리랑' 콘텐츠의 경우를 예로 들수 있다. 한국의 아리랑은 2012년 12월 파리에서 열린 유네스코 무형문화유산 정부간위원회에서 인류무형문화유산 대표목록으로 등재되었다. 아리랑은 단순한 민요가 아니라 한국인의 정체성이고 한국인을 하나로 묶는 힘을 가진 민요이다. 이는 아리랑이 한국인의 특별한 역사적 경험과 맞물려 있기 때문이다.[9] '아리랑'은 여러 세대를 거쳐 한국인들이 집단적으로 기여해 만들어진 민요로 '아리랑, 아리랑, 아라리요'를 포함한 후렴구와 가사로 이루어진 노래군을 가리킨다. 유네스코는 "인간의 창의성과 표현의 자유를 존중하는 것이 아리랑의 위대한 미덕"이라며, "아리랑이 다양한 사회적 맥락 속에서 지속적으로 재창조되며 문화적 다양성을 높이고 한국인의 정체성 형성과 공동체 결속에 중대한

332.

9 임돈희, 「인류무형유산 아리랑의 의미와 가치」, 『진도아리랑의 보존과 진흥』, 전라남도 진도군, 2013, p. 11.

역할을 한다"고 평가했다.[10] '아리랑'의 종류와 그 사설은 '50여 종에 6,000여 수'라고 한다. 여러 지역의 이름을 딴 것, 기능에 따라 부르는 것(뗏목아리랑), 후렴의 음가를 명칭으로 한 것(아라성), 그리고 음악적 특성을 이름에 얹어 부르는 것(긴아리랑·엮음아라리) 등이 있다.[11] '아리랑' 은 한국은 물론 한반도와 해외 한민족 사회에서 널리 애창되는 한민족의 대표적인 민요이다. 이 중에서도 현재 전승되는 '아리랑'은 전국적으로 두루 전승하는 것(대중민요 아리랑)과 특정 지역을 중심으로 하는 노래(향토민요 아리랑)가 있으며, 이 노래들은 지역에 따라 조금씩 다른 특징을 지니고 있다.

아리랑을 문화콘텐츠의 원소스로 활용한 가장 성공적인 작품은 일본의 식민통치에 고통받는 민족 현실을 악덕 지주로부터 고통받는 소작인들의 삶으로 그려냈던 영화 〈아리랑〉(나운규, 1926년 제작)이다. 1930년대 이후 그 주제가(歌) 〈아리랑〉은 전 국민들 사이에 유행하게 되었다. 한국인들은 민족구성원으로서 개인과 민족의 고난에 처한 현실을 말하고, 서로를 위로하고 희망을 갖게 하는 노래로 〈아리랑〉을 부르게 되었다.[12]

올림픽 그리고 2002년 월드컵과 같은 중요한 국가 행사에서 '아리랑'은 국민을 단결시키고 동질감을 강화하는 역할을 하고 있다. 그 대표적인 예가 1988년 서울 올림픽 개회식에서 남한과 북한이 공동입장을 할 때 국가(國歌) 대신 아리랑이 울려퍼진 일을 들 수 있다. 이때 남·북

---

10 김광희,「'아리랑'을 소재로 한 공연콘텐츠 개발방안」,『콘텐츠 문화』3호, 문화예술콘텐츠학회, 2013, p. 270.

11 김태준·김연갑 외,『한국의 아리랑 문화』, 박이정 출판사, 2011, p. 318.

12 김광희, 앞의 글, p. 279.

그림 4.1 영화 아리랑 포스터
(출처: 문화재청 홈페이지, http://www.cha.go.kr)

한 국민은 다시 한 번 한민족으로서 동질감을 회복하고 화합하는 기회를 가질 수 있었다. 또한 각 지역의 '아리랑'을 전승하는 공동체에게 '아리랑'은 해당 지역을 대표하는 문화아이콘이라고 할 수 있다. 이들은 매년 '아리랑축제', '아리랑 경창대회', '아리랑 학술대회' 등을 개최하여 지역민들의 화합을 이끌어내고 다양한 지역문화 발전을 제고할 수 있는 핵심 요소로서 '아리랑'을 활용하고 있다. 한편, '아리랑'은 창작의 원천자원으로서도 기능하고 있다. '아리랑'은 그동안 여러 음악 장르로 창작되었고, 음악 외에도 영화, 무용, 연극, 소설, 시, 그림 등 다양하게 활용되어왔다. 또한 '아리랑'은 단순한 노래로서만 기능하는 것이 아니라, 한국을 대표하는 문화 아이콘으로 작용하고 있다. 한국사람 대부분은 한국을 상징하는 것으로 김치, 태극기 등과 함께 '아리랑'을 꼽고 있다.

이러한 '아리랑' 선점에 가장 발 빠르게 대처하고 있는 지역은 강원도 정선군이다. 정선군은 2013년 정선아리랑 세계화를 위해 예산 280억 원 규모의 전시문화 공연센터를 착공했다. '국립아리랑연구원' 건립도 추진 중이다. 정선군 관계자는 "〈정선아리랑〉은 토속적인 원형을 잘 보존하고 있고, 40년 전에 강원도 무형문화재로 지정돼 아리랑 보존 활동의 노하우가 타 지역에 비해 월등하다"고 했다. 정선군은 또 〈정

그림 4.2 정선아리랑 (사진: 주병수)

선아리랑〉을 '단일곡조 최다 가사 수'로 기네스북에 등재할 계획이다. 2018년 평창 동계올림픽 개·폐막식에도 정선아리랑을 주제가로 사용한다는 방침이다. 재외동포들이 참여하는 '세계 한민족 아리랑 대축전' 개최도 계획하고 있다. 강원도 역시 '아리랑종합예술원' 설립을 추진하고 있다.[13]

이에 맞서 경남 밀양시는 밀양대공원에 290억 원을 들여 '아리랑파크' 조성을 추진 중이다. 밀양대공원 내 1만m^2 부지에 내년까지 지상 4층(연면적 9,250m^2) 규모의 테마공원을 만드는 것이다. 그리고 매년 4월 말 개최하는 '아리랑대축제'를 더욱 활성화하기로 했다. 이와 함께 지역 문화유적을 연결하는 '친환경 밀양아리랑 길' 조성 계획도 발표했다.[14]

---

13 「2013년도 정선아리랑문화재단 업무보고」 참조.

14 「2013년도 경남 밀양시 업무보고」 참조.

그림 4.3 밀양아리랑파크 조감도(출처: 밀양시청)

전남 진도군은 전라남도와 함께 등재 기념행사 '국제학술회의'를 개최했다. 2013년 3월 기본계획을 수립한 후 본격적으로 '진도아리랑' 관련 사업을 추진하고 있다. 전라남도는 진도군이 격년제로 여는 '진도아리랑축제'를 매년 공동 개최하기로 했다. 이들 지자체는 〈정선아리랑〉, 〈진도아리랑〉, 〈밀양아리랑〉을 국가지정 중요무형문화재로 지정해줄 것을 문화재청에 신청했거나 곧 신청할 예정이라고 밝혔다.[15]

이렇게 각 지방에서 '아리랑' 전통예능콘텐츠를 활용하여 각종 사업을 펼치고 있으나 〈아리랑〉 노래 자체만으로 세계인들에게 감동을 주는 데는 한계가 있다. '아리랑' 콘텐츠를 대중화·세계화하기 위해서는 세계인이 그 가치를 느낄 수 있도록 다양한 방식으로 응용하여 활용할

---

15 「2013년도 전남 진도군」 참조.

수 있는 방안을 마련해야 한다. 아리랑을 전통예능콘텐츠로서 활용할 수 있는 방안은 다음과 같다.

첫째, 각 지방 '아리랑'의 특수성을 살린 아리랑 전통예능콘텐츠의 개발이다. 아리랑을 문화관광콘텐츠로 보유하고 있는 지자체는 지나친 대형화와 보편화의 거품을 걷어내고 고유한 목적을 부각시켜 특징적인 아리랑축제를 만들어가야 한다. '정선아리랑제'는 정선아리랑의 오랜 역사성과 음악적인 매력을 부각시키고, '밀양아리랑대축제'는 밀양아리랑의 전설과 연결된 스토리텔링과 창작작품 만들기에 역점을 둔다면, 여러 지역의 아리랑축제와 비교했을 때 중복된다거나 비슷하다는 느낌을 받지 않을 것이다.[16]

둘째, '아리랑' 전통예능콘텐츠 브랜드 개발이다. 인류무형유산에 등재된 '아리랑'은 '아리랑, 아리랑, 아라리요'를 포함한 후렴구와 가사로 지정되었다. 앞에서 살펴본 바와 같이 '아리랑'의 종류와 그 사설이 '50여 종에 6,000여 수'라고 한다. 〈밀양아리랑〉, 〈강원도아리랑〉, 〈정선아리랑〉, 〈진도아리랑〉 등과 〈나무하기〉, 〈나물 뜯기〉, 〈모심기〉, 〈논매기〉, 〈밭매기〉, 〈삼 삼기〉, 〈뗏목아리랑〉 등이 그것이다. 이러한 많은 아리랑의 내용과 명칭을 통해 브랜드로 개발할 수 있을 것이다. 예를 들면 '목포아리랑', '해남아리랑', '강진아라성', '남도아라리', '청자아라리' 등이 있을 것이다. 이렇게 개발된 브랜드는 지역의 특산물명이나, 문화관광자원의 명칭으로 사용되고, 음악, 영화, 무용, 연극, 소설, 시, 그림 등의 다양한 문화콘텐츠 장르의 브랜드로 쓰일 수 있을 것이다.

---

16   박정경, 「아리랑의 대중화, 세계화를 위한 정책, 그 성과와 전망」, 『진도아리랑의 보존과 진흥』, 진도군, 2013, p. 37.

셋째, 아리랑을 활용한 전통예능콘텐츠 융·복합 개발이다. 공연콘텐츠를 개발할 때는 수용 대상을 고려하여 청소년, 일반인, 관광객으로 나누어서 개발할 필요가 있다. 먼저 청소년 대상 프로그램은 청소년들이 즐길 수 있는 내용들과 아리랑을 접목하는 것이 좋다. 춤과 아리랑, 사랑과 아리랑, 우정과 아리랑, 자유와 아리랑, 희망과 아리랑, 미래와 아리랑, 패션과 아리랑 등의 청소년 관심사를 주제로 공연콘텐츠를 개발할 수 있다. 또한 일반인을 대상으로 하는 아리랑 소재 콘텐츠 프로그램도 개발되어야 한다. 일반인들을 위한 프로그램은 아리랑의 내면을 알고, 아리랑을 통해 한민족임을 깨달을 수 있도록 진정성 있는 프로그램을 개발해야 한다. '아리랑 인문학 콘서트' 기획, '판소리 〈아리랑가〉' 개발, 판소리의 발림과 한국무용을 활용한 '아리랑체조' 등을 개발하여 아리랑의 정신을 이어받을 수 있도록 하고 그것이 국민들의 삶에 파고들 수 있도록 해야 할 것이다. 그리고 관광객을 대상으로 하는 아리랑 프로그램은 각 지역의 특산물과 관광지를 연결시켜 개발해야 한다. 예를 들어 전라남도에서 개발한다면 남도는 청정지역, 넉넉한 인심, 푸짐한 한정식, 고향 등이 연상된다. 내외국인을 아우를 수 있는 '남도아리랑 한식'을 개발하여 푸짐한 음식과, 넉넉한 인심, 거기다가 아리랑 국악프로그램을 융복합해서 전라도의 전통음식, 전통음악과 아리랑을 홍보하고 즐길 수 있는 관광명소를 개발할 수 있다.

넷째, '아리랑' 전통예능콘텐츠 학술조사 및 아카이브 구축을 우선해야 한다. 먼저 '아리랑'에 관한 학술적 연구가 확대되어야 한다. '아리랑'의 학술적 조사와 연구를 정기적으로 실시하고, '아리랑' 심포지엄 등을 통해 '아리랑' 보존에 대한 논의를 심화시켜나가야 한다. 또한 음반과 논문, 자료집, 저서 등을 발간하고 이렇게 모인 모든 자료들은 아카이빙하여 누구나 쉽게 이용 가능하도록 해야 한다. 이러한 자료들을 많은 국민들이 인터넷상에서 다운받을 수 있도록 문화재청이 운영하고 있는 '국가문화유산포털 사이트'[17]에서 구현될 수 있도록 해야 한다. 이와 같은 학술적 활동들은 '아리랑'의 정체성을 규명하고 그것이 변질되지 않도록 막는 근거로 활용할 수 있다.

다섯째, '아리랑' 전통예능콘텐츠를 활용한 교육프로그램을 마련해야 한다. '아리랑'의 전승을 위해 학교 교육과 각 지역 전통예술 관련 '보존회'의 전승교육에 대한 지원이 확대되어야 한다. 또한 일반인 교육과 전문가 교육을 차별화하여 진행해야 한다. 학교 교육에서는 교육부의 지원을 요청하여 전국적으로 다양한 지역의 '아리랑'이 존재한다는 것을 알고 익힐 수 있도록 아리랑의 교육 비중을 확대해나가야 한다. 특히 '아리랑'의 정신을 계승한 창의적 교육방안을 체계화하여 '아리랑'의 정체성을 잃지 않도록 해야 한다. 일반인을 위한 평생교육에서는 '아리랑'을 쉽게 익히고 즐겨 부를 수 있도록 눈높이를 맞춘 교육을 하기 위해 각 시군에 파견 강사제를 실시해야 한다. 이를 위해 악보집을 제작 · 배포하여 활용할 필요가 있다. 전문가를 위한 특수 교육은 구전심수(口傳心授)의 방법과 악보 등을 활용한 체계적인 전수 방법을 병행해야 한다. 또한 예술고등학교 · 예술대학교의 국악과 등에서는 차별화된 '아리랑' 커리큘럼을 바탕으로 전문적인 연주자를 양성해야 한다.

여섯째, 남북이 공감할 수 있는 '아리랑' 전통예능콘텐츠 프로그램이 개발되어야 한다. '아리랑'이 우리 민족에게 소중한 이유는 남과 북의 동질성을 찾을 수 있는 단초가 될 수 있기 때문이다. 남북은 통일이

---

17 국가문화유산포털사이트(2013. 10. 21), http://www.heritage.go.kr

되어야 한다. 아리랑을 '민족의 노래'로 규정한 것은 1961년 '국토통일학생총연맹'이 북한 학생들과 만남이 무산되자 "남북이 한 날 한 시에 함께 통일을 염원하며 '민족의 노래 아리랑'을 부르자"는 제안을 담은 성명서를 발표하면서부터다. 이는 앞당긴 '아리랑의 통일'이었으니, 이후 '아리랑'은 남북 간의 민족적 동질성을 깨워준 것이다.[18] 우리는 남북이 함께 부를 수 있는 보편적인 '아리랑'인 〈본조아리랑〉을 편곡하여 대중화를 실현해야 한다.

한국의 '아리랑'이 유네스코 인류무형유산 대표목록으로 등재되면서 많은 지원정책과 계획들이 쏟아지고 있다. 이 같은 계획이 흔히 볼 수 있는 언어의 성찬(盛饌)이 되지 않기 위해서는 '아리랑'의 다양한 콘텐츠 활용을 추진해야 한다. 또한 국민적인 관심이 끊이지 않도록 프로그램 개발과 활용이 있어야 하며 관계 기관의 지속적인 지원이 필요하다.[19]

(2) 사물놀이와 남사당놀이

① 사물놀이

문화라고 하는 것은 넓게는 세계관에서부터 시작해서 인간관, 이를테면 가치관에까지 이른다. 더 구체적으로 인간이 살아가는 방식, 취미, 여가생활까지 모두 아우른다. 그렇기 때문에 문화의 나무만 보고 나무에만 심취해서는 곤란하다. 이 나무가 만들어내고 있는 전체적인 주변 분위기(숲), 이 숲이 갖고 있는 다른 숲과의 관계 등이 모든 것들을 전체적으로 볼 줄 알아야만 한류가 가지고 있는 가능성과 잠재력을 보

18　　김연갑, "아리랑 등재, 그 이후가 문제다", 한겨레, 2012. 12. 6, p. 29 참조.

19　　김광희, 앞의 글, pp. 294~298.

고 그것을 창조적으로 만들어나갈 수 있다.[20] 그 대표적인 예로 사물놀이가 있다. 사물놀이는 꽹과리, 징, 장고, 북, 네 가지 전통타악기로 연주하는 합주형태를 말한다. 사물놀이가 처음 시작된 것은 1987년 2월 4명의 남사당 후예들이 전통풍물의 음악적인 소재를 실내무대에 맞게 재편성하여 발표한 작품의 명칭이 '사물놀이'였다. 여기에서 우리는 전통과 현대의 만남을 확인할 수 있다. 바로 무형문화유산이 문화콘텐츠로 활용된 것이다.[21] 사물놀이는 풍물놀이에서 기인했다. 농촌에서 농번기에 신바람 속에 일을 하기 위해 다양한 농악이 개발되었는데 그 농악이 곧 풍물놀이이다. 이 풍물놀이는 꽹과리, 장고, 북, 징 이외에 나발 등의 악기를 써서 동네의 모든 의례에 동원되어 놀이와 연희를 포함해서 공동체의 삶을 이루어나갔다. 전통적인 두레 공동체에서 나왔다고 볼 수 있다. 또한 풍물놀이에는 한국인의 독특한 세계관이 깔려 있다. '천지인(天地人) 삼재사상(三才思想)'이 그것이다.[22] 하늘과 땅 사이에서 그 사이를 잇고 사는 천지인 삼재사상이 한국인의 생활 속에 녹아 있다. 사물놀이도 바로 이 천지인 사상을 바탕에 깔고 있다. 이 4개의 악기를 인간이 연주하면, 이 악기들로부터 진동이 서로 어우러지고 화합하여 하늘과 땅이 만나 응답하는 '소리의 공간'을 이루게 된다. 이것은 '천지인' 3재 사상을 받아들여온 우리 선조들이 남겨놓은 소리의 유산 중에서 가장 귀한 것이라 할 수 있다.[23]

'풍물, 농악' 하면 시대에 뒤지고 하루빨리 버려야 하는 것으로 생각

---

20   이기상, 『콘텐츠와 문화철학』, 북코리아, 2009, p. 413.

21   위의 글, p. 413 참조.

22   위의 글, p. 414.

23   위의 글, p. 414 참조.

하던 시기도 있었으나, 사물놀이가 등장하는 1980년대부터는 전통문화에 대해서 새롭게 생각하고 살려야 한다는 움직임이 일기 시작했다. 문화자산인 전통을 시대에 맞게 되살려 문화콘텐츠로 활용해야 한다. 그것이 바로 전통문화의 문화콘텐츠화 전략이다.[24] 전통문화의 창조적 계승과 문화콘텐츠의 활용 차원에서 우리의 문화를 되짚어보면서, 세계인과도 교류할 수 있는 문화콘텐츠로 활용을 해야 한다. 이런 면에서 볼 때, 남사당놀이와 풍물놀이, 농악과 사물놀이는 대단히 매력적인 전통예능콘텐츠이다.

② 남사당놀이

남사당놀이[25]는 1964년 12월 7일 중요무형문화재 제3호로 지정되었다. 전승자는 진명환(전수조교)이며, 특정한 전승지역은 없다. 현재 중요무형문화재 남사당놀이는 서울 삼성동의 중요무형문화재전수회관을 중심으로 전승활동을 하고 있고, 안성남사당놀이[26]는 경기도 안성을 중심으로 전승활동을 하고 있다. 남사당놀이는 꼭두쇠(우두머리)를 비롯해 최소 40명에 이르는 남자들로 구성된 유랑예인집단인 남사당패가 농·어촌을 돌며, 주로 서민층을 대상으로 조선 후기부터 연행되었던 놀이이다. 당시 사회에서 천대받던 서민들의 한과 양반사회의 부도덕성을 놀이를 통해서 비판하며 풀고, 민중의식을 일깨우는 역할을 했

---

24   위의 글, p. 414 참조.
25   2009년 유네스코 인류무형문화유산 대표목록 등재.
26   경기도 무형문화재 제21호 안성남사당놀이(97년 지정).

으며 오늘날 민족예술의 바탕이 되어 무형문화재로 지정되었다.[27] 조선 후기에서 1920년대까지도 '굿중패' 또는 '남사당(男寺黨)'이라고 부르던 전문적인 유랑예인집단이 농어촌을 돌아다니며 민중오락을 제공해왔다. 그들의 주요 공연은 풍물놀이, 버나(대접, 버나 돌리기), 살판(땅재주), 어름(줄타기), 덧뵈기(탈놀이), 덜미(꼭두각시놀음) 등으로 재인 광대의 가무백희(歌舞百戲)의 전통을 이어온 것이었다.

남사당놀이의 특징은 첫째, 풍자를 통한 현실비판성을 담고 있다. 덧뵈기(탈놀이)와 덜미(인형극)에는 부패한 관리와 무능한 양반에 대한 비판, 가부장제 하의 남성에 대한 비판, 관념과 허위를 극복하는 자유로운 삶의 추구 등이 나타난다. 이를 통해 기층 민중들은 심리적 억압 상태에서 벗어난 일종의 카타르시스를 느낄 수 있었다.[28]

둘째, 남사당놀이가 이루어지는 놀이공간은 야외면 어느 곳이나 가능하다. 한 곳의 등·퇴장로를 제외하고, 원형의 주위에 구경꾼들이 앉아서 공연을 본다. 따라서 놀이판은 철저히 열린 판이 된다.

셋째, 남사당패는 전문적 유랑예인집단으로서, 각 마을에 들어가면 우선 마을제당에서 풍물을 치며 안녕과 풍요를 기원해준다. 그리고 여러 기예를 보여주면서 현실적 삶에 억눌린 민중들에게 삶의 즐거움을 선사하고, 또한 노래, 춤, 음악, 기예를 통해서 흥과 신명을 불어넣어준다.

넷째, 남사당패는 뛰어난 기능을 지닌 전문예인집단이다. 이들은 각지를 다니며 다양한 연희를 보여주며, 음악, 무용, 문학, 연극, 마임, 기

---

27   문화재청 홈페이지(2013. 10. 17), http://www.cha.go.kr 참조.

28   문화재청 홈페이지(2013. 10. 17), http://www.cha.go.kr 참조.

그림 4.4 남사당놀이 덧뵈기 (사진: 주병수)

예 등의 기능을 보유하고 있다.[29]

남사당놀이 전통예능콘텐츠는 축제, 공연, 애니메이션, 교육교재 등으로 폭넓게 활용되고 있다. 먼저 남사당놀이 연희집단의 실존 인물이었던 바우덕이 콘텐츠로 축제를 개발하였다.

남사당은 조선 후기에 장터와 마을을 떠돌아다니며 곡예, 춤, 노래를 공연했던 집단으로 전문 공연예술가들로 결성된 우리나라 최초의 대중연예집단이다. 발생 시기는 조선 숙종(1661~1720년) 때이며, 남사당패가 시작된 곳은 안성시 서운면 청룡리의 불당골 이라고 전해지고 있다. (…) 해마다 조선 최초이자 최후의 여자 꼭두쇠 바우덕

---

29   문화재청 홈페이지(2013. 10. 17), http://www.cha.go.kr 참조.

이를 기리고 남사당 문화를 세계적인 대표문화로 전승 발전시키고
자 '안성 남사당 바우덕이 축제'를 개최해오고 있다. 흥선대원군이
경복궁을 중건할 당시 '바우덕이'의 안성 남사당패가 신명나는 공연
으로 노역자들을 기쁘게 하여 경복궁 중건 사업이 성공적으로 마무
리되자, 흥선대원군은 노비보다도 천한 남사당패에게 당상관 정3품
의 벼슬에 해당하는 옥관자를 수여하였다고 전해온다(안성맞춤 남사
당 바우덕이축제 소개글 중에서).[30] (…)

    남사당패는 조선 후기에 지배계층에 억눌려 살던 백성들의 불만사
항을 해학과 비판이 넘치는 공연을 통해서 토로하여 세상에 널리 알리
고 이를 통해서 사회 변화를 이끌기도 했다. 안성 지역은 조선시대 남
사당의 발원지이다. 이로 인해 2001년부터 안성에서 남사당 '바우덕이
축제'가 시작되었다. 바우덕이 축제는 2006년부터 유네스코 공식자문
협력기구인 CIOFF의 공식축제로 지정, 한국 전통예능콘텐츠를 소재
로한 축제로 자리 잡았다. 바우덕이축제는 매년 10월경에 약 5일간 벌
어진다. 축제에는 바우덕이 추모제, 길놀이 퍼레이드, 개막행사, 폐막행
사, 남사당공연, 안성 지역 우수공연단 초청공연, 시민프린지, 어린이
전용공연 개발, 게릴라 공연, 국내 초청공연, 안성맞춤 풍물 초청공연,
관내 대학 연계공연, 버나돌리기 행사, 각종 전시 및 체험행사 등이 펼
쳐진다.[31]
    또한 남사당패 '바우덕이'를 소재로 한 뮤지컬도 개발되었다. 뮤지

---

30   소개글, 2013 안성맞춤 남사당 바우덕이축제 홈페이지(2013. 10. 6), http://www.
baudeogi.com
31   2013 안성남사당 바우덕이 축제(2013. 10. 6), http://www.baudeogi.com 참조.

컬〈바우덕이〉는 조선시대의 사회적 모순과 제도, 관습 속에서 천민계층으로 천대받으면서도 최고의 대중적 인기를 얻었던 남성전문예술집단 '남사당패'와 그 남성 집단 속의 여성 꼭두쇠(우두머리) '바우덕이'라는 역사적 인물을 소재로 극화한 내용이다. 전통예능콘텐츠 소재인 남사당패의 놀이와 조선시대 풍속을 잘 묘사하였다. 당시 사회적 억압과 모순된 삶 속에서도 살기 위해서 놀이를 해야 했고, 놀이를 해야 살아갈 수 있는 남사당패 유랑의 아픔과 끊임없는 생명력에 관한 이야기이다. 15세부터 뛰어난 재주와 외모로 남사당패를 이끌어가면서 23세의 젊은 나이로 요절한 '바우덕이'의 파란만장했던 삶을 통해 당시의 관습과 사회상을 엿볼 수 있다.[32] 또한 여성으로서의 애환과 시련, 그리고 남사당패의 아픔을 전통적인 노래와 춤, 놀이로 구성한 뮤지컬이다.

③ 꼭두각시놀음

남사당놀이의 꼭두각시놀음 예능콘텐츠를 모티브로 한 연극도 있다. 국립극단이 공연한 김광림 작, 이윤택 연출의 〈홍동지는 살아 있다〉(1993년 3월)는 전통 인형극을 역사적인 사건으로 재구성한 것이다. 동시에 극중극(劇中劇)으로 꼭두각시놀음을 삽입함으로써 작품 전반에 인형적 행동과 이미지가 충만하다. 인형극의 영웅인 홍동지(김명환 역)가 역사적인 영웅이 되기도 하고, 반대로 왕이 된 홍동지가 마지막에 한낱 인형에 불과한 존재로 전락하는 과정을 역설적이게 그린 작품이다. 혼돈의 세상에 영노(하용부 역)가 나와서 판을 치고 천상과 지상의 중간자인 도깨비(서희승 역)는 홍동지에게 부탁하여 영노를 물리친다. 그는 새

---

32 문화콘텐츠닷컴 홈페이지(2013. 9. 16), http://www.culturecontent.com

로운 희망이 된다. 그는 민중과 더불어 왕정의 부패와 전횡을 척결하여 새 왕으로 추대된다. 벌거벗은 홍동지의 모습은 정의와 힘의 상징이다.[33] 그러나 그가 왕이 되어 화려한 옷을 입고 시녀장(손봉숙 역)을 왕비로 맞이하려 하자 이를 질투한 전 왕비(이승옥 역)의 음모에 걸려든다. 그는 결국 독침을 맞고 죽는다. 인형에 생명을 불어넣어야 움직이듯이, 인간에게는 '깨어있는 정신'이 있어야 인간다워진다는 메시지를 시각적 이미지로 표현했다. 음악(한상일 작곡)과 분장(최효성 디자인), 의상(이유숙 디자인)의 기능이 크게 기여한 공연이다.[34] 이 공연에 대하여 신현숙은 '설화적 인물인 홍동지의 죽음과 동시에 꼭두각시 속의 홍동지가 기지개를 켜고 일어서는 것은 그 자연의 힘은 항상 인간사회의 주변을 맴돌다가 언제라도 다시 개입될 수 있다는 순환구조를 보여주는 것이라고 생각한다. 그런 관점에서 보면 〈홍동지는 살아 있다〉라는 제목은 설득력을 갖는다.[35]

극단 연희단거리패가 공연한 김경화 작, 정동숙 연출의 〈산너머 개똥아〉(1996년 3월)는 전통 인형극과 가면극의 골격을 유지하면서 이를 현대화시킨 작품이다. 박첨지(강왕수 역), 덜머리집, 파계승, 의원, 꼭두각시(이현아·조세연 역), 농부, 무당, 기생(김현희 역), 이시미(신담수 역), 그리고 개똥이(정동숙 역)의 성격이 잘 드러난다. 배우의 얼굴과 머리 후면에 쓴 실물대의 가면, 그리고 손에 든 인형이 각기 역할을 분담하고 있는 것이 특히 참신하다. 이를 통해 인물들의 성격은 세밀하고 다양하게

---

33 서연호, 『한국연극사(현대편)』, 연극과 인간, 2005, pp. 368~369.

34 위의 책, pp. 368~369.

35 신현숙, 『놀이성이 두드러진 환상과 해학의 무대』, 한국연극, 1993, p. 25 참조.

묘사되며, 인형들은 이시미를 제외하고는 실제 얼굴보다 작다. 산받이들이 곁에 앉아서 반주를 해주거나 대사를 통해 극중에 개입하는 것은 민속극의 경우와 동일하다.[36] 박첨지는 자신의 실제 모습(얼굴)과 후면의 가면, 그리고 손에 든 지팡이 끝에 달려 있는 박첨지 인형을 움직여서 변신에 변신을 거듭한다. 가면들의 크기의 조절, 확대, 변이 역시 주목되는 시도다. 물론 이러한 변화에 따르는 의상의 다양성과 변화, 이시미와 개똥이의 파격적인 확대, 그리고 후면의 평면 배경을 응용한 등퇴장 방법, 조명을 응용한 사막(絲幕)의 이중 효과, 반주와 노래를 응용한 장면 처리와 전환의 효과도 새로운 연극이다.[37]

이와 같이 유네스코 인류무형문화유산 '남사당놀이' 전통예능콘텐츠는 축제, 공연, 연극, 뮤지컬 등 다양한 장르의 원소스로 활용되고 있다.

(3) 강릉단오제

단오는 음력 5월 5일로 '높은 날' 또는 '신 날'이란 뜻의 수릿날이라고 부르는 날이다. 강릉단오제는 양기의 숫자 5가 두 번 겹치는 음력 5월 5일 수릿날의 전통을 계승한 축제이다. 본래 단오는 보리를 수확하고 모심기가 끝난 뒤에 한바탕 놀면서 쉬는 명절로서 농경사회 풍농 기원제의 성격을 지닌다.[38] 절기명절로서의 단오는 동북아시아의 중세보편문화권에서 여러 민족들이 함께 공유해온 보편성을 지니고 있다. 하지만 강릉단오제는 다른 나라 문화권과 달리 종합적 축제문화로 계승·발

---

36   서연호, 앞의 책, pp. 368~369 참조.

37   위의 책, pp. 368~369.

38   문화재청 홈페이지(2013. 10. 17), http://www.cha.go.kr 참조.

전시켰다. 대관령을 중심 공간으로 삼고 한반도를 통일한 신라의 김유신 장군, 강릉 출신으로 고려 건국의 정신적 지도자였던 승려 범일국사, 자연의 재해와 고난의 희생자였던 여인을 지역수호신으로 모시면서 영동지역 주민들의 공동체의식을 연마하는 축제로 전승되고 있는 것이다.[39]

강릉단오제는 밭작물 추수감사제라는 점에서 고대 한반도 부족국가였던 마한(기원전 1세기~기원후 3세기)의 오월제와 성격이 유사하다. 오월제의 내용을 보면 5월에 파종을 마치면 귀신에게 제사를 지냈는데, 사람들이 모여 노래를 부르고 춤을 추고 술을 마시면서 밤낮을 쉬지 않았다고 한다. 춤출 때는 수십 인이 따르며 함께 일어나 땅을 구르고 손발을 함께 높였다 낮추었다를 반복하였다는데, 이는 풍농을 위한 모의적 놀이로서 강릉단오제의 농악과 공통점을 보인다. 강릉단오제는 음력 4월부터 5월 초까지 한 달여에 걸쳐 강릉시를 중심으로 벌어지는 대한민국 최대 규모의 전통축제이다. 음력 4월 5일 신주빚기로 시작하여 4월 15일에는 대관령에 올라가 국사성황사에서 성황신을 모셔 강릉시내 국사여성황사에 봉안한 뒤 5월 3일부터 7일 저녁 송신제까지 강릉시내 남대천 변을 중심으로 본격적인 단오제 행사를 벌이며, 장장 30여 일 이상에 걸쳐 진행된다.[40]

1,000여 년의 역사를 지닌 강릉단오제는 민중의 역사와 삶이 녹아 있는 전통축제라는 점에서 가치가 있다. 특히 강릉단오제는 한국의 대표적 전통신앙인 유교, 무속, 불교, 도교를 정신적 배경으로 하여 다양한 의례와 공연이 있는데, 이를 구성하는 음악과 춤, 문학, 연극, 공예

---

39 강릉단오제 홈페이지(2013. 10. 17), http://www.danojefestival.or.kr 참조.

40 강릉단오제 홈페이지(2013. 10. 17), http://www.danojefestival.or.kr 참조.

그림 4.5　강릉단오제 (good image 제공)

등은 뛰어난 예술성을 보여준다.[41] 강릉단오제는 오랜 역사를 거쳐온 전통문화 전승의 장이다. 제례, 단오굿, 가면극, 농악, 농요 등 예술성이 뛰어난 다양한 무형문화유산과 함께 그네뛰기, 씨름, 창포머리 감기, 수리취떡 먹기 등 한국의 역사와 독창적인 풍속이 전승되는 대한민국의 가장 대표적인 전통축제라고 할 수 있다.

한국축제의 문화적 원형이 살아 있는 강릉단오제는 오늘날 전통문화 전승의 통로이자 문화 교육의 장으로 역할을 하고 있다. 강릉단오제는 지역 주민들의 대표자들로 구성된 강릉단오제위원회를 통하여 행사의 계획과 진행, 예산 책정과 집행 등에 전체 지역주민의 의견을 반영하여 진행된다. 행사 기간 중에는 23만여 강릉시민을 포함하여 국내외 관람객 등 약 100만여 명이 참여하고 있다.[42]

중요무형문화재 제13호로 지정되어 보존되고 있는 강릉단오제는 그 문화적 독창성과 뛰어난 예술성을 인정받아 2005년 11월 25일 유네스코 인류구전 및 무형유산걸작으로 등재되었다.[43] 2013년의 경우 5월 14일(화)~6월 16일(일) 34일간 강릉시 남대천 단오장 및 지정 행사장에서 강릉단오제가 열렸다. 10개 분야 69개 프로그램으로 구성되었으며 신주빚기, 국사성황제, 봉안제, 영신제, 영신행차 등 실제 단오제례 순서에 입각해서 주요 프로그램을 구성하였다.[44] 또한 농악, 하평 답

---

41 강릉단오제 홈페이지(2013. 10. 17), http://www.danojefestival.or.kr 참조.

42 문화재청 홈페이지(2013. 10. 17), http://www.cha.go.kr 참조.

43 문화재청 홈페이지(2013. 10. 17), http://www.cha.go.kr 참조.

44 문화재청 홈페이지(2013. 10. 17), http://www.cha.go.kr 참조.

교놀이,[45] 학산오독떼기,[46] 용물달기,[47] 체험행사, 씨름, 그네뛰기 등 다

---

45 매년 좀상날에 다리를 밟으며 풍년과 안녕을 기원한 놀이로 세기적 특수성에서 전국 유일의 놀이이다. 지난 2001년 민속예술제에서 대통령상을 수상하는 영예를 차지하기도 했다. 음력 2월 6일 좀상날, 이 날은 농경사회에서 옛날부터 한해 농사의 풍흉(豊凶)을 점치던 날이다. 좀생이별은 이 무렵 달 근처에 있게 되는데, 별들과의 거리로 농사의 풍흉을 점친다. 초승달은 밥을 이고 가는 '어머니', 좀생이별은 '따라가는 아이'로 비유하여 예년을 기준으로 좀생이별과 달의 사이가 멀면 풍년이 들고, 그 사이가 가까우면 흉년이 든다고 한다. 이것은 아이들이 풍년이 들어 먹을 것이 많으면 어느 때 가도 먹거리가 있으므로 천천히 떨어져서 가고, 흉년에는 먹거리가 적으므로 빨리 따라가서 밥을 먹으려고 하기 때문이라는 것이다. 좀상날이 가까이 오면 마을 주민들은 마을 입구에 솔문을 세우고 달집을 만들고 가설교를 설치하고 당일 밤에 쓸 홰(횃불)를 준비하는 등 답교놀이 준비에 여념이 없다. 날이 어두워지면 마을회관에서 1km 정도 떨어진 사천진리 다리까지 농악대 가락에 맞춰 온 주민이 함께 횃불을 들고 다리제를 지내고 다리뺏기와 답교놀이를 즐긴다.

46 학산 오독떼기를 배우는 도시 사람이 스승에게 "농사일도 힘든데 일하면서 부르는 오독떼기는 더 힘듭니다. 어찌 어려운 일 두가지를 한꺼번에 하십니까?"라고 묻자 스승은 "힘든 일을 할 때만 힘든 곡이 나온다"고 했다. 논매는 소리인 오독떼기는 한 소절을 노래하는데 1분 가까이 걸리는 긴 호흡을 가진 노래이며 고음에서 다섯 번을 꺾어 넘겨 애처로움과 강렬함이 있는 민요이다. 강릉시 구정면 학산마을에서 전승되어온 학산오독떼기는 강원도 무형문화재 제5호로 지정되어 있다. 고된 농업 노동요로서 모심는 소리, 논매는 소리, 벼 베는 소리, 벼 터는 소리, 벼등짐 소리 등 농사와 관련된 다양한 곡조가 전승되고 있다. 오독떼기는 생활에서 익힌 농민의 노래이지만 고도의 가창시력과 수련을 요구하는 수준 높은 예술적 경지를 가지고 있다. 한 사람이 앞소리를 매기면 여러 명이 뒷소리로 따라 부르는 형식으로 노랫말도 문학적 수사가 뛰어나다는 평을 받고 있다. 세조는 동해안을 둘러보다 오독떼기를 잘 부르는 사람을 뽑아 노래를 시키고 상을 주었다고 전한다.

47 강릉시 성산면 금산리에 전승되고 있는 용물달기는 마을의 우물이 마르지 않고 가뭄이 들지 않기를 바라는 주술적인 의미를 가진 민속놀이이다. 정월 대보름 전날 저녁 짚으로 수신(水神)인 용의 모양을 사람 크기로 만들어 마을의 동서남북 네 곳의 우물에 용을 잠시 담갔다가 자정 무렵에 꺼낸 다음 임경당(臨鏡當) 우물로 옮기며 한해의 풍년을 기원하는 것이다. 용물달기는 '용이 물을 달고 온다'는 뜻이다. 용의 높이는 대략 1m 정도로 사람이 어깨에 메면 땅바닥에 닿을 정도로 하고, 둘레는 30cm 정도이다. 용두는 크게 만들고 꼬리 쪽으로 갈수록 가늘어지게 만든다. 용의 크기는 현재보다 작았으나 민속놀이로 새롭게 연출되면서 지금의 모습을 갖추었다. 달과 물은 재생과 생산의 상징이므로 용물달기는 농경문화의 신앙대상이었던 사상이 내재되어 있다고 볼 수 있다.

그림 4.6　강릉단오제(사진: 주병수)

양한 민속놀이를 펼쳤다. 그중 강릉농악(江陵農樂), 영동농악은 다른 어
느 지방의 농악에 비해 향토성이 깊이 배어 있다. 특히 강릉농악은 전
형적인 마을농악의 전통을 간직한 것으로서, 정초의 지신밟기나 정월
대보름의 다리밟기, 2월의 좀상놀이, 3월의 화전(花煎)놀이 같은 명절의
식과 관련되어 마을 공동체의 대동단결을 위해 농악을 연행한 전통이
이어지고 있다. 강릉농악은 치배의 복색도 다른 지역에 비해 독특하며,
가락이 빠르고 힘찬 특징이 있다. 강릉농악은 강원도 강릉 홍제동 농악
의 상쇠였던 박기하와 사천면 하평농악을 이끌던 故김용현이 연합하여
1985년에 전국민속경연대회에서 입상하고 같은 해에 중요무형문화재
로 지정되었다.[48]

48　강릉단오제 홈페이지(2013. 10. 17), http://www.danojefestival.or.kr 참조.

표 4.1　강릉단오제 주요 프로그램

구분	주요 프로그램
지정문화재 행사	신주빚기, 대관령산신제, 대관령국사성황제, 구산서낭제, 학산서낭제, 봉안제, 영신제, 영신행차, 조전제, 단오굿, 관노가면극, 송신제
전통연희 한마당	중요무형문화재, 道무형문화재, 지역무형문화재, KBS농악경연대회, 어린이농악경연대회, 사물놀이경연대회
무대공연예술제	무대공연 예술작품 공모 선정작, 한·청 실버가요제, 국내예술단초청 공연, 국내자매도시 상호교류공연
청소년어울림한마당	청소년 가요제, 청소년 댄스 페스티벌
국외 초청공연	ICCN회원국, EATOF회원국, 강릉시 자매·우호·협력도시, 중앙아시아, 극동러시아 고려인, 중국조선족, 단오문화권(중·일)
단오체험촌	창포 머리감기, 신주 마시기, 수리취떡 만들기, 단오 부채 그리기, 관노탈 그리기, 캐릭터 탁본하기, 호개등·오량관 만들기, 단오 1000타일 그리기, 단오차 체험, 김유신 캐릭터 칼·활 만들기 단오제 신주 담그기, 방짜수저(열쇠고리) 만들기, 신주교환처 및 축제상품 판매
시민 참여 한마당	신주미 봉정행사, 신통대길 길놀이, 주민자치센터발표회, 단오등 행사
민속놀이 행사	씨름대회, 그네대회, 투호대회, 줄다리기대회, 윷놀이대회
경축 문화·예술 행사	강릉사투리경연대회, 대한민국전통주선발대회, 단오깃발사진전, 학생미술대회, 영주음사 지상 백일장, 전국남녀시조경창대회, 단오장기대회, 강릉전통혼례시연, 강릉단오제 체험기·독후감대회 축구정기전 강릉제일고: 강릉중앙고
부대 행사	강릉전국사진공모전, 찾아가는 공연, 단오우표전시회, 외국인단오체험행사, 공짜단오힐링투어, 스탬프투어, 팸투어

옛날의 강릉단오제는 신앙의례가 중심이었다. 그 제의적 성격은 현재도 그대로 드러나고 있다. 오늘날 강릉단오제의 현대적 의미를 잘 보여주는 것은 바로 난장이라고 할 수 있다. 쇼핑을 하고 새로운 맛을 즐기며 해방감을 느낄 수 있기 때문이다. 난장의 물건은 시중 가격보다 싸다. 어려웠던 시절 단오장은 서민들이 신상품을 보고 생필품을 조달

하는 최적의 기회였다.[49] 난장이 서면 전국의 맛있는 요리가 총집합한다. 덕분에 단오제 기간에 강릉의 계모임, 회식, 동문회 등은 어떻게든 난장을 찾는다. 고향을 떠났던 친구들도 단오 때면 고향을 찾아온다. 그래서 단오장은 만남의 장소이며 그동안 쌓였던 회포를 풀어내는 해방공간이다.[50] 강릉단오제의 규모가 나날이 확대되고 있는 이유 중에 난장의 공헌을 빼놓을 수 없다. 강릉단오제는 하나의 거대한 전통문화콘텐츠 축제인 것이다.

(4) 공연 예능콘텐츠의 해외 사례
① 중국의 비물질문화유산 황매희

2008년 9월에 서울 상암동경기장 공원에서는 '제2회 전통연희축제'가 열렸다. 이 축제에서는 중국 안휘성 지주(池州) 시의 지주탈춤과 황매희가 공연되었다. 내한한 극단 안휘성황매희극원(安徽城黃梅戱劇院)은 1953년 4월에 극단으로 시작하여 1987년에 극원이 되었다. 탈춤으로는 〈맹강녀〉, 〈종규와 소귀〉, 〈취호등〉, 〈화관색 포삼낭과 싸우다〉같은 레퍼토리가 공연되었다.

〈맹강녀〉는 옛날 범기랑이라는 서생이 장성을 쌓으러 갔다가 도주하여 버드나무 아래 숨어 있다가 때마침 연못에서 목욕을 하던 맹강녀를 만나 부부가 되었다는 이야기다. 〈종규와 소귀〉는 저승에서 법을 집행하는 종규가 소귀의 잔꾀에 넘어가 권위의 상징인 보검(寶劍)을 잃게 되고, 한동안 소귀의 하인 노릇을 하던 종규는 소귀의 술병을 보고 깨

---

49 강릉단오제 홈페이지(2013. 10. 17), http://www.danojefestival.or.kr 참조.
50 강릉단오제 홈페이지(2013. 10. 17), http://www.danojefestival.or.kr 참조.

달아 보검을 탈취하여 권위를 되찾는다는 이야기다.[51] 〈취호등〉은 외국에서 온 두 남자가 술을 다투어 마시다가 마침내 취하여 큰 싸움을 벌이는 내용이다. 고대 기악(伎樂)의 취호(醉胡)를 연상시킨다. 〈화관색 포삼낭과 싸우다〉에 등장하는 관색은 관공의 아들로서 꽃으로 장식한 전투모자를 쓰고 말을 타고 있다. 그는 아버지를 찾으러 서천으로 갔다가 포삼낭과 대전을 벌인다. 여걸인 포남상은 대결과정에서 관색의 영웅성을 자각하고 두 오빠인 포례, 포의에게 전투를 중단할 것을 요청한다. 마침내 두 영웅은 부부가 되고, 말을 끄는 하인들도 함께 결혼한다는 이야기다. 춤과 연기뿐만 아니라 가면, 소도구 등이 훌륭하게 전승되는 모습을 여실히 보여준다.[52]

차로 유명한 이 지역에서 차를 따면서 부르던 채다가(採茶歌) 황매조(黃梅調)가 황매희로 발전하였다. 1986년 '제1회 중국셰익스피어축제'에서 〈헛소동〉을 황매희로 재구성, 공연하여 호평을 받음으로써 전 세계에 알려지게 되었다. 〈천선배〉, 〈노우〉, 〈뇨화등〉, 〈희모란〉이 유명한 레퍼토리다. 〈노우〉는 고전극 〈천선배〉의 일부이다. 선녀(칠선녀)가 하늘의 법규를 어기고 인간 세상에 내려왔다가 회나무 아래서 자기 몸을 팔아 아비의 장례를 치르고자 하는 우직한 동영을 만나 서로 속내를 털어놓다가 마침내 부부가 된다는 이야기다. 〈뇨화등〉은 정월대보름의 등놀이를 소재로 한 연극이다. 온 거리가 등불로 물결치는데 왕소육 부부도 화등을 가지고 노는 이야기다. 〈희모란〉은 〈철판교〉라고도 한다. 여동빈이 도사로 분장하여 하인을 데리고 철판교의 약방을 찾아가

---

51   서연호, 『동서 공연예술의 비교연구』, 연극과 인간, 2008, pp. 20~22 참조.

52   위의 책, pp. 20~22 참조.

백모란을 희롱하려고 한다. 그러나 한바탕 모욕을 당하고 쫓겨났다는 내용이다.[53]

황매희는 11명의 반주단과 더불어 공연되었다. 가사가 현대화되고, 음보가 열자(3,3,4), 일곱자(2,3,3)로 되어 경쾌하고 따라 부르기 쉬운 창곡으로 전개된다. 원래는 3개의 타악기 반주에 7명이 노래하는 삼타칠창(三打七唱)이었는데, 차차 악기를 가미하여 반주음악이 더욱 풍성해졌다. 남녀 배우들은 미세한 동작까지 반주에 맞추어 가창, 마임, 연기, 춤, 대사를 표현한다. 우아하고 섬세하며 격조가 있는 음악 양식극이다. 무대장치도 없는 빈 무대에서 간단한 소도구만으로 고전적인 세계를 충실히 재현해내며, 특히 모든 배역들이 리듬을 조화(淸을 맞추어)시켜 전체를 이끌어가는 것이 관객들을 감동시킨다. 등장인물은 소축(小丑, 광대), 소단(小旦, 처녀), 소생(小生, 청년) 등 삼소로 구성된다.[54]

② 중국의 전통잡기 브랜드 〈시공지려〉

중국의 전통잡기 브랜드 〈시공지려(時空之旅)〉는 전통예능콘텐츠를 활용한 대표적인 브랜드 공연이다.[55] 변발길(辮髮吉)은 『잡기개론』이라는 책에서 넓은 의미의 잡기는 "일종의 기교를 주요 표현수단으로 하는 공연예술"이라고 정의를 내렸다. 주요 공연형식으로는 신체기교,[56] 마

---

53 위의 책, pp. 20~22 참조.

54 위의 책, pp. 20~22 참조.

55 본 내용은 중국 상해대학 석사학위논문 「중국의 전통잡기 브랜드 시공지려(時空之旅)」를 토대로 기술하였다.

56 예를 들면 신체를 유연하게 움직이는 기교, 평형을 유지하는 기교, 역기, 방울받기류 기교, 수레나 자전거 등을 이용하는 기교, 공중제비 기교, 구기류(입으로 동물, 악기 등 각종 소리를 흉내 내는 기교) 등.

술, 동물 길들이기(말 타기 기예 포함), 골계(코미디) 등이 있다. 현대적 의미에서의 잡기는 주로 신체기교를 바탕으로 하거나, 또는 간단하게 지상과 공중에서의 신체 묘기 공연으로 이해할 수 있다.[57] 말하자면 중국 전통공연예술이다.[58]

잡기 브랜드 〈시공지려〉 시리즈로 공연한 브랜드는 중국대외문화그룹회사, 상해방송국, 상해동방미디어그룹(SMG, 원상해문광뉴스미디어그룹), 상해잡기단(마희성) 등이 공동으로 투자하여 설립한 것이다. 브랜드 창시 초기에서부터 외국 진출을 목표로 삼았고, 첫 공연부터 꾸준히 매일 공연하면서 6년간 유지해왔다. 첫 공연부터 지금까지 표 판매수익은 2억 위안을 넘었고, 중국에서 최근 몇 년 이래 문화브랜드로서 비교적 성공한 사례 중의 하나이다. 또한 상해에서 최근 몇 년 동안 많지 않

---

57 잡기라는 단어는 일찍이 『한서』(무제기 조)에 보이는데, 각저와 관련된다. 한대의 '각저희', '백희', 특히 잡기환술 중에 많은 잡기요소가 포함되어 있다. 한대에 백희가 성행하여 민간과 궁정에서 모두 종종 백희공연을 했다. 한무제가 연회를 하면서 백희를 관람했다는 기록도 있다. 원대 이후 잡기는 일반적으로 '파희(把戱)'라고 불렸다. 신중국이 창립된 후, 1950년 중국중앙문화부에서 첫 국가급 잡기공연단 즉 현재의 중국잡기단을 만들었다. 당시 저우언라이(周恩來) 총리는 친히 '중화잡기단'이라고 명명하고 중국민간의 잡사(雜耍, 도구를 가지고 하는 묘기), 마희, 마술 등을 일괄적으로 '잡기'라고 부를 것을 제안했다. 영어에 3개의 단어가 넓은 의미에서의 잡기와 관련이 있다. 즉 'acrobatics', 'circus', 'magic'. 'acrobatics'는 중국의 "잡기"의 의미와 비교적 가까운데, 평형력, 민첩함과 운동의 조화 등과 관련된 특수 기예공연을 가리키며, 특히 신체기예와 관련된 공연을 가리킨다. 이 개념은 체육 및 공연예술과 관련이 있다. 'circus'라는 단어는 고대 로마로부터 기원했다. 당시 말타기 기예, 마차경기, 격투, 동물 길들이기, 잡기, 마술(魔術) 등을 공연하는 원형경기장을 가리켰다. 서양 서커스의 역사는 고대 이집트 시대에 처음 모습을 보이기 시작하여 고대 그리스, 고대 로마 때 이르러 각종 동물 길들이기, 잡사 등 공연들이 성행하기 시작했다. 12세기 유럽에 말 타기 기예 학교가 나타나기 시작했고, 주로 군사목적으로 말을 길들이고, 기수를 양성하는 한편 공연까지 겸했다. 'magic'이란 단어는 주로 마술(魔術), 희법(戱法, 환술) 등을 가리킨다.

58 「중국 잡기 브랜드 시공지려(時空之旅)」 연구 참조.

은 고품질의 공연이다.[59]

〈시공지려〉는 브랜드 창시 초기부터 '전 세계 일류'를 목표로 국제 무대에 내놓을 수 있는 작품을 만들고자 했다. 한편으로는 상해의 국제 대도시 이미지에 걸맞은 뛰어난 공연작품을 만들어 문화의 표상으로 자리 잡고자 했다. 다른 한편으로는 오랫동안 기예만이 장점이었던 중국 잡기계에서 새로운 시도를 하고 싶어 했다. 중국잡기는 그동안 지나치게 고난도 기예의 훈련에 집중하고, 예술적인 측면을 소홀히 했다. 특히 20세기 말 국제적인 테마서커스의 흥행은 순수하게 기예만 중시하던 중국 잡기계에 큰 자극이 되었다. 〈시공지려〉는 바로 이런 상황에서 테마서커스를 시도했고, 시장을 목표로 소비자들이 스스로 선택하게 했다. 이전에 많은 극단의 공연은 과거의 체제 때문에 상을 받는 것이 목적이었다. 그러나 많은 상을 받은 공연을 시장에 내놓았을 때, 반응이 좋지 않았다. 창작과 시장의 요구가 맞지 않았고, 또한 소비자의 요구를 무시했기 때문이다. 이는 〈시공지려〉 시리즈 공연의 기본 출발점이기도 하다.

〈시공지려〉는 태양의 서커스단의 연출단을 초빙하여 맞춤식 공연

---

59 〈시공지려〉는 브랜드 창시 초기부터 시장을 출발점으로 했다. 상을 받는 것을 목표로 하지 않았다. 확실하게 산업화의 길을 걸으며 흥행에 유리한 공연을 만들어냈다. 2005년 9월 27일 첫 공연부터 지금까지 2억여 위안의 입장료 판매수익을 냈다. 20여 개 나라와 지역의 200여만 명의 관객들이 이 공연을 관람했으며, 서양의 주요 매체들로부터 "중국, 나아가서는 아시아에서 가장 훌륭한 공연 중의 하나"라는 호평을 받았다. 약 2년(21개월) 동안 3,000만 위안의 투자원금을 회수했고, 중국 공연시장에서 이익창출의 기적을 만들어냈다. 2006년 9월 북경의 유명한 자산평가회사의 〈ERA-시공지려(時空之旅)〉에 대한 무형 가치 평가에 따르면, 그 브랜드 가치는 약 1억 2,000만 위안에 달한다. 극장 건설 등 설비 투자를 제외하면 〈시공지려〉의 가치는 일 년 내에 20배 가까이 증가했다.

을 제작했다. 그들은 태양의 서커스단의 창의성이 마음에 들었다. 아울러 외국계 인사들과의 합작을 통하여 중국 잡기 제작진의 창의성을 발굴하기를 희망했다. 직접 서양 사람들의 눈을 통해 중국과 서양의 장점을 융합한, 내국인들이 인정하고 외국인들이 좋아하는, 상해 스타일의 공연을 만들어내기를 원했다. 전통적인 중국 잡기는 현대 멀티미디어 수단을 이용해 여러 가지 다양한 무대의 시각적 효과를 연출하고, 조명과 음악, 현장에서의 라이브 연주 등 공연 전반의 예술적 표현력을 강화했다. 잡기종목을 단순하고 기계적으로 나열하는 것이 아니라, 자연스럽게 다른 종목으로 넘어가는 하나의 스토리를 전개하였다.[60]

〈시공지려〉에서 형상화된 중국과 서양문화의 절묘한 만남은 2005년 상해에서 전례 없는 반향을 일으켰다. 중국의 잡기계와 문화공연계

---

60 〈시공지려〉에서 초청해온 태양의 서커스단의 유명한 외국계 연출팀은 모두 20여 명이다. 그중에는 멀티미디어 설계사이자 제작 총감독인 에릭 빌뇌브르베(Eric Villeneuve), 연출 감독인 데브라 브라운(Debra Brown), 작곡 및 기타 연주가인 미셸 쿠송(Michel Cusson), 조명 설계사인 알랭 로티에(Alain Lortie), 그리고 음향 설계사인 노르망-피에르 빌로드(Normand-Pierre Bilodeau) 등이 있다. 제작 감독인 에릭 빌뇌브르베(Eric Villeneuve)는 벤쿠버 APEC 회의 등 대형 문화예술쇼 및 이탈리아 피렌체 비엔날레의 기획 총감독을 맡았고, 많은 멀티미디어 여행 쇼를 기획했다. 그가 담당했던 대형 마술 공연인 〈카발리아(CAVALIA)〉는 2003년 순회공연 이래 줄곧 호평을 받아왔다. 연출 감독인 데브라 브라운은 태양의 서커스단의 유명한 공연인 〈신비로운 사람(神秘人)〉, 〈O쇼〉 등의 안무 지도를 맡았었고, 가수 마돈나(Madonna)의 2001년 'Drowned' 세계 순회공연의 안무를 창작했다. 그녀는 또 에미상을 포함한 많은 세계적인 상을 수상했고, 세계 종합 예술쇼의 가장 뛰어난 연출 감독이라는 명예를 얻었다. 작곡가인 미셸 쿠송은 16편의 영화, 13편의 TV 드라마, 26장의 앨범 및 10여 개의 대형 여행쇼를 위한 음악을 작곡했다. 그리고 여러 차례 그래미상을 포함한 영화제와 음악제에서 작곡상을 받았다. 조명설계사인 알랭 로티는 유명한 뮤지컬인 〈노트르담 드 파리〉, 오페라 〈오이디푸스 왕〉 및 태양의 서커스단 20주년 축제, 몬트리올 시 설립 350주년 축제 등 대형 축제 공연의 조명 설계를 담당했다. 그리고 7차례 "캐나다 퀘백 주 올해의 최우수 조명 설계사"라는 칭호를 받았다.

모두 〈시공지려〉에 대해 호평했다. 이러한 사례가 증명하듯, 문제는 '어떻게 현대화하는가?'였다. 〈시공지려〉는 잡기 공연의 체계와 관행을 타파하고, 운영에 있어 완전히 시장경제 체제를 따랐다. 연출 면에서 외부의 아이디어를 빌려 현대적인 창작이념과 수단을 도입했고, 진부한 잡기 종목에 새로운 활력을 불어넣었다. 볼거리가 많아졌고, 시각적 자극과 호소력이 짙어졌다. 〈시공지려〉는 경제적으로 성공했을 뿐만 아니라, 중국 내외 문화시장의 관심을 불러일으킴으로써 사회적으로 성공적인 효과를 창출했다. 상해 엑스포가 열리기 전, 엑스포 기간 동안 국제적 수준의 문예공연이 있었으면 하는 바람으로 〈시공지려〉가 탄생했다. 따라서 〈시공지려〉는 전 세계에 상해와 중국의 문화 이미지를 전파하는 중요한 역할을 맡게 되었다. 중앙정부의 지도자들, 인민대표대회 위원들, 외국의 수뇌부들이 모두 〈시공지려〉를 관람하고 싶어 했다. 여추우(余秋雨), 정내산(程乃珊) 등 문화계의 유명인사들, 심지어 톰 크루즈(Tom Cruise), 샤론 스톤(Sharon Stone) 등 국제적인 스타들도 현장에 와서 공연을 관람하고 극찬했다. 초점방담(焦點訪談), 신문연파(新聞聯播), 미국 NBC, 일본 TBS 등 국내외 언론들도 〈시공지려〉를 특집 보도했다.[61]

---

61 〈시공지려〉는 주변 상권을 발전시키는 등 무형의 부수적인 성과도 거두었다. 2006년에 설립된 따닝상업문화센터(大寧商業文化中心)는 주변의 풍부한 문화 여가자원을 보고 그 발전 가능성을 믿었다. 뛰어난 조명시설을 갖춘 축구장(상해에 총 3개)인 지아베이체육장(閘北體育場), 푸시(浦西)에서 가장 큰 공공녹지 따닝잉스공원(大寧靈石公園), 상해 10대 문화시설 중의 하나이며 '중국마회 제1성(中國馬戲弟一城)'이라 불리는 상해마희성(上海馬戲城) 이 세 곳과 따닝상업문화센터는 장점을 보완하여 새로운 상업지구 따닝국제상업광장(大寧國際商業廣場)을 형성했다. 따닝국제상업광장은 짧은 시간 내에 상해 북부지역의 상업문화 중심지가 되었다. 상해마희성에서 일 년 내내 공연하는 〈ERA시공지려〉는 주변 상가에 활력을 불어넣었다. 주변의 상업구와 외국인 거주 지역은 성공적으로 발전할 수 있었고, 부동산 시세는 3년 만에 40~60% 상승했다. 시공지려 회사는 상해마희성에서 공연하는 것뿐만 아니라, 현재 한국 공연을 계획하고 있고, 미

2005년 12월 28일 〈시공지려〉는 제100회 공연을 했다. 문화부 부부장인 조유수(趙維綏)는 〈시공지려〉가 "전국 문화원의 공연단 중에서 가장 성공적으로 체제 개혁을 한 사례 중의 하나"라고 평가하였다. 유명한 학자인 여추우(余秋雨)는 "이 공연은 주제에서 시간과 세월의 개념을 도입하여 역사와 문화를 이끌어내고, 깊이 있는 유머가 있는 새로운 개념의 국제적 잡기이다"라고 말했다. 미국의 3대 위성 방송국의 하나인 NBC의 특집보도 제작자인 로빈 로버츠(Robin Roberts)는 "〈시공지려〉가 중국, 심지어 아시아에서 가장 뛰어난 무대극 중 하나이다"라고 말했다.[62] 시공지려 회사는 또한 적극적으로 다양한 자선사업과 공익활동에 참가하였다. 두장옌(都江堰) 재해지역 어린이들을 초청하여 공연을 보여주었고, 빈곤층 학생들에게 특별공연을 했으며, 노인과 어린이들을 위한 행사에서 다양한 공연을 하였다.

③ 프랑스 상상축제와 파리 가을축제

프랑스 세계문화의 집이 주최하는 상상축제(Festival de L'Imaginaire)는 유네스코, 프랑스 외무성, 문화성, 파리 시에서 후원하는 축제로 문화의 다양성을 존중하며 세계 각국을 대표하는 문화예술을 소개하는 축제로

국, 유럽, 일본 등지의 순회공연을 이어갈 예정이다. 그리고 중국 국내 공연으로는 올해 허난성(河南省) 신양 시(信陽市)에서 상설 공연을 하기로 확정지었고, 탕샨(唐山)과 시후(西湖)에서의 공연 역시 논의 중에 있다.

62 2006년 중국 문화부에서는 상해시공지려문화발전유한회사(上海時空之旅文化發展有限會社)를 '국가 문화산업 시범기지'로 선발했다. 2007년에 〈시공지려〉는 제2기 문화부 창의상, 제4기 중국공연10대성사(中國演出十代盛事)의 '최고오락공연' 부문 금상을 수여했으며, 2006~2007년에 '국가 무대예술 우수작품 프로젝트(國家舞臺藝術精品工程)'의 10대 우수 작품, '전국 문화기업 30강' 등 정부에서 수여한 각종 상을 받았다.

세계적으로 명성이 있다. 이 상상축제에는 2005년 한국의 한지 전시, 2006년 가야금 명인 황병기, 2008년 봉원사 영산재, 2009년 하용부, 2010년 바람곳, 2012년 봉산탈춤, 더 시나위(THE SINAWI: 김해숙 · 김영길 · 윤호세 · 유미리 · 김충환) 등이 초청되어 공연했다.[63]

2013년, 프랑스 세계문화의 집은 건립 30주년을 기념하며 17번째의 상상축제를 유네스코 인류무형문화유산에 등재된 다양한 문화권의 공연들로 프로그램을 구성했다. 2013년 3월부터 6월까지 루브르 오디오토리움(Auditorium du Louvre), 태양극장(Théâtre du Soleil) 등 파리 시내 주요 극장들에서 펼쳐진 17회 상상축제는 인도네시아의 〈와양 쿨릿(Wayang Kulit)〉, 일본의 〈가구라(神樂, Hayachine Take Kagura)〉와 〈교겐(狂言, Shime Shigeyama)〉, 터키의 〈수피 댄스(Ceremonie Soufie)〉 등이 공연되었는데, 이 중에 전통가곡도 있었다. 김영기(중요무형문화재 제30호 예능보유자) 명인을 중심으로 구성된 여창가곡 공연단은 파리에서 2회, 프랑스령 기아나 국립극장에서 1회 공연한 바 있다.[64] 2014년에는 상상축제의 개막공연으로 이춘희 명창, 최경만 명인, 유지숙 명창의 〈아리랑〉 공연이 초청되었다.[65]

프랑스 파리 가을축제(Festival d'Autumn a Paris)는 지난 2002년 한국을

---

63 김선국, 「전통음악의 문화콘텐츠화와 해외진출 양상 – 전통음악 음반과 공연을 중심으로」, pp. 26~28.

64 공연을 마친 후 김영기 명인은 "관객들의 수준에 여러 번 놀랐던 것 같습니다. 여러 번의 커튼콜로 이어지던 끊이지 않는 박수소리도 감동이었고요. 프랑스 문화예술계의 다양한 인사들이 상당수 관람한다는 말을 사전에 들었지만, 공연이 끝난 후에는 누군지도 모르는 프랑스 분들이 쉴 새 없이 축하와 격려를 해주었습니다"라며 소감을 밝혔다. "Arko artists: 한국전통가곡 여류가객 김영기", 웹진 ARKO, 2013. 6. 13.

65 김선국, 앞의 글, pp. 26~28.

주빈국으로 초청한 바 있다. 1972년 미셸귀(Michel GUY)에 의해서 시작된 파리 가을축제는 매년 9월에서 12월에 엄선된 세계의 공연을 소개해왔다. 2002년 주빈국으로 파리 가을축제에 참가한 한국은 국립국악원의 민속무용, 판소리, 사물놀이, 대동굿, 꼭두각시, 하회탈춤, 한국영화제 등 10개 분야에서 예술인 160여 명이 출연해 60여 회의 공연, 전시회, 시사회를 가진 바 있다.[66] 당시 전통음악 프로그램 중에는 판소리 5마당의 완창공연과 종묘제례악 공연이 포함되어 있었다.[67] 프랑스 상상축제와 파리 가을축제는 자국의 전통축제를 기반으로 하여, 세계 각국의 다양한 전통예능콘텐츠를 함께 볼 수 있도록 기획되었다는 점에서 눈여겨볼 만하다.

2) 전통예능콘텐츠의 활용방안

(1) 전통공연콘텐츠의 활용

무형문화유산 예능종목, 즉 전통공연예술은 문학 · 미술 · 음악 · 무용 · 연극 등의 총체적 집합체이다. 예로부터 시조나 가사 등의 문학작품은 노래에 얹어 불러졌고, 노래를 수반하는 음악과 무용은 불가분의 관계였다. 탈춤을 비롯한 각종 극예술은 음악이 필수적인 요소이다. 또한 그림을 그리고 노래를 부르면서 풍류문화를 즐기는 것은 선비들의 멋이었다. 이렇게 전통예술은 장르의 벽을 넘나들면서 종합예술의 형

---

66 "한국 덕분에 파리 가을축제 성황", 한겨레, 2002. 12. 22; 김선국, 위의 글, pp. 26~28 참조.

67 르 피가로지(Le Figaro)의 화제의 주요 인물면에서 "한국의 무당이자 인간문화재인 김금화씨가 파리의 부프 뒤 노르 극장과 보르도에서 샤머니즘 의식을 거행할 것"으로 소개되기도 했다. Le Figaro, 2002. 11. 8; 김선국, 앞의 글, pp. 26~28 참조.

태로 전승되는 것이다. 그러나 현대문화에서는 각종 장르가 세분화 · 분업화되면서 각 장르의 특성에 맞는 새로운 문화를 창출하고 있다. 그렇기 때문에 본고에서는 논의의 대상을 전통공연예술로 한정하고자 한다. 전통공연예술의 범주는 음악과 무용을 포괄한다. 전통적으로 우리 민족에게 있어서 악가무(樂歌舞)는 그 자체가 하나의 장르였다.[68]

전통연희는 근현대 이전의 전통사회에서 전문적이고 직업적인 연희자들에 의해 전승되던 백희잡기(百戲雜技)의 종목들과 가면극, 판소리, 창극, 꼭두각시놀이 등 연극적 양식의 종목들로서, 영리를 목적으로 관중들을 위해 연행하는 공연물을 가리킨다.[69] 전경욱은 「전통연희의 현대적 의의」(2011)에서 전통연희의 현대화를 위한 방안으로, 전통연희의 전문 인력 양성을 위한 전통연희학교의 설립, 수준 높고 재미있는 한국적 가무극(뮤지컬)의 창작, 외국인과 자국인을 위한 전통연희 대형 상설공연장의 설립, 전통연희 공연의 스토리텔링화를 통한 수준향상 도모 등을 꼽고 있다.[70]

전통공연콘텐츠 활용방안을 정리해보면 다음과 같다. 첫째, 전통공연 콘텐츠의 확보경로를 다변화하여 질적 · 양적인 확대를 추진해야 한다. 조선시대를 넘어 고려, 삼국시대, 고조선의 한민족 콘텐츠 확보기반을 마련하고, 북한 및 해외 이민사회의 전통 민속공연 등의 콘텐츠 확보가 필요하다. 또한 구전으로 전승되어온 전통음악의 채보에서 전승, 창작까지 통합 연계되는 기능 및 제도가 마련되어야 한다. 더불어

---

68 이용식, 「전통공연예술 활성화 정책의 전망과 과제」, 『문화정책논총』 19, 한국문화관광연구원, 2008, p. 41.

69 전경욱, 앞의 글, p. 252.

70 위의 글, pp. 278~281 참조.

디지털 오픈환경을 대비한 문화원형 콘텐츠 저작권 확보와 음악을 넘어서 전통무용, 놀이, 연극, 의례 전 분야의 균형된 콘텐츠 원형 확보 및 개발이 필요하다. 이를 실현하기 위해서는 전통의 전승과 창작을 위한 전통공연 연구인력 확보와 아카이브 시스템 마련이 관건이다.

둘째, 무형문화유산 예능 분야의 창작과 활용을 위해서는 전통예능을 정확하게 보전해야 창작의 기반을 마련할 수 있다. 문화재청에서 지원하고 있는 전승자 발표공연, 기획공연, 찾아가는 무형문화재 공연 등의 사전, 사후 평가제와 전문가 모니터링 제도를 도입하여 올바른 전승이 되고 있는지를 점검할 필요가 있다. 또한 공연의 예술적 완성도를 위한 연출, 기술인력, 기획인력 등의 발굴 운영이 필요하며, 전통계승 활동의 철저한 검증을 위해 전통의 정신을 이어받은 창작 전통공연의 질적 관리를 유도해야 한다. 더불어 인기 분야의 전통예술공연에 편중되어 있는 프로그램을 확장하여 정악부터 다양한 민속 분야까지 다루는 균형 있는 공연 프로그램으로 개발해야 한다.

셋째, 융·복합과 신진 예술인 양성이 필요하다. 과학기술, 인문사회과학과 융합하는 전통예술프로그램 개발로 새로운 방향을 제시할 수 있을 것이다. 또한 젊은 전통예술인 인재 양성 및 활동이 필요하다. 젊은 예술인 '전국 현장단원 인증'과 같은 사업을 실시하여 전국 명승지 상설공연, 문화복지 활동, 강사 업무를 부여할 수 있도록 하고, 젊은 예술인, 동호회를 위한 전국 연습 스튜디오 확보 및 대여사업도 필요하다. 해외 강사파견 사업을 실시함으로써 해외 문화원·홍보원에서 전통예술을 알릴 수 있는 기회를 만들 수도 있을 것이다.

넷째, 전통공연 콘텐츠의 문화적·사회적 접근성을 확보해야 한다. 전통공연 콘텐츠에 가까이 다가갈 수 있는 여러 가지 사업이 필요하다.

전통공연 콘텐츠 용어, 공연 설명 등을 포함한 설명서 발간, 전통공연 스토리 공모 및 활용, 만화 및 애니메이션, 다큐멘터리 등 제작, 전문 해설사 및 스토리텔러 양성, 관련 교양도서, 아동도서, 방송시나리오 공모제 실시, 판소리 바탕별 스토리 및 해설서 등을 발간할 수 있을 것이다. 또한 전통공연의 가치 재발견을 위해서 가치연구 및 발굴, 건강, 웰빙, 슬로우 문화와 연계된 전통예술공연 재조명, 트렌드 분석을 통한 전략적 연계홍보가 필요하다. 더불어 미디어를 통해 전통공연의 일상화를 추구해야 한다. 국악방송, 영화, 만화 등 문화콘텐츠와 연계를 위한 '소재 발굴'과 콘텐츠DB 제작 및 제공, 스마트 기기 등을 통해 전통공연을 알리고 향유할 수 있는 기반 마련 등이 필요하다.

다섯째, 교육프로그램과 연계한 전통공연 콘텐츠의 활용이 필요하다. 전통공연종목 교육을 위한 표준 매뉴얼, 교재 및 커리큘럼 제작 관리, 음악 외에 국어(민요, 시조, 판소리 등 연계), 체육(춤, 놀이와 연계) 및 타 과목 교사 재교육 과정 등을 마련해야 한다. 초·중등 정규 교육과정에 예(禮)와 악(樂)을 교육할 수 있는 통합형 전통문화 교과목 신설도 필요하다. 또한 전통예술 강사풀제를 유치원 과정에 추가 도입도 필요하다.[71]

여섯째, 전통공연 콘텐츠의 세계화 전략이 필요하다. 해외진출 기반을 마련하기 위해 중장기적으로 한국의 집(전통공연과 식사, 혼례, 체험 등)의 해외 분원이 필요하다. 해외 교포집중지역 등에 전통공연기관이 설립되어야 한다. 또한 해외 공연 정보에 수요자들이 더욱 쉽게 접근할 수 있도록 하기 위해 전통공연 해설, 데이터베이스 및 현황 관련 정기적

71 이기영, 「전통공연예술 정책 발전 방안 연구」, 『서비스산업연구』 9(2), 한국서비스산업학회, 2012, pp. 96~99 참조.

소개와 번역 콘텐츠 제작, 외국어 전통공연 관련 앱 개발, 사이트 개발 및 미디어 방송 콘텐츠 활용를 활용해야 한다.

(2) 전통축제콘텐츠의 활용

한국은 사계절이 뚜렷하고 산천이 수려하여 예로부터 계절과 지역별로 특징 있는 놀이와 축제가 많았다. 고장 특유의 놀이와 축제가 형성된 것은 이런 지역적 특성과 사계절이 분명하여 농사를 짓는 시기와 쉬는 시기가 구분되어 있었기 때문일 것이다. 많은 놀이와 축제문화가 있었음에도 불구하고 전승·발전시키지 못한 것은 외세의 침략을 숱하게 받아왔고, 전쟁 후의 폐허를 복구하기 위한 시간이 필요했기 때문인 이유도 있다. 정치적으로 불안정한 사회 분위기는 국민들이 놀며 일할 수 있는 사회와 점점 멀어지게 했던 것이다.

놀이와 축제는 30여 년 전만 해도 쉬운 일이 아니었다. 매년 한 차례씩 지역을 바꾸어가면서 시행하고 있는 '전국민속예술경연대회'가 고작이었다. 그러나 '전국민속예술경연대회'가 회를 거듭할수록 그 수요는 늘어났고, 최근 지자체가 형성되면서 각 지방은 지방별 축제를 재현하려는 곳이 많아졌다. 그 숫자는 점차 늘어 1,176개[72](2007년 기준)의 축제와 놀이가 계절을 가리지 않고 전국에서 행해지고 있다.[73]

세계는 지금 '지구촌 시대', '국제화 시대'를 맞아 자국의 무형문화유산을 그대로 축제화하거나, 그것을 모티브로 문화행사를 기획하여

---

[72] 문화통계포털 홈페이지(2013. 10. 13), http://vstat.culturestat.mcst.go.kr 참조.
문화예술축제: 258개, 관광문화축제: 124개, 전통민속축제: 202개, 농산물 판촉·전시축제: 205개 등이다.

[73] 김흥우, 『한국의 놀이와 축제』, 집문당, p. 9.

관광활성화를 꾀하고 있다. 한국의 무형문화유산을 세계화하자면 그것을 더욱 한국적인 것으로 만들어야 한다. 그것이 바로 우리의 무형문화유산인 것이다. 그렇게 할 때, 우리의 얼과 혼이 배인 한국의 놀이와 축제는 생활문화 향상에 이바지하며, 무형문화유산의 보전 방향도 새롭게 찾아볼 수 있다.

전통축제콘텐츠에 있어서 다음의 몇 가지 방안을 제시하고자 한다. 첫째, 구비문학 전공자들의 역할이 필요하다. 대부분의 민속행사가 계획단계에서 개발과 기획이 분리되지 않고, 용역업체에 의해 전 과정이 진행된다. 이런 까닭에 축제의 질적인 측면보다는 겉으로 드러나는 외형에 치중하기 때문에 의미 있는 축제를 기대하기 어렵다. 따라서 축제의 질적인 성장을 위해 축제의 기획 단계에서 구비문학 연구가 활발히 이루어져야 한다. 아울러 이를 실제 계획에 반영하면서 실현될 수 있도록 기획자들이 노력해야 할 것이다.[74]

둘째, 조사개발이 다차원적으로 이루어져야 한다. 지역 전통문화에 대한 풍부한 연구와 심도 있는 조사를 통해 축제와 관광 상품을 개발하기 위해서는, 구비문학적 연구, 문화인류학적인 민속지 조사, 사회과학적 차원의 지표조사 등을 다차원적으로 연구와 개발의 수단으로 활용할 수 있다.[75] 전통문화를 축제화하기 위해서는 이에 대한 충분한 지표조사가 선행되어야 한다. 구비문학적 차원에서도 이의 전승과 현대적 콘텐츠화에 도움이 될 만한, 전국적으로 비교할 수 있는 지표조사가 필

---

74 안이영노 · 김광욱, 「기지시줄다리기의 전통과 재창조」, 『인문콘텐츠학회』 3, 인문콘텐츠학회, 2004, p. 343 참조.

75 앞의 글, p. 343.

요하다. 축제를 위한 구비문학 지표조사는 철저하게 계획적이고 집중적인 조사체계를 구성해야 한다.[76] 우선 그 지역의 민속과 관련된 모든 이야기와 소리를 조사해야 한다. 마을 신앙에 대한 옛이야기뿐 아니라 크고 작은 경험담에 이르기까지 층위에 관계없이 세밀하게 수집조사해야 한다. 아울러 마을의 민요 또한 조사대상이다. 이렇게 조사된 자료들은 새로운 축제콘텐츠를 창조하는 데 영감을 제공하는 개발 자료가 될 수 있다. 또한 타 지역의 민속놀이와 비교 가능한 대상이 있을 때 더욱 효과적이다. 따라서 광범위한 지역에서 전통문화축제 사례들의 자료를 수집하고, 전통문화축제를 구성하는 콘텐츠의 각 요소를 지역 사례별로 비교할 수 있는 항목과 기준, 척도 등을 수립해놓는다면 지표가 만들어질 수 있다.[77] 그리고 지표와 이 지수들은 전통문화축제의 생명력을 가늠하고 나아가 축제의 제작 방향을 이해할 수 있는 근거자료로 충분히 활용될 것이다.

셋째, 모든 축제의 기획과 운영 과정은 표준화되어 있다. 그러나 전통문화축제별 특성에 맞도록 제작 순서를 새롭게 조정해야 할 필요가 있다. 각 지역에 적합한 행사를 만들기 위해서는 연구가 선행되고, 그 결과를 바탕으로 그 지역만의 특수성을 살릴 수 있는 새로운 기획·운영과정을 발견해야 한다. 지역축제의 선행연구 과정에서, 구비문학 전공자가 원형의 적절한 보존과 재창조 방안 및 아이템을 제공할 수 있다. 한편 축제 기획자는 스스로의 조사를 통해 아이디어를 낼 수도 있으나, 자신의 아이디어와 함께 지역사회의 요구를 받아들여 최선의 내

76　안이영노·김광옥, 위의 글, p. 343 참조.

77　위의 글, p. 343.

용을 선택해야 한다.[78]

지역의 전통문화축제를 개발할 때는 전승자 혹은 지역 주민들의 의견을 충분히 반영한 철저한 축제 소비자 조사를 수행하여, 주민 중심의 지역축제와 고객 중심의 관광 축제가 적절하게 어우러져 균형을 이루도록 해야 한다. 축제전통의 현대화와 상품화는 모두에게 있어 일차적이다. 전통문화축제가 지금까지 원형을 간직한 채 내려오는 것만으로도 대단한 성과인 것은 분명하다. 그러나 전통문화축제의 원형에만 주목할 것이 아니라, 시대의 변화와 흐름에 맞게 전통문화축제가 지니고 있는 화합의 의미와 즐거움을 현대인들이 수용하고 확대 재생산할 수 있도록 하는 데 주력해야 할 것이다.[79]

전통문화축제는 현대적으로 전승하면서 주민과 관광객을 모두 만족시켜야 하는 두 가지의 과제를 안고 있다. 축제를 통해 문화 원형의 복원과 재창조 사이, 작품화와 상품화 사이, 주민들의 소통을 위한 축제와 지역경제 발전을 위한 관광상품 사이에 어떤 문제가 있는지를 살펴볼 수 있다.[80] 이 사례들을 분석해보면, 전통문화예술을 단순히 원형복원으로만 그치지 않고 현대인들의 요구에 맞게 재창조하기 위해서는 전수자와 개발 전문가의 역할이 매우 중요하다는 것을 알 수 있다. 개발 과정에는 그 사회 구성원이나 주민들의 요구를 반영하는 과정이 포함되어야 한다.[81]

고려와 조선시대부터 대표적인 축제였고, 현재도 서울의 대표적인

78　위의 글, p. 344 참조.

79　위의 글, p. 346 참조.

80　위의 글, p. 346.

81　위의 글, p. 346.

축제로 육성할 만한 역사적 전통성과 풍부한 축하행사를 갖추고 있는 '연등회'의 축제화 방향을 살펴보면 다음과 같다.[82] 전경욱은 「연등회의 전통과 현대축제화의 방안」(2008)에서 "다양한 등을 제작하여 전시하여 관중들의 참여를 유도하고, 현재의 연등축제에서 잘 진행되고 있는 현대적 행상과 함께, 인도, 서역, 중국의 예를 통해서 살펴본 행상의 원래 모습을 되살린 전통적 행상을 추가함으로써, 불탄일의 의미를 더욱 부각시키고 풍성한 볼거리를 제공하는 방향으로 나아가야 할 것"[83]이라고 이야기하고 있다. 이와 같이 전통문화축제의 기획은 상투적이고 표준화된 행사 제작 과정을 그대로 적용하는 것이 아니라, 다양한 조사와 개발자의 의견을 수렴하여 적용해야 한다. 목표 대상과 그 목적에 따라 축제의 내용은 달라진다. 그 행사가 주민을 위한 것인지, 관광 상품인지, 원형의 보존인지 등 제1의 목표를 선정하고 이를 잊지 않고 수행해야 한다.

2. 전통기능콘텐츠의 활용

1) 전통기능콘텐츠의 활용사례

(1) 한지로 만든 SNK의 혼스피커 '바이본'

혼스피커 업체인 SNK는 3년간 5억 원의 개발비를 투입하여 전자 구동부를 제외한 대부분의 부품에 전통 한지공예기술을 적용한 인테리

---

82 전경욱, 「연등회의 전통과 현대축제화의 방안」, 『남도민속연구』 17, 남도민속학회, 2008, pp. 330~331 참조.

83 위의 글, pp. 370~374 참조.

어용 대형스피커 '바이본 324' 등을 개발하였다. SNK는 전통문화를 스피커에 결합하는 것을 목표로 하면서 도자기 스피커에 이어 한지 스피커를 개발한 것이다.[84] 한지 소재의 혼스피커의 표면은 수작업을 통해서 제작되어 인테리어 기능뿐만 아니라, 음향의 직진성이 뛰어나서 멀리까지 부드럽고 정교한 음향 전달을 가능하게 한다.

(2) 나전칠기를 활용한 문화상품

'2011 서울모터쇼'에 출품된 'BMW 750 Li 코리안 아트 에디션'은 한국 전통의 나전칠기로 내부를 장식한 차량으로, 서울시 무형문화재 보유자 손대현이 직접 제작한 나전칠기로 차량 내부를 장식하여 한국적 우아함이 돋보인다는 평을 받았다.[85]

나전칠기를 활용한 유사 사례로 마이크로소프트사 빌 게이츠 회장의 주문으로 김영준이 제작한 나전칠기 X-Box가 있다. 이 사례들 외에도 나전칠기장 박재성과 KT&G는 2011년 초 나전칠기의 상감기법으로 소나무 문양을 새겨 넣은 담뱃갑을 선보였고, '월드 IT쇼 2010'에서 한국공예 · 디자인문화진흥원의 전시관에서는 자개와 자수, 금박과 한지를 소재로 한 아이폰 케이스를 전시했다.[86] 현대적인 상품에 전통공예콘텐츠를 활용하는 사례는 생활용품을 넘어 자동차, IT제품 등 첨단 제품에까지 나타나고 있으며, 이는 한국의 문화적 전통과 장인정신을 현대적 감각으로 표현한 융복합 상품으로서 가치와 기능을 충족한 전

---

84 이상열, 『전통문화산업 융복합 활성화 방안』, 한국문화관광연구원, 2012, p. 68.

85 이상열, 위의 책, p. 68.

86 위의 책, p. 69.

통공예문화콘텐츠 활용사례라 할 수 있다.[87]

(3) 별전을 활용한 전통공예콘텐츠

별전(別錢)이란 조선시대에 정상적으로 통용되는 주화(鑄貨)와 구분하기 위해 지은 이름으로 별돈 또는 이전(耳錢)이라고 불렀으며, 별전에는 국가와 군왕의 송축, 백성의 오복기원, 생활의 교훈 등을 상징하는 길상적 문자와 그림이 새겨져 있다. 한국에서 별전이 본격적으로 만들어지기 시작한 시기는 조선 숙종 4년(1678)에 상평통보가 주조되면서부터이다. 별전은 원래 당시 상평통보를 주조할 때 모형전(母型錢)의 동질, 중량, 윤곽 등을 시험하기 위해 만든 시주전의 일종이었다. 이는 법화인 상평통보처럼 화폐로 통용되지 않고 당시 왕실이나 사대부 등 상류사회의 패물이나 애장품으로 사용되었다. 이 중에서 감(監), 홍(紅), 황(黃)의 3색줄이 달린 열쇠패는 시집가는 신부의 필수 혼수품과 내방의 장식용으로 애용되기도 하였다.[88]

이처럼 별전은 단순한 화폐로서의 가치보다 사회풍속의 한 유산으로서 당시의 사회상을 알 수 있는 중요한 가치를 지니고 있다. 별전괴불은 별전과 괴불 등의 자수 장식품들을 꿰어 만든 열쇠패로 중요민속자료 제47호이다. 별전괴불은 정교하고 아름다운 자수 솜씨와 자수에 사용된 금실 등으로 보아 궁중에서 사용된 것으로 보인다. 그 형태는 용두문 고리에 달린 주머니형의 동판에 별전, 괴불 등 모두 19줄의 장

---

87   위의 책, p. 69.

88   한국문화재보호재단, 「조선시대 어머니의 마음을 담아 보낸 혼수품-별전」, 『월간문화재』 349, 한국문화재보호재단, 2013, pp. 26~27.

그림 4.7 별전의 원형과 활용 (출처: 한국문화재보호재단 월간문화재 349호)

식이 달려 있는데 그중 3줄은 용두문 고리에 달려 있다. 이러한 공예문화유산을 활용해서 별전 동전지갑, 펜던트[89] 등을 제작하였다.[90]

(4) 해외의 전통공예콘텐츠 활용사례

러시아 전통인형 마트료시카(Matryoshka)는 인형 안에 같은 모양의 인형이 여러 개 들어 있는 러시아 전통공예품이다. 러시아의 자본가였던 마몬토프(Mamontov) 가문이 일본에서 가져온 인형을 개조하여 러시아 내 다양한 민족의 민속의상을 입혀 교육용 목각 인형으로 만들면서 시작됐다. 1900년 프랑스 파리에서 열린 제1회 국제공예박람회에서

---

89 펜던트는 문양별로 의미가 다르기 때문에 여러 디자인으로 개발되었다. ① 일월성신(日月星辰): 해와 달(日月) 그리고 별들의 신(星辰)을 뜻하는 별전, ② 수자(數字)와 오행(五行): 자연 변화의 양상과 상호관계를 점치는 데 사용된 별전, ③ 태평만세(太平萬歲): 태평천하 군왕만세(太平天下 王君萬歲)의 의미를 담은 별전, ④ 태극 북두: 천지의 모든 현상과 사물의 근본인 '태극'과 음양오행의 근원인 칠성(七星) 별전, ⑤ 만(卍) 자와 복(福) 자 북두: 만복과 길상의 만(卍) 자와 칠성(七星) 안에 복(福) 자가 새겨진 별전, ⑥ 천지인 오행(天地人五行)과 팔괘형: 서로 맞물려 시간, 방위 등을 나타내며 주역점술에 자료로 쓰이던 별전, ⑦ 쌍어문: 장수와 자손창성을 기원하는 쌍어문 장식 별전, ⑧ 많을 다(多) / 부할 부(富) / 귀할 귀(貴) 자: 길상적 의미를 지닌 문자의 형태를 딴 별전 장신구의 8가지로 개발되었다.

90 한국문화재보호재단, 「조선시대 어머니의 마음을 담아 보낸 혼수품-별전」, 앞의 글, pp. 26~27.

그림 4.8 마트료시카 인형
(출처: 이상열, 『전통문화산업 융복합 활성화 방안』, 한국문화관광연구원, 2012, p. 68.)

마트료시카 인형이 금상을 수상하면서 러시아의 대표적 공예품으로 부
각됐다.[91] 박람회 이후, 모스크바 근교 세르기예프 포사트(Sergiyev Posad)
에 마트료시카 공장이 많이 세워졌고, 그중 세메노보(Semenovo)에서 72
개로 구성된 마트료시카를 제작하여 기네스북에 등재되기도 했다. 마
트료시카 밑면에는 제작자의 이름과 제작 기간을 표기하여 상품의 신
뢰도를 높이는 역할을 한다.[92]

　전통적인 마트료시카는 장미빛 홍안(紅顔)에 머리 수건을 쓰고 사라
판 치마를 입은 농부(農婦)의 모습이나, 최근에는 민속의상을 입은 인형
외에 유명한 역사인물, 대통령, 영화 등을 소재로 그려지고 있다. 본래
'마뜨'는 '어머니'를 의미하고, 인형에 색칠된 붉은색, 노란색, 파란색,
초록색은 각각 피와 태양빛, 잘 익은 밀과 곡식, 하늘과 물, 꽃들과 화
려한 식물의 색깔을 상징한다. 최근에는 관광객들을 위해 만화 캐릭터,
비틀즈·마이클 조던 등의 스타들, 오사마 빈라덴 등과 같은 화제의 인

91　이상열, 앞의 책, p. 70 참조.

92　위의 책, p. 70 참조.

물도 등장하고 있다.[93]

또한 장식용 스티커 및 다양한 생활소품 형태로도 제작되고, 구매자가 직접 그림을 그릴 수 있도록 반제작 상태의 마트료시카 세트가 팬시점이나 인터넷을 통해 판매되고 있다. 이 제품은 일반인은 물론, 다문화 교육 시 학생들을 대상으로 러시아 문화체험 교구로도 활용되고 있으며, 이 외에 러시아의 스타벅스는 'RUSSIA'라는 글자와 함께 전형적인 마트료시카 이미지를 넣은 벤티·그란데·톨 사이즈의 마트료시카 텀블러 세트를 제작하여 수집가들의 인기를 끌었다.[94]

일본 니가타 현(新潟懸)의 도카마치(十日町) 시는 전통적으로 마직물이 많이 생산되던 곳으로, 도카마치가스리(十日町がすり)로 알려져 있다. 도카마치가스리는 1982년에 일본의 국가 전통공예품으로 지정되었다. 도카마치가스리는 마직물에 사용되던 실 염색법인 가스리기법(살짝

그림 4.9 도카마치가스리(좌)와 기모노마츠리(우)
(출처: 카마치 시 홈페이지(2013. 10. 3), http://www.city.tokamachi.niigata.jp)

---

93 위의 책, p. 71 참조.

94 기존 마트료시카가 기념품 성격만 있었다면, 최근 제작된 마트료시카 텀블러는 실용성과 기념품적 성격을 동시에 구비한 상품이다. 개당 5만 원, 한 세트에 15만 원을 넘는 고가이지만, 마트료시카의 특성 때문에 수집가들은 세트로 구매하기도 한다. 이상열, 위의 책, p. 71 참조.

스친 듯이 규칙적으로 배치한 무늬를 염색하는 기법)을 사용하여 기하학적 무늬가 나타나게 한 견직물이다.[95] 도카마치에서는 19세기 중후반부터 견직물에 가스리기법을 응용하기 시작했고, 이 기법을 활용하여 현대적인 감각의 기하학적 무늬가 새겨진 기모노용 옷감을 생산하고 있다. 이와 같은 지역 특성을 살려 도카마치 시는 기모노마츠리(着物祭)와 기모노 거리 퀼트전 등의 이벤트를 개최하였다.[96]

2) 전통기능콘텐츠의 활용방안

전통기능콘텐츠의 활용은 '전통문화상품'의 활용으로 대변된다. '전통문화상품'은 전통문화를 담고 있는 상품을 일컫는다. 전통문화상품은 한 민족이 고유하게 계승하고 있는 전통문화를 내포한 것으로, 현재도 그 쓸모와 미적 가치가 계승되는 것이라 할 수 있다. 전통공예를 계승하여 옛 것을 보존하는 것 또한 가치 있고 필요한 일이지만, 그것을 넘어 현재적 창의성이 가미되어 대중성을 지녀야 한다. 전통문화상품은 공예품이 많은 비율을 차지하고 있다. 그러나 전통문화상품에는 음악, 무용, 극, 의례, 축제, 전통 음식 등 무형의 것도 포함된다. 또한 전통문화와 관련된 자료나 유물의 전시, 한옥, 고궁이나 유적지 자체를 관광상품화하는 것 등 전통문화와 관련되어 감상이나 구매로 이어지는 모든 것을 전통문화상품이라고 할 수 있다.

'문화상품'이란 〈문화산업진흥기본법〉 제2조 2항에서 "예술성 · 창의성 · 오락성 · 여가성 · 대중성(이하 "문화적 요소"라 한다)이 체화되어 경

---

95 이상열, 『전통문화산업 융복합 활성화 방안』, 한국문화관광연구원, 2012, p. 73 참조.

96 위의 책, p. 73 참조.

제적 부가가치를 창출하는 유·무형의 재화(문화콘텐츠, 디지털문화콘텐츠 및 멀티미디어문화콘텐츠를 포함한다)와 그 서비스 및 이들의 복합체를 말한다"[97]고 정의된다. 이처럼 문화상품은 포괄적인 의미를 내포한다. 상품이란 사전적으로 사고팔 수 있는 유·무형의 재화를 말하지만, 일반적으로는 유형의 물질적 대상을 지칭하므로 대부분 전통공예품을 전통문화상품으로 인식하고 있다.

전통문화상품을 포함하는 전통문화산업의 개념과 범주에 대해 합의된 바는 없으나, 〈문화산업진흥기본법〉에서는 '문화재와 관련된 산업', '공예품과 관련된 산업', '전통적인 소재와 기법을 활용하여 상품의 생산과 유통이 이루어지는 산업으로서 의상, 조형물, 장식용품, 소품 및 생활용품 등과 관련된 산업'을 문화산업의 범주에 포함하고 있다. 이 규정을 고려할 때 '전통적인 소재와 기법을 활용하여 상품의 생산과 유통이 이루어지는 산업'을 전통문화산업의 핵심 분야로 볼 수 있다. 따라서 무

---

97 〈문화산업진흥기본법〉 제2조(정의) 1. "문화산업"이란 문화상품의 기획·개발·제작·생산·유통·소비 등과 이에 관련된 서비스를 하는 산업을 말하며, 다음 각 목의 어느 하나에 해당하는 것을 포함한다. 가. 영화·비디오물과 관련된 산업, 나. 음악·게임과 관련된 산업, 다. 출판·인쇄·정기간행물과 관련된 산업, 라. 방송영상물과 관련된 산업, 마. 문화재와 관련된 산업, 바. 만화·캐릭터·애니메이션·에듀테인먼트·모바일문화콘텐츠·디자인(산업디자인은 제외한다)·광고·공연·미술품·공예품과 관련된 산업, 사. 디지털문화콘텐츠, 사용자제작문화콘텐츠 및 멀티미디어문화콘텐츠의 수집·가공·개발·제작·생산·저장·검색·유통 등과 이에 관련된 서비스를 하는 산업, 아. 전통적인 소재와 기법을 활용하여 상품의 생산과 유통이 이루어지는 산업으로서 의상, 조형물, 장식용품, 소품 및 생활용품 등과 관련된 산업, 자. 문화상품을 대상으로 하는 전시회·박람회·견본시장 및 축제 등과 관련된 산업. 다만, 〈전시산업발전법〉 제2조 제2호의 전시회·박람회·견본시장과 관련된 산업은 제외한다. 차. 가목부터 자목까지의 규정에 해당하는 각 문화산업 중 둘 이상이 혼합된 산업, 2. "문화상품"이란 예술성·창의성·오락성·여가성·대중성(이하 "문화적 요소"라 한다)이 체화되어 경제적 부가가치를 창출하는 유형·무형의 재화(문화콘텐츠, 디지털문화콘텐츠 및 멀티미디어문화콘텐츠를 포함한다)와 그 서비스 및 이들의 복합체를 말한다.

형문화유산 공예종목과 같은 수공업 기반의 산업에 대해 기술하였다.

표 4.2 전통문화산업의 특성

구분	내용
주체	• 지역사회 • 전통문화보유 생산자 · 가공자 및 단체 • 관련 지역민 · 출향민 • 지방자치단체, 대학 및 연구소
객체	• 전통기술, 전통명칭, 전통문화표현물 • 원소재, 제조기법, 브랜드, 문양
산업적 특성	• 지역클러스터요소 내재(지역 특화산업 발전 가능성) • 복합산업적 특성(전후방효과 · 일자리 창출) • 소량다품종구조(소규모 수공업 수준) • 노동집약적 고용산업(취약층 고용 용이)
기술적 특성	• 공공재적 요소 강함 • 복합적 요소 • 암묵적 요소
브랜드	• 지역상징 및 지역 브랜드 요소(지역 유산 개념) • 기존 안전성 검증 및 브랜드 잠재성 존재

출처: 『전통문화의 효율적 육성을 위한 전문지원단체 설립방안 연구』, 문화체육관광부, 2012, p. 31.

전통문화산업의 일반적 특성은 세계 각국이 자국의 문화정체성 확립을 위해 전통문화를 보전할 뿐만 아니라, 그 산업적 · 경제적 가치의 고양과 신규 부가가치 창출을 위해 전통문화자원을 발굴하여 산업화 · 세계화하려고 노력하고 있다는 점이다.[98] 한국산업기술진흥원(2012)은 전통문화산업의 특성을 주체와 객체, 산업적 · 기술적 특성, 브랜드로 나누어 정리한 바 있다. 그에 따르면, 전통문화산업에서는 생산자나 가

---

[98] 『전통문화산업 실태조사 및 종합육성계획 수립을 위한 기초연구』, 문화체육관광부, 2010, p. 3.

공자뿐만 아니라 지역사회와 학교 등도 주체가 되며, 객체로서 전통기술 · 전통문화표현물 · 원소재 등은 공공재적 성격을 지닌다. 또한 전통문화산업은 산업적으로 소량다품종 생산구조와 노동집약적이라는 특성을 갖고 있다.

한편, 일본 전통문화산업의 특성을 수요와 기술, 공급 측면으로 정리한 칸 노리요시(菅宣善)의 연구[99]도 한국 전통문화산업의 특성을 이해하는 데 참고가 된다. 칸 노리요시에 의하면, 수요 측면에서 중시하는 가치관에 따라서 전통문화산업에는 다음과 같은 4개 층의 소비자가 있다.

① 일상생활용품에서는 전통보다 기능과 경제성이 높은 신 발명품을 사용하는 대다수의 소비자
② 전통행사에서는 전통방식이 품격 높고 상대방을 향한 존경의 표현으로 받아들여지기 때문에 전통방식을 사용하고, 전통방식을 지키고 유지하려는 소비자
③ 전통행사라고 하더라도 사회의 기대수준이 낮아지면, 예법이 상실된 간편화를 행하는 소비자
④ 전통방식을 취미로 삼고 더욱 높은 품위를 추구하는 수요층으로서 두 번째 층의 소비자에게 참고그룹이 되는 소비자

기술 측면에서 보면, 전통문화산업의 고객은 고급 전통상품에서 전통기술을 기대하기 때문에 자동화와 양산방식에 익숙하지 않다. 또한, 전통문화산업은 관련 기술자의 대량 육성이 어렵기 때문에 과도하게

---

99   菅宣善, 『伝統文化産業の成功要因と情報システム』18(2), オフィス · オートメーション, 1997, pp. 13~14.

규모를 확대하면 품질이 떨어져 고객으로부터 외면을 받을 수가 있다. 신 발명품과 간편화된 물품에는 진보한 과학기술을 사용하지만, 이때에도 전통기술의 노하우가 중요하다. 공급 측면에서 보면, 어떤 수요층에 주력할 것인가에 따라서 공급체제가 달라진다. 특정 전통상품을 특정 수요층에 공급하기 위한 노하우와 요소 기술의 결합이 필요한 것이다. 이러한 특성으로 인해 전통상품 분야는 대기업이 진입하기 어렵고, 전통산업은 참여 원가가 큰 반면에 수요가 적기 때문에 중견기업이 주축이 될 가능성이 크다.

이를 정리해보면, 전통문화산업의 고급품은 자동화나 양산보다는 전통기술을 활용한 상품을 선호하고, 현대적인 기술을 사용하더라도 전통기술을 중요하게 고려하는 소비자층과 관련된다. 또한 전통문화산업은 지속적인 노하우와 기술 축적이 필요한 수공예적인 전통기술을 토대로 한다는 점 때문에 관련 기술자의 대량 양성이 어렵다. 따라서 무작정 생산 규모를 늘리려 하면 품질이 저하될 우려가 생긴다. 이와 같은 특성들로 인해서 전통문화산업에는 대기업의 진출이 용이하지 않고, 이것이 전통문화산업의 지속에 긍정적으로 작용하게 된다. 한편, 디지털기술의 발전이 최근에는 아날로그와 결합하는 디지로그가 부각되면서, 기술 중심의 경쟁력이 아닌 인간 중심의 경쟁력, 감성 기반의 기술과 가치가 중요시되고 있다. 아날로그 경쟁력은 장기간의 투자와 노력을 통해서 확보할 수 있고, 한번 구축하면 후발기업이 따라잡기 어려운 진입장벽으로 작용하며, 디지털기술이 보편화 · 평준화할수록 아날로그 경쟁력에 대한 요구는 더욱 높아질 것으로 전망된다.[100] 따라

---

100 신형원 외, 「디지털 시대에 더욱 빛나는 아날로그 경쟁력」, 『CEO Information』 796, 삼

서 전통문화산업의 활성화나 전통공예콘텐츠의 활용도 무조건적인 현대·대량화가 아니라, 기존의 아날로그 경쟁력이 지닌 장점을 강화하고 약점을 개선하는 방향에서 추진되어야 한다.[101]

한국의 전통문화상품 혹은 공예산업에 관한 업무는 그 특성상 문화체육관광부, 지식경제부 등 주요 관장부처를 중심으로 행정자치부, 고용노동부, 조달청 등 여러 부처에서 분산하여 담당한다. 이렇듯 전통문화상품과 관련한 유관 부처는 다수 존재하고 있다. 10개의 중앙정부 부처가 공예와 관련된 사업을 시행하고 있고, 다수의 부처 산하기관, 공기업에서도 마찬가지로 공예와 관련된 사업을 시행하고 있다.[102] 이는 일면 강점이 될 수도 있으나, 한편으로 정책의 산발적 시행과 일관성 부족, 영역 중첩 등의 문제를 발생시키고 부처나 부서 간의 갈등 요인이 될 수도 있다. 이렇듯 전통문화상품의 개념적 범주가 모호하여 행정적으로 정립되지 않은 분야로 남아 있는 것이 현실이다. 이러한 문제들을 해결하기 위해서는 우선적으로 중앙정부 법제에 전통문화상품이나 공예에 관한 법적 정의가 마련되어야 한다.[103]

전통문화상품을 중심으로 여러 다양한 공공기관이 역할을 수행하는 것은 사업이 중복될 우려가 있다는 면에서는 부정적이지만, 각 기관의 고유한 역할을 바탕으로 다양성을 확보할 수 있다는 강점이 있다. 각 기관이 담당하는 전문 영역과 인력 등을 배경으로 전통에 대한 다양

성경제연구소, 2011, p. 45.

[101] 이상열, 앞의 책, pp. 23~25.

[102] 이원태, 『공예문화산업 유통 활성화를 위한 외국 사례 조사 연구』, 한국문화관광연구원, 2011, p. 25.

[103] 『전통문화산업 실태조사 및 종합육성계획 수립을 위한 기초연구』, 문화체육관광부, 2010, p. 25.

한 측면을 해석하고 이를 바탕으로 특화된 전통문화상품을 개발하는 것은 각각 다를 수밖에 없다. 만약 같은 품목의 상품이라 하더라도 민간 기업의 경우와는 질적으로 다른 경쟁을 유도할 수 있다는 점에서 긍정적인 측면이 있다.

문화체육관광부는 광범위한 사업을 시행하고 있다. 하지만 실질적으로 전통문화상품을 개발하고 유통, 판매하는 기관은 문화재청 산하의 한국문화재재단, 문화체육관광부가 주관하는 공예디자인문화진흥원, 한국관광공사, 국립민속박물관, 국립중앙박물관문화재단 등으로 각기 다른 성격을 띠면서도 유사한 역할을 수행하고 있는 것이다.

고유의 전통을 살리고 이를 향유하기 위한 전통공예콘텐츠의 활용은 고부가가치 사업으로서 세계 각국, 특히 미국, 유럽, 일본 등의 선진국들에 의해 각광을 받고 있다. 하지만 한국의 경우 일원화되지 못한 지원정책과 특화되지 못한 기관의 업무 영역 등의 문제가 있다. 이에 다음과 같은 대응 방안을 제시한다.

첫째, 국가 단위의 전략을 수립하고, 특히 인프라의 확충에 힘을 기울여야 한다. 이를 위해서는 전통문화상품에 대한 명확한 개념 정립과 업무 규정이 필요하다. 또한 이 분야가 앞으로 나아가야 할 바를 구체적으로 밝히고 관련 정책을 수립해야 한다. 상품 경쟁력을 높이고 시장을 확장하는 일은 시장에 맡겨진 기능이므로, 국가가 해야 할 일은 관련 인프라를 확충하는 데 주력하는 것이다.

둘째, 기존에 존재하는 유사한 기능을 가진 기관들이 역할과 임무를 분담하고, 지속적인 연구개발 투자로 산업 생태계의 선순환을 이끌 수 있도록 해야 한다. 국가 주도로 전통의 보호와 계승을 위한 전통문화상품 개발 기능이 여전히 요구되는 이유는 그것이 시장을 확장하고 관련

산업의 활성화를 이끌 수 있기 때문이다. 즉, 전통문화에 대한 통찰과 고객의 요구에 부응하는 획기적인 디자인 역량, 선진화된 마케팅 지식 등을 결합하여 국내외 고객의 인식을 바꾸고, 유통망을 확장함으로써 영세 전문기업과의 협력을 넓히고 산업 고도화를 유도할 수 있다.

셋째, 전통문화상품의 글로벌 진출 전략을 실현하기 위한 플랫폼의 확충이 시급하다. 특정 지역을 클러스터(cluster)화하고 온·오프라인으로 기존의 인프라와 네트워크를 구축하여 제품과 아이디어의 거래, 지식과 정보의 교환, 교육과 연구를 통한 새로운 기술의 개발, 국내외의 투자 등이 통합적으로 이뤄지는 장을 마련하는 것이다. 아울러 특정 지역의 클러스터화와 병행하여, 교육기관, 공방, 전시회와 페어, 쇼핑몰 등의 인프라를 네트워크화하는 일이 중요하다.

3. 무형문화유산 디지털콘텐츠

문화체육관광부는 최근 문화원형을 디지털콘텐츠화하는 사업에 많은 예산을 지원하고 있다. 한국콘텐츠진흥원은 "창의력과 경쟁력의 보고(寶庫)인 문화원형을 테마별로 디지털콘텐츠화하여 문화콘텐츠산업의 경쟁력 향상을 도모하는 데 사업의 목적이 있다"고 설명하고 있다. 문화원형콘텐츠화는 원천소스 개발과 직결되는 사업이다. 멀리 볼 것도 없이 서유기나 삼국지 등 중화민족의 문화가 담겨 있는 스토리는 중요한 문화원형이 돼 영화나 만화, 애니메이션의 원천소스가 되고 있다.[104] 여기서 문화원형을 대표할 수 있는 것이 바로 문화유산이다.

---

104 최연구, 『문화콘텐츠란 무엇인가』(살림출판사, 2006), p.64 참조.

문화재청은 문화재 보존 위주의 정책에서 적극적인 문화재 활용정책을 추진하고 있다. 또한 한국의 정보통신기술(IT)과 문화기술(CT)의 발전은 문화유산을 보존하고 활용하는 데 다양한 가능성을 열어주고 있다. 초기의 문화재 정보화는 아날로그 자료를 디지털화(텍스트, 이미지)하여 체계적인 관리를 위한 데이터베이스 구축에 집중했다. 이 단계에서 디지털 기술은 문화재 정보의 채취와 보존에 집중하고, 관광과 콘텐츠 등 산업화를 위한 기술 적용의 단계에는 이르지 못했다.[105] 문화재 디지털화의 DB는 문화재 실측기록DB, 전적문화재 기록DB, 문화재 영상기록DB, 기타 기록화가 있다. 그 중 무형문화유산과 관련된 DB 사업은 중요무형문화재 기록화, 전통 기·예능 조사연구, 남북한 종합학술조사, 모션캡처를 이용한 무형문화재 기록화가 있다. 이러한 문화재청 문화재 기록화사업은, 이제까지 보고서나 출판물로 이루어지던 조사와 정리 작업을 디지털화함으로써 정보의 체계적인 관리 및 활용기반이 마련되었다.[106]

기록화 사업은 주로 문화재의 크기, 부피, 길이 등의 물리적인 속성을 문화, 사진, 음성 등으로 변환하여, 컴퓨터가 인식할 수 있도록 만드는 디지털 기록화 작업에 치중하고 있다. 이 과정에 적용된 문화기술은 주로 3D스캐닝 등의 3차원 측정기술, 동작과 소리를 채취하는 무형문화재 정보 획득 및 처리기술, 채취된 정보를 축적하고 분류하고 검색하는 아카이브 기술 등이 있다. 이를 국가 문화원형 기술 로드맵에서 살펴보면 제1단계인 문화원형 디지타이징(digitizing) 및 아카이빙(archiving)

---

105 강경환, 「디지털 기술을 활용한 문화재의 복원 및 활용 사례」, 『CT포럼3차 발표문』, 문화재청, 2008, pp. 6~10.

106 유동환, 「한국 전통문화유산 콘텐츠개발 현황과 과제」, 『국학연구』 12, 한국국학진흥원, 2008, pp. 29~31 참조.

기술에 해당한다.[107] 무형문화유산 디지타이징은 무용, 소리 등의 무형의 문화원형을 측정하고 디지털화하는 기술로 계측 장비로 인하여 표현에 방해가 되어서는 안 되며, 모션 및 음향에 대한 3차원 정보가 시간대 별로 계측 가능한 기술이다.[108]

문화재청이 2005년부터 2007년까지 6억 원을 들여 중요무형문화재 11건을 동작 기록 기술인 모션캡처(motion capture)[109]로 DB화하였다. 이는 영화나 게임 등의 콘텐츠를 제작하는 현장에서 캐릭터의 움직임을 시간적인 동작 정보로 측정하여 보존하는 기술이다. 디지털시대에 대응하여 무형문화재에 대한 새로운 기록방안을 개발하여 3D 입체영상으로 무형문화유산이 활용될 수 있는 계기를 마련한 것이다. 이렇게 시간적으로 존재하는 동작 정보를 기록하고 각 무형문화재 간의 비교분석을 통하여 1차적으로 무형문화유산 전승시스템을 구축할 수 있고, 2차적으로는 무형문화유산의 동작 정보를 활용한 고급 문화콘텐츠 캐릭터 애니메이션을 개발할 수 있다.

문화유산 디지털화사업은 정보의 채취와 축적에서 복원과 체험서비스로 확대 발전할 것이다. 구축되는 정보도 문자, 이미지, 영상 등 1차적인 정보 구축을 넘어서 멀티미디어 환경에 맞는 고부가가치 콘텐츠의 개발이 요구되는 시점이다. 디지털 복원의 관점에서 볼 때 문화유

---

107 호남대학교, 「문화원형 관련기술 로드맵」, 『문화콘텐츠기술 로드맵 및 중장기계획 수립사업 최종 연구개발결과보고서』, 한국문화콘텐츠진흥원, 2004, p. 65.

108 유동환, 앞의 글, p. 32.

109 사물이나 사람의 움직임을 자이로스코프 센서를 이용해 디지털로 옮기는 기술을 말한다. 최근에는 영화에서뿐만 아니라 병원에서는 환자의 보행 교정, 스포츠계에서는 선수의 자세 교정 등 군대 · 예능 · 스포츠 · 의료 · 로봇공학까지 많은 분야에서 적용되고 있다. 모션캡처의 방식에 따라 기계식 · 자기식 · 광학식 등으로 분류된다.

산의 콘텐츠화 과정은 인문 · 예술 · 공학의 학제 간, 기업 · 학교 · 연구소 · 정부의 산학연관 협력방안의 확대 또한 큰 과제라고 할 수 있다.[110]

1) 디지털콘텐츠의 활용사례

무형문화유산 디지털홀로그램(digital hologram)을 좋은 예로 들 수 있다. 홀로그램은 '전체'라는 뜻의 그리스어 'holos'와 '그림'이라는 의미를 지닌 'gramma'가 합쳐져서 만들어진 신조어다. 즉, 사물의 한 면이 아니라 전체 모양을 한꺼번에 보여주는 완전한 그림이란 뜻이다. 19세기 후반에 등장한 페퍼의 유령은 무대 전면에서는 최적의 입체영상이 보이지만 무대 옆이나 뒤로 가면 가짜임이 드러난다. 따라서 간단한 착시현상을 이용한 페퍼의 유령은 엄밀하게 말해서 '완전한 그림'은 아니다. 하지만 관객의 눈으로 볼 때 지금의 관점에서 살펴보자면 이 '페퍼의 유령'은 가장 완성도가 높은 무안경식(無眼鏡式) 3D입체영상의 형태라는 것과 45도 반사판의 원리를 적용하고 있다는 측면에서 슈도 홀로그램(Pseudo-Hologram)[111]의 원형(原形)이라고 하겠다.[112]

홀로그램 영상을 상업목적으로 이용하는 사례는 대형 투명막에 3D

---

110 유동환, 앞의 글, p. 36 참조.

111 슈도 홀로그램은 전통적인 홀로그램 입장에서 본다면 진정한 홀로그램은 아니다. 컴퓨터를 응용한 프로젝터 반사 방식의 홀로그램이다. 영어로 해석하자면 홀로그램과 유사하다(hologram like)고 풀이되며, 한자어 해석으로는 "의사(擬似) 홀로그램"(실제와 비슷한 홀로그램이라는 의미)으로 정의하기도 한다. 최근까지비슷한 개념으로 "3D Holographic Projection"으로 불려오기도 했는데, 편의상 홀로그램의 한 범주로 포함시키기 위해 슈도 홀로그램이란 정의를 붙여본 것이다.

112 박진호, 「홀로그램 기술과 미래 전망」, 『한국문화콘텐츠기술학회』 7, 한국문화콘텐츠기술학회, 2012, p. 57.

영상을 투사하는 방식이 대부분이다. 아직 개인이 집에서 즐기기엔 무리지만 유명스타의 공연장, 대기업의 마케팅 행사처럼 기술력과 자본이 모이는 장소에선 대규모 홀로그램 영상이 실제로 활용되기 시작했다.[113]

(1) 디지로그 사물놀이

사물놀이와 3D홀로그램 영상을 결합한 공연 '죽은 나무 꽃피우기' 일명 디지로그(Digilog) 사물놀이를 세계 최초로 선보였다.[114] 하드웨어는 영국 뮤전(Musion)사의 홀로그램 시스템인 "아이라이너(Eyeliner)" 기반 하에 공연이 이루어졌다. 이 공연은 실제 연주자가 홀로그램 속의 인물과 협연하는 새로운 스타일의 예술형식으로 커다란 관심을 끌었다. 사물놀이 명인 김덕수가 홀로그램 입체 영상 속의 김덕수와 협연하고, 전통무용 안무가 국수호와 안숙선 명창의 가무악(歌舞樂)이 서로 어우러진다.

그림 4.10 뮤전사의 홀로그램 시스템인 "Eyeliner"

---

113 위의 글, p. 58.

114 2010년 1월 광화문아트홀에서 공연되었고, 이어령 교수가 대본, (주)난장컬처스가 총 기획을 담당하고 (주)디스트릭트가 그래픽 특수효과를 담당하였다.

전통문화와 첨단기술이 결합한 새로운 형식의 공연인 '디지로그 사물놀이'는 춘하추동과 비 · 구름 · 천둥 · 바람 등 자연의 전통적 흐름을 상징하는 사물놀이에 3차원 입체영상 기술을 접목시킨다는 발상 때문에 공연에도 디지털(digital)과 아날로그(analog)의 합성어인 '디지로그(digilog)'를 붙였다. 이 공연의 홀로그램 스토리텔링은 막이 열리면 산업화를 상징하는 죽은 나무와 사막이 나온다.[115] 이후 꽹과리 · 징 · 장구 · 북이 어우러지는 사물놀이를 통해 나무에 다시 생명을 불어넣고 김덕수의 사물놀이, 국수호의 춤, 안숙선의 소리 등이 환상적인 홀로그램 영상과 만나 관객들의 감동을 배가시켰다. 사물놀이의 리듬이 공연장을 뒤흔드는 가운데 무대 위의 죽은 나무에서 갑자기 꽃이 개화(開花)하거나 3~4명의 가상(假想) 김덕수가 다른 악기로 연주를 하는 등 초현실적인 장면을 보여준다.[116] 이렇듯 디지로그 사물놀이에서 무대 위를 꽉 채운 입체영상에 관객들은 시 · 청각적으로 반응했다.

디지로그 사물놀이의 첫 번째 기술적인 특징은 사물악기 소리의 강도, 연주자들의 움직임에 반응하는 센서 기술을 활용하여 연주자들의 공연 형태와 관객의 반응에 따라 실시간으로 변화하는 것이 핵심이다. 예를 들어 악기 소리가 커질수록 무대 위에 죽은 채로 있던 나무에 잎이 돋아나고 꽃잎이 흩날리게 된다. 연주자들의 움직임이 격해지면 나비들이 하늘로 날아올라 무대를 가득 메운다. 이렇게 미리 제작된 영상에 맞춰 퍼포먼스가 구성되는 것이 아니라 실시간(real time)으로 디지털 기술과 아날로그 공연 장단이 인터렉티브한 상호작용을 수행하게 되면

---

115   박진호, 위의 글, p. 59 참조.

116   위의 글, p. 60.

그림 4.11 디지로그 사물놀이(김덕수)와 춤(국수호)

서 관객들의 반응에 따라서도 3D 이미지가 변화한다.[117] 이 기술은 예
술과 기술이 융합된 새로운 디지로그 공간을 창조했다고 볼 수 있다.

두 번째 기술적인 측면은 〈아바타(Avata)〉와 같은 입체영화를 상영하
는 3D입체 영화 전용관에서처럼 안경을 착용하지 않고도 3D입체영상
의 효과를 자아냈다는 점이다. 이는 3D입체영화와 그 구현방식만이 다
를 뿐, 입체영상의 기술적 원리는 거의 동일하다고 볼 수 있다. 결과적으
로 디지로그 사물놀이는 현실 속의 연주자와 가상 홀로그램이 어우러진
이 공연은 3D의 정점으로 불리는 홀로그램이 향후 공연문화를 변혁시
킬 수 있을 새로운 트렌드를 생생하게 보여주었다는 데 큰 의미가 있다.

(2) 세종시 디지털문화유산 영상실

문화재청은 2012년 7월 세종시 첫 마을 한솔동 주민센터 3층에 디
지털문화유산영상실을 개관했는데, 여기에는 〈승무(僧舞)〉 홀로그램이
설치되었다. 홀로그램 상설 전시장으로는 국내 최초이다. 홀로그램은
다양한 문화산업(文化産業)의 모든 분야로 그 사용 영역이 확대될 것으
로 예측된다. 또한 홀로그램은 기존의 3차원 영상기술에 필요했던 보
조 안경이 필요 없어 스크린이 아닌 현실 공간에서 구현할 수 있다는
점 때문에 각종 광고, 공연, 전시, 교육 분야[118]까지도 활용도가 높다.

슈도 홀로그램 기술을 응용한 문화산업 활용 분야는 앞서 설명한
공연 분야 외에도 전시 분야에서도 활용의 폭이 매우 크다. 이는 홀로
그램의 2차원적인 속성, 색과 형태가 시시각각 변하면서 허공에 떠있

---

117   위의 글, p. 60 참조.

118   박진호, 위의 글, p. 62 참조.

그림 4.12   홀로그램 시스템에서 무형문화재 〈승무〉(무대장면이 실시간 바뀜)

는 3차원적인 특징, 관객의 참여도에 따라 인터렉티브한 4차원의 세계까지 다각도로 보여줄 수 있기 때문이다. 이런 이유 때문에 이 슈도 홀로그램은 디지털 박물관(digital museum) 분야에도 두각을 나타낼 것으로 보인다.[119]

　문화재청과 행정중심 복합도시 건설청은 세종시(世宗市)에 디지털문화유산영상관(가칭) 건립(2017년 예정)을 추진하고 있다. 이 영상관은 첨단기술력을 바탕으로 디지털 문화유산 콘텐츠를 관람·체험·학습할 수 있는 복합문화시설로 운영될 예정이며, 홀로그램 기술을 적용한 디지털 문화유산콘텐츠도 전시될 전망이다.[120] 박물관 전시의 가장 큰 문제는 한정된 오프라인 공간 안에 실물 유물을 일일이 디스플레이해야 한다는 점이다. 그러나 홀로그램 데이터로 전환된 '가상유물(假想遺物)'

119　위의 글, p. 62.

120　위의 글, p. 63.

은 전시에서 보관까지 공간의 제약을 받지 않는다는 점에서 박물관의 한계를 극복할 수 있다.[121] 그 밖에도 문화재의 홀로그램화 및 대용전시 가능성 때문에 외국과 자유자재로 문화재 교류를 할 수 있으며, 세계 문화재 비교전시 및 연구와 지역 박물관의 지역성 유지에 용이하고, 원형이 이미 훼손된 문화재를 홀로그램으로 복원할 수 있다는 점 등 여러 장점이 있다.

이상의 활성화 방향을 적극적으로 유도하기 위해서는 정부와 공공기관에서 관련 DB들를 공개하고, 저작권 등의 문제를 해결하여 민간에서 적극적으로 활용할 수 있도록 하는 것이 중요한 과제로 남아 있다.

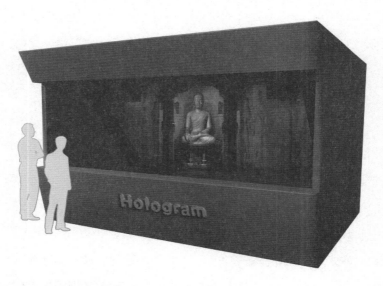

그림 4.13 경주 석굴암의 홀로그램

---

121 위의 글, p. 63 참조.

2) 디지털콘텐츠의 활용방안

(1) 문화유산채널 활성화

문화유산채널은 인터넷 웹사이트, 스마트폰용 모바일웹, 테블릿PC용 웹, 영문 사이트로 운영되고 있다. 2013년 기준으로 구축된 콘텐츠는 동영상 858편, 스토리 2,209편, 포토 3,312편, 교육 277편 등 총 5,223편으로 구성되어 있다. 현재 한국문화재재단에서 운영하고 있다. 문화유산채널은 한국의 문화유산을 알리고, 다양한 매체 플랫폼으로 고품격 콘텐츠를 서비스하는 문화유산 전문 채널을 목표로 운영되고 있다. 그러나 급변하는 디지털 미디어 환경에서 문화유산이라는 방대한 콘텐츠를 일반인들의 흥미를 끌 수 있는 콘텐츠로 변환하여 제공하

그림 4.14 문화유산채널 홈페이지, http://www.k-heritage.tv

지 못하고 있다는 평을 받는다. 전문가들이 활용할 만한 전문적인 자료들을 제공하지도 못하고, 한국의 문화유산을 외국인들에게 알리겠다는 목표 역시 달성하지 못하고 있다는 지적이다.

문화유산채널의 콘텐츠는 양과 질이 매우 부족하다. 현재 5~7분 단편 영상을 제작하여 제공하고 있고, 전문필진에 의한 기사를 작성하며, 시민 사진기자단의 자발적 사진 등록이 이루어지고 있다. 그러나 온라인 배포전용으로 제작되어 방송에 적합하지 않고, 콘텐츠 이용 대상자가 명확하지 않은 부분이 큰 문제점으로 지적된다. 이에 대한 개선방안으로 40~50분 분량의 장편 영상을 제작하여 활용도를 높일 필요가 있다. 또한 유튜브 등을 활용한 인터넷 공연 생중계로 대중들에게 흥미를 유발시키고 무형문화유산 홍보 및 채널 활용도를 강화할 필요가 있다.

콘텐츠는 대상별로 차별화하여 제작해야 한다. 첫째, 국내 일반인에게는 전통문화행사, 유·무형문화재 등 관심도를 제고할 수 있는 콘텐츠를 제작해야 한다. 둘째, 초·중·고 학생들을 위한 교육용 콘텐츠에 대해서는 교과과정에 등장하는 무형문화유산 프로그램으로 콘텐츠를 제작하여 교육 보조재 역할을 할 수 있어야 한다. 셋째, 주한 외국인및 해외 보급용 콘텐츠에 대해서는 영·중·일·프랑스어 등의 자막을통해 한국 문화유산의 다양성을 선보일 수 있도록 유도해야 한다. 넷째,해외동포용 프로그램으로는 해외거주민들의 정체성 확립 및 자긍심 고취를 돕기 위한 프로그램으로 제작되어야 한다.

문화유산채널은 무엇보다도 문화유산에 관한 콘텐츠가 풍부해야한다. 콘텐츠가 부족하면 수없이 많은 포털사이트를 놔두고 문화유산채널을 찾아야 할 이유가 없다. 문화유산과 관계된 것이라면 문화유산채널을 이용하면 된다는 인식이 인터넷 사용자들에게 자리 잡도록 콘텐츠를 대폭 확대해야 한다. 콘텐츠 확보는 결국 예산과 직결된다. 따라서 콘텐츠 확보를 위한 예산을 증액할 필요가 있다. 콘텐츠를 다양하게 하고, 인터넷 사용자들을 끌어들이기 위해서는 국내외 제작 콘텐츠들이 확대 편성되어야 한다. 특히, 국내외 방송국, 디스커버리 같은 문화유산과 관계있는 전문 채널들과 협력하여, 질 좋은 외부제작 콘텐츠들을 구매하거나 확보해서 방영하는 것을 검토해야 한다. 필요하다면 유료서비스를 도입하더라도 콘텐츠의 양을 대폭 늘릴 필요가 있다. 콘텐츠를 풍부하게 하는 것은 모든 콘텐츠를 만들거나 구입해서 제공하는 것만이 전부가 아니다. 진짜 중요한 정보를 가지고 있는 곳과 연계작업을 통해 문화유산에 대한 정보가 있는 곳과 연결해주는 가교 역할을 하도록 할 필요도 있다. 문화유산채널이 활성화되기 위해서는 최우선적으로 독창적이고 다양한 콘텐츠를 다량으로 구축하고, 지속적으로 공급할 수 있어야 한다.

(2) 무형문화유산 사이버 아카이브 시스템

무형문화유산 아카이브는 자료를 수집하고 보존하는 기능도 하지만, 동시에 자료의 활용체계를 구축하는 일이기도 하다. 아카이브에서는 원래 문서나 문자화된 자료를 중심으로 원자료가 수집·보관되었다. 즉 자료보관의 의미를 우선시했다는 뜻이다.[122] 그러나 최근 문화운동 차원의 아카이브는 자료의 이용과 활용에 더 큰 의미를 두고 있다. 자료수집의 도구와 보존방법의 발달이 아카이브 지식생산의 주체를 바

---

[122] 함한희, 「무형문화유산 아카이브의 필요성과 발전방향」, 『무형유산아카이브의 현황과 발전방향』, 국립문화재연구소, 2007, p. 22.

꾸게 되었다. 또 정보과학의 발달과 디지털화는 지식 이용의 차원도 바꾸게 하였다. 지식과 정보의 이용자층이 두터워질 뿐 아니라 이들이 이용하는 방법도 달라지기 때문이다. 인터넷의 발달에서 그 예를 찾아볼 수 있다. 디지털자료는 대부분 웹상에서 구현되고 또 상호작용모드로 바뀌면서 지식정보의 공유운동을 재촉하고 있다.[123]

이 과정에서 과거에는 소외되고 무시되었던 지역, 계층, 집단이 스스로 탈바꿈할 수 있는 기회를 얻게 된다. 지방은 중앙의 지식이나 문화를 일방적으로, 수동적으로 수용해왔다. 또 민중들은 엘리트집단의 권위와 힘에 압도되어 자신들의 문화마저도 돌보지 못하고 있었다. 그러나 이제는 소외지역과 집단이 지식생산의 주체가 될 수 있는 구체적인 매체를 얻게 되었다.[124] 세계적으로도 전통지식에 대한 태도가 크게 바뀌고 있는 것이다. 유네스코가 앞장서서 〈문화다양성협약〉을 체결한다든지 소규모 민족, 집단, 지역의 문화적 정체성과 창조성을 유지시키기 위한 노력을 하고 있다. 한국사회에서도 무형문화유산의 인식을 새롭게 하여 지금까지 소외시킨 전통지식을 확대시켜서 수집하고 보호할 필요가 있다. 그것이 바로 무형문화유산 아카이브의 핵심이다.[125]

무형유산의 수집된 자료들은 분류체계에 따라 실물로 유지·보관되며 디지털 아카이브로도 보내진다. 실물 및 디지털 아카이브에서는 연구, 분석과 전시, 교육을 위해서 자료를 제공한다. 또 자료를 언제 어디서나 관리할 수 있는 시스템을 갖추고 있다. 특히, 자료가 필요한 사

---

123 위의 글, p. 22.

124 위의 글, p. 22.

125 위의 글, p. 22.

람들이 아카이브에 쉽게 접근하여 자료를 이용할 수 있는 환경을 갖추고, 이처럼 통합체계를 갖춘 아카이브는 자료의 보고로서 학술교육을 위해서 크게 기여할 것이다.

국립문화재연구소에서는 중요무형문화재 기록화사업을 진행하고 있다. 이 기록화사업의 기록물은 실연 전 과정을 상세하게 기록해야 함을 원칙으로 진행이 되며, 기록된 결과물들은 홈페이지를 통해 볼 수 있다. 그러나 기록화사업의 기록물들이 적극적으로 활용되지는 못하고 있다. 다큐멘터리 제작, 영화 제작, 방송프로그램 제작, 교육프로그램 제작 등의 다양한 권유를 받고 있으나 지적재산권의 문제 등으로 인하여 활용되지 못하고 있다. 지적재산권 분쟁 해결, 원소스의 다양한 변형 방법을 개발하여 무형문화유산의 아카이브를 활성화해야 한다.

국립무형유산원에는 전국에 산재해 있는 무형문화유산 자료를 통합적으로 관리할 수 있는 시스템을 구축해야 한다. 무형문화유산 자료의 안전한 보존과 다양한 활용을 위한 통합적 관리가 중요하다. 교육, 전시, 공연 등 다양한 전문시설과 인력을 갖추도록 하고 무형유산원에서 무형문화유산 자료를 통합 관리하고 활용할 수 있도록 해야 한다.

멀티미디어와 문화기술(Cultural Technology: CT)의 발전은 문화상품의 형식인 매체(media) 혹은 플랫폼(platform)에 담기는 '문화 콘텐츠(culture content)'에 대한 문화적 욕구와 산업적 수요를 증대시켰다. 문화상품의 형식을 규정하는 매체와 기술의 발전이 그에 알맞은 문화콘텐츠의 중요성을 높임에 따라, 문화는 생산, 유통의 전 과정에 걸쳐서 사람들의 문화적 감성에 걸맞게 재구성되고 있다. 또한 창의적 상상력에 따라 새로운 문화콘텐츠로 거듭나고 있으며, 하나의 문화적 소재가 소설·만화·애니메이션·영화·컴퓨터게임 등 다양한 매체에 맞게 재구성되어 활용되는 OSMU(One Source Multi Use), 나아가 MSMU(Multi Source Multi Use)현상도 활발하게 일어나고 있다.

20세기에 문화원형은 전통문화를 문화유산 혹은 문화유물의 과거지향적 문화재로 규정하던 소극적 보존에 머물렀으나, 21세기에는 미래지향적 문화콘텐츠로 새롭게 거듭남으로써 다양한 재구성을 통한 적극적 활용으로 나아가야 한다. 이는 문화를 보존하고 복원하는 단계에서 나아가 문화를 활용하는 단계로 진입하는 새로운 변화를 가져올 것이다. 이러한 변화를 가능하게 하기 위해서는 먼저 전통문화 원형의 특성에 맞는 콘텐츠의 개발과 활용을 위한 기반 조성이 필요하다. 그 근간은 학문적 연구이다. 학문적 연구와 함께 문화콘텐츠로 활용하기 위한 응용적 연구가 상호 유기적으로 연결되어야 한다. 이는 문화원형과 연관된 각종 시청각 정보를 멀티미디어 기반의 디지털 데이터베이스로 재구성하고 검색 기능까지 갖춘 문화원형 가상박물관으로 완성될 수 있다. 일차적으로는 전국적으로 산재한 문화유산 DB를 문화유산 관련 사이트들을 통해 독자적으로 구현해야 한다.

다음으로, 문화원형의 다양한 멀티미디어콘텐츠화 핵심 사업으로서 각각의 개별적 문화원형 사이트들을 제작하여 공적으로 활용할 수 있도록 해야 한다. 문화유산과 연관된 다양한 주제의 문화원형을 소재와 주제의 분류에 따라 이야기 소재 콘텐츠와 이미지뱅크, 역사교육콘텐츠, 문화체험 프로그램, 문화촌, 테마공원, 문화클러스터 등으로 만드는 것이 그 대표적인 사례라고 할 수 있다. 기반 사업과 핵심 사업이 잘 이루어지면, 가공 · 활용형 전통문화콘텐츠 개발의 심화 사업이 전개될 수 있는 문화적 토양이 자연스럽게 마련된다. 기반사업이 공공부문의 공적 영역에 해당한다면, 핵심 사업은 사적 영역의 사업 주체가 공공부문의 공적 지원을 받아 시행한다. 이에 비해 심화 사업은 공공부문을 완전히 넘어서서 시장 영역의 독자적 판단과 결정에 의해서 이루어진다. 이 단계에서 문화콘텐츠는 완전히 시장경쟁에 뛰어드는 문화상품이 된다. 이는 문화산업화 단계라고 할 수 있다.

문화유산 관련 문화원형사업은 1단계 기반 사업을 중심으로 상당히 많은 진척이 이루어지고 있으며, 2단계 핵심 사업 역시 다양한 시도가 시작되고 있다. 3단계 심화 사업은 드라마·영화·음악 등을 중심으로 한류를 일으키는 근간으로 주목받고 있다. 전통문화 관련 문화원형 사업은 한류로 인한 문화원형의 문화산업적 가능성 때문에 본격화되기 시작했으나, 수익성을 기준으로 하는 민간부문과 공공성을 근간으로 하는 공공부문의 유기적 역할 분담이 충분히 조율되지 않은 채 진행되면서 각 사업들이 총체적으로 조화를 이뤄 협력과 통합 효과를 내지 못하고 있다. 정부가 직간접적으로 지원하는 전통문화원형사업은 공공성을 앞세워서 주로 기반 사업과 핵심 사업을 중심으로 이루어져야 한다. 이를 통해 이루어지는 문화적 기반 구축과 문화적 기초체력의 증진은 자연스럽게 민간부문의 심화사업을 활성화시키는 계기가 될 것으로 예상된다. 이러한 사업의 전개과정에서 효과를 극대화시키기 위해서는 문화적 감성 효과와 경제적 비용 절감 효과를 고려하여 멀티미디어 디지털콘텐츠의 구현과 함께 체험형 콘텐츠 프로그램의 개발에 중점을 둘 필요가 있다. 또한 역사교육콘텐츠 개발도 추진되어야 한다.

전통문화원형을 활용하는 콘텐츠 생산자의 창조적 상상력과 콘텐츠 소비자의 개성적 취향에 맞는 문화콘텐츠로 재구성하는 방식을 모색하되, 공공부문에서 전통문화원형의 보존과 활용을 위한 공적 기반을 구축하는 '전통문화콘텐츠 기반조성사업', 전통문화원형을 디지털 기반의 문화콘텐츠로 효율적으로 재구성하는 '전통문화원형의 디지털 콘텐츠화와 체험형 프로그램 개발'의 핵심 사업, 콘텐츠 수용자의 문화적 수요를 창출할 수 있도록 '전통문화원형을 가공하여 활용하는 콘텐츠 개발'의 심화 사업을 유기적이고 체계적으로 전개할 때 문화원형의 바람직한 활용이 가능할 것이다.

V.

마치며:
우리 시대의 경쟁력,
무형문화유산

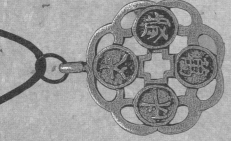

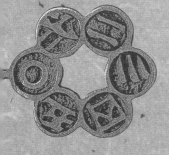

전통문화에는 역대로 존재해온 여러 가지 물질적 · 제도적 · 정신적 문화실체와 문화의식이 포함된다. 예를 들면 민족복장, 생활습관, 고전 시문, 충효관념 등이다. 국가와 민족의 정체성은 전통문화를 기반으로 한다. 민족과 국가의 정체성이 사라질 때, 그 국가와 민족은 소멸되고 만다. 민족적 전통문화의 정체성 상실은 단순한 전통의 소실이 아니라 민족의 멸망으로 이어졌다. 한 국가가 성립될 수 있는 것은 전통문화를 가지고 있기 때문이다.

　　통상적으로 문화유산은 민족의 조상에서 창조되어 전승된 것으로 자기 민족적 색채를 가지고 있다. 문화의 시대성과 민족성은 문화유산에 가장 선명하게 표현된다. 무형문화유산은 전통문화인 동시에 살아 있는 문화이다. 무형문화유산은 공동체와 집단이 자신들의 환경, 자연, 역사의 상호 작용에 따라 끊임없이 재창조해온 각종 지식과 기술, 공연 예술, 문화적 표현을 아우른다. 무형문화유산은 공동체 내에서 공유하는 집단적인 성격을 가지고 있으며, 사람을 통해 주로 생활 속에서 전승되어왔다. 유네스코를 포함한 국제사회의 문화유산 보호활동은 건축물 위주의 유형문화재로부터 점차 무형의 살아 있는 유산(living heritage), 즉 무형문화유산의 가치를 새롭게 인식하는 쪽으로 선회하고 있다. 무형문화유산 보호를 위한 국제사회의 관심이 높아지는 한편, 세계화와 급속한 도시화로 인해 많은 무형문화유산이 사라지고 있다. 지금까지 한국은 상당히 앞선 무형유산정책을 펼쳐왔다. 그러나 유네스코와 인식을 같이 하는 무형유산 보호 패러다임으로 바뀌고 있는 지금 시점에서는 다시 논의해볼 만한 과제들이 많다.

　　무형문화유산은 문화유산의 다양성으로 인해 유네스코와 같은 국제기구를 포함하여 세계 각 나라가 모두 상이한 개념과 명칭을 가지고 있다. 예를 들어 '무형문화유산'이란 명칭만 해도 유네스코가 사용함으로써 많은 나라가 이를 채용하였으나, 문화유산 보호에 대한 개념이 비교적 일찍 성숙되고 그에 따른 보전체계의 역사가 깊은 나라는 모두 저마다 고유한 무형문화유산 개념을 보유하고 있다.

문화유산은 인류의 미래 문화발전을 위해서 다음 세대에게 계승·상속할 만한 가치를 갖고 있는 인류 사회의 문화적 소산이자 정신적·물질적인 모든 문화양식이다. 문화유산(文化遺産)은 일반적으로 유형문화유산(有形文化遺産)과 무형문화유산(無形文化遺産)으로 구분된다. '문화유산'이라는 용어는 최근 수십 년간 상당한 변화를 겪어왔다. 이 변화는 부분적으로 유네스코가 제정한 국제협약에 기인한다. 유네스코 문화유산은 기념물이나 유물을 수집해놓은 것에만 한정되지 않는다. 구전 전통, 공연예술, 사회적 관습, 의례, 축제 행사, 자연과 우주에 대한 지식과 관습, 그리고 전통공예 기술 등 선조에게서 물려받아 후손에게 물려줄 전통이나 살아 있는 표현물이 포함된다.

무형문화유산의 명칭은 유네스코에서는 무형문화유산(Intangible Cultural Heritage), 한국에서는 무형문화재(無形文化財), 마찬가지로 일본에서도 무형문화재(むけいぶんかざい)라고 한다. 중국에서는 무형문화유산 개념을 도입하였으나 자국어로 비물질문화유산(非物質文化遺産)이라는 명칭을 쓰고 있다. 대만은 문화자산(文化資産), 프랑스는 주로 공예장인에 대한 무형문화재 정책을 펼치고 있으나 유네스코의 개념을 받아들이면서 무형문화유산(Patrimoine Culturel Immatériel)이라는 개념을 받아들이기 시작했다.

각 나라의 무형문화유산에 대한 개념도 차이가 있다. 유네스코는 무형문화유산을 인류 공동체와 집단이 자신들의 환경, 자연, 역사의 상호

작용에 따라 끊임없이 재창조해온 각종 지식과 기술, 공연예술, 문화적 표현을 지칭한다고 하였다. 한국의 무형문화재 개념은 당초 연극, 음악, 무용, 놀이, 의식, 공예기술 등 무형의 문화적 소산으로서 역사적·예술적 또는 학술적으로 가치가 큰 것을 말하는 것이었다. 2015년 3월 3일 「무형문화재 보전 및 진흥에 관한 법률(안)」이 국회 본회의를 통과하면서, 한국의 무형문화재 범주와 유네스코의 협약을 융합한 한국식 무형문화재 개념이 성립하게 된다. 이로써 전통적 공연·예술 등에 관한 전통기술, 한의약, 농경·어로 등에 관한 전통지식, 구전 전통 및 표현, 의식주 등, 전통적 생활관습, 민간신앙 등 사회적 의식(儀式), 전통적 놀이·축제 및 기예·무예가 무형문화재 개념에 포함되게 되었다.

일본의 무형문화재에는 '무형문화재', '무형의 민속 문화재' 및 '문화재의 보존기술'이 포함된다. 얼핏 보면 한국과 유사하지만 무형문화재를 또 세분화하여 풍속습관 및 민속예능 등을 포괄하는 개념임을 알 수 있다. 중국은 무형문화유산에 관심을 두기 시작한지는 얼마 되지 않았지만 유네스코의 무형문화유산 개념을 채택함으로써 그 개념과 범위가 유네스코와 유사하다. 타이완은 문화자산이라는 어휘를 사용한다. 문화유산이라고 했을 경우 단순히 선조들이 남긴 것이라는 개념이 강하여 실생활과는 일정한 거리가 있기 때문이다. 그러나 문화자산이라고 했을 때는 그것을 현대적으로 활용할 수 있다는 측면이 강조된 개념이다. 프랑스의 무형문화유산 범위는 '예술의 거장' 선별 기준으로 대변되는데 악기 제작, 서적 및 인쇄, 무대 및 흥행예술, 건축업, 직물 및 패션에 관한 예술 등이다. 프랑스에서 중점을 두는 것은 단순한 기술이 아니라 무형문화유산의 노하우(know-how) 전수에 그 중점을 둔다.

세계 각국의 무형문화유산 개념은 약간씩 다르지만, 몇 가지의 공통적 특성을 가지고 있다. 이전의 여러 의견을 종합하면 다음과 같이 9가지로 정리할 수 있다. 즉 고유성, 활성성, 전승성, 변이성, 종합성, 민족성, 지역성, 집체성, 역사성이다. 이상 9가지의 기본적인 특성 중에서도 모든 민족의 무형문화유산에 보편적으로 적용할 수 있는 특성은 역시 집체성(集體性)과 역사성(歷史性)이라고 할 수 있다. 집체성이란 수많은 사람의 지혜와 경험, 그리고 재능이 누적되어 비로소 하나의 무형문화유산 종목이 만들어지는 특징을 말한다. 최초에는 우연히 한 개인이나 특정한 가족이나 집단에 의해서 창조·발전된 것이라고 할지라도 그것이 완전한 형식을 갖추어 전승되는 과정은 주로 집체창조에 의한 것이다. 역사성은 무형문화재가 결코 어느 특정 시기에 갑자기 만들어지는 것이 아님을 가리킨다. 무형문화재는 장구한 역사적 과정을 거쳐서 형성된다. 때문에 정치, 경제, 사회, 역사, 문화 등에 관한 각종 정보가 내면화되어 있다. 또한 전승 과정에서 역대 전승자의 지혜와 기예, 그리고 창조력이 누적되어 민족적 지혜의 결정이 된다. 무형문화유산은 그 자체가 풍부한 역사적 정보를 함유하고 있음과 동시에 특정한 전승자들의 사유, 정감, 가치관 등도 함께 반영되는 것이다.

무형문화유산은 삶의 예지이자 지혜의 결정체이다. 전통적으로 내려오는 무형문화유산은 우리 현재의 가치관에 영향을 미치고 있다. 비슷한 환경이라면 미래에도 동일한 양상을 보일 수 있을 가능성이 높다. 이것이 유형문화를 만들어내는 정신적 자산인 무형문화유산의 전승이 중요한 까닭이다. 지난날의 삶을 이해하고, 오늘날의 생활에 지혜로써 활용하고 미래를 예측해볼 수 있는 유용한 가치가 곧 무형문화유산인 것이다.

무형문화유산의 현대적 의의는 첫째, 현대인의 정신적 안락감의 충

족이다. 도시화 · 산업화와 더불어 극심한 경쟁 속에 내몰린 각종 무형
문화유산은 민족의 문화기억을 되살리게 함으로써 현대인들에게 마치
귀향을 통해서 느낄 수 있는 정신적인 안락감을 부여한다. 둘째, 전통
미의 전승과 보전을 통한 인류애의 실현이다. 아름다움을 추구하는 것
은 인간의 본능이자, 모든 인류가 공통으로 가지고 있는 욕구이다. 아
름다움의 추구를 통해서 인류는 비로소 하나가 될 수 있다. 유네스코가
인류무형문화유산의 보전을 위해서 노력하는 이유가 바로 여기에 있
다. 셋째, 민족정신의 고양을 통한 동질성의 확보이다. 무형문화유산은
그 민족만이 갖는 고유한 심미체계를 바탕으로 형성되고 전승된 것이
다. 때문에 민족 고유의 공통된 심미체계를 향유하는 것은 바로 남북으
로 나뉘어 있는 우리 민족 구성원의 동질성을 확보하는 가장 용이한 방
법이라고 할 수 있다. 넷째, 문화적 자신감의 확보를 통한 민족의 미래
에 대한 긍정적 사고의 고양이다. 조상의 얼이 녹아 있는 무형문화유산
의 보전을 통해서 후속 세대는 문화민족으로서의 긍지와 자부심을 가
질 수 있고, 이러한 자긍심은 민족의 창조력을 고양시킬 수 있음과 동
시에 민족의 미래에 대한 긍정적인 사고를 할 수 있게 한다. 다섯째, 문
화유산의 활용을 통한 문화산업의 육성이다. 문화유산은 끊임없이 현
대적으로 활용되고 개발될 때, 비로소 그 존재의 의의가 더욱 확대될
수 있다. 이상의 다섯 가지 이유로 무형문화유산의 현대적 의의를 대변
할 수 있겠다.

　　한국의 무형문화유산 보호정책은 1962년 〈문화재보호법〉이 시행
되면서 시작되었다고 할 수 있다. 〈문화재보호법〉은 제정된 이래 30여
차례 개정을 거치면서 발전해왔다. 1950년대에는 '국립국악원' 개원
(1951년), '전국민속예술경연대회' 개최(1958년), 문화재 전담기구인 '문

화재관리국'이 신설(1961년)되었다. 1960년대에는 최초로 중요무형문화재 제1호 〈종묘제례악〉 등이 지정(1964년)되었으며, 〈양주별산대놀이〉의 노재영이 중요무형문화재 예능보유자로 인정(1964년)받았다. 또한 '민족문화예술 개발연구위원회'를 신설(1969년), 무형문화유산의 학술적인 조사를 통해 지정종목을 확대하고, 중요무형문화재 지정의 근간을 만드는 데 큰 역할을 했다. 1970년대에는, 제도적으로 중요무형문화재의 보유자도 인정(1970년) 받을 수 있도록 되었고, 이수자 제도가 처음 시행(1974년)되기도 했다. 1980년대부터는 유·무형의 문화재보호 운동을 민간주도로 강력하게 추진한 시기이기도 하다. 1990년대에는, 문화재관리국에 '무형문화재과'가 신설되었다. 문화재연구소는 무형문화재의 역사와 전승현황을 지역별·주제별로 조사(1990년)하였다. 또한 이수증 교부권한이 이관(국가 → 보유자)되었으며, 서울중요무형문화재전수회관의 개관(1997년)과, 문화재관리국이 문화재청으로 승격(1999년)되는 시기였다. 2000년대에는, 명예보유자 인정제도가 수립(2001년)되었고, 전승자 학사학위 또는 전문학사 인정제가 도입(2001년)되었으며, 한국전통문화대학교와 아태무형유산센터가 설립되었다.

국가지정 중요무형문화재는 1964년 〈종묘제례악〉을 시작으로 2013년 10월 31일 현재까지 132종목이 지정되어 있다. 무형문화재 지정 절차는 전국에서 전승되는 무형문화재를 시·도지사의 추천을 받아 3인 이상의 관계전문가들이 조사하고, 이 조사보고서를 토대로 문화재위원회의 심의를 거쳐 중요무형문화재로 지정하며, 이를 원형대로 보존·체득하고 그대로 실현할 수 있는 자(단체)를 보유자(보유단체)로 인정한다. 한국은 무형문화재의 안정적인 전승과 체계적인 전승활동을 위해 '보유자-전수조교-이수자-전수장학생(일반전수생)'으로 이어지는 일정한 전승체계를 갖추고 있다. 무형문화유산 보전을 위한 기관 중 행정 및 연구기관으로는 문화재청, 국립문화재연구소, 국립무형유산원이 있다. 무형문화유산의 활성화 기관으로는 한국문화재재단과 유네스코 아태무형유산센터가 있다.

국외 무형문화유산 보전과 활용제도를 살펴본 결과, 한 · 중 · 일 삼국은 지정학적으로나 역사적으로 관련성이 많아서 유네스코 인류무형유산 등재 시에도 경쟁적이고 예민한 구도를 가지고 있다. 각국의 무형문화유산 정책은 그 목표가 동일하더라도 사회적 환경에 따라 그 추진방법은 다르다. 문화유산에 대한 가치와 중요성에 대해 공감하면서, 정책적인 사업내용은 자국의 실정에 맞게 운영되고 있는 것이다. 일본에서는 문화청 문화재부에서 무형문화유산을 관리하고 있으며 문화재보호법은 1950년 제정되었다. 일본 무형문화재 제도는 문화유산과 교육정책이 철저하게 연계되어 있다는 점에서 한국과 차이가 있다. 전체적으로는 한국과 유사한 점이 많다. 중국은 문화부 비물질문화유산사에서 2011년 제정된 〈비물질문화유산법〉을 통해 무형문화유산을 관리한다. 중국 무형문화유산 보전체계의 특징은 정부 주도적 방식이며, 등급별 보호체계를 구축하고 있다는 것이다. 이를 위한 구체적인 업무는 지방 문화청(文化廳)이나 문화국(文化局)에서 담당하고 있으며 단기간 내에 관련 법규의 제정과 관리체계 구축 등 제도적인 측면에서 큰 발전을 하였다. 대만의 무형문화유산 보전체계는 문화건설위원회 문화자산총관리처 주비처에서 담당하고 있다. 관련 법규는 1971년 제정된 〈문화자산보존법〉이다. 대만은 미술 · 음악 · 연극 등 각급 학교에서 전수하며 교육청에서 감독을 하고 전통예사 인증제도를 운영하고 있다. 프랑스는 무형문화유산 보전체계의 운영을 문화공보부 문화재국 조형예술국 지역예술사업단에서 담당하고 있다. 관련법은 〈문화유산법전〉이다. 전승자를 '예술의 거장'이라고 칭하며 조사와 심의는 레지용 지방자치 단체에서 담당하고 있다. 또한 지정 대상 분야의 외연이 계속 확장되고 있는 추세이다. 프랑스 무형문화유산 보전체계의 특징은 공예분야 장 인제도가 주를 이루고 있으며 강력한 국가주도형으로, 기·예능 보유 자의 직업보전과 그 직업에 대한 자긍심이 대단한 것이 특징이다.

2013년 현재 한국의 무형문화재 보전과 활용정책은 만족스럽게 운 영되었던 것만은 아니다. 따라서 그 개선방안을 다음과 같이 정리하였 다. 보전과 활용정책의 쟁점으로는 무형문화재 원형보존주의로 인한 전승·활용·창조의 어려움이 있다. 전통문화에 대한 사회적 수요 저 하로 인한 공예기술의 전승단절 위기 고조, 사회 환경 변화로 인한 도 제식 전수교육의 효용성 부족, 비현실적인 전승지원금, 이수증 교부 문 제 등의 쟁점을 분석하였다. 이러한 쟁점분석을 바탕으로 한 개선방안 은 무형문화유산의 보전과 창의 계승이다. 첫째, '무형문화유산'의 개 념 도입이다. '무형문화유산'은 현행 '무형문화재'의 범위에 속하는 전 통적 예능 또는 기능 외에 추가로 한의약, 농경·어로 등에 관한 전통 지식과 구전 전통 및 표현, 의식주 등 전통적 생활관습 등을 포함해야 하며, 이는 유네스코 〈무형문화유산 보호협약〉에서 규정하고 있는 무 형문화유산의 정의에 부합되도록 해야 한다는 것이다. 둘째, 무형문화 재 보유자를 '인간문화재'로 개칭해야 한다. 아울러 일정한 혜택을 부 여하면 전승자들에게 자부심을 심어줄 수 있을 것이다. 셋째, 무형문화 유산의 가치, 지식, 기능 또는 예능 등에 관한 '전형성(典型性)'의 도입이 다. 무형문화재 종목의 한 시대적 형태를 지정하고, 그를 유지하기 위 한 개념으로 사용되는 '원형(原形, original form)'의 개념 대신에 '전형(典

型, typifier)'의 개념을 사용해야 한다. 넷째, 무형문화유산 이수증 발급 권한을 국가로 환원할 필요가 있다. 일정 기간 보유자(보유단체)등에 의한 이수증 발급제도는 긍정적인 효과가 있었으나, 전승질서를 훼손하는 측면이 있고 전반적인 위상이 실추됐다는 지적이 여러 차례 제기되었다. 따라서 보유자 및 보유단체와의 충분한 협의를 통해 전수교육 이수증 발급 주체를 다시 국가로 환원해 공정성과 객관성을 제고할 필요가 있다. 다섯째, 무형문화유산의 정기조사를 강화해야 한다. 국가무형문화유산의 전수교육 및 전승활동 등 전승 실태를 3년마다 조사하도록 하고, 추가적인 조사가 필요한 경우 재조사를 할 수 있도록 해야 한다. 또한, 일본의 경우처럼 무형문화유산 조사연구원들은 가급적 한 분야의 무형문화유산 조사만을 전적으로 담당해야 한다. 여섯째, 무형문화유산의 긴급 보호방안을 마련해야 한다. 유네스코 무형문화유산보호협약에 따른 '긴급한 보호가 필요한 무형문화유산 목록' 제도의 취지를 반영하여 긴급한 보호가 필요한 무형문화유산을 보호할 수 있는 제도의 도입이 필요하다. '인간문화재'가 사망하거나 적당한 전승자가 없는 경우 또는 전승자가 거의 없어 무형문화유산의 소멸이 예상되는 경우, 국가 긴급보호 무형문화유산 지정 등의 특별한 조치가 필요하기 때문이다. 일곱째, 무형문화유산 전승공동체의 인정이 필요하다. 해당 종목의 인간문화재 또는 전승단체를 인정할 수 없는 경우에는 전승공동체를 인정할 수 있도록 해야 한다. 2012년 유네스코 인류 무형문화유산 대표목록으로 지정된 '아리랑'과 2013년 등재된 '김장문화'가 중요무형문화재 종목으로 지정되지 못하고 있는 것이 현실이다. 여덟째, 계승자의 인식전환이 필요하다. 기·예능보유자들이 이를 기득권으로 삼아 문화유산의 창조적 전승보다 자신의 신분 상승과 경제적 이익에 몰두하는 것이 아니라, 이웃과 더불어 누리는 삶의 문화로 확산될 수 있도록 하는 데 관심을 쏟아야 할 것이다. 아홉째, 무형문화유산은 창조적으로 계승되고 발전되어야 한다. 본디 속성과 상관없이 법적으로 지정될 당시의 내용에 입각하여 연행되도록 규제되고 있는 점은 개선되어야 한다.

위와 같은 개선방안들은 「무형문화재 보전 및 진흥에 관한 법률(안)」(2015년)이 국회를 통과하면서 법적인 기반을 마련하게 되었다. 2016년부터 시행되는 당 법안을 바탕으로 한국의 무형문화유산 보호와 전승 그리고 활용이 효과적으로 이루어지도록 각계의 노력이 있어야 한다.

무형문화유산의 화석화를 방지하고 활성화하는 방안으로는 첫째, 무형문화유산 전수교육을 혁신해야 한다. 먼저 대학교육과 연계하는 무형문화유산의 전수교육을 실시해야 한다. 현재 〈고등교육법〉 제2조에 따른 학교 또는 〈한국전통문화대학교 설치법〉에 따른 한국전통문화대학교 중에서 선정한 대학(이하 "전수교육대학"이라 함)을 통해서도 국가무형문화유산의 전수교육을 실시해야 한다. 이에 앞서 학제의 표준화, 전공에 따른 학제의 차별성, 중·고등학교 종합전통예술인 육성 시스템의 구축과 더불어 학교 문화예술교육의 지원 또는 지역 문화강좌 설치 시 무형문화유산에 관한 교육이나 강좌를 포함해야 한다. 둘째, 무형문화유산 전수교육관의 현대화이다. 시설 측면뿐 아니라, 내용적인 측면이 함께 현대화되어야 한다. 전수회관은 무형문화재 전승 공간으로서의 활용뿐 아니라 지역사회의 복합문화센터로서 전수교육관, 평생학습관, 향토문화관, 지역박물관, 홍보전시관, 문화상품관, 체험학습장 등을 아우르는 무형문화유산센터로 거듭날 필요가 있다. 셋째, 전통공예의 진흥을 위한 방안 마련이다. 무형문화유산 공예 분야 원재료, 제작공정 등의 기술개발과 디자인·상품화 지원, 전승자 제작 상품에 대한 전통공예품 인증, 전통공예품은행 운영, 전승자의 창업·제작·유통과 해외시장 진출 지원 등 공예와 미술 분야 전통기술을 진흥하기 위한 법 조항과 그에 따른 방안을 마련해야 한다.

마지막으로 정부와 단체의 무형문화유산 지원제도가 개선되어야 한다. 첫째, 지원자의 인식이 개선되어야 한다. 한국의 무형문화유산 정책의 경우는 관 주도형 제도이기 때문에 지원만 하고 완전히 간섭을 하지 않는다는 것은 불가능하지만 지원방식과 체계, 합리적인 예산 지원에 있어서는 정부 주도의 계획이 필요하고, 무형문화유산의 예술적 속성과 다양성 및 창작성을 유지하는 것은 전승자 스스로 해결해야 할 것이다. 둘째, 무형문화유산 전승지원체계의 개선이 필요하다. 무형문화유산으로 지정된 경우에도 긴급보호가 필요할 경우와 운영상 변화가 필요할 경우가 있다. 보유자 등의 전승활동이 부실해질 경우 지원을 확대할 것인지, 보유자 인정을 해제할 것인지의 평가가 필요한 것이다. 또한 정기조사를 통한 인센티브와 페널티 부여에 대한 내용을 시행령이나 시행규칙에 규정할 필요가 있다. 아울러 전승여건의 조사를 시행하여 차등을 두는 방안과 전업으로 전승활동에 임하는 이수자들을 전폭적으로 지원하는 방안 등으로 보완해야 한다. 셋째, 지금까지 열거한 개선방안들은 법적·제도적 뒷받침이 있어야 가능한 일이다.

무형문화유산의 보전과 적절한 활용을 위해서는 무형문화유산 지식재산권에 대한 제도 정비가 필요함을 역설하였다. 무형문화유산에 관한 전승내역과 구성요소 등을 디지털자료로 구축하고, 이를 국제특허협약에 따른 효력을 가진 홈페이지에 게재토록 함으로써 외국의 국제특허 출원으로부터 지적재산권을 보호하도록 하고, 전통적 지식·기술에서 진보된 지식·기술을 창출하고 보호하는 데 필요한 조치를 취해야 한다. 전통문화자원에 관한 지식재산권은 전통지식과 전통표현, 전통기술 분야로 세분화 될 수 있다. 전통지식은 무형문화유산협약과 세계지식재산권기구의 전통지식공유와 재산권 보호에 대해서 관련 분야의 전문가들이 연구와 분석을 하고 있는 사항이다. 전통표현에 관한 것은 주로 〈저작권법〉에서 보호하고 있고, 전통기술에 관한 것은 주로 〈특허법〉에서 보호하고 있다. 전통문화자원이 국제사회로부터 보호받고 지역사회, 나아가 국제사회의 블루칩으로 인정받으려면, 전통지식의 효과적인 발굴조사, 명확한 요건검증, 최소문헌 등록을 위한 DB화, 법적 보호체계 수립의 프로세스를 유기적으로 거쳐야 한다. 하나의 전통지식이라도 국제사회에서 제대로 공인받고 산업적으로 성공을 거두려면 그동안 부처별로 행해온 개별 사업들을 일관된 관점에서 통합·수렴하고, 각 부처의 특성에 맞는 역할분담 체제를 새로이 편성하여 지식재산권 보호를 위한 실질적인 시스템과 법률체계를 마련해야 한다.

제도적 개선방안과 법률제정을 토대로 한 무형문화유산 콘텐츠의 활용은 수요자의 다양한 욕구를 수용하고, 문화적 변용을 함께 모색해야 할 필요성이 긴요하다. 문화유산의 콘텐츠화에 대한 관심은 사실상 그 어느 때보다 높다. 과거 보존과 활용의 가치에 대한 논의가 주를 이루었다면, 최근에는 문화유산의 콘텐츠화 및 상품화 모색을 통하여 문화유산의 활용이라는 새로운 전기를 맞고 있다. 과거에 머물던 '역사'는 현대의 '문화콘텐츠'를 통해 현실적 효용을 찾고 우리의 문화 속에 자리 잡게 된다.

문화유산의 콘텐츠 활용방안을 전통예능콘텐츠, 전통기능콘텐츠 그리고 전통문화를 소재로 한 디지털콘텐츠로 분류하였다. 첫째, 전통예능콘텐츠에서는 아리랑, 사물놀이와 남사당놀이 그리고 강릉단오제에 대한 전통예능콘텐츠의 특성과 활용사례를 살펴보았다. 콘텐츠 활용방안으로는 콘텐츠 확보 경로의 다변화, 창작과 활용을 위한 전통예능의 정확한 보전, 융·복합과 신진 예술인 양성, 문화·사회적 접근성의 확보, 교육프로그램과 연계한 전통예능콘텐츠의 활용, 세계화 전략을 꼽았다. 또한 한국의 놀이와 축제에 대해 전반적으로 기술했다. 세계는 지금 '지구촌 시대', '국제화 시대'를 맞아 자국의 무형문화유산을 그대로 축제화하거나, 그것을 모티브로 문화 행사를 기획하여 관광활성화를 꾀하고 있다. 한국의 무형문화유산을 세계화하려면 더욱 한국적인 것으로 만들어야 한다. 전통 축제의 개발 방안으로는 구비문학 전공자의 역할, 다차원적 조사개발, 기획·운영 과정의 표준화 등이 있다.

둘째, 전통기능콘텐츠 분야에서는 전통문화상품 산업계의 소통과 공감을 넓히고 글로벌 진출 전략을 실현하기 위한 플랫폼의 확충이 필요하다. 특정 지역을 클러스터화하고, 온·오프라인으로 기존의 인프라와 네트워크를 구축하여 제품과 아이디어 거래, 지식과 정보의 교환, 교육과 연구를 통한 새로운 기술의 개발, 국내외의 투자 등이 통합적으로 이뤄져야 한다.

셋째, 디지털콘텐츠 활용방안이다. 문화유산은 보존위주의 정책에서 적극적인 문화유산 활용정책의 패러다임으로 전환되는 시점에 이르렀다. 또한 한국의 정보통신기술(IT)과 문화기술(CT)의 발전은 문화유산을 보존하고 활용하는 데 다양한 가능성을 열어주게 되었다. 앞으로 문화유산 디지털화사업은 정보의 채취와 축적에서 복원과 체험서비스로 확대 발전할 것이다. 문자, 이미지, 영상 등 1차적인 정보 구축을 넘어서 멀티미디어 환경에 맞는 고부가가치 콘텐츠의 개발이 요구되는 시점이다. 디지털 복원의 관점에서 볼 때 문화유산의 콘텐츠화 과정은 인문 · 예술 · 공학의 학제 간, 기업 · 학교 · 연구소 · 정부의 산학연관 협력방안의 확대 또한 큰 과제라고 할 수 있다. 이에 전통디지털콘텐츠의 활용방안으로 문화유산채널 활성화를 통한 디지털 프로그램의 대국민 서비스 확대와 무형문화유산 사이버 아카이브 시스템의 마련이 필요하다.

문화는 삶의 양식이자 정신적인 사고방식이며 구체적으로는 예술 작품이기도 하다. 따라서 문화가 지닌 정신적 가치를 받아들이고 삶의 현장에서 실천하면서 끊임없이 작품을 창조적으로 생산할 수 있어야 진정한 무형문화유산의 전승이라고 할 수 있다. 현대 문화와의 소통과 융합을 통해 '살아 있는 무형문화유산'으로 역사적인 창조와 발전을 거듭해나가야 한다. 무형문화유산 기 · 예능 보유자와 단체는 물론 관련된 모든 이들이 문화 역량과 문화 창조력을 모아 문화적 긍지와 문화적 명예를 존중하는 표상이 되어야 함은 물론 국가와 사회의 문화적 원천이 되어야 한다.

가장 바람직한 무형문화유산의 보전 방향은 정확한 전승과 보급이 이루어지는 가운데, 발전적이고 현실적인 새로운 작품 창작과 확산이 지속되어야 하며, 끊임없는 연구활동의 축적으로 해당 무형문화유산의 생명력을 강화해나가는 데 있다. 보호와 전승의 유기적인 상호보완이 발전의 원동력이 되면서 무형문화유산의 생명력은 영원한 문화적 가치를 획득하고 빛을 발하게 될 것이다.

참고문헌

1. 단행본

김만석. 『컨버전스시대, 전통문화원형의 문화콘텐츠화 전략』. 북코리아, 2010.

김용운. 『일본인과 한국인』. 뿌리깊은나무, 1981.

김주호 · 용호성. 『예술경영』. 김영사, 2002.

김태준 · 김연갑 외. 『한국의 아리랑 문화』. 박이정 출판사, 2011.

김평수 · 윤홍근 외. 『문화콘텐츠 산업론』. 커뮤니케이션북스, 2007.

김흥우. 『한국의 놀이와 축제』. 집문당, 2002.

도중필. 『문화재 정책개론』. 민속원, 2009.

박이문. 『문명의 위기와 문화의 전환』. 민음사, 1996.

서연호. 『일본의 지역문화 경영』. 월인, 2004.

_____. 『한국연극사(현대편)』. 연극과인간, 2005.

_____. 『동서 공연예술의 비교연구』. 연극과인간, 2008.

선정규. 『중국의 전통과 문화』. 신서원, 2007.

송도영 · 이호영 외. 『프랑스의 문화산업체계』. 지식마당, 2003.

송영식 · 이상정 외, 『지적재산법』. (세창출판사, 2009).

유승훈. 『현장속의 문화재 정책』. 민속원, 2004.

이기상. 『콘텐츠와 문화철학』. 북코리아, 2009.

이장열.『한국무형문화재정책』. 관동출판사, 2005.

이춘자 · 김귀영 외.『김치』. 대원사, 2003.

정수진.『무형문화재의 탄생』. 역사비평사, 2008.

최연구.『문화콘텐츠란 무엇인가』. 살림출판사, 2006.

함한희 엮음.『무형문화유산의 이해』. 20세기민중생활사연구소, 2012.

2. 학술논문 및 학위논문

학술논문

강석훈 · 이지훈.「전통지식 발굴조사 방법론 구축과 지식재산권 연계 방안」.『문화정책논총』 26, 한국문화관광연구원, 2012.

김광희.「'아리랑'을 소재로 한 공연콘텐츠 개발방안」.『콘텐츠 문화』 3, 문화예술콘텐츠학회, 2013.

김용범.「중국의 무형문화유산 제도 변화에 대한 정책적 대응 방안 연구」. 한국문화관광연구원, 2012.

류호철.「문화유산 관리와 문화원형 보존」.『문화재학』 창간호, 한국전통문화학교, 2004.

민주식.「전통예술 연구와 한국미학」.『미학예술학연구』 21, 미학예술학회, 2005.

박정경.「아리랑의 대중화, 세계화를 위한 정책, 그 성과와 전망」.『진도아리랑의 보존과 진흥』, 진도군, 2013.

박진호.「홀로그램 기술과 미래 전망」.『한국문화콘텐츠기술학회』 7, 한국문화콘텐츠기술학회, 2012.

서연호.「21세기 한국문화 새로운 모색이 필요하다 – 새 '무형문화유산법' 제정을 위한 몇 가지 제안」.『PAF논단』, 2011.

송 준.「한국과 프랑스의 전통공예정책의 현황과 문제점」.『남도민속연구』, 19,

남도민속학회, 2009.

심승구. 「한국 술문화의 원형과 콘텐츠화」. 『인문콘텐츠학회 학술 심포지엄 발표
　　자료집』, 인문콘텐츠학회, 2005.

안이영노·김광욱. 「기지시줄다리기의 전통과 재창조」. 『인문콘텐츠학회』, 4, 인
　　문콘텐츠학회, 2004.

오병남. 「동서양예술체제의 비교를 위한 한 시론」. 『미학』 62, 한국미학회, 2010.

오세정. 「프랑스 문화의 정체성과 문화정책」. 『프랑스 문화예술연구』 9, 프랑스문
　　화예술학회, 2003.

오윤석. 「유전자원과 전통지식의 보호에 관한 국제적 논의방향」. 『법학연구』
　　14(1), 충남대학교, 2003.

유동환. 「한국 전통 문화유산 콘텐츠개발 현황과 과제」. 『국학연구』 12, 한국국학
　　진흥원, 2008.

유영대. 「판소리 자원현황과 보존방안」. 『판소리학회 제64차 학술대회』, 2010.

_____. 「전주대사습놀이의 전통과 콘텐츠의 확장」. 『한국학연구』 37, 고려대학
　　교 한국학연구소, 2011.

_____. 「판소리 전승현황과 보존방안」. 『판소리연구』 36, 판소리학회, 2013.

이기영. 「전통공연예술 정책 발전 방안 연구」. 『서비스산업연구』 9(2), 한국서비
　　스산업학회, 2012.

이상학. 「서비스산업의 외국인직접투자 유치와 문화산업의 발전」. 『추계학술대회
　　발표논문』, 문화경제학회, 2006.

이상현. 「안동의 도시화와 토박이들의 '유교공동체' 구축과 운영」. 『한국민속학』
　　55, 한국민속학회, 2012.

이용식. 「전통공연예술 활성화 정책의 전망과 과제」. 『문화정책논총』 19, 한국문
　　화관광연구원, 2008.

이철남. 「저작권법을 통한 무형문화유산의 보호와 그 한계」. 『(계간)저작권』 96,
　　저작권위원회, 2011.

이흥구. 「전통예술의 보존전승 방향」. 『전통무용의 정립을 위한 심포지움』, 국립 한국예술종합학교 전통예술원, 1994.

임돈희. 「무형문화재 전승실태와 개선방안」. 『비교민속학회』 28, 비교민속학회, 2005.

_____. 「무형문화유산 목록 작성에서 제기되는 몇 가지 문제」. 『무형문화유산총 서』 1, 전북대학교 20세기민중생활사연구소, 2012.

_____. 「무형유산의 제도적 보호를 위한 한국의 경험」. 『무형유산의 창조적 가치 와 지속가능발전』, 아태무형유산센터, 2012.

_____. 「인류무형유산 아리랑의 의미와 가치」. 『진도아리랑의 보존과 진흥』, 전 라남도 진도군, 2013.

임장혁. 「아시아 각국의 무형문화유산 정책」. 『비교민속학』 37, 비교민속학회, 2008.

_____. 「아시아 각국의 무형문화유산 정책」, 『무형문화유산의 보존과 전승, 민속 학자대회 학술총서』 1, 민속원, 2009.

임재해. 「새 전통을 겨냥한 문화재 정책방향을 찾는다」. 『실천민속학회 새책』 1, 실천민속학회, 1999.

_____. 「민속문화의 공유가치와 민중의 문화주권」, 『한국민속학』 40, 한국민속 학회, 2004.

_____. 「무형문화재가치 재인식과 창조적 계승」. 『한국민속학』 45, 한국민속학 회, 2007.

전경욱. 「연등회의 전통과 현대축제화의 방안」. 『남도민속연구』 17, 남도민속학 회, 2008.

_____. 「전통연희의 현대적 의의」. 『한국어문교육』 9, 고려대학교 한국어문교육 연구소, 2011.

정준호. 「중국의 빗물질문화유산정책」. 『한국행정학회 2010년도 공동학술대회 발표문』, 한국행정학회, 2010.

정화영. 「무형문화재 전수교육」. 『문화재』 8, 문화재관리국, 1974.

최오주. 「남북한문화재정책의 비교연구」. 『논문집』 6, 호남대학교 대학원, 2008.

최재석. 「한국에 있어서의 공동체 연구의 전개」. 『한국사회학회지』, 한국사회학회, 1972.

최정은 · 김영순. 「고등학교 7차 사회문화 교과서에 나타난 전통문화교육 내용분석」. 『중등교육연구』 58, 경북대학교 중등교육연구소, 2010.

최종호. 「무형문화유산의 보존과 활용을 위한 연구」. 『문화재학』 2, 한국전통문화학교 문화재학과, 2005.

_____. 「문화콘텐츠박물관의 정체성과 역할 및 기능에 관한 연구」. 『전통문화논총』 3, 한국전통문화학교, 2005.

_____. 「부여의 무형문화유산 보호와 활용에 관한 연구」. 『부여학』 2, 부여고도육성포럼, 2012.

한명희. 「21세기 미래사회, 왜 전통문화인가」., 『음악과 민족』 22, 민족음악학회, 2001.

한수연. 「외국의 전통공예 · 예술 교육제도의 고찰과 한국적 적용에의 시사점」. 『무형문화재 전수교육과 고등교육기관 연계방안』, 문화재청, 2010.

함한희. 「무형문화유산의 목록화에 대한 논의」. 『무형문화유산총서』 1, 전북대학교 20세기민중생활사연구소, 2012.

_____. 「무형문화유산 아카이브의 필요성과 발전방향」. 『무형유산아카이브의 현황과 발전방향』, 국립문화재연구소, 2007.

학위논문

김광희. 「무형문화재 공연의 활성화 방안 연구」. 동국대학교 문화예술대학원 석사학위논문, 2006.

김미경. 「무형문화재 정책 및 운영의 발전방안 연구」. 배재대학교 대학원 박사학위논문, 2012.

김선영. 「국가지정 무형문화재 보존 전승정책 및 현황에 관한 연구」. 중앙대학교 교육대학원 석사학위논문, 2004.

김순호. 「중요무형문화재 분류체계의 개선방안 연구」. 고려대학교 대학원 석사학위논문, 2011.

김용구. 「한국무형문화유산정책 개편방향 연구」. 동국대학교 대학원 석사학위논문, 2006.

김지성. 「무형문화재 보호정책의 현황과 과제」. 고려대학교 행정대학원 석사학위논문, 2007.

김홍남. 「지역문화재단의 문화예술 지원정책에 관한 연구」. 중앙대학교 대학원 석사학위논문, 2003.

박인균. 「한국 문화재보호정책의 개선방안에 관한 연구」. 연세대학교 대학원 석사학위논문, 2001.

송 준. 「한국 무형문화재정책의 현황과 발전방안」. 고려대학교 대학원 박사학위논문, 2009.

이상덕. 「전라북도의 문화재 정책에 대한 연구」. 전주대학교 대학원 석사학위논문, 2005.

이승규. 「지방자치단체의 문화재 관리에 관한 실증적 연구」. 동국대학교 대학원 박사학위논문, 2006.

이용학. 「무형문화재 전승·보존 생활화 방안에 대한 연구」. 연세대학교 대학원 석사학위논문, 1999.

이윤수. 「연등축제의 역사와 문화콘텐츠적 특성」. 고려대학교 박사학위 논문, 2012.

이장렬. 「한국무형문화재정책연구」. 고려대학교 대학원 박사학위논문, 2005.

정수진. 「한국 무형문화재 제도의 성립」, 서강대학교 대학원 박사학위논문, 2003.

정혜원. 「한국 전통연극 진흥정책 연구」. 중앙대학교 대학원 박사학위논문, 2007.

최공섭.「무형문화재 보호정책 연구」. 중앙대학교 대학원 석사학위논문, 1997.

3. 연구보고서

강경환.「디지털 기술을 활용한 문화재의 복원 및 활용 사례」. CT포럼 3차 발표
　　　문, 2008.

고광국.「전통지식 데이터베이스 구축과 지적재산권의 보호-한의학 DB 사례」.
　　　『무형문화유산 보호와 지적재산권 동향과 과제』, 아태무형유산센터,
　　　2010.

고려대학교 한국학연구소.「전통연희 산업화와 세계화 및 인력양성 방안」. 문화
　　　관광부, 2007.

김선국.「전통음악의 문화콘텐츠화와 해외진출 양상 – 전통음악 음반과 공연을
　　　중심으로」. 고려대학교 문화유산학과, 2013

김용범.『중국의 무형문화유산 제도 변화에 대한 정책적 대응 방안 연구』. 한국문
　　　화관광연구원, 2012.

김인규 · 임형진.「일본 무형문화유산 보호제도」.『국외 무형문화유산 보호제도
　　　연구』, 국립문화재연구소, 2010.

문화재청.『주요국 문화재보호 법제 수집 · 번역 및 분석』, 문화재청, 2010.

문화체육관광부.『전통문화산업 실태조사 및 종합육성계획 수립을 위한 기초연
　　　구』. 문화체육관광부, 2010.

박대남.「중화민국 무형문화유산 보호제도」.『국외 무형문화유산 보호제도 연
　　　구』, 국립문화재연구소, 2010.

박성용.「무형문화유산의 보호와 지적재산권에 관한 주요 이슈」.『무형문화유산
　　　보호와 지적재산권 동향과 과제』, 아태무형유산센터, 2010.

박필호.「무형문화유산 실연자들의 지적재산권 보호」.『무형문화유산 정보의 구

축과 공유』, 아 · 태무형문화유산센터, 2011.

송민선 · 이명진. 「중국 무형문화유산 보호제도」. 『국외 무형문화유산 보호제도
연구』, 국립문화재연구소, 2010.

신형원 외. 「디지털 시대에 더욱 빛나는 아날로그 경쟁력」. 『CEO Informa-tion』
796, 삼성경제연구소, 2011.

아태무형유산센터. 『무형문화유산의 이해』. 문화재청 · 아태무형유산센터, 2010.

양대승. 「전통지식, 전통문화표현물과의 비교적 관점에서 본 무형문화유산의 개
념과 특성」. 『무형문화유산 보호와 지적재산권 동향과 과제』, 아태무형유
산센터, 2010.

육소영. 「무형문화유산에 있어서 지적재산권 보호의 문제와 당면 과제」. 『무형문
화유산 보호와 지적재산권 동향과 과제』, 아태무형유산센터, 2010.

이상열. 「전통문화산업 융복합 활성화 방안」. 한국문화관광연구원, 2012.

이원태. 『공예문화산업 유통 활성화를 위한 외국 사례 조사 연구』. 한국문화관광
연구원, 2011.

인하대학교 산학협력단. 『(가칭) 무형문화유산 보전 및 진흥에 관한 법률 제정 연
구』. 문화재청, 2011.

장정룡. 『전통문화의 상품화 및 관광자원화 방안』. 한국지역사회생활과학회,
2000.

최성욱. 「무형문화재 전승사와 전수과정의 재이해: 교육학적 관점」. 『무형문화재
전수교육관 고등교육기관 연계방안』, 문화재청, 2010.

최종호. 「무형문화재 전수교육과 실태조사 연구용역」. 한국문화재정책학회,
2009.

충남대학교 산학협력단. 『지적재산권 관점에서 바라본 무형문화유산의 개념 및
보호방안 연구』. 국립문화재연구소, 2011.

한수연. 「외국의 전통공예 · 예술 교육제도의 고찰과 한국적 적용에의 시사점」.
『무형문화재 전수교육과 고등교육기관 연계방안』, 문화재청, 2010.

함한희. 「무형문화유산 아카이브의 필요성과 발전방향」. 『무형유산아카이브의
　　　현황과 발전방향』, 국립문화재연구소, 2007.

호남대학교. 「문화원형 관련기술 로드맵」. 『문화콘텐츠기술 로드맵 및 중장기계
　　　획 수립사업 최종 연구개발결과보고서』, 한국문화콘텐츠진흥원, 2004.

4. 자료집

국립국악원. 「국악연혁」. 세신문화사, 1982.

문화재청. 「2013년 중요무형문화재 전승지원 및 전승활성화 주요사업 계획」.

_____. 「국민과 함께 세계와 함께 하는 문화유산」. 『정책자료집(문화재)』, 문화
　　　재청, 2012.

_____. 「유네스코 무형문화유산 김장문화 등재신청서」. 문화재청, 2013.

_____. 「주요업무 통계자료집」. 문화재청, 2013.

_____. 『2012 문화재 연감』. 금강인쇄, 2012.

_____. 『문화재청 50년사-본사편』. 안그라픽스, 2011.

문화체육관광부. 「품격있는 문화국가 대한민국」. 『정책자료집 3 콘텐츠』, 문화체
　　　육관광부, 2012.

밀양시. 『2013년도 경남 밀양시 업무보고』.

박명수. 「무형문화유산 보전 및 진흥에 관한 법률안-검토보고」. 국회 교육문화체
　　　육관광위원회 전문위원실, 2013. 6.

정선군. 「2013년도 정선아리랑문화재단 업무보고」.

조해진. 「무형문화유산 보전 및 진흥에 관한 법률안」, 2012. 11. 7.

진도군. 「2013년도 전남 진도군 업무보고」.

한국문화재보호재단. 「한국문화재보호재단 2012연보」. 한국문화재보호재단,
　　　2012.

5. 신문 및 월간지

"○○○ 인간문화재 자격 박탈". 윤완준 기자. 동아일보, 2009년 9월 26일자.

"무형문화유산, '우리 모두가 전승자'". 천위제(陳玉潔).『한국어 잡지〈중국〉』7, 인민화보사, 2013.

"무형문화재 전수교육 학점 · 학력 인정제 논란". 노형석. 한겨레, 1999년 11월 15일자.

"민족지적 축복, 과거에 집착하는 한국학". 강신표.『교수신문비평』392, 2006년 4월 3일자.

"복원 6개월 만에 기둥 갈라지고 단청 벗겨진 숭례문". 조선일보, 2013년 11월 8일자, 35면.

"봉산탈춤 해외공연 성과". 경향신문, 1980년 7월 14일자.

"손에 손잡고 '서울이여 안녕'". 경향신문, 1988년 10월 3일자.

"아리랑 등재, 그 이후가 문제다". 김연갑. 한겨레, 2012년 12월 6일자.

"전국 주요 아리랑 전승지역". 송의호 · 최경호. 중앙일보, 2012년 12월 11일자, 8면.

"조선보물고적명승 기념물보존령발표". 동아일보, 1933년 12월 6일자.

"조선시대 어머니의 마음을 담아 보낸 혼수품 – 별전".『월간문화재』349, 한국문화재재단, 2013.

"초하루부터 열린 여러 행사". 경향신문, 1961년 11월 1일자.

6. 외국문헌

가와무라 쓰네아키 외, 이흥재 옮김.『문화재 정책개론: 문화유산보호의 새로운 전개』. 논형학술, 2007.

네키 아키라, 김재영 옮김.『일본 문화정책학 입문』. 민속원, 2012.

롤프 옌센, 서정환 옮김.『드림소사이어티』. 한국능률협회, 2000.

마르크 블랑팽 · 장폴쿠슈, 송재영 옮김.『프랑스 문화와 예술』. 중원문화, 2012.

바그리.「무형문화유산보호협약과 박물관의 새로운 미래」.『2004 서울세계박물 관 대회 종합보고서 I』. 세계박물관대회 조직위원회, 2004.

발터 벤야민, 최성만 옮김.『기술복제시대의 예술작품』. 도서출판 길, 2008.

샤흘르드바쉬 · 장마리 퐁티에, 김지은 · 김형길 옮김.『프랑스사회와 문화』. 서울 대학교 출판부, 2004.

임미용 · 사가령.「타이완 무형문화자산의 보존현황」.『세계무형문화유산과 민속 예술』. 국학자료원, 2004.

장 보드리야르, 하태환 옮김,『시뮬라시옹』. 민음사, 2008.

천위제. "무형문화유산, '우리 모두가 전승자'".『인민화보사 한국어 잡지〈중국〉』 7, 2013.

황매희.『국가급 중국문화유산총람』. 도서출판 황매희, 2010.

Chidi Oguamanam. "Patents and Traditional Medicine: Digital Capture, Creative Legal Interventions, And The Dialectics Of Knowledge Transformation". *15 Ind. J. Global, Legal Stud. 489*, 2008.

Cathryn A. Berryman. "Toward more universal protection of intangible cultural property", *Journal of Intellectual Property Law, N°1*, 1994.

Dame Liz Forgan. *Achieving great art for everyone A strategic framework for the art*, 2010.

Pascual Leclercq. *Máitres d'art*. UNESCO, 2010.

Rolf Jensen. "From Information to Imagination: When Values Become More Important than Products, even in the Marketplace", 2003.

UNESCO. "Convention for the Safeguarding of the Intangible Cultural Heritage". 2003.

WIPO(World Intellectual Property Organization). *WIPO Intellectual Property Handbook: Policy, Law and Use*, Geneva: WIPO, 2008.

_____. *Consolidated analysis of the legal protection of traditional cultural expressions/expressions of folklore*. 2003.

_____. "Elements of a sui generis system for the Protection of Traditional Knowledge", 2002.

_____. "Intellectual Property Needs and Expectations of Traditional Knowledge, WIPO Report on Fact-finding Missions on Intellectual Property and Traditional Knowledge". 1998-1999.

劉曉霞 外.『中國文物保護法通論』. 北京:中國城市出版社, 2005.

李世濤.「試析"非物質文化遺産"的基本特點與性質」.『廣西民族研究』第3期, 2007.

周小岩.『"非遺"保護的"活態性"轉承』,『語文學刊』第11期, 2011.

菅宣善.『伝統文化産業の成功要因と情報システム』18(2). オフィス・オートメーション, 1997.

中村賢二郎.『文化財保護制度の解説』. ぎょうせい, 2007.

日本文化廳.『未来に伝えよう文化財』. 2008

7. 인터넷 사이트

국가문화유산포털사이트, http://www.heritage.go.kr

국립무형유산원 홈페이지, http://www.nith.cha.go.kr

국립문화재연구소 홈페이지, http://www.nrich.go.kr

국보칠기 홈페이지, http://www.gookbo.kr

문화재청 홈페이지, http://www.cha.go.kr

문화재협업포탈 홈페이지, https://www.e-minwon.go.kr

문화통계포털 홈페이지, http://vstat.culturestat.mcst.go.kr

밀양아리랑대축제 홈페이지, http://www.arirang.or.kr

신일본양식 100선 아카이브 홈페이지, http://www.tepia-infocompass.jp

안성맞춤 남사당 바우덕이 축제 홈페이지, http://www.baudeogi.com

유네스코 아태무형유산센터 홈페이지, http://www.ichcap.org/kr

유네스코 한국위원회 홈페이지, http://www.unesco.or.kr

유네스코 홈페이지, http://en.unesco.org

일본문화청, http://www.bunka.go.jp

정선아리랑제 홈페이지, http://www.arirangfestival.kr

정진홍. "드림소사이어티", http://www.crmpark.com/portfolio2437.htm

중국비물질문화유산망(中国非物质文化遗产网) 홈페이지, www.ihchina.com.cn

특허정보넷 키프리스, http://link.kipris.or.kr

프랑스 문화통신부 홈페이지, http://www.culturecommunication.gouv.fr

한국문화재재단 홈페이지, http://www.chf.or.kr

BMW코리아 홈페이지, http://www.bmw.co.kr

"中华人民共和国文物保护法"的有关规定, http://baike.baidu.com

中华人民共和国国家文物局, http://www.sach.gov.cn

中华人民共和国文化部 , http://www.ccnt.gov.cn

中国非物质文化遗产网, http://www.ihchina.cn/main.jsp

8. 기타

〈무형문화유산 보전 및 진흥에 관한 법률(안)〉, 2013.

〈무형문화유산보호협약〉, 유네스코, 2003. 10. 27.

〈문화산업진흥기본법〉, 2013.

〈문화재보호법〉, 2013.

〈문화재보호법시행규칙〉, 2013.

〈문화재보호법시행령〉, 2013.

〈중화인민공화국 비물질문화유산법〉, 中國, 2011.

〈지식재산기본법〉, 2013.

찾아보기

ㄱ

ABC